上帝
臨我

유교와 인생

上帝
臨我

유교와 인생

서정기 지음

KSI 한국학술정보㈜

머리말

이 유교와 인생에 대한 강설은 2006년도 봄을 맞이하여 KBS 라디오 사회교육방송 '종교와 인생' 프로그램 개편의 첫 방송으로부터 2009년 겨울에 종료할 때까지 4년 동안 내가 유교 분야의 '생명의 말씀'을 담당하여 방송한 원고를 모아 엮은 것이다.

이 '종교와 인생'은 '생명의 말씀'이 7분, '살며 생각하며'가 5분, '믿음으로 사는 삶'이 15분, '음악'이 3분 정도로 모두 30분간 방송하였는데 유교, 불교, 기독교, 천주교, 원불교, 천도교 등의 우리나라 6개 종단이 1주일씩 돌아가며 방송하였다.

처음부터 끝까지 KBS 라디오 사회교육방송 박형숙 PD가 연출하고 주경희 작가가 구성하여 김선동 아나운서가 진행하였으니 '생명의 말씀'은 각 종단의 이론가와 성직자가 출연하여 강설하고, '살며 생각하며'는 명상을 위한 원고를 성우가 방송하며, '믿음으로 사는 삶'은 각 종단에서 활약하는 명사를 초청하여 아나운서와 인생경험을 대담하는 형식으로 진행하면서 우리나라 종교의 실상을 널리 소개하였다.

KBS 라디오 사회교육방송은 본래 해외동포를 위한 방송이었는데 1년 뒤에 KBS 라디오 한민족방송으로 확대 개편되어 본방송은 새벽 3시부터 3시 30분까지 중파 972㎑와 1,134㎑로 방송하고, 재방송은 당일 밤 11시에 KBS 제3방송 중파 639㎑와 다음 날 오전 10시 중파 1,170㎑로 방송하였으며, 또 인터넷으로 1개월 동안 '다시 듣기'로 듣게 하였으니 국내외의 모든 사람이 들을 수 있었다.

나는 방송하는 동안 중국 동포와 러시아 동포 및 미국 동포로부터 찬사도 들었고, 국내에서도 여러 유림원로와 동지로부터 분에 넘치는 치하를 많이 받았으며, 또 숨은 유학자와 젊은 유림을 '믿음으로 사는 삶'에 출연케 하여 유림이 살아 있음을 보이도록 권유하고 추천하였다.

나는 그동안 유교와 인생을 방송으로 200여 회 강설하면서 세계 속에 한국문화의 우수성을 고취하고 새 시대의 유교를 설파하며 가장 합리적인 진리로 인류의 보편적인 가치를 추구하여 스스로 21세기 도덕세계를 건설하는 데 앞장서자고 거듭 강조하였다.

마침 아시아적 가치와 한류에 대한 인기가 드높아 세계만방에 떨쳐 갔고, 중국도 공자를 재평가하여 논어(論語)를 읽는 열풍이 뜨겁다고 하니 마음속에 가득한 긍지를 느끼면서 KBS 한국방송에 진심으로 감사의 뜻을 표한다.

특히 박형숙(朴炯淑) PD가 이 프로그램을 끝으로 정년퇴임을 하기에 내가 오절(五絶)을 지어 그동안의 노고를 치하한다.

放送公演出　　방송은 공이 연출하였고
風教我宣明　　풍속과 교화는 내가 뚜렷이 밝혔도다
波及傳三界　　파장이 미쳐 과거, 현재, 미래에 전하거니
同胞樂所生　　동포들이 태어난 조국을 즐거워하리라

2009. 12. 22.

서정기 씀

목 차 ────────────────────

일러두기

1. 이 글은 KBS 라디오 방송으로 강설한 내용이므로 그 시대성과 역사성을 밝히기 위하여 방송의 순서대로 엮었다.

2. 이 책은 4년간 방송한 내용을 가감 없이 그대로 모두 실었으나 다만 2006년 4월 24일부터 30일까지 방송했던 만세심학(萬世心學)의 도통(道統)을 비롯하여 요(堯)임금의 천심(天心), 순(舜)임금의 도심(道心), 우(禹)임금의 황극심(皇極心), 탕(湯)임금의 충심(衷心), 문왕(文王)의 목목심(穆穆心), 무왕(武王)의 총명심(聰明心)은 채록하지 못하여 2009년 1월 12일부터 18일까지 다시 방송하고 그 원고를 나의 저서 『도덕학(道德學)의 근원탐색』에 이미 편집하여 출간하였으므로 여기에 넣지 않았다.

3. 2006년 7월 24일부터 30일까지 방송했던 공자의 일생에 대한 가난한 어린 시절, 학문에 뜻을 세움, 3,000제자를 가르침, 천하를 깨우침, 6경(六經)을 엮음, 성현유도(聖賢儒道)의 길, 공부자(孔夫子)의 위대한 업적은 본래 나의 저서 『세계 속의 한국유교(儒敎)』에 있는 '대성인(大聖人) 공자'의 내용을 소개한 것이므로 이 책에는 넣지 않았다.

4. 2006년 9월 4일부터 10일까지 방송했던 문성공(文成公) 안유(安裕) 선생의 주자학 수입과 우리나라의 가풍을 비롯하여 포은(圃隱) 정몽주(鄭夢周) 선생의 주자학 보급과 『주자가례』의 유행, 정암(靜菴) 조광조(趙光祖) 선생의 정치개혁, 퇴계(退溪) 이황(李滉) 선생의 학풍과 성학십도, 율곡(栗谷) 이이(李珥) 선생의 교육사상과 격몽요결(擊蒙要訣), 송자(宋子)의 춘추대의(春秋大義)와 도통동래(道統東來), 석정(石井) 김동식(金東植) 장군과 지리산민군(智異山民軍)의 항일전쟁 등은 이미 나의 저서 『도덕학(道德學)의 근원탐색』에서 발췌한 내용이므로 이 책에 넣을 수 없었다.

종교의 중요성과 인생관 / 2006. 4. 24(월)

안녕하십니까, 서정기입니다.

옛날에도 여러분과 대화한 일이 있었는데 이제 화창한 봄날에 다시 여러분과 진리에 대해서 말씀할 수 있기 되어서 대단히 기쁘게 생각합니다.

저는 특히 유교의 가르침과 우리의 전통 생활에 대해서 여러 번 말씀드렸습니다.

오늘은 유교는 인생에 있어서 가장 큰 행복을 보장한다는 내용과 내일은 유교의 예절생활, 그리고 모레는 유교의 정의로운 삶, 그리고 그 다음은 학문생활을 권장한다는 것, 또 인정사회를 구축한다는 것, 음악생활을 강조한다는 것, 그리고 마지막 4월 30일에는 유교는 자기의 정체성을 확립하는 것을 가장 소중하게 생각한다는 내용으로 이번 주 말씀을 드리도록 하겠습니다. 이것은 모두 우리의 전통 생활에서 오랫동안 내려온 풍속이기 때문에 여러분도 제 말을 들으면 즉각 옛날이 회상되리라고 생각이 됩니다.

먼저 종교는 인생에 있어서 매우 중요한 철학입니다. 그것을 통해서 인생관이 결정되고, 우리의 삶의 틀이 확립되고 또 민족문화와 세계문화의 가치관이 정립됩니다. 따라서 종교의 본질과 철학사상 이것을 하나라도 자기가 가지고 평생을 살아야 자기의 삶을 설명할 수가 있게 되겠습니다. 우리는 아무렇게나 인생을 살아서는 안 되고 적어도 소신과 신념에 의해서 자기 나름대로 삶을 개척해야 합니다. 그런 의미에서 오늘 유교의 가르침은 여러분도 알다시피 공자의 가르침으로 요약되겠습니다.

우리 동양에서는 지난 2500년 동안 한국과 중국과 일본과 그리고 그 주변의 여러 나라 사람들이 다 이 공자의 가르침에 따라서 어떻게 하면 인생을 성실하고 보람 있고 복되게 살까 하고 고뇌하고 개발해 왔습니다. 따라서 동양의 정치, 교육, 사회, 문화 등의 인생 전반에 걸쳐서 지대한 영향을 끼치고, 또 앞으로도 그렇게 영향을 끼칠 사상을 여러분께서도 조금은 염두에 두시고 생각해 보시면 전통의 맥을 짚고 또 자손을 교육하는 데 큰 도움이 되리라 생각합니다.

유교 경전은 여러분이 알다시피 4서5경이 있지요? 4서는 대학, 중용, 논어, 맹자인데, 이것은 부피도 적고 내용도 쉬워서 지금 번역본이 많이 나와 있어서 알기도 쉬울 겁니다. 그리고 5경은 좀 어려운데 주역, 시경, 서경, 예기, 춘추로 이름은 들었지요. 곧 고도의 체계를 말씀하고 있는 책이 있습니다. 오래된 집안에서는 이러한 책을 상자 속에 보관해서 지금까지 전해 내려오고 있다고 알고 있습니다.

일단 먼저 간단하게 아셔야 할 것은 공자의 철학은 어질 仁 자가 중심이라는 것을 여러분이 아셔야 하겠습니다. 사람 人변의 두 二 자, 즉 사람은 두 사람 이상이 합쳐서 협동하는 사이를 이루어야 서로 믿고 의지하고 사랑하며 공유하는 사람 사는 모습이 나타 난다는 뜻입니다. 이것은 인간의 본성이기 때문에 성선설이라고 하지요? 또 이것은 효도라는 윤리로 나타나지요? 가정에서 부모에게 효도하는 것, 이것이 공자의 가르침입니다.

따라서 인간사랑은 집안에서 시작해 가지고 이 仁을 극대화, 극치화시키면 천지만물을 모두 사랑해서 덕치 인정, 즉 도덕으로 세상을 다 살리고 어진 사랑의 정치를 하는 이런 정책으로까지 승화, 발전합니다. 공자는 이것을 연구하기 위해서 평생 고생하셨고, 그래서 15세에 학문에 뜻을 두고, 30세에 이러한 사상체계가 섰으며, 40세에는 의혹이 없었고, 50세에는 천명을 알았고, 60세에는 이순이 돼서 듣는 이야기가 귀에 순하다고 하였고, 70세에는 종심소욕 불유구라 해서 마음 내키는 대로 행동해도 자연의 진리에 어긋남이 전혀 없는 성인의 길에 올랐던 것입니다.

따라서 우리 민족들도 점점 늙어 가면서 공자처럼 성장하고 사회에서 존중을 받는 인간이 되기 위해서 다 노력해 왔기 때문에 우리 선조들은 그 인격적으로 보거나 그 지식으로 보거나 대단히 훌륭한 학구적 지식을 갖고 있던 것입니다. 따라서 공자의 학도를 유림 또는 사림, 산림 이렇게 우리 사회에서는 표시해 왔습니다.

유림이라는 것은 사람 人 변의 꼭 필수적으로 갖춰야 된다는 需자로 선비 유(儒) 자가 되고 그래서 수풀 림(林), 즉 선비는 숲처럼 많이 나온다 해서 유림(儒林)이라 했고, 그 다음에 선비 사(士) 자는 열 십(十) 자 밑에 하나인 한 일(一)을 그은 자로 사림(士林)이라 했고 또 후세에는 산림, 즉 산속에 들어가서 유학을 공부했다고 해서 산림(山林)이라고 한 것입니다. 여러분 오늘은 이만 마치겠습니다.

예절은 인간관계를 개선한다 /2006. 4. 25(화)

안녕하십니까? 오늘은 유교의 예절생활에 대해서 말씀드리겠습니다.

공자는 예절을 지극히 귀중하게 여겼습니다. 이 예절이라는 것은 우리 마음속에 들어 있는 공경심, 사양심 또는 감사하는 마음, 이런 마음인데 이것을 그렇게 숭상했는데 그걸 하는 데도 아무렇게나 하는 것이 아니고, 사회적으로 보편적인 남이 다 하는 그런 규범을 따르게 하였습니다.

그래서 왜 그렇게 예절을 숭상했는가? 그랬더니 이 예절이라고 하는 것은 인간의 삶의 영역을 넓혀 줍니다. 우리가 그 5륜이라는 윤리가 있죠? 모든 인간관계에서 이야기를 함으로 말미암아 그 관계가 연줄 연줄로 점점 넓어지고, 그리고 예절은 삶의 질을 높여 줍니다. 그냥 오다가다 만난 사람하고 예절을 서로 한 사람하고는 그 느낌과 인정과 책임이 다르거든요!

그래서 이 예절을 보면 '아 선비다! 아 선비로구나!' 해서 사람들이 존경을 해서 가정의 예절이 있으면 '아! 그 선비집안이다. 가정문화가 있다.' 해서 부모와 국민과 공무원 그리고 남편과 아내 그리고 형과 아우 그리고 벗들 사이에 이 예절을 지키는 것 이것을 아주 강조하거든요. 따라서 오늘날 우리나라가 세계적으로 아시아적 가치니 한류니 이렇게 해서 한국 사람들을 지극히 흠모하는 이유도 바로 우리나라 사람들한테는 예절이 있기 때문입니다. 그래서 저도 들었습니다마는 중국이나 러시아나 일본이나 미국이나 또 유럽이나 심지어 아프리카에까지 가서도 한국 사람들이 가장 모범적으로 사회규범을 잘 지킨다, 이런 말을 들었습니다. 아주 그런 말을 들을 때는 저도 어깨가 으쓱하고 기분이 대단히 좋았습니다.

이와 같은 아름다운 모범이 이러한 사회 윤리가 우리 한국에 수천 년간 내려와 가지고 이것을 지금도 계속 잘 지켜지고 또 앞으로도 세계 사람들이 배울 수 있는 이런 훌륭한 므범이라는 것을 여러분도 다시 한 번 생각해 보시기 바랍니다.

우리 선조들은 예절을 무엇에 비교했냐 하던 쟁기로 밭가는 것을 일컬었습니다. 농부가 곡식을 심으려면 제일 먼저 좋은 쟁기로 밭을 갈아야 되거든요. 즉 삶의 터전을 예절에 비교했어요. 예절로 삶의 터전을 넓히고, 그 다음은 종자를 심어야 되는데, 그 종자는 정의로운 종자, 즉 좋은 종자를 심어야 되고, 그 다음에 종자를 심어 놓고서는 김을 매야 되는데 김을 매기 위해서는 지혜롭게 곡식과 잡초를 구분해서 잡초는 뿌리까지 뽑아 버리는 말하자면 나쁜 종자는 뿌리까지 뽑아 버리는 이런 지혜를 발동해야 합니다.

그리고 인으로써 수확하라! 이 말의 뜻은 내가 옛날에 겪은 일이 있습니다. 55년 전에 초등학교 졸업하고 집에서 일 도와줄 때에 밭가에 여러 곡식이 아직 덜 익은 것, 부러진 것, 뭐 여러 가지가 있었는데 그것을 할머니께서는 다 두고 가자는 거여요. 저는 어린 마음에 그걸 왜 두고 가지, 애써서 농사를 지었는데 다 걷어 가야지 하고 걷었더니 뜻밖에 할머니께서 야단을 치시면서 짐승이 농사 짓냐? 새들이 농사 짓냐? 새, 짐승도 먹고 살아야지, 이걸 다 가져가면 자연의 짐승들은 뭘 먹고 산단 말이냐 하시는 것입니다. 그러면서 이 인애(仁愛), 즉 나에게 필요한 것만 가지고 가고 그 나머지는 필요한 사람이 가져다 쓰도록 하여 인애로 살아야 한다 하셨습니다. 우리의 가족교육이 다 그러하죠.

그 다음에 음악을 들으며 밥을 먹어라, 노래를 하면서 기분 좋게 밥을 먹어야지, 불쾌하고 짜증내면서 밥을 먹으면 배탈이 나고 체해서 몸에 안 좋다, 또 그 다음에 밥을 먹었으면 소화가 잘돼서 살이 쪄야지 밥만 먹고 삐쩍 마르면 안 된다 그랬어요. 그러니까 이 예절이라는 것은 자연의 법칙에 순응하고 사람을 가장 편안하게 하는 것이기 때문에 모든 사람이 기분 좋고 즐겁게 행복할 수 있는 이런 것을 따르는 거예요.

그것을 요약한 것이 관례, 성년식 성인의 도리를 하는 것이죠? 혼례 혼인식 혼인의 의무를 완성해야 되겠죠? 그 다음에 상례 장례식 사람이 죽으면 장례를 지내야 되겠죠? 그 다음에 제례 돌아가신 조상님을 추모해야겠죠? 이런 관혼상제는 기본이고, 기본적으로 우리가 동방예의지국 아닙니까? 동방예의지국은 생활의 모든 토대가 예로 되어 있어요.

그래서 예절을 지키면서 관혼상제를 해 왔고, 여유가 있으면 어른에게 향례, 즉 잔치도 베풀어 주고 이런 아름다운 예절사회를 건설하는 것을 우리 성현들은 목표로 했던 것입니다.

여러분도 지금까지 우리 민족들이 함께 살면서 서로 깍듯하게 예절을 지킬 줄로 알고 있습니다. 앞으로 여러분의 훌륭한 예절이 다시 또 우리 한국으로 와서 자랑스러운 날이 오기를 기다리고 있겠습니다. 감사합니다.

정의는 인생의 질을 높인다 /2006. 4. 26(수)

안녕하십니까? 오늘은 정의로운 삶을 영위하는 것에 대해서 말씀드리겠습니다.

이 세상의 보통 사람들은 이익을 위해서만 살려고 합니다. 그런데 공자는 이익보다도 더 중요한 정의로운 삶이 있다는 거예요. 그 가치가 얼마나 크던지 살신성인(殺身成仁), 몸을 죽여서 인을 이뤄야 하고, 또 맹자는 사생취의(捨生取義), 생명을 버리고 정의를 취하라고까지 말합니다.

그런데 공자와 맹자의 이 이익이나 또는 생녕보다는 왜 사랑과 정의를 더 강조했을까요? 사람이 도덕적 양심을 지키면 삶의 질이 고상해집니다. 반대로 세속적 욕심을 가지면 삶의 질이 저하됩니다. 그러면 고상한 삶을 살아 남들에게 존경받는 훌륭한 역사에 이름이 올라가는 사람이 될 것인가? 아니면 세속사람들이 손가락질하고 비판해도 자기만 잘살면 된다는 사람이 될 것인가? 여기에 대해서 유교는 많은 고뇌를 하게 됩니다.

의(義)라고 하는 것은 사람마다 본래 있는 부끄러워하는 마음, 즉 수오지심(羞惡之心)입니다. 내가 올바른 행동을 안 하면 스스로 부끄럽죠? 그리고 또 증오심, 미운 마음입니다. 남이 사람같이 살지 않으면 밉죠? 자기가 부끄럽고 남을 미워하는 마음, 즉 수치심과 증오심 이것이 정의의 뿌리입니다.

사회적으로 양심에 떳떳하게 살아야만 자기 자신이 자랑스럽고 또 남도 존경하고 흠모를 하는 게 아니겠습니까? 일찍이 공자는 『춘추』라는 역사책을 엮어서 사리사욕만 채웠던 부정부패한 무리들을 엄중히 꾸짖었습니다. 춘추시대 242년 동안 중국역사에서 그 권력을 출세의 도구로 생각하고, 권력을 행사하면서 압박과 착취를 일삼고 자기 재화만을 늘리기를 하는 사람들을 공자가 엄중히 꾸짖었습니다. 이래서 춘추대의(春秋大義)라고 했어요. 춘추대의는 첫째가 대도를 밝혀서 대도 정치하는 것을 높이고 힘으로 하는 정치를 물리치는 것입니다. 또 문화사회를 존중하고 야만사회를 배척합니다. 또 착한 사람을 포상하고 악한 사람을 깎아내리는 엄중한 심판법이 바로 공자의 춘추입니다.

이런 춘추 사상을 위해서 유림은 적어도 역사적으로 죄인이 되지 말고 국가 사회에 반역자가 되지 말고 가정을 부끄럽게 하는 사람이 되지 말고, 역사를 빛내고 나라를 빛내고 가정을 빛내는 이런 사람이 되도록 가르치는 것입니다. 그래서 맹자는 우러러 하늘을 봐도 부끄럽지 않고, 굽어서 땅을 봐도 부끄럽지 않으면 인생에 있어서 두 번째 즐거움이라고 하셨습니다.

우리 민족에게 민요가 있죠? 나물 먹고 물 마시고 팔을 베고 누웠으니 대장부의 살림살이 이만하면 족하지 않는가? 우리나라의 수난사 어려운 고난사를 살면서 외세의 노예가 되지 않고 깨끗하게 초야에 물러서서 그 산골 외딴곳에서 혼자 살면서 가난하고 배고프게 살면서도 자기가 그래도 인간답게 사는 것 이것을 자랑하고 뽐내는 말씀 아닙니까? 그래서 공자님께서 말씀하시길 불의(不義), 의롭지 않은 부귀는 나에게는 뜬구름 같다. 뜬구름이라고 하는 것은 나와 아무 상관이 없고 아무 흔적도 없고 가치도 없다는 거죠? 오늘날 많은 사람들은 재물이나 돈에 현혹되어서 황금만능주의를 추구해서 돈이면 제일인 양 으스대고 그것을 위해서 목숨까지 바치고 또 위법행위까지 하는 사람들이 있는데 이것은 우리 민족의 모습이 아닙니다. 우리 민족은 어디까지나 굶어 죽었으면 굶어 죽었지 불의한 행동은 절대 하지 않았습니다. 그래서 조선왕조에서도 우리가 어떤 사람을 존경합니까? 청백리를 제일 존경하지 않습니까? 청백리라는 것은 국가에 헌신 봉사해서 국가사회에 유익한 일 큰 공을 세우면서도 전혀 정부 돈이라든가 재물을 쓰지 않는 그러한 분을 칭하는 것입니다. 우리 선조도 지방에서 군수나 이런 것을 지내 온 분이 있으신데, 아무것도 없이 돌아오는 것을 아주 자랑스럽게 여겼답니다. 한강나루에 떡하니 도착하여 아 시원하다 쾌활하다 하면서 부채질을 하다 보니까 그 부채를 선물로 받았다는 것을 곧 알았답니다. 그래서 아이고 나한테 이런 추한 물건이 있는가 하고 한강에다 버려 버렸대요. 이렇게 지조와 명예의 정신을 가지고 살아온 것이 우리 민족의 자세입니다.

따라서 절대로 우리나라를 침략했던 외세에는 굴복하지 않고, 의병항쟁을 하다가 장렬하게 죽는 모습들 이것이 우리가 병자호란 때도 봤고 구한말 항일 독립전쟁에서도 봤죠? 이것은 세계에 자랑할 수 있는 민족의 긍지이기 때문에 여러분 핏속에서도 이와 같은 거룩한 피가 줄줄 흐르고 있다고 믿어 의심치 않습니다. 여러분 감사합니다. 오늘은 이만 하겠습니다.

학문은 인생의 지식을 넓힌다 /2006. 4. 27(목)

안녕하십니까? 오늘은 공자께서 학문 생활을 권장한 내용에 대해서 말씀드리겠습니다.

공자께서는 평생 배우기를 싫어하지 않으시고 가르치기를 게을리하지 않은 아주 모범적인 교육과 교육사상을 우리 인류에게 제시했습니다. 그 영향으로 우리나라는 학문을 굉장히 숭상하였죠? 삼국시대에 벌써 신라, 고구려, 백제에 다 국학이 있었고, 고려는 개성에 성균관을 세웠죠? 또 조선왕조시대 때에도 한성, 즉 서울에 성균관과 전국 각 지방에 360여 개의 향교를 세웠습니다.

그래서 많은 인재를 길러 냈죠? 현재 남한에는 234개의 향교가 그대로 남아 있는데 북한에도 140여 개의 향교가 있을 텐데 지금 어떻게 되었는지 매우 궁금합니다. 이 학문생활이라고 하는 것은 보통일이 아니죠? 이것은 선비가 되는 길입니다. 즉 학자가 되는 길이고 또 문명국이 되는 길입니다. 아무리 훌륭한 사람이라도 또 아무리 강대국이라 하더라도 학문생활이 없다면 그것은 길이 발전할 수 없는 것입니다.

이 학문이라고 하는 것은 더군다나 이 지식사회, 산업사회에 남보다 더 많이 알고 더 많은 정보를 가져야 되는 거지 옛날처럼 자기 혼자 자기만 아는 것으로 사는 것은 이 시대에 뒤떨어지는 것이겠죠? 또 하여튼 부지런히 배우는데 공자께서는 그 배움을 재미로 알고 배우라 하셨어요. 그래서 여러분도 다 아시다시피 논어 제일 첫머리에 학이시습지면 불역열호(學而時習之 不亦說乎)라 그랬죠? 배우고 늘 익히면 또한 기쁘지 않는가?

이 인간개발 자기개발이 학문에서 시작되는 것 아니겠습니까? 사람은 모름지기 잘살고 못사는 게 중요한 게 아니고 능력이 있느냐 없느냐가 중요한 것이죠? 능력이 훌륭한 사람은 사회에 필요한 사람이고 무능한 사람은 사회에서 가치가 없는 사람 아니겠습니까? 그래서 세계적으로 우리나라가 활자 문화가 발달하지 않았습니까?

이 독서, 글을 읽어야 국민의 안목이 열리니까 독서수신 글을 읽어서 몸을 닦고, 그런데 아무 글이나 읽어서는 큰 효과가 없고 반드시 성인의 경전을 읽어야 합니다. 아까 이야기한 4서5경(四書五經)을 읽으면 소득이 많아요. 인간이 얼마나 훌륭해질 수 있는가? 어떻게 하면 선비가 되고 군자가 되고 현인이 되고 성인이 되고 단계적으로 높아 가는 인격의 성장단계가 그대로 보이는 겁니다. 이런 경전을 읽지 않으면 인간이 얼마나 위대해질 수 있는가를 모르게 돼요. 그리고 특히 여러분께서 앞으로 관심을 가져줘야 할 것은 영재교육, 이 영재는 능력이 많은 사람이니까 아주 잘 가르쳐야 됩니다. 특별히 가르쳐서 고급지식을 가르쳐야만 국가사회에 영향을 끼치거든요. 그런데 보통사람들이 공부하며 학문하는 생활은 즐겨하면서 학문하는 방법을 잘 모르는 사람이 많습니다.

공자께서 학문하는 데 5가지 방법을 제시했습니다. 첫째는 박학(博學), 늘 읽어라, 늘 읽어서 남의 경험적 지식을 많이 섭취하라. 그 다음이 심문(審問), 살펴서 물어라. 자기보다 나은 사람에게 자꾸 질문을 해라 그랬어요. 그렇게 객관적인 지식을 얻었으면 신사(慎思), 신중하게 생각하라. 자기 스스로 진리라는 것은 자기 마음으로 확신이 서야 되는 거니까 자기 마음속에서 신중하게 생각을 해 가지고 명변(明辨), 밝게 분별해라. 자기 스스로 잘 판단해야 돼요. 진리는 자기 진리지 남의 진리가 아닙니다. 그러니까 자기 자신이 이건 확실한 진리라고 확신이 들 때까지 똑똑하게 분별을 해 가지고 결론을 얻었으면 독행(篤行)하여 실천하라. 진리는 실천하야 의미가 있는 것이지 실천 안 하는 진리가 무슨 의미가 있겠습니까? 그래서 서양에는 경험주의와 사유주의가 다르다고 말하는데, 유교에서는 경험지식도 필요하고 사유지식도 필요하고 그 두 가지를 병행하라고 합니다.

그래서 성리학에서 주자가 말씀한 게 있죠? 거경(居敬), 궁리(窮理), 역행(力行), 즉 경건한 데 머무르면서 궁리하여 이치를 연구하는 겁니다. 역행, 힘써 실천하라고 했어요. 그런데 공자는 사람의 지능지수가 다 다르기 때문에 어떤 사람은 생이지지(生而知之), 천부적으로 태어날 때부터 아는 사람이 있어요. 학이지지(學而知之), 배워서 아는 사람, 처음에 가르쳐 주면 금방 알아듣는 사람이 있어요. 곤이지지(困而知之), 겪어 보고 나서야 아는 사람이 있어요. 학교에서 가르칠 때는 선생 말을 대강대강 들어 버리는데 자기가 나중에 실천해서 살아 보니까 겪어 보니까 아 이것이 이런 이치가 있구나 하고 아는 사람이 있어요. 그런데 제일 불쌍한 사람이 있어요. 곤경을 겪으면서도 배우지 않는 사람이 있어요. 이것이 배우지 않고 평생 살려는 사람이 가장 나쁜 건데, 배우려고 한 번 마음을 먹었으면 남이 한 번 하면 나는 열 번 하고, 남이 열 번 하면 나는 백 번 하는 그 노력, 큰 노력 이것이 있어야 합니다. 여러분 큰 노력으로 대학자 될 날을 기다리겠습니다. 감사합니다.

인애(仁愛)는 인정을 두텁게 한다 /2006. 4. 28(금)

여러분 안녕하십니까? 오늘은 공자께서 말씀하신 어질 인(仁)자, 즉 사랑으로 더불어 사는 인정사회를 건설하는 길에 대해서 말씀드리겠습니다.

세계의 사람들이 우리나라에 와서 3년, 5년, 10년 사는 사람들이 신문이나 방송에 나와서 말씀하는 것을 보면 한국사회의 가장 큰 특징이 정이 많다는 것이에요. 정답다는 것입니다.

그리고 또 한 가지 한국에서 내내 살다가 외국에 나가서 살던 사람들이 많이 돌아오는데 왜 그러한가 했더니 고향생각이 나서 향수병에 걸려 정든 고향이 그리워 돌아오게 된다고 말씀들을 하십니다. 옳은 말씀입니다. 우리나라는 공자의 가르침을 받아서 인정사회를 이룩해 왔습니다. 사람이 아무리 부자고 벼슬이 높아도 이 인정이 없으면 무슨 소용입니까? 정이 없으면 무슨 의미가 있습니까? 서로 사람과 사람이 사는데 그 따뜻하고 쿠드럽고 그리운 정이 두터워져야 합니다.

이것을 보고 두터운 풍속이라고 하고 단란한 가정이라고도 하는데 그 근원이 무엇인가 하고 따져 보면 공자의 어질 인(仁)자가 그런 삶의 모습이 되는 것입니다. 어질 인은 그전에도 말씀드렸습니다마는 공변될 공(公) 자, 이 하늘의 이치로서 가장 공명정대한 원리입니다. 차별이 없어요.

그 다음에 날 생(生)자, 호생지덕(好生之德)이라 해서 살리기를 좋아하는 마음입니다. 그러니까 공명정대하게 모든 것을 살리기를 좋아하는 마음, 거기다가 사랑의 원리, 주고 싶고, 이해하고 싶고, 앞세우고 싶은 사랑의 원리가 가미된 것이에요.

따라서 이것은 인류사회공동체를 형성하는 가장 튼튼한 끈입니다. 이 끈이 끊어지면 짐승들처럼 목석처럼 흩어지는 것입니다. 인(仁)이 없으면 큰 근본이 없어지는 것이지요. 이 천부적인 인간성을 함양해서 만물에 대하여 측은한 마음을 가져야 돼요.

이 세상의 만물은 전부 한계를 가지고 있는 것입니다. 가령 아버지와 어머니만 보더라도 나이가 많으셔서 기운 떨어지고 모든 것이 부자유스럽지요. 그럼 자식이 아버지 어머니를 측은하게 생각해서 자기가 보살피고 의식주를 해결해 드려야지 방치해 버리면 누가 돌봅니까?

그것은 어버이가 어린 아들딸을 어렸을 때 안아 주고 예뻐해 주고 젖 먹여 주고 한 것과 똑같은 것입니다. 그 어린 것을 부모가 보살피지 않으면 이 천지 세상에 누가 보살피겠습니까? 이 사랑이란 것은 잘나고 똑똑한 사람만 사랑하라는 것이 아닙니다. 그것은 오히려 아첨일 수 있지요. 사랑이란 것은 나보다 못나고 나보다 가난하고 나보다 약한 사람을 내가 보살펴서 일으켜 세워서 이 천지간에 함께 살자는 이런 아름다운 고귀한 정신의 표출이에요. 우리 민족이 이것을 가장 많이 가지고 있지요.

가정에서 먼저 인정이 있는 사람은 가정부터 단란하게 꾸며야 돼요. 부자, 형제, 처자가 단란하게 살아야 합니다. 사람이 이 세상에 열 번을 나옵니까? 스무 번을 나옵니까? 오직 한 번 우리가 가족을 이루고 살고 있는 것 아닙니까? 가족애야말로 인간이 천하만물에 덕을 베풀 수 있는 가장 기본입니다. 이런 단란한 가정의 감정에서 이웃과 사회에서도 다정다감하여 어려운 일을 적극적으로 돕습니다. 그래 가지고 노약자나 또는 임산부를 현재 지하철에서도, 시내버스 좌석에서도 양보하지요. 이것이 세계에서 아주 우리 민족을 보고 감탄하는 것이지요. 우리나라에서는 지하철이든가 모든 대중교통에 노약자 좌석이 있어요. 그것은 어디서 나온 것인가?

옛날에 우리나라에 미풍이 있었는데 그 상복 입은 사람이나 임산부한테는 자기 집에 왔을 때 절대로 빈 입으로 보내서는 안 되는 것입니다. 그 사람들은 약자이기 때문에 사랑을 베풀어 주어야 해요. 이 인정을 베풀어서 약자를 보호하는 것 이것이 사람을 점잖게 만들고 잊지 못하게 만들어 주는 것입니다.

우리 민족은 명절이나 특별한 향례(饗禮)를 베풀었을 때 반드시 사람에게만 나누어 주는 것이 아니라 짐승, 곤충에게도 나누어 주는 것입니다. 어디 가서 밥 먹을 때 고수레라는 것을 하지요. 음식을 먼저 사방에 던지지요. 그리고 정월 보름이나 가을 추석에는 짐승들에게도 까치밥이라 하여 담 위에다가 나물과 밥을 얹어 놓고 주는 것입니다. 이렇게 천지만물의 약자들에게 주고 특히 겨울에 눈이 많이 왔을 때 날짐승, 들짐승한테도 먹이를 주고, 심지어 호랑이한테도 산신제를 지내 주고, 들고양이에게도 먹이를 주는 아름다운 풍속이 있었습니다.

여러분 한번 널리 생각해 보기 바랍니다. 감사합니다.

음악은 인생을 즐겁게 한다 /2006. 4. 29(토)

여러분 안녕하십니까? 오늘은 유교인들이 즐겁게 노래를 부르면서 살아가는 음악에 대해서 말씀드리겠습니다.

인생이 길다고 하면 길고, 짧다고 하면 짧은데 그 평생 고생만 한다든가 또는 일만 한다든가 해서 괴로운 인생이 되어 버리면 성인이 말씀한 세계라고 할 수 없겠지요. 성인은 사람은 어려서 부지런히 배우고 젊어서 한때 열심히 일한 다음에 인생의 즐거움을 누릴 수 있는 복된 생활을 개척합니다. 음악을 가르쳐서 노래하면서 사는 인생이 되어야 한다는 거예요.

공자는 그것을 가르치기 위하여 시경이라는 가사 모음집하고 악기라는 가곡집을 편집했습니다. 노래라는 것은 어린이들로 하여금 정서를 순화하고 공부를 재미나게 하면서 외우기 쉽게 하는 교육적 장점이 있습니다.

그래서 우리 옛날 교육이 대개 넉 자로 된 천자문이라든가 사자소학이 넉 자로 되어서 소리를 내서 재미를 붙여서 읽고 외우게 했지요. 그것은 사람이 신명이 나야 된다는 거예요. 이 세상을 살면서 재미나고 신나게 사는 법을, 낙천적으로 사는 법을 가르쳐 주어야지, 즐거움은 없고 괴로움만 있다, 보람은 후세 죽은 다음에 누리겠다 하면 너무 가혹한 세상이지요.

유교는 현세의 모든 즐거움을 누리게 하는 것입니다. 다만 천도에는 생성 소멸하는 이치가 있지요. 낳고 이루고 사라지고 없어지는 이치가 있지요. 또 개인의 운수에는 흥망성쇠(興亡盛衰), 일어나고 망하고 성하고 쇠하는 이치가 있지요. 또 가정에는 길흉소장(吉凶消長)의 이치가 있지요. 그 길하고 흉하고 소멸하고 자라는 이치가 있지요. 또 사람에게는 생로병사(生老病死)가 있어요. 나서 늙어병들어 죽는 이치가 있어요. 그래서 인생에는 물론 희비와 고락이 교차합니다. 즉 기쁨과 슬픔이 형제처럼 따라다니고, 괴로움과 즐거움이 안팎처럼 같이 다니는 것이어서 항상 기쁠 수도, 항상 슬플 수도 있는 것이 아니지요. 열심히 일할 때는 열심히 일하고 또 재미나게 놀 때는 재미나게 놀라는 것입니다. 이것이 예절로 치면 흥사(凶事), 즉 보통일이 아닌 아주 흉악한 일인 전쟁이라든가 흉년이라든가 질병이라든가 사망한 때에는 인간의 비애를 노래하고 인간의 고통을 하소연해야 하겠지요. 그때에 노래하라는 뜻이 아닙니다.

다만 길사(吉事), 좋은 일을 맞아 우리 민족이 열심히 일을 개척해서 좋은 결과를 얻어 가지고 평화를 얻었다든가 풍년을 만들었다든가 또 건강한 국민을 다 이룩했다든가 모두 다 살아서 번영하는 시대를 창조했다면 이때는 마땅히 민족이 다 같이 환희와 안락 속에서 즐겁게 노래해야겠지요. 이런 날을 우리가 개척하라는 것입니다. 말하자면 주어진 삶에 대해서 고민만 하지 말고 즐겁게 노래하는 세상을 개척하라는 것입니다. 이것이 공자의 가르침이에요.

우리 민족이 오랫동안 흉악한 일을 많이 당했기 때문에 민족의 노래가 많이 사라졌지만 그러나 길사, 좋은 일에는 노래가 남아 있습니다. 성균관 대성전에서 공자님에게 제사를 지낼 때는 반드시 문무악(文武樂), 문인의 음악과 무인의 음악을 연주하고, 팔일무(八佾舞) 라는 춤을 춥니다.

옛날 평화 시에는 풍년이 들어서 모든 국민이 안락 태평한 시대가 되면 임금도 수라를 들 때에 음악을 듣는 거예요. 그러나 국난이라든가 흉년이 들었을 때, 전란이 일어났을 때는 수라를 들 때 음악을 연주하지 못하죠. 물론 우리 민족이 오랫동안 어렵게 살았지만 그러나 우리 민중 속에는 '노세 노세 젊어서 노세 늙어지면 못 노나니' 하는 노래도 있지 않습니까? 너무 늙으면 놀려고 해도 놀 수 없으니까. 조끔 젊었을 때 공휴일이나 집안에 경사가 있을 때 나라의 국경일 때에는 우리 민족이 힘차게 즐겁게 춤추고 노래하는 세상을 만들어야 해요.

그리고 우리 민족이 하루빨리 평화롭고 풍요로운 사회를 건설해 가지고 즐거운 노래를 불러야 하는데, 가장 중요한 것은 세계에서 가장 아름다운 노래인 아악(雅樂)을 일으켜야 합니다. 음악도 고상한 노래가 있고 조금 저질스런 노래가 있는데 고상한 음악을 불러서 국풍으로 아름다운 전통을 잇기를 기대하면서 오늘 말씀 이만 그치겠습니다. 감사합니다.

대순(大順)은 인생의 정체(正體)를 확립한다 /2006. 4. 30(일)

여러분 안녕하십니까? 오늘은 유교에서 가장 중요하게 생각하는 정체성에 대하여 말씀드리겠습니다.

공자는 사람은 세 가지의 계통의 줄이 뚜렷해야 한다는 것입니다. 첫째가 천통(天統), 하늘의 계통 그 다음이 지통(地統), 땅의 계통 그리고 인통(人統), 사람의 계통, 즉 인간은 흔적도 자취도 없이 아무렇게 살아도 안 되고 어느 시대에 어디 사는 누구라는 사람이 뚜렷한 존재로 이 세상에 자취가 남아야 한다는 거예요.

그것이 정통(正統), 주체성(主體性) 이라는 소리인데 이 인간은 개인적으로 아무리 훌륭해도 그것이 시간적으로 보면 찰나 순간에 지나지 않는 것이거든요. 오랜 역사와 시간 속에서 자기의 위치 자기의 위상을 규정지어야 올바르게 이 세상을 살아간다는 뜻입니다.

그런데 만물은 전부 종류가 있고 계열이 있어서 자기의 본질과 형상을 가지고 있습니다. 그것을 지키면 순종이라고 하고 그것을 지키지 못하고 잃어버리면 잡종이 되는 것입니다.

그래서 그것을 지키면 순종이 되고 그렇지 못하면 잡종이 되는 것이 아닙니까?

유교는 정통을 계승하여 주체성을 확립하는 것을 최고의 인생목적으로 삼고 있습니다. 사람은 누구나 하늘로부터 천명을 받고 부모로부터 생명을 받아 태어나서 이 땅에서 성산되는 것을 의식주로 삼고 살아갑니다. 즉 천지인(天地人) 이 세 가지를 떠나서는 사람이 나올 수도 없고 죽어서 갈 곳도 없는 거예요. 그래서 천지인 세 가지 계통을 뚜렷이 하고 나온 거예요. 천통이란 것은 무엇인가? 하늘이 이 세상을 낸 지가 억만 년 됐는데 그것은 과거에서 현재 그리고 미래로 계속 순환 발전하는 겁니다.

춘하추동이 돌고 돌듯이 봄에는 봄에 할 일이 있고, 여름에는 여름에 할 일이 있고, 가을에는 가을에 할 일이 있고, 겨울에는 겨울에 할 일이 있어요. 그럼 이 세상 만물은 제때에 할 일이 있는데 천시에 따라서 주어진 사명을 다했으면 천통을 세운 것이고, 그 주어진 사명을 못 했으면 천통을 미룬 거예요. 그러니까 이 시대 현대에 사는 사명을 찾아서 해야 돼요.

우리는 단군기원 4339년 되는 이 민족이 현대사회에서 어떻게 사명을 완성할 것인가? 그것은 민족번영으로 귀결되겠지요.

그 다음에 지통은 이 우리나라 땅이라는 것을 뚜렷히 해야지요. 오랜 역사적 정치적 일을 하면서 지리를 배웠습니다. 고조선, 고구려, 백제, 신라가 있었고, 고려가 있었고, 조선왕조가 있었고, 지금 한국과 북한조선이 있는데 땅의 신성성, 존엄성을 우리가 살려야 돼요. 우리가 이 땅에 살면서 신성성, 존엄성을 살리지 못하고 오히려 욕되게 하고 추하게 만들면 이것은 사람 사는 도리가 아니지요. 그래서 지통을 세워야 합니다.

우리 민족이 자기가 살고 있는 땅에 대한 그 아름다운 역사적 전통을 세워야 합니다. 그 다음에는 인통인데 인통이라는 것은 우리나라 전체로 따지면 단군할아버지가 시조였으나 그것은 역사적으로 다 계통을 찾을 수는 없고, 집집마다 족보가 있어서 그 시조로부터 내려오는 몇 대 자손으로 기록되어 세계에서 유일하게 남아 있는 족보인데 이것은 우리 민족이 바로 인통을 찾자는 것입니다.

나는 누구 집안의 몇 대손 누구인가? 또 아들 손자는 누구인가? 그 외가 처가는 누구인가? 이 계통을 뚜렷이 세우자는 것입니다. 그래서 우리가 어느 길을 가다가도 어른이나 젊은이를 만나면 제일 먼저 물어보는 것이 나이를 물어보는 것 아닙니까? 올해 춘추가 어떻게 되십니까? 올해 나이가 몇인가? 이렇게 천통을 밝히는 것입니다.

이 시대에 무엇을 할 나이인가를 묻는 것입니다. 그 다음에 어디에 사시오 하고 묻습니다. 즉 본적과 주소를 묻는 것입니다. 어느 지역을 어느 정도 빛나게 하였는가? 자랑스러운 고을을 만들었는가? 즉 자랑스럽고 명예로운 고을에 사는가 아니면 낙후된 미개고을에 사는가 이거 확인하는 것입니다.

그 다음에는 본관 성씨를 물어보는 거예요. 세계에서 우리나라를 위시해서 중국 등 몇 나라만 이름보다 성씨가 앞에 가지요. 이름보다 성이 앞에 가는 것은 본관 성씨를 중요시 생각한다는 뜻입니다. 즉 인통을 중시 여긴다는 것입니다. 정통을 밝히는 것이지요. 자기 개인적으로 혼자 잘난 것이 아니고 어떤 역사적 가정교육 또는 국가교육을 통해서 이루어진 일이 아닙니까? 또 거기서 어떤 기여를 하고 있는가? 이것을 밝히는 거예요.

여러분, 우리 민족에게 가장 중요한 것이 무엇입니까? 성명 3자 아닙니까? 여러분이 어디 어느 땅에 계시든 항상 자기의 나이와 국적과 자기의 성명 3자, 조상에 대한 것은 기어이 뚜렷이 정체를 밝혀서 나는 누구라는 것을 자자손손 이어 가면서 집안의 역사로 가훈으로서 남아 있기를 간절히 바라면서 저의 1주일간의 모든 강의를 여기서 마칩니다.

여러분 안녕히 계십시오.

격물(格物) /2006. 10. 16(月)

동포 여러분 안녕하십니까?

오늘부터는 유교(儒敎)의 학문과정과 사업의 규모에 대하여 말씀드리겠습니다. 우리 유교의 학문과정과 사업규모는 증자(曾子)가 저술한 대학『大學』에 잘 나타나 있는데 그것을 3강령8조목(三綱領八條目)이라고 합니다. 3강령(三綱領)은 밝은 덕을 밝히고, 인민을 새롭게 하며, 지극히 착한 세상에 멈춤인데 밝은 덕을 밝히는 명덕(明德)은 사람이 타고난 본성(本性)의 도덕심(道德心), 즉 양심(良心)을 밝혀서 투명한 인간성을 확립하는 것이고, 인민을 새롭게 하는 신민(親民)은 정치와 교육을 통해 인민을 새롭게 진작(振作)하여 역동적(力動的)인 힘을 모으고 활발한 사회기풍을 세워서 문명한 국가와 평화로운 세계를 건설하는 것입니다.

그리고 지극히 착한 세상에 멈추는 지어지선(止於至善)은 온 세상이 천연의 질서와 조화를 이룩하여 신성한 세계를 건설하여 거록하고 영광스러운 복지락원(福地樂園)에서 모두 보람 있고 가치 있게 살게 하는 것입니다.

『대학』에서는 이러한 3대 목표를 이룩하는 구체적인 방법으로 여덟 가지 절차적 단계를 밝혔는데 첫째가 격물(格物)이고 다음이 치지(致知), 성의(誠意), 정심(正心), 수신(修身), 제가(齊家), 치국(治國), 평천하(平天下)라고 하였습니다.

이와 같이 고상한 학문과 거대한 사업은 물론 누구나 할 수 있는 것이 아니기 때문에 웅대한 뜻을 세우고 정밀하게 연구하여 착실히 진행하지 않으면 안 될 것입니다. 따라서 공자는 대인(大人)이나 군자(君子)가 되라고 가르쳤습니다. 대인군자(大人君子)는 현실 속에서 진리를 발견하고 위대한 가치를 창조하여 아름다운 이름을 남깁니다. 그러면 대인군자(大人君子)가 현실 속에서 진리를 발견하는 격물(格物)을 먼저 말씀드리겠습니다.

격(格)은 직접 이르러 감이고 물(物)은 사물입니다. 사물에 직접 이르러 가서 연구함은 사물의 실상을 직접 관찰하고 비교하고 종합해서 과학적으로 연구하는 것입니다. 사물을 실제로 조사하고 직접 실험하는 자연에 대한 탐구정신은 사물의 본질을 규명하여 현상세계의 궁극적 진리를 발견하는 작업입니다.

이리하여 사람이 천하만물의 존재원리와 생성변화의 체계까지 모두 통달한 경지를 물격(物格)이라고 하여 만물의 이치가 모두 이르러 왔다고 표현합니다.

일찍이 주자(朱子)는 격물(格物)을 夢(몽상세계)覺(깨달은 세계)關(관문)이라고 했습니다. 즉 현상만물 속에서 영원한 진리를 발견하면 참세상을 사는 사람이요, 반대로 변화무쌍하여 허망할 뿐이라고 인식하면 꿈속의 세상을 사는 사람이라고 하였습니다.

사람에게 있어서 우주관(宇宙觀)은 매우 중요합니다.

현상세계의 진리를 인정하면 낙천적이고 긍정적인 인생관을 가지게 되지만 현상세계를 허무하게 보면 현실을 부정하고 염세적인 인생관을 가지게 될 위험이 있습니다.

『주역』에서는 만물의 존재구조를 깊이 살펴서 현상사물의 근원적인 존재원리를 발견하고 구체적인 물질의 형상으로 나타난 세계를 형이하(形而下)의 현상계라고 하였으며 보편적인 물성의 이치로 숨어 있는 세계를 형이상(形而上)의 본체계라고 하였습니다. 그리하여 공자(孔子)는 물질이 있으면 반드시 법칙이 있다고 하였고 또 변역하는 현상 속에 변하지 않는 태극(太極)의 진리가 있다고 하였습니다.

따라서 세상을 겉으로만 보아서는 안 되고 반드시 그 속에 담겨 있는 이치를 찾아 진실하고 착하고 아름다운 참세계가 있음을 확인해야 됩니다. 옛사람의 말에 하늘은 이름이 없는 사람을 내지 않고 땅은 쓸모없는 물질을 내지 않는다고 하였으니 사람에게는 모두 도리(道理)가 있고 물건은 각각 성능이 있다는 뜻입니다.

사물에 직접 이르러 가는 격물공부(格物工夫)는 겉으로 나타난 현상계의 물질에만 집착해서는 안 되고 그 속에 숨어 있는 본체계의 천리(天理)와 성리(性理)와 윤리(倫理)가 있음을 확인해야만 지극한 경지에 들어갈 수 있는 것입니다.

사람이 변화무쌍한 세태에서 물질만을 좇으면 허망한 나락으로 떨어져 버릴 위험이 있지요. 그러나 현실을 도피하지 말고, 용감하게 매진하여 가깝고 낮은 곳에 큰 도덕이 있고, 하늘의 본성이 있고 아름다운 윤리의 세계가 있는 것을 발견한다면 바로 진실세계에 들어가 있는 자기 자신에게 만물이 모두 갖추어 있음을 깨닫게 될 것입니다.

치지(致知) /2006. 10. 17(火)

동포 여러분 안녕하십니까?

오늘은 지능 또는 지식을 완성하는 치지(致知)에 대하여 말씀드리겠습니다. 사람이 경험과 사유가 많으면 사물의 이치를 분별하는 지각이 고도로 발달합니다.

치지(致知)하여 지식을 이루는 것은 인간의 지능을 개발하고 지성을 함양하여 완벽한 인식능력을 이루는 것입니다. 인간은 만물의 영장으로서 천부적으로 모든 이치를 구비한 인의예지(仁義禮智)의 통성(通性)을 본래 가지고 있고, 마음도 허령지각(虛靈知覺)해서 현상의 만물을 정확히 인식할 수 있는 존재입니다. 그러나 감각기관인 5관(五官)을 계발하여 총명한 지능을 기르고 인식주체인 자기 자신의 슬기로운 예지(叡智)를 발굴해야만 밝게 통하여 널리 공변된 지식을 이룰 수 있는 것입니다.

그리하여 현실 문제에 대하여 착각이나 오해의 여지가 없게 하여 사물의 이치가 내 마음에 이르러 직접 통해서 물아일체(物我一體)가 되어 현상만물의 진리를 남김없이 체득해서 자연과학, 인문과학, 사회과학 등의 제 분야를 샅샅이 꿰뚫어 밝게 파악하여야만 조금도 의혹이나 어그러짐이 없는 것입니다.

이러한 경지에 도달한 다음에야 지식이 지극하다고 합니다. 이것은 인간의 지혜를 모두 계발해서 지능이 고도로 발달하고 지성이 지극히 영민(英敏)하여 지각(知覺)하지 못함이 없는 것입니다. 하나를 들으면 열을 알고, 한 모서리를 보면 나머지의 세 모서리를 깨달아서 시작을 보고 끝을 알며, 형이하를 배워서 형이상을 통달하는 경지입니다.

주자(朱子)는 대학집주에서 격물치지를 다음과 같이 해설하였습니다.

"이 사이에 일찍이 정자(程子)의 사상을 가만히 취하여 이 부분을 보충해서 말한다. 이른바 지식을 이룸이 사물을 직접 연구함에 있다는 것은 바로 나의 지식을 이루고자 하면 사물의 현상을 직접 연구하여 그 이치를 탐구함에 있다는 말이다.

대개 사람 마음의 신령함이 지각이 있지 아니함이 없고, 천하의 사물이 이치가 있지 아니함이 없건마는 오직 이치에 대하여 깊이 연구하지 못함이 있는 까닭으로 그 지각이 다하지 못함이 있는 것이다.

이래서 『대학』은 처음 가르침에 반드시 학자로 하여금 범천하의 사물에 직접 이르러 가서 그 이미 아는 이론을 기초로 검증하지 아니함이 없도록 해서 더욱 깊이 연구하여 그 지극한 경지에 이르도록 탐구하게 하나니 힘을 쓴 지 오래되어 하루아침에 환하게 꿰뚫어 통하는 데 이르면 뭇 사물의 겉과 속, 정교함과 조잡함이 이르지 아니함이 없어서 내 마음의 전체와 큰 작용이 밝지 아니함이 없으리니 이것을 일러 사물이 이르름이라고 하며 이것을 일러 지식이 지극함이라고 하니라." 이상이 주자의 격물치지론입니다.

유교의 학문은 자연과학적 진리에 매우 투철한 진리관을 가지고 있습니다. 따라서 현상사물에 관심을 가지고 접근해서 이치를 발견하는 학구적 태도를 끝까지 견지하기 때문에 허구적인 논리나 초월적인 신비주의 또는 맹목적인 신앙을 모두 배격합니다.

실제의 사물에 대한 학문적 연구 활동은 자연히 인간의 지각능력을 개발하는 까닭에 더욱 발달한 인식능력을 가지고 더욱 많은 사물을 깊이 있게 연구할 수 있게 됩니다. 이리하여 사물을 연구하는 진도에 비례하여 나의 지식이 높아지므로 많은 노력이 쌓여서 학문적 조예가 깊어지면 어느 날 마음이 진리를 통하여 훤히 꿰뚫어 아는 경지에 도달합니다. 그렇게 되면 사물의 상수(象數)와 질량 그리고 이기(理氣)와 성명(性命)이 저절로 인식됨과 동시에 내 마음의 모든 이치가 온전히 갖추어지고 만사에 합리적으로 대응하는 지혜가 밝아집니다. 이와 같이 완벽한 진리탐구의 실력과 사물처리의 능력을 사물이 이르름이라고 하는 것이요, 지식이 지극함이라고 하는 것입니다.

맹자(孟子)는 이와 같은 높은 지능이 모든 사람에게 있음을 다음과 같이 밝히고 있습니다.

"사람이 배우지 아니하고도 잘하는 바는 그 본래 재능(才能)이요, 생각하지 아니하고도 아는 바는 그 본래 지성(知性)이다. 어린아이가 어버이 사랑함을 알지 못함이 없으며, 그 자람에 미쳐서는 그 형을 공경함을 알지 못함이 없는 것이다. 어버이를 친애하는 것은 인(仁)이요, 어른을 공경하는 것은 의(義)이니, 다름이 없는지라 천하에 통달하는 것이다."라고 하여 모든 사람에게 천부적인 지능이 있음을 설파하였습니다.

배우지 아니하고도 어버이를 사랑하고, 형을 공경하며, 생각하지 아니하고도 어버이를 사랑할 줄 알고, 형을 공경할 줄 아는 것은 양지양능(良能良知)라고 하는바 이러한 어진 지능은 허령불매(虛靈不昧)한 인간의 마음에서 연원한 것이며, 허령불매(虛靈不昧)한 사람의 마음이 있음은 명통공보(明通公溥)한 본성의 지(智)에서 말미암은 까닭에 치지(致知)공부는 먼저 지성을 함양하고, 마음을 공명(公明)하게 하지 않으면 안 됩니다. 만일 심성을 닦지 아니하면 지능이 개발될 수 없고, 멸성(滅性) 방심(放心)한다면 지능이 나올 데가 없는 것입니다. 따라서 양지양능(良知良能)은 인간성에서 나타나는 것이요, 공명한 마음에서 발휘되는 것이므로 진심(盡心)·지성(知性)하지 아니한다면 개발을 할 수가 없는 것입니다.

어린아이가 어버이를 사랑하고 형을 공경함은 그 어린아이에게 순수한 심성이 있는 까닭이요, 이 순수한 심성을 해치지 아니하고 함양하면, 장차 어버이에게 효도하고 어른에게 공경하는 인(仁)과 의(義)로써 '옳고', '그름'을 변별할 것이요, 인의(仁義)의 윤리적 당위성을 저버리고 오로지 이해득실로만 사물을 처리하지는 아니합니다.

오늘은 지식을 넓히고 지성을 개발하는 치지(致知)에 대하여 살펴보았습니다.

성의(誠意) /2006. 10. 18(水)

동포 여러분 안녕하십니까? 오늘은 성의(誠意)에 대하여 말씀드리겠습니다.

뜻을 성실하게 하는 것은 마음으로 생각함에 있어 진실성을 잃지 않음입니다. 의(意)는 마음이 일어나(發) 기억하고 셈하고 추리하여 판단하는 활동입니다. 따라서 마음을 헤아려 뜻(志)을 결정하는 과정에서의 성실성과 정직성은 악(惡)함을 막고, 선(善)함을 보존하는 결정적 요인입니다.

그래서 주자(朱子)는 성의(誠意)를 인귀관(人鬼關)이라고 하였습니다. 누구나 생각을 성실하게 하면 착한 사람이 되지만 생각을 불성실하게 하면 사악한 마귀(魔鬼)로 전락할 수 있다는 말입니다.

성(誠)이란 지혜와 인애와 용기를 모두 갖추어 밝게 알고 널리 사랑하여 한결같은 정신을 가진 것입니다. 그리하여 알지 못하는 것이 없고, 사랑하지 않은 것이 없고, 한결같은 정신으로 생각하는 경지를 의성(意誠)이라고 하는데 내 마음의 생각이 지극히 순수해서 조금도 사악(邪惡)함이 섞이지 아니함입니다. 지극히 밝고 성실한 생각은 천진성(天眞性)을 그대로 보존하여 기억하고 셈하고 추리하고 판단하는 과정에서 참되고 착하고 아름다운 인간성을 발휘함으로써 극치는 천인합일(天人合一)의 경지에 도달하는 것입니다.

대학에서는 성의공부(誠意工夫)를 무자기(母自欺)와 자겸(自謙)과 신독(愼獨)의 세 가지라고 다음과 같이 말하고 있습니다.

"이른바 그 뜻을 성실하게 한다는 것은 자신을 속이지 않는 것이니 추악한 냄새를 싫어하듯이 하며 아름다운 여자를 사랑하듯이 함이다. 이것을 일러 스스로 쾌족함이라고 하나니 그러므로 군자는 반드시 그 홀로 생각하는 바를 신중히 하느니라."고 하였습니다.

생각을 성실히 하는 성의(誠意)공부는 대인이 스스로 몸을 닦는 첫걸음입니다. 성(誠)은 진실하고 밝은 것이니 생각을 진실하고 밝게 해야만 착한 마음을 간직해서 사악한 욕심이 나오지 못하도록 미리 막을 수 있습니다. 선(善)은 본성에서 말기암아 나오고, 악(惡)은 생각에서 일어나는 까닭에 생각을 성실하게 하여야 사사로운 욕심을 극복해서 사회도덕에 철저한 공덕심을 회복할 수 있는 것입니다.

생각을 성실하게 하는 방법이 첫째, 자기 자신을 속이지 않는 것이라고 함은 곧 정직(正直)함입니다. 사람의 감각이 즉각 반응하여 악취를 싫어하고 어여쁜 여자를 사랑하는 자연스런 감정처리와 같이 생각도 진실하고 밝게 헤아려서 정직하게 표현해야만 됩니다.

둘째, 스스로 쾌족한 자겸(自謙)은 겸허한 자세로 진실하고 정직하면 조금도 꿀림이나 켱김이 없어서 기분이 좋고 마음이 편안한 것입니다.

셋째, 홀로 생각하는 바를 신중히 하는 신독(愼獨)은 생각을 반드시 신중히 하여 정직성을 잃지 않으려는 노력입니다. 독(獨)은 남이 알지 못하고 오로지 자기만 알고 있는 생각이기 때문에 불성실하게 생각하면 사악하게 되므로 항상 양심의 지상명령에 철저해야 합니다. 공자는 사람이 사는 길은 정직함이라고 하였고, 맹자는 정직으로 호연한 기상을 기른다고 하였으며, 주자는 하늘땅이 만물을 기르는 원리와 성인이 만민을 가르치는 진리가 오직 정직이라고 했으며, 송자(宋子: 尤庵)는 정직의 학통을 계승하도록 유언했으니 유학의 전통은 정직사상으로 일관합니다.

우암(尤庵) 선생은 독대설화『獨對說話』에서 주자의 격치성정론

(格致誠正論)을 인용하면서 다음과 같이 말하고 있습니다.

"옛날 주자는 범사에서 옳은 것을 추구하는 것으로서 격물(格物) 치지(致知)의 요체라 하였으니 이 말을 마땅히 깊이 체찰해야 하며, 성의(誠意)의 학설에 이를 것 같으면 선을 좋아하고 악을 싫어하는 것이 이에 그 실사(實事)라 하였다."라고 하고 또 "대저 사람의 심체(心體)는 격물 치지(格物 致知)의 뒤에 이미 밝아지고, 좋아하고 싫어하는 것은 성의(誠意)의 뒤에 이미 가려진다."라고 범사구시(凡事求是)와 실학(實學)을 강조하였습니다.

인욕(人欲)을 막고 천리(天理)를 보존하는 것을 성리학의 기본자세로 정착시켜 청렴 강직한 선비상을 이 땅에 세웠습니다.

모름지기 선비는 생각을 성실하게 하여 선(善)을 취하고 악(惡)을 버림에 명쾌하게 결단할 것입니다. 만일 우물쭈물하면서 눈치를 보며 대답을 미루거나 또는 좋은 것을 싫은 척하고, 싫은 것을 좋은 척하는 것은 모두 자신을 속이고 남을 기만하며, 하늘을 속이는 죄악이고 이러한 불성실이 바로 불신의 씨앗입니다. 성의(誠意)공부는 격물(格物), 치지(致知) 공부와 더불어 밝고 성실해지는 것이므로 널리 배우고 지식을 쌓는 노력을 하여야 지(知)와 덕(德)을 겸비하여 천하에서 가장 착한 생각을 가지게 될 것입니다.

끝으로 증자(曾子)가 말하기를 열 눈이 보고 열 손가락이 지적하니 그 엄한진저 라고 하였습니다.

(曾子曰 十目所視 十手所指 其嚴乎)

생각은 가슴에 홀로 아는 것이지만 정성은 또한 밖으로 나타나기 때문에 남이 훤히 아는 것이니 생각은 숨겨도 정성은 끝내 숨기지는 못함을 알아야 합니다.

정심(正心) /2006. 10. 19(木)

동포 여러분 안녕하십니까? 오늘은 마음을 바르게 하는 정심(正心)에 대하여 말씀드리겠습니다.

마음을 바르게 한다는 것은 참되고 착하고 아름다운 마음을 한결같이 간직하여 사물에 대한 공명정대한 시각을 잃지 않는 것입니다. 마음은 한 몸을 주재(主宰)하는 실체입니다. 마음을 비워서 신령한 지각능력을 간직해야만 사물의 현상을 정확하게 경영할 수 있기 때문에 몸을 닦음에 있어 항상 경건한 자세로 도덕적 양심을 지켜야 합니다.

사람의 마음은 신령하여 경건하게 간직하는 공부를 해야지 마음공부를 하지 않으면 그 출입(出入)이 무상(無常)하여 방심(放心)하거나 동심(動心)해서 공명정대한 빛을 잃고 선입견과 편견 및 의혹과 착란 속에 물질의 노예로 전락합니다. 이러한 위험을 깨닫고 마음공부를 열심히 해서 자기의 마음이 천심(天心)처럼 만물의 표준으로 정립된 경지를 심정(心正)이라고 합니다.

대학『大學』에서는 마음이 흔들리는 병통을 다스리는 방법으로 먼저 감정조절능력을 길러야 된다고 하면서 다음과 같이 말하였습니다.

"이른바 몸을 닦음이 그 마음을 바르게 함에 있다는 것은 몸에 분하고 노여운 바가 있으면 그 바름을 얻지 못하고, 무섭고 두려운 바가 있으면 그 바름을 얻지 못하고, 좋아하는 바가 있으면 그 바름을 얻지 못하고, 근심하고 걱정하는 바가 있으면 그 바름을 얻지 못함이 있느니라."라고 하였습니다.

마음은 한 몸의 정신적 주재자요, 몸은 마음이 의지하는 그릇입니다. 그러므로 마음의 주체가 바르지 아니하면 몸의 작용이 바르지 못한 까닭에 반드시 먼저 감정을 조절하여야 몸을 닦을 수 있음을 지적했습니다.

일신상의 사정으로 인하여 감정이 폭발해서 경거망동하거나, 공포감에 사로잡혀 질겁하여 놀라거나, 욕심이 동하여 현혹당하거나, 걱정과 근심에 초췌하여 정신력이 혼미해지면 결국 이성을 잃어서 마음을 반듯하게 간직할 수 없는 것이지요. 이것은 모두 마음이 흔들리는 병통인즉 외부의 충격을 제압하여 내부의 마음을 바르게 간직하는 극기력으로 감정을 통제하여야 됩니다.

사람의 마음이 어리석고 나약하면 감정을 조절하는 자제력과 외물을 절제하는 통제력이 없어서 조그마한 충격에도 쉽게 흔들리고, 변변치 않은 사물에도 지나치게 집착하는 것입니다. 그러므로 대인은 강건(剛健)하고 중정(中正)하고 순수한 마음을 간직하여 명경지수(明鏡止水)와 같이 외물과의 접촉에 조금도 흔들림이 없으면서 사물의 실상을 그대로 반영하고 고요하게 움직이지 않으면서 정확하게 감응하는 것입니다.

그 다음에는 방심(放心)의 병통을 다음과 같이 경계하였는데

"마음이 있지 않으면 보아도 보이지 않으며, 들어도 들리지 않고, 먹어도 그 맛을 알지 못하느니라." 라고 하였습니다.

사람의 정신기운이 흐릿하고 지각능력이 우둔하면 5관(五官)의 감각기관까지 풀어지고 느려져서 보거나 듣거나 먹어도 의식이 몽롱하여 정확히 알지 못하는 것입니다.

더욱이 마음은 들고 나는 때가 없고, 그 가는 곳도 알 수 없는 까닭에 방심하기가 매우 쉬운 것입니다. 그러나 사람이 이 마음을

찾으면 금방 이르러 오나니 경건한 자세로 이 마음을 잘 간직해야 됩니다. 경건한 자세란 오직 하나만을 주장하여 이리저리 옮김이 없이 자연스럽게 안정하는 자세입니다. 미리 기약함도 없고, 현재 잊지도 않고, 뒤늦게 조장함도 없는 경건한 자세로 방심의 병을 고쳐야만 마침내 언제나 성성(惺惺)한 바른 마음을 간직하여 정확하게 사물을 인식해서 반듯하게 처리할 것입니다.

이렇게 마음의 공명정대한 주체가 서서 조금도 흔들리거나 어그러짐이 없는 것이 착한 본심이요, 도덕적 양심이며, 중정(中正)한 도심(道心)으로 투명한 대인의 마음입니다.

인간성을 함양하여 마음을 곧고 바르게 간직하면 외모가 방정하고 행실이 정의로워서 모든 사람이 흠모하여 가까이 따르는 인격이 이루어집니다. 이러한 군자의 마음은 지극히 순수하고 진실하기 때문에 연습하여 꾸밀 필요도 없고, 의심하여 머뭇거릴 필요도 없는 것입니다. 이것은 떳떳한 양심이요, 확고부동한 도덕심이니 바로 인격적 독립의 기틀입니다.

무릇 천리(天理)를 간직한 대인의 공명정대한 부동심(不動心)은 대인의 도량과 품격을 갖추는 근본임과 동시에 천명(天命)을 받들어 화평세계를 건설하는 중심체임을 깨달아서 평생 정심(正心)공부를 계속해야 할 것입니다.

수신(修身) /2006. 10. 20(金)

동포 여러분 안녕하십니까? 오늘은 자기 자신의 신체발부(身體髮

膚)를 사랑하고 공경하여 인격을 아름답게 닦는 수신(修身)에 대하여 말씀드리겠습니다.

사람은 만물의 영장(靈長)으로서 건강한 육체와 건전한 정신을 갖추어야만 훌륭한 인격자가 되어 원만한 사회생활을 경영할 수 있는 것입니다.

그러므로 대학『大學』에서는 고상한 도덕적 품성을 기르는 일은 모든 사람들의 공통적 과제임을 다음과 같이 강조합니다.

"중앙의 최고지도자로부터 서민대중에 이르기까지 한결같이 이에 모두 몸을 닦는 것으로 근본을 삼느니라."라고 하였습니다.

인류의 밝은 사회 건설은 인민의 자각에 기초합니다. 주권이 인민에게 있는 사회문화의 발전은 민도에 비례하기 때문에 구성원 각자의 인격수양이 문화사회를 건설하는 기본 요건입니다.

이것은 인간됨을 만사의 근본으로 여기는 인본주의(人本主義) 사상을 역설한 것입니다.

우리 유교(儒敎)에서 몸을 닦는 기초공부로 9용(容)과 9사(思)와 9덕(德)이 있습니다.

9용은 아홉 가지 용모인데 풍채가 있는 체격을 갖추는 길로

첫째, 족용중(足容重): 발의 용모는 무거움이요

다음은 수용공(手容恭): 손의 용모는 공손함이요

다음은 목용단(目容端): 눈의 용모는 단정함이요

다음은 구용지(口容止): 입의 용모는 정지함이요

다음은 성용정(聲容靜): 소리의 용모는 안정함이요

다음은 두용직(頭容直): 머리의 용모는 곧음이요

다음은 기용숙(氣容肅): 기상의 용모는 엄숙함이요

다음은 입용덕(立容德): 서 있는 용모는 덕성스러움이요

끝으로 색용장(色容莊): 얼굴색의 용모는 장중함입니다. 이상의 9용은 모두 몸을 닦아 밖으로 풍겨 나오는 아름다운 풍채입니다.

다음으로 9사, 즉 아홉 가지 생각은 건전한 정신을 기르는 방법인데

첫째, 시사명(視思明): 보는 것은 눈 밝을 것 생각하고

다음은 청사총(聽思聰): 듣는 것은 귀 밝을 것 생각하고

다음은 색사온(色思溫): 낯빛은 따뜻할 것 생각하고

다음은 모사공(貌思恭): 용모는 공손할 것 생각하고

다음은 언사충(言思忠): 말은 진실할 것 생각하고

다음은 사사경(事思敬): 일은 경건할 것 생각하고

다음은 의사문(疑思問): 의심나면 물어볼 것 생각하고

다음은 분사난(忿思難): 분노하면 어려울 것 생각하고

끝으로 견득사의(見得思義): 이득을 보면 정의를 생각함입니다.

이상 9사는 건전한 정신을 언제 어디서나 확고하게 가짐으로써 선비의 기개가 있고 군자(君子)의 도량이 있으며 성현(聖賢)의 도덕을 갖추는 데 이르는 것입니다.

그리고 또 9덕이 있습니다. 아홉 가지 덕행을 갖추어야만 유능한 실력을 가진 사람이 됩니다.

첫째는 관이율(寬而栗): 너그러우면서도 엄격하며

다음은 유이립(柔而立): 부드러우면서도 독립하며

다음은 원이공(愿而恭): 착실하면서도 공손하며

다음은 란이경(亂而敬): 잘하면서도 공경하며

다음은 요이의(擾而毅): 순하게 따르면서도 꿋꿋하며

다음은 직이온(直而溫): 정직하면서도 따뜻하며

다음은 간이렴(簡而廉): 간단하고 쉬우면서도 법도를 지키며

다음은 강이색(剛而塞): 군세면서도 충실하며

다음은 강이의(彊而義): 힘차면서도 의로운 것입니다.

이 아홉 가지 덕(德)은 인간의 미덕을 고루 갖춘 것으로 지혜롭고 인자하고 용기가 있을 뿐만 아니라 개인적으로나 집단적으로나 맡은 일을 완벽하게 경영할 수 있는 능력을 가진 인격입니다.

사람의 한 몸에는 하늘땅의 덕(德)과 음양의 도(道)와 귀신의 혼령(魂靈)과 5행(五行)의 수기(秀氣)가 갖추어 있는 것입니다.

그러므로 몸을 크게 닦은 사람은 하늘땅의 마음으로 마음을 삼고 음양5행(陰陽五行)의 도(道)로 절도를 삼으며 천지만물로 의식주(衣食住)를 마련하여 가장 모범적인 인격주체(人格主體)를 확립하고 도덕과 윤리와 예절의 표준이 되므로 그 몸이 닦였다고 합니다.

동포 여러분, 우리나라는 예로부터 사람을 봄에 선언서판(身言書判)을 본다고 하였습니다. 사람이 체격이 좋고 말이 또렷하며 글씨가 반듯하고 판단이 정확하면 인격자로 보았으니 여러분도 이러한 인격을 갖추고 있으리라고 믿으면서 마치겠습니다. 감사합니다.

제가(齊家) /2006. 10. 21(土)

동포 여러분 안녕하십니까? 오늘은 가족이 화목하여 안락한 가정을 이룩하는 제가(齊家)에 대하여 말씀드리겠습니다.

가정은 천하국가사회의 기초단위로서 어버이와 자녀의 혈연으로 맺어진 천륜(天倫)과 남편과 아내의 혼인으로 맺어진 부부관계로 구성되어 서로 도우면서 길이길이 함께 사는 생활공동체입니다.

가족관계는 운명공동체로서의 특별한 성격을 가진 소집단이기 때문에 사람에게 있어서 사회생활의 출발점인과 동시에 국가사회 발전의 토대인 것입니다. 따라서 안락한 가정을 꾸미는 것은 대인의 책무이며, 그것은 또한 몸을 닦는 실천적 과제입니다.

가족관계는 가끔 만나는 일시적 관계가 아니고, 늘 함께하는 일상적 관계입니다.

그러므로 그 관계가 밀접하여 대단히 민감하게 반응하는 관계를 항구적으로 유지하기 위해서는 가정에 도덕과 윤리와 예절이 있어야 됩니다.

대학『大學』에서는 가정을 가지런히 하는 방법으로 먼저 가족의 화목을 파괴하는 편벽된 행동을 크게 경계하였습니다. 어버이에게 효도하고 형제간에 우애하며 처자를 사랑하는 다음은 인간의 천성(天性)으로 누구에게나 있는 보편적 통성(通性)인데도 가정을 경영하는 사람이 지나치게 편벽하여 차별을 하면 그 화목이 깨지고 분열하여 갈등이 일어나기 때문에 다음과 같이 경계하였습니다.

"이른바 그 집안을 가지런히 함이 그 몸을 닦음에 있다는 것은 사람이 그 친애하는 바에서 편벽되며, 그 업신여겨서 푸대접하고 미워하는 바에서 편벽되며, 그 두려워하고 공경하는 바에서 편벽되며, 그 애절하고 불쌍한 바에서 편벽되며, 그 오만하고 게으른 바에서 편벽되나니 그러므로 좋아하면서도 그 나쁜 점을 알며, 미워하면서도 그 좋은 점을 아는 사람이 천하에 드물다."고 하였습니다.

이것은 원만한 인격을 통해 가정의 화목과 안정이 이루어지는 구체적 사례를 분류하여 논증한 것입니다.

그리고 대학『大學』에서는 가정에 효도와 우의와 자애가 넘치도록 교육할 것을 주장하면서 관혼상제(冠昏喪祭)의 가정의례를 거행하는 아름다운 가풍(家風)을 일으켜서 반듯하고s 안락한 집안이 되도록 이끌라고 하였습니다.

본가와 외가 및 처가가 두루 화목하고 고르게 잘살며 조상의 착하고 아름다운 정신을 자손이 이어받아 은혜와 의리가 가득한 가풍을 세워서 안정한 가운데 행복한 삶을 온 가족이 누리도록 만들라는 것입니다.

그러므로 유교(儒敎)의 윤리(倫理)는 부자유친(父子有親), 부부유별(夫婦有別), 장유유서(長幼有序)와 부위자강(父爲子綱), 부위부강(夫爲婦綱)과 같은 전통윤리의 보수적 가치를 매우 소중하게 여깁니다.

전통가정의 보수적 가치는 부모에게 효도하며 조상을 숭배하고 처자를 사랑하며, 형제간에 우애하면서, 가족을 부양하는 현모양처(賢母良妻)를 흠모하고 충효절의(忠孝節義)를 숭상하며 애족 애향심을 고취하는 것입니다. 이러한 보수적 가치는 가족의 안락을 보장하고 희망을 가지게 하는 기본입니다.

근래에 어떤 사람들은 민주, 인권, 자유, 평등, 해방이라는 진보적 가치로 가정을 경영해야 퇴영적 가족주의나 민족주의를 청산하고 진보적 세계주의를 실현할 수 있다고 주장합니다. 그러나 이것은 환상적 진보주의에 지나지 못합니다. 가족을 해체하고 가정을 이탈하는 것은 결국 자기의 정체성을 상실하게 됨으로써 도리어 불안하고 초조한 절망의 나락으로 떨어질 뿐입니다.

집도 없고 가족도 없는 떠돌이를 생각해 보세요. 두렵지 않겠습니까? 유교의 보수주의는 안정만을 추구하는 퇴영적 보수주의가 아니고 치국평천하(治國平天下)라는 진보적 가치를 실현하기 위한 발전적 토대를 구축하는 작업이기 때문에 가정의 안정 속에서 국가사회의 발전을 기약하는 것입니다.

"이것을 일러 나라를 다스림이 그 집안을 가지런히 함에 있다." 고 하는 것입니다.

전통가정윤리의 보수적 가치가 국가사회 안정의 기초가 된다는 사실이지요. 이와 같이 유교윤리는 튼튼한 구심점과 안정감 속에서 단계적으로 향상 발전해서 마침내 사회 전체를 확대 통합하는 동화력(同化力)을 배양하기 때문에 국가의 최고지도자는 전통가정의 보수적 가치인 조상을 숭배하고, 부모에게 효도하며, 처자를 사랑하고, 형제간에 우애하면서 성년식, 결혼식, 장례식, 제사, 향음주례(鄕飮酒禮), 상견례(相見禮) 등의 정신문화를 지극히 존중하는 대안목을 가져야 합니다.

동포 여러분 전통가정의 효제(孝悌)라는 보수적 가치가 인류사회 발전에 토대가 된다는 성인의 가르침을 잊지 말기 바랍니다.

치국(治國)평천하(平天下) /2006. 10. 22(日)

동포 여러분 안녕하십니까? 오늘은 나라를 잘 다스리는 치국(治國)과 천하를 평화롭게 건설하는 평천하(平天下)에 대하여 말씀드리겠습니다.

유교의 정치론은 상고시대에 요(堯)임금과 순(舜)임금이 하늘의 덕(德)을 본받아 대도(大道)를 경영하여 어진 정치, 즉 인정(仁政)을 시행해서 태평성대(太平聖代)를 이룩한 것을 최고 극치로 삼기 때문에 대단히 명쾌한 논리를 가지고 있습니다. 요순(堯舜)이 다스리는 정치원리는 천체(天體)의 자연법칙으로 국체와 정체와 사체(事體)를 세우고 천명(天命)을 받은 어진 이를 나라의 최고지도자로 추대해서 1년 4시 12월 24절후의 운행절도에 맞추어 사업을 성공적으로 경영하는 것입니다.

이러한 정치체제는 하늘의 덕으로 다스린다고 하여 덕치(德治)라고 하며 또 대도(大道)로 공명정대하게 다스린다고 하여 왕도정치(王道政治)라고도 하며 또 인민대중을 인간적으로 사랑해서 활발하게 살리는 정치라고 해서 인정(仁政)이라고도 하며 민심천심(民心天心)이라 민심의 여론에 따라 정책을 결정하기 때문에 공론정치(公論政治)라고 하며 또한 천재지변이나 흉측한 불상사가 전혀 없고 인생의 안락을 보장하는 지극한 정치라고 하여 지치(至治)라고 하며 또 나아가 하늘땅이 신성하고 산천초목이 빛나며 금수 곤충까지도 삶터를 보장하여 더불어 살기 때문에 대동사회(大同社會)라고 합니다.

일찍이 우(禹)임금은 요순(堯舜)의 이러한 정치를 경영하는 원칙을 아홉 가지 범주로 정리하였으니 홍범9주(洪範九疇)인데 이것을 지난 수천 년 동안 우리 동방사회는 정치철학으로 받들었습니다.

이제 서경『書經』의 홍범(洪範)에 있는 내용을 약술하면 다음과 같습니다.

첫째는 자연과학을 철저히 연구하여 천리(天理)와 물리(物理)와 사리(事理)를 정밀하게 연구하여 자연과학을 발전시켜서 자연자원을 적극 개발 이용하고 후생복지의 터전을 만드는 것입니다.

둘째는 인문과학을 깊이 연구하여 인간의 착한 심성(心性)을 기르고 몸을 닦아 모든 사람이 품격을 갖추어 인민의 교양수준을 고도로 높여서 자율자치(自律自治)할 수 있는 능력을 배양하는 것입니다.

셋째는 나라의 일을 조직적으로 수행하여 책임을 분담하는 정부 조직기구와 행정체계를 아름답게 갖추는 것입니다.

넷째는 천체의 운행도수에 맞추어 정확한 춘하추동(春夏秋冬)과 초하루와 보름, 24절후를 밝혀 1년 12개월의 달력을 제정할 것입니다.

다섯째는 가장 훌륭하고 공명정대(公明正大)한 사람을 최고지도자로 뽑을 것입니다.

여섯째는 나라의 최고지도자가 국가권력을 합법적으로 행사하여 인민을 위하는 봉사의 기회로 삼을 것.

일곱째는 인간의 지혜로 풀리지 않아서 의심스러우면 하늘의 뜻을 확인할 것(卜筮).

여덟째는 정치의 성공과 실패는 자연현상으로 판단하여 자연을 파괴하지 말 것.

아홉째는 인민이 5복(五福)을 누리고 6극(六極)에서 벗어나게 할 것 등인데 5복(五福)은 수(壽), 복(富), 강녕(康寧), 유호덕(攸好德, 고종명

(考終命)의 다섯 가지 행복이고 6극(六極)은, 흉단절(凶短折), 질(疾), 우(憂), 빈(貧), 악(惡), 약(弱)의 여섯 가지 고통입니다. 이상이 홍범9주의 내용입니다.

여기에서 가장 중요한 것은 자연과학을 개발하는 것과 민도를 높이는 것과 훌륭한 지도자를 선출하는 것입니다. 자연과학이 발달해야 풍요로운 세상을 만들 수 있고, 인민의 지성이 높아야만 문화를 발전시킬 수 있으며, 지도자가 위대한 지도력을 가지고 있어야 원대한 목표를 슬기롭게 달성할 수 있기 때문입니다.

여러분 오늘날 패권정치 아래에서 어떻게 세계평화가 보장되겠습니까? 진정 세계평화를 이루기 위해서는 하루속히 홍범9주로 정치철학을 세워서 먼저 자유롭고 평등하게 사는 복지낙원을 건설하여 정치, 경제, 교육, 문화, 과학, 기술, 외교, 국방, 예술 등에서 세계 제1의 문명중심국이 되도록 경영해야 됩니다.

그래야 세계평화를 실질적으로 보장해서 민족의 평등, 인권의 존중, 인간의 자유, 민중의 해방과 같은 과제를 완전히 해결하고 안락한 새 시대가 활짝 열릴 수 있을 것입니다. 여러분 홍범사상으로 세계속에 빛나는 이상세계 건설에 일로매진합시다.

5륜3강(五倫三綱)의 현대적 의의 /2006. 11. 27(月)

동포 여러분 날씨가 추운 겨울이 되었습니다. 그동안 안녕하셨습니까? 오늘부터는 5륜(五倫)과 3강(三綱)의 논리를 현대적인 뜻으로 말씀드리겠습니다.

5륜(五倫)의 윤(倫) 자는 본래 음악용어입니다. 여러 가지의 악기가 합동으로 연주를 할 때에 전체적으로 웅장하고 아름다운 소리로 절묘하게 협화음(協和音)을 이루면서도 그 각각의 악기 소리가 또렷이 나타나는 곧 조화 속의 질서가 있는 것을 륜(倫)이라고 합니다.

그리고 3강(三綱)의 강(綱)은 벼리 강 자입니다. 벼리는 그물의 코가 바르게 펼쳐질 수 있도록 그물을 매다는 동아줄입니다. 따라서 그물에는 벼리가 있어야 그물을 바르게 펼칠 수 있는 것이요, 만일 그물에 벼리가 없으면 결코 그물을 펼쳐서 고기나 새를 잡을 수 없는 것입니다.

이러한 음악용어와 그물용어가 왜 인간의 윤리용어로 쓰이게 되었을까요?

개인주의나 획일주의 사회에서는 인간관계가 매우 단순하기 때문에 개별적, 기계적으로 사는 까닭에 화음이나 벼리를 논할 여지가 없는 것입니다. 그래서 19세기 말로부터 20세기에 이르는 제국주의의 무단통치와 개인자본주의 또 공산획일주의의 등장으로 5륜3강(五倫三綱)의 유교적 가치가 배척당하고 심지어 봉건전제주의 낡은 도덕으로 지목하여 타파의 대상이 되어서 학자들이 입만 열면 비난과 비판을 서슴지 않았던 것입니다.

나는 온 세상이 유교의 도덕과 윤리와 예절을 배척하는 현실을 목도하면서 약 10여 년을 연구한 결과 5륜3강은 결단코 주종(主從) 관계의 차별도덕이 아니고 양주쌍전주의(兩主雙全主義)의 화합도덕임을 밝힘과 동시에 지난날 일원주의(一元主義)적 유일사상(唯一思想)의 획일주의 사회를 청산하고 장차 다원주의적(多元主義的) 복합사상(複合思想)의 화합주의 사회를 건설하는 최고의 이념(理

念)임을 천명하여 실천운동에 앞장서고 있습니다. 5륜3강(五倫三綱)은 만고불변의 진리이고, 인류의 영원한 가치고 난세를 다스리는 특효약입니다.

여러분이 알고 있듯이 5륜(五倫)은 부자유친(父子有親), 군신유의(君臣有義), 부부유별(夫婦有別), 장유유서(長幼有序), 붕유유신(朋友有信)이지요. 이것은 만물이 이 세상에서 안정(安定)을 도모하는 존재원리(存在原理)입니다. 만물은 모두 현실에서 안정을 얻으면 발전하고 불안정하면 쇠퇴하는 것이지요. 만물이 안정을 확보하려면 이 다섯 가지 관계가 튼튼해야 됩니다.

첫째, 뿌리와 줄기와 가지가 확고해야 되지요. 뿌리가 없으면 줄기와 가지가 말라 죽습니다. 둘째, 위와 아래가 튼튼해야 되지요. 위가 약하면 무너지고 아래가 없으면 떨어집니다. 셋째, 안과 밖이 튼튼해야 되지요. 안이 비었으면 쭈그러지고 밖이 약하면 터집니다. 넷째, 앞과 뒤가 튼튼해야 되지요. 앞이 약하면 앞으로 넘어지고 뒤가 약하면 뒤로 넘어갑니다. 다섯째, 왼쪽과 오른쪽이 튼튼해야 되지요. 왼쪽이 없으면 왼쪽으로 무너지고 오른쪽이 없으면 오른쪽으로 무너집니다. 따라서 만물이 안정을 유지하기 위하여 모두 본말(本末), 상하(上下), 내외(內外), 전후(前後), 좌우(左右)의 다섯 가지 관계를 튼튼히 하는 것입니다.

이와 같이 현실에서 만물이 안정을 유지하는 물리적인 다섯 가지 조건을 성인이 인류사회에서 윤리적인 다섯 가지 안정의 조건으로 정립한 내용이 바로 5륜(五倫)인 것입니다. 그러므로 본말(本末)은 부자(父子)관계로 아버지는 뿌리요 아들은 가지이기 때문에 우리가 지금도 자식을 금지옥엽(金枝玉葉)이라고 하지 않습니까?

상하(上下)는 군신(君臣)관계로 나라의 최고지도자가 위에서 통치권을 행사하고, 국가의 공무원이 아래에서 행정책임을 맡아 국민을 위하여 일하는 정부조직체계입니다.

내외(內外)는 부부(夫婦)관계로 남편은 바깥주인이고, 아내는 안주인이라고 하지 않습니까? 전후(前後)는 장유(長幼)관계로 어른은 선배이고 어린이는 후배라고 하지 않습니까? 좌우(左右)는 붕우(朋友)관계로 예로부터 벗이나 동무를 일컬어 좌우(左右)라고 호칭하지 않습니까?

이러한 윤리적인 다섯 가지 안정의 조건을 확립하기 위하여 누가 먼저 책임을 지고 솔선수범할 것인가를 살핀 결과 나이가 많고 경륜이 높으며 체력이 강건한 사람에게 먼저 실천하라고 권장하는 것이 3강(三綱)입니다. 임금은 신하의 모범이 되고, 아버지는 자녀의 모범이 되고, 남편은 아내의 모범이 되는 것은 사리에 당연한 것입니다. 의심할 여지가 없어요.

여러분 오늘은 5륜3강(五倫三綱)의 현대적 의의를 말씀드렸습니다. 내일부터는 5륜3강(五倫三綱)의 구체적인 덕목(德目)을 차례로 말씀드리겠습니다. 감사합니다.

부자유친(父子有親)의 도덕적 가치 /2006. 11. 28(火)

동포 여러분 안녕하십니까? 오늘은 5륜(五倫) 가운데 첫째 덕목(德目)인 부자유친(父子有親)의 도덕적 가치에 대하여 말씀드리겠습니다.

어버이와 자녀 사이에 친근함이 있는 것은 만물의 영장(靈長)으로서 인간의 최고 가치요, 인간성인 어진 인성(仁性)을 발휘하는 기본입니다.

어질 인 자의 인(仁)은 공변되고 착한 사랑의 삶을 주장하고, 사람의 공변되고 착한 사랑의 삶은 효(孝)보다 위대한 것이 없습니다. 효도를 인간 최고의 덕목으로 삼는 유교는 그 실천방법이 대단히 다양하고 치밀해서 일률적으로 논할 수 없지만 큰 줄거리를 요약하면 부자간(父子間)에 친(親)함이 있어서 틈이 벌어지지 않음과 아버지의 뜻을 어기지 않는 순종(順從)함과, 어버이를 장수(長壽)하도록 섬기고 자손 번창하게 함과 어버이 생전에 걱정 없이 모셔서 즐겁게 인생의 말년을 보장하는 것입니다.

부자(父子)는 천륜(天倫)이고 혈연관계로 맺은 골육(骨肉)의 친(親)이니 본래 일체였기에 천하에 이보다 가까운 사이는 없습니다. 그러므로 부모가 자애하고 자녀가 효도하는 것은 천성(天性)인 까닭에 5륜에서 부자유친(父子有親)을 첫째로 삼아서 부자의 친근한 정신이 위로는 조상에게 올라가 시조(始祖)를 받드는 데까지 이르고, 아래로는 만대(萬代)의 후손에게도 그 정신을 이어 가게 하여서 부자 사이에서 나온 친근한 정신이 단지 당대에만 머무르지 않고 시간을 초월하여 조상과 후손을 일체로 묶는 숭고한 역할을 하는 것입니다.

또한 부자(父子)의 친근한 사랑은 부자를 위하는 마음에서 가정을 사랑하고, 고을을 사랑하고, 나라를 사랑하고, 세계를 사랑하는 마음으로 확산하면서 바야흐로 하늘과 사람이 하나로 합하고 저승과 이승이 통하는 무한한 친화력으로 승화하여 사람으로 하여금 대단한 안정감과 활발한 생활영역을 개척하게 하는 것이니 이것도 효도의 윤리에 있어서 첫 번째 뜻입니다.

효도의 두 번째 뜻은 자녀가 부모의 뜻을 어기지 않고 받들어 순종함으로써 부자(父子) 사이에 기강(紀綱)을 세워서 부자의 관계는 세대를 계승하면서 역사를 발전시켜야 하는 사명을 가지고 있기 때문에 부모는 존엄한 위치에 있고 자손은 비천한 위치에 있으니 아버지는 자식의 벼리가 되는 것인즉 이것이 삼강(三綱)의 둘째 항목이 된 까닭입니다. 이에 부모는 가정교육을 통하여 자녀를 가르치고 자녀는 어버이를 배워서 닮아야 하는 부자의 도리가 있습니다.

나무가 뿌리를 배반하면 자라지 못하고 물이 근원을 떠나면 흐르지 못합니다. 조상은 후손의 근원이고 부모는 자녀의 뿌리이므로 역대 조상의 정신과 오랜 가풍(家風)의 전통을 보존하며 지켜 온 어버이는 위대합니다. 자식은 마땅히 이와 같이 위대한 어버이의 존엄한 뜻을 계승하여 받들고 그 사업을 계속하여 완성해야 할 직분이 있는 것입니다. 만일 부자(父子) 사이에 친애심만 있고 기강(紀綱)이 없다면 어버이의 존엄성을 상실하여 급기야 부모에게 불순(不順)한 자식이 되고 말 것입니다.

효도의 세 번째 뜻은 어버이가 오래오래 살아서 장수(長壽)를 누리도록 함입니다. 사람으로 태어나서 5복(五福)의 첫째가 수(壽)이니 어버이를 장수하도록 잘 모시고 섬기는 것은 자식의 도리지요. 사람이 살기를 좋아하고 죽기를 싫어하는 것은 하늘땅의 마음이고 사람의 뜻입니다. 그리하여 사람은 오직 살아서 장수하고자 하는 마음이 있을 뿐만 아니라 또한 사후에도 자손이 번창해서 장구한 생명력을 발휘하고자 하는 것입니다. 그러므로 맹자(孟子)는 말하기를 후사(後嗣)가 없는 것이 커다란 불효(不孝)라고 하였으니 종족이 이로써 멸절해서 조상의 제사(祭祀)가 폐지되기 때문입니다.

끝으로 효도의 네 번째 뜻은 어버이에게 근심걱정이 없게 해서 즐거운 인생말년(人生末年)을 보장하는 것입니다. 이것은 어버이가 자식을 낳아서 길러 준 은덕에 보답하는 것으로 부모의 구로(劬勞)는 하늘과 같아서 생전에 다 갚을 수 없는 것이지만 만분의 일이라도 보답하는 것이 자식의 도리지요. 보답은 어떤 방법으로 해야 하는가? 고생 끝에 즐거움이 있는 것은 하늘땅의 대의(大義)이니 겨울이 가면 봄이 오고, 밤이 가면 아침이 오듯이 자식을 기른 고생은 당연히 즐거운 공양(供養)으로 보답해야 하는 것입니다.

그러나 어버이의 즐거움은 결국 자식의 즐거움을 통해서 얻어지는 것이므로 자녀들은 먼저 부모를 모시고 사는 것을 즐거워해야 합니다. 그러므로 맹자는 부모가 모두 계시고 형제가 무고하면 첫째의 즐거움이라고 하였고, 『예기(禮記)』에서는 효자(孝子)가 깊이 부모를 사랑하면 화기(和氣)와 기쁜 얼굴색과 어여쁜 맵시가 있다고 하였으니, 늙은 부모는 자기만의 마음이 없고 자식의 마음으로 마음을 삼는 것인즉 자식도 또한 부모를 위하는 마음으로 자기의 마음을 써야 하는 것입니다. 이래서 인(仁)을 완성하면 반드시 효도를 잘하고, 효도를 잘하면 반드시 어질다고 흠모하여 마지않는 것인즉 공자의 인(仁)사상과 효(孝)윤리는 유교인의 출발점이자 귀착점으로서 동방의 아름다운 자연관과 착한 인생과 및 도덕수양론이 모두 여기에서 나온 것입니다.

오늘은 5륜(五倫)의 첫째인 부자유친(父子有親)의 도덕적 가치에 대하여 말했습니다. 여러분 효도하세요. 감사합니다.

부자유친(父子有親)의 예법적인 의무사항 /2006. 11. 29(水)

동포 여러분 안녕하십니까? 어제는 부자유친(父子有親)의 도덕적(道德的) 가치로 친근하게 사랑함과, 유순하게 따름과, 즐겁게 섬김과, 장수하도록 모시는 효도의 길을 말씀드렸습니다. 오늘은 그러한 효도의 길을 구체적으로 실천하는 예법적인 의무사항을 말씀드리겠습니다.

예절(禮節)은 때와 장소와 사람의 조건에 따라 절도와 질서가 있는 것이므로 나이를 기준으로 삼아 차례로 논술하면 부모는 어린 아들딸을 친히 양육(養育)할 의무가 있고 아들딸은 늙은 부모를 친히 공양(供養)할 의무가 있는 것입니다.

먼저 부모가 자녀를 친히 양육할 의무에 대하여 말하면 어머니는 아기를 출산하면 우선 젖을 먹여 길러야 할 의무가 있고, 아버지는 아기의 어머니를 따뜻하게 보살펴야 할 의무가 있습니다.

그래서 유교에서는 아기가 출생하여 100일이 되면 아버지가 아기에게 100일상을 차려 주고 아기의 이름을 직접 지어 주는데 이것은 아기가 자기의 아들딸임을 인정하고 성인(成人)이 될 때까지 양육을 책임진다는 뜻입니다.

양육을 책임진다는 것은 단순히 먹여 주고, 입혀 주고, 재워 준다는 것뿐만 아니라 또한 가르쳐서 인격을 완성하도록 열심히 교육시키겠다는 의미도 있습니다. 그러므로 100일날에 아버지는 아기의 어머니에게 7세가 될 때까지 아기를 잘 가르쳐서 예절 바른 아기로 길러 달라고 당부하는 것입니다.

그러므로 아기의 어머니는 아기가 자라서 밥을 먹게 되면 오른

손으로 숟가락을 잡고 밥을 먹게 하며 대답할 때에 '예'라고 하도록 가르치고,

6세가 되면 부모의 나이와 지방의 이름을 가르치고,

7세가 되면 해서는 안 되는 것이 있음을 가르치고,

8세가 되면 음식을 양보하고 길을 어른에게 양보하는 법을 가정에서 가르치는 것입니다.

그리고 아들딸이 학교에 들어가면 비단옷과 솜옷을 입히지 않고, 스승을 존경하도록 가르칠 책임이 바로 아기의 아버지와 어머니에게 있는 것입니다.

마침내 아들딸이 20세가 되면 성인의 옷을 입혀 성년식(成年式)을 거행하여 사회구성원의 일원으로 떳떳하게 살아가게 하며 이어 혼인을 해서 가정을 이루어 열심히 살게 하는 것이 부모의 도리(道理)입니다. 여기까지는 아버지와 어머니가 자녀를 양육하는 예법적인 의무라 하겠습니다.

그런데 장남(長男)이 혼인하여 큰며느리가 들어오면 시아버지와 시어머니는 사랑방으로 가서 한방을 쓰고, 안방은 큰며느리에게 넘겨주는 것이 예법입니다.

그렇게 되면 큰아들은 아버지와 어머니를 공양(供養)하고 큰며느리는 시아버지와 시어머니를 공양(供養)하는 예법적인 의무를 가지게 되는데 큰아들과 큰며느리가 힘을 합쳐서 부모와 시부모를 섬기되

첫째, 3시 세 때의 끼니를 직접 차려 드려야 하고,

둘째, 네 철의 의복을 지어 드리고 세탁해야 하며,

셋째, 부모의 방이 편안하도록 여름에는 시원하고, 겨울에는 따뜻하게 직접 해결해 드려야 합니다.

그리하여 어버이가

50세가 되면 힘이 드는 육체노동을 못 하게 하면서 비단옷을 입게 하고,

60세가 되면 일체의 육체노동을 못하게 하면서 고기반찬을 한 가지라도 밥상에 올리고,

70세가 되면 벼슬을 그만두게 하고, 2가지의 고기반찬과 술을 밥상에 올리고,

80세가 되면 출입(出入)하실 때에 반드시 수행(隨行)하여 따르고 항상 맛있는 음식을 곁에 놓아 드리며

90세가 되면 집에서도 수발을 드는 사람을 두어서 혼자 계시게 하지 않으며,

100세가 되면 음식을 먹여 드려야 하는 것입니다.

그러다가 돌아가실 때가 되면 자녀는 반드시 아버지·어머니를 안방으로 옮겨서 친히 임종(臨終)해야 됩니다.

유교는 상례(喪禮)에서도 큰아들이 상주(喪主)가 되고, 큰며느리가 주부(主婦)가 되어서 시신을 가장 가까운 곁에서 지키며 슬프고 두려워서 어쩔 줄을 모르면서도 예절의 절차에 따라 소렴, 대렴, 발인, 하관의 중요한 고비 때마다 상주(喪主)가 왼쪽 팔의 옷을 벗어서 지시를 해야만 호상과 집사들이 일을 도와서 추진하는 것입니다. 이렇게 초상과 장례를 직접 거행할 뿐만 아니라 상차(喪次)에 3년 거상(居喪)하면서 우제(虞祭), 졸곡(卒哭), 소상(小祥), 대상(大祥)을 큰아들과 큰며느리가 직접 지내 그 뒤로 해가 바뀌면 제사를 지냄에도 큰아들이 초헌(初獻)하고 큰며느리가 아헌(亞獻)을 하는 것이 예법이니 큰아들, 큰며느리의 책무는 대단(大端)한 것입니다.

여러분 오늘은 부자유친(父子有親)의 예법적인 의무사항을 말씀 드렸습니다.

모쪼록 훌륭한 아들과 며느리를 두시기 바라면서 이만 그칩니다. 감사합니다.

군신유의(君臣有義)의 본의 /2006. 11. 30(木)

동포 여러분 안녕하십니까? 오늘은 5륜(五倫)의 두 번째 덕목인 군신유의(君臣有義)의 본의(本義)에 대하여 말씀드리겠습니다.

임금과 신하는 정의가 있어야 된다는 말은 나라의 최고지도자와 행정책임자들의 윤리적 기본자세를 규정한 행동지침입니다.

정의란 인간의 양심(良心)에 정직(正直)하고 자연의 법칙에 진실 하며, 사회의 규범에 공명정대(公明正大)해서 의무와 책임을 성실 히 완수하는 도덕심(道德心)입니다.

이렇게 정의(正義)로운 공무원(公務員)은 국가권력을 오로지 국민 을 위하여 봉사하는 기회로 삼아 초지일관멸사봉공(初志一貫滅私奉 公)하는 것입니다. 그러나 정의심(正義心)이 없는 사람은 국가권력 을 개인출세의 도구로 이용하여 부정부패할 뿐만 아니라 또한 국민 위에 군림(君臨)하여 인민을 탄압하고 착취하는 만행을 서슴지 않게 됩니다.

맹자(孟子)가 말하기를 천하는 천하 사람의 것이요, 한 사람의 것 이 아니라고 하였습니다. 그러면서 정치는 정의를 추구하고 행정은 인민의 복지(福祉)를 도모해야 된다고 하면서 "민중이 가장 귀중하고 다음은 국가이며 임금은 가벼운 것이므로 초야에 사는 민중에게 신임을 얻어야 천자(天子)가 되고 천자에게 신임을 얻어야 제후(諸侯)가 되며 제후에게 신임을 얻어야 대부(大夫)가 되느니라. 따라서 제후가 국가사직을 위태롭게 하면 반정(反正)을 일으켜서 임금을 축출하고 새로운 임금을 세우며, 경건하고 정성스럽게 정치를 하여도 그러나 가뭄이나 홍수로 흉년이 들어서 민중이 굶주리고 헐벗으면 혁명(革命)을 하여 새 나라를 세워야 된다."고 하였습니다.

이것은 모든 국가권력은 민중(民衆)으로부터 나오기 때문에 국가의 최고지도자와 행정책임자는 민중의 생활고를 시급히 해결하여 민중들로 하여금 산 사람을 양육하고 죽은 사람을 초상 치르는 데 부족함이 없도록 안락(安樂)을 보장할 책임과 사명이 정부에 있다는 뜻입니다. 이러한 유교(儒敎)의 국가정의론은 오랜 역사를 가지고 오면서 난세(亂世)를 바로잡는 힘의 원천이 되었습니다. 동포 여러분! 우리 유교에서는 이러한 국가정의론에 의하여 임금을 섬기되 어진 임금만을 섬기고, 신하를 발탁 등용하되 정의로운 사람에게만 관직에 임명하는 원칙이 있습니다. 어질지 못하고 무례(無禮)한 임금을 섬기는 사람은 출세만을 노리는 천박한 인간이고 군자(君子)를 멀리하고 아첨하는 소인배(小人輩)만을 가까이하는 임금은 용열(庸劣)한 독재자(獨裁者)인즉 선비는 이러한 정권에 결코 벼슬을 하지 않은 것입니다.

오늘날에도 지조가 있는 사람은 독재자에게 협력해서는 안 될 것입니다.

따라서 진정한 선비나 군자가 벼슬을 하는 조건은 첫째는 국가의 체제가 천리(天理)와 인정(人情)에 따라 자주독립의 주권(主權)을 확보할 것이고 둘째는 정치의 체제가 천명(天命)과 민심(民心)에 따라 자율자치의 주체(主體)를 확립할 것이며 셋째는 사업의 체제가 천도(天道)와 인성(人性)에 따라 예의도덕(禮義道德)의 주제(主題)를 뚜렷이 할 것입니다. 이러한 내용은 우리 유교의 경전인 대학(大學)과 중용(中庸)과 예운(禮運)책에 모두 갖추어 있습니다. 대학(大學)에서는 지선국체(至善國體)를 건설하는 방법을 밝혔고 중용(中庸)에서는 천명정체(天命政體)를 밝혔으며 예운(禮運)에서는 대동사체(大同事體)를 밝혔기에 내가 이번에 이 세 책을 합본(合本)으로 역주하여 출간하였습니다. 나라의 최고지도자는 인간의 정치, 사랑의 정치를 하고 행정의 책임자는 청렴 강직하여 인민을 보호하고 나라에 충성하여야 인류의 소망인 이상세계(理想世界)를 건설할 수 있습니다.

공자(孔子)는 예운(禮運)에서 말하기를 "인민의 육체가 건강하여 혈기가 넘치고, 부모와 자녀가 돈독하며 형제가 화목하며 부부가 화합하고, 고급관료가 모범을 보이며 하급관리가 청렴하며, 임금과 신하가 서로 바로잡아 주고, 천자가 덕(德)을 베풀고 음악을 보급하며 제후(諸侯)가 예의(禮義)를 실천하며 대부(大夫)가 법을 지키며 선비가 신의를 지키며 백성이 친목하여야 바야흐로 봉황이 춤추는 대동세계(大同世界)를 건설할 수 있다."고 하였습니다. 동포 여러분! 우리 모두 분발 노력하여 이러한 세상을 만드는 데 앞장서야 되겠습니다. 오늘은 5륜(五倫)의 덕목인 군신유의(君臣有義)의 본의에 대하여 말씀드렸습니다. 감사합니다.

부부유별(夫婦有別)의 예절 /2006. 12. 1(金)

동포 여러분 안녕하십니까? 오늘은 5륜(五倫)의 세 번째 덕목인 부부유별(夫婦有別)의 예절(禮節)에 대하여 말씀드리겠습니다. 부부(夫婦)는 지아비 부자와 며느리 부자로 남편과 아내를 말하는 부처(夫妻)가 아닙니다.

그리고 별(別)은 분별이란 뜻이요 차별이란 말이 절대로 아닙니다. 작금의 세태를 보면 혼인하여 둘이만 사는 핵가족(核家族)으로 맞벌이를 하는 사람은 남녀평등이다 또는 민주가정(民主家庭)이다 해서 공동으로 함께 가정일을 하여 남편의 일과 아내의 일이 따로 없이 닥치는 대로 한다고 들었습니다. 단둘이 사는데 이렇게 살면 어떻고 저렇게 살면 또 어떻겠습니까? 아무도 보는 사람이 없는데 무슨 상관이 있겠습니까?

그러나 아들이 부모를 모시고 며느리가 시부모를 모시는 대가족(大家族)이 되면 가정일을 분담해서 처리하여야 체계가 서고 능률이 오르며 또한 보기도 좋을 것입니다.

여러분이 아시다시피 부모형제와 처자가 함께 사는 가정에는 집안일이 매우 많지요. 밥이야 빨래야 집안일도 많고, 논밭 가꾸고 돈 버는 바깥일도 만만치 않지요. 대체로 이러한 일들은 날마다 반복해서 하여야 되는 일상적인 것이므로 누가 책임지고 전문으로 주관하지 않으면 서툴고 잊어버려서 제대로 처리하지 못하지요. 아들과 며느리가 집안일을 제대로 처리하지 못하면 아버지와 어머니가 얼마나 근심 걱정하고 또 밥 얻어먹기가 얼마나 미안하겠습니까? 늙어서 자식들에게 감당하기 어려운 짐이 된다면 무슨 재미로 살겠습니까?

우리 유교(儒敎)에서는 남편과 아내는 본래 천정배필(天定配匹)로서 완전히 평등한 관계임을 인정합니다. 그래서 혼례식(昏禮式)을 할 때에 한 마리의 돼지와 양을 잡아서 반으로 갈라 그 왼쪽은 신랑상을 차리고, 오른쪽은 신부상을 차려서 각각 술과 안주를 하늘땅에 제사 지내고 먹게 하는 것입니다. 한 마리의 짐승을 반으로 나누어 각각 제사를 지내는 것은 남편과 아내가 그 위상이 동등하고, 그 권리가 똑같음을 상징하는 예절입니다.

비록 그렇더라도 남자는 체력적으로 강건하고 여자는 연약하며, 남자는 용감하고 여자는 유순하므로 집에서는 부인이 안채에 살고, 남편은 바깥채에 살며 밖에서는 남편이 앞장서고 부인이 뒤따르는 것을 원칙으로 하여 부부유별(夫婦有別)의 예절을 제정하였으니 이것도 또한 자연법칙을 본받은 것입니다.

성인은 남자를 양기를 발산하는 태양(太陽)으로 보고 여자를 태양광선(太陽光線)을 받아서 반사하는 달(月)로 보았습니다. 그리하여 해와 달이 밤낮으로 교대(交代)하면서 밝은 세상을 비추듯이 아들과 며느리가 교대하면서 밝은 가정을 경영하는 것이 자연의 순리라고 인식하였습니다.

따라서 혼례(昏禮)라는 혼 자는 저녁 혼 자인데 황혼녘에 혼사를 치른다는 뜻입니다. 여러분, 황혼녘은 해가 지고 달이 뜨는 시간이지요. 해가 자기 몸을 낮추어 서산(西山) 밖으로 넘어가서 밝은 빛을 감추어야만 달이 그 빛을 받아 하늘 높이 떠서 빛나는 것입니다. 아무리 잘나고 똑똑한 남편이라도 자기 몸을 낮추어 자기의 공로를 감추고 아내를 높이고 빛내 주어야 부부(夫婦)의 화합(和合)이 이루어지기 때문에 혼례에서 신랑이 신부집에 찾아가 정절과 질서를 지키면서 어디든지 가족을 데리고 다니며 함께 살겠다는 뜻으로 기러기를 장인에게 드리고 밖으로 나와 아내를 태우고 갈 마차를 살피면서 세 번 그 마차를 돈 다음에 말고삐를 잡고 있다가 신부가 나오면 수레고삐를 신부에게 주면 신부가 사양하고 디딤판을 딛고 수레에 오르는 것이 예절입니다. 이것은 신랑이 신부를 위하여 마부(馬夫)의 노릇까지 하겠다는 의지의 표명입니다. 신랑이 이렇게 몸을 스스로 낮추어 신부를 공경하면 신부가 어찌 또한 자기를 더욱 낮추어 남편을 하늘처럼 공경하지 않겠습니까?

오늘날 부부유별(夫婦有別)의 별(別)자를 차별로 오해하고 자유다, 평등이다, 서로 잘난 척하니 부부싸움이 그칠 날이 없고 심지어 이혼(離婚)을 다반사로 여기는 세태로 전락한 것은 모두 부부유별(夫婦有別)을 모르는 소치입니다.

부부가 참으로 분별 있게 사는 원리는 양주쌍전주의(兩主雙全主義)로 비익조(比翼鳥)처럼 사는 것입니다. 남편은 바깥주인이고 아내는 안주인이니 둘이 마음과 힘을 합쳐 효도하고 충성해서 일만 가지의 복록(福祿)을 개척해서 자손만대에 보람을 누리도록 해야 합니다. 여러분 오늘은 5륜(五倫) 가운데 부부유별(夫婦有別)의 예절에 대하여 말씀드렸습니다. 여러분 행복하십시오. 감사합니다.

장유유서(長幼有序)의 실천운동 /2006. 12. 2(土)

동포 여러분 안녕하십니까? 오늘은 5륜(五倫)의 네 번째 덕목인

장유유서(長幼有序)의 실천운동에 대하여 말씀드리겠습니다. 장(長)은 어른 장 자이고 유(幼)는 어릴 유 자이며 서(序)는 질서를 지키는 차례입니다. 어른과 어린이가 질서를 지키는 차례가 있어야 된다는 것은 사회질서를 확립하는 기본입니다.

유교의 윤리는 다원적 복합사회의 윤리이기 때문에 가정에서는 종통(宗統)의 질서를 찾아 아버지와 아들을 기준으로 하는 항렬(行列)과 촌수(寸數)로 서열(序列)을 삼고, 정부에서는 관직의 질서를 찾아 벼슬의 등급으로 서열의 기준을 삼으며, 새로운 시대를 열고, 인민을 성장(成長)하는 일에는 공덕(功德)을 기준으로 서열의 기준을 삼으며, 고향마을에서는 나이를 기준으로 서열의 기준을 삼도록 하였습니다.

사람의 나이는 하늘이 운행하는 연월일시에 의하여 끊임없이 반복해서 돌아가기 때문에 1년의 네 철과 12달과 360일로 한 살을 먹는 나이는 모든 사람에게 매우 공평할 뿐만 아니라 각 세대마다 유아기, 아동기, 소년기, 청년기, 장년기, 노년기 등의 생로병사(生老病死)하는 인생행로(人生行路)가 또한 모든 사람에게 아주 공평한 것입니다.

그러므로 사람이 사회생활을 하면서 나이를 서열의 차례로 정해서 어른은 어린이를 보호하고 어린이는 어른을 공경하여 서로 돕고 의지하면서 안전을 보장하며 인정(人情)이 넘치는 사회를 만들게 하였습니다.

나이가 20세가 많으면 아버지뻘로 존경하여 극존칭을 쓰고, 10세가 많으면 형뻘로 존대하여 보통존칭을 쓰며, 5세가 많거나 적으면 벗으로 대하여 반말을 쓰며, 10세가 적으면 아우뻘로 대하여 말을 낮추고, 20세가 적으면 아들뻘로 대하여 말을 놓아서 아주 낮추는 것입니다. 우리나라는 조선시대에 유교가 흥성하여 동방예의지국을 건설한 전통으로 지금도 어른이 지나가면 길을 비켜 주고, 앉을 때에 좌석을 양보하며, 음식을 먹음에는 어른에게 먼저 드시라고 권하며 말하기를 "찬물에도 위아래가 있다."고 하지요. 그리고 자기 자신을 지칭하는 말도 어른 앞에서는 '저'라고 하며, 친구 이하에서는 '나'라고 하지요.

그래서 우리말에는 '하십시오', '하시오', '하오', '하게', '하라'를 구별하여 쓰는 언어의 예절이 있어 그 말씨에서 교양과 친밀감이 나타나는 것입니다.

일반사회에서 어른을 존경하고 어린이를 보호하는 일은 서로 주고받는 보답관계입니다. 내가 남의 아버지와 형을 존경하여 양보하면 남도 우리 아버지와 형을 존경하여 양보할 것이고, 내가 남의 어린 아들딸을 귀엽게 여기고 보호하면 남도 나의 어린 아들딸을 귀엽게 여기고 보호할 것이므로 장유유서(長幼有序)의 덕목을 실천하는 것은 결국 자기의 부형(父兄)과 자녀(子女)의 안전을 보장하기 위한 예절 실천의 사회보급운동이라고 할 것입니다.

오늘날 개인주의 시대에 살아남기 위한 경쟁사회에서 이러한 장유유서(長幼有序)의 덕목은 점점 그 빛을 잃어 퇴색한 상태에 있습니다. 어른, 아이도 모르고, 남의 눈치도 보지 않고, 말을 함부로 하고 눈을 부라리며 힘을 쓰면서 약삭빠르게 끼어들고 날름 훔쳐 버리는 천박한 인심과 세태를 바로잡아 인정(人情)이 넘치고 풍속이 순박한 새 시대를 다시 건설하기 위해서는 모름지기 장유유서(長幼有序)의 덕목(德目)에 현대적 의의(意義)를 다시 밝혀서 거국적인 사회운동을 전개하여야 되는데 그 운동은 마을 단위로부터 시작해야 될 것입니다. 옛날에는 마을의 선비나 군자(君子)들이 주민회의를 열어서 향약(鄕約)을 만들었으니 그 내용을 보면 첫째, 도덕과 직업을 서로 권장할 것, 둘째, 과실을 서로 바로잡아 줄 것, 셋째, 예식과 명절에 서로 다닐 것, 넷째, 어려울 때 서로 도울 것 등의 네 가지였습니다. 이렇게만 되면 마을 인심이 얼마나 좋겠습니까? 이러한 내용은 오로지 권장만 하고 징계(懲戒)해서는 안 됩니다.

국법(國法)에는 형벌권(刑罰權)이 있지만 향촌의 규약(規約)에는 운동(運動)을 전개할 권리는 있어도 징계할 수 있는 권리는 없는 것입니다. 그래서 역사적으로 징계까지 했던 향약(鄕約)은 얼마 가지 못하여 실패하고 말았습니다.

여러분 장유유서(長幼有序)의 실천운동도 오로지 권장만 할 뿐이고 절대로 징계는 하지 말아야 크게 성공할 것입니다. 오늘은 5륜(五倫)의 장유유서(長幼有序)의 실천운동에 대하여 말씀드렸습니다. 감사합니다.

붕우유신(朋友有信)의 필요성 /2006. 12. 3(日)

동포 여러분 안녕하십니까? 오늘은 5륜(五倫)의 다섯 번째인 붕우유신(朋友有信)의 필요성에 대하여 말씀드리겠습니다. 붕(朋)은 같은 선생(先生)에게서 배운 동창생이란 뜻이고 우(友)는 뜻이 같은 동지(同志), 동무(同務)라는 말입니다. 그리고 유신(有信)은 신의(信義)가 있는 것이니 붕우유신(朋友有信)은 곧 벗과 동지가 옳게 사는 사람이라는 확실한 믿음이 있어야 된다는 뜻입니다.

자고로 붕우는 말과 행실과 모양과 색깔이 비슷한 사람끼리 사귀고 서로 올바르게 살도록 충고하면서 인격을 수양하는 모임체가 되었던 것입니다. 그래서 성인(聖人)이 붕우(朋友)를 다섯 가지 필수 불가결한 인간관계의 하나로 정립하여 5륜(五倫)에 편입한 것입니다.

여러분 친구는 거울과 같은 존재입니다. 누가 용감하게 나의 허물을 솔직하게 충고하여 주겠습니까? 부모는 자녀에게 심한 말을 못 합니다. 그리고 부모의 눈은 자녀를 예쁘게 보기 때문에 그 사악함을 보지 못합니다. 형제자매도 마찬가지입니다. 형제자매의 사악함을 어떻게 두 번 세 번 지적하여 폭로하겠습니까? 아내와 남편도 마찬가지이고 남은 더욱 못 하는 것입니다. 왜냐하면 반발하여 원수가 되고 보복을 당하기 때문입니다. 오로지 진정한 벗과 동지만이 숨김없이 거듭 충고하는 책임이 있는 것이고 만일 세 번이나 충고를 했어도 반성하여 고치지 않으면 절교(絶交)하여 친구관계를 끊어 버리는 것입니다. 사람이 살아가는 데 이러한 밝은 거울이 곁에 없다면 어떻게 훌륭한 인격을 확립할 수 있겠습니까? 인생에 있어서 친구는 아주 소중합니다.

그러나 친구가 소중하다고 해서 아무나 사귀면 안 됩니다. 공자가 말씀하시기를 "도움이 되는 벗이 세 가지요 손해가 되는 벗이 세 가지이니 정직한 벗과 성실한 벗과 지식이 많은 벗은 도움이 되고, 편벽한 벗과 아첨하는 벗과, 말만 번지르르한 벗은 손해가 된다."고 하여 가급적 성실, 정직하고 지식이 많은 벗을 사귀고 만일 편벽하고 아첨하며 말만 번지르르한 벗이 있으면 즉각 끊어야 됨을 밝혔으며 또한 말씀하시기를 "도움이 되는 좋아함이 세 가지요 손해가 되는 좋아함이 세 가지니 예절과 음악을 절도 있게 하기를 좋아하고, 남의 착함을 말하기 좋아하며, 어진 벗이 많은 것을 좋아하면 도움이 되고, 교만 방자하게 즐기기를 좋아하고, 편안히 돌아다니면서 놀기를 좋아하며, 잔치를 벌여 즐기기를 좋아하면 손해가 된다."라고 하여 벗이란 모이면 예절과 음악을 토론하고 착한 사람의 행실을 이야기하며 어진 벗이 많은 것을 좋아해야지 이와 반대로 교만 방자하게 제 자랑이나 하거나 편안하게 돌아다니며 놀거나 잔치를 열어 즐기기만 하는 것을 엄금하라고 하였습니다.

사람은 그 벗을 보면 그 인물 됨됨이를 알 수 있는 것입니다. 그러므로 학생시절에는 나쁜 친구와 사귀면 안 됩니다. 쑥이 삼밭에서 나면 꼿꼿하게 자라고 가시밭에서 나면 구불구불하게 자라는 것이므로 가급적 자기보다 훌륭한 선비와 벗하고 자기만 못한 사람과 벗하지 말아야 합니다. 왜냐하면 본받고 배울 것이 없어서 인격이 향상 발전하지 못하기 때문입니다.

오늘날은 황금만능의 시대가 되어 사람이 물질의 노예로 전락하니 인격을 수양하기 위한 붕우유신(朋友有信)의 모임이 이익집단의 모임체로 전락하여 이익이 있으면 자주 모이고 이익이 없으면 해체하여 다시 보지 않는 불신시대가 되었습니다.

본래 진정한 친구나 동지는 형제 다음으로 가까운 사이지요. 형제는 부동산(不動産)까지 공유하고 붕우는 동산을 공유하는 것입니다. 그러므로 친구 간에는 밥과 술을 나누어 먹고 용돈을 함께 쓰고 옷을 빌려 입고 말과 수레를 빌려 타는 것임에도 지금은 함께 먹은 밥값과 술값도 따로 내고 있으니 어찌 친구라고 하겠습니까?

저와 같이 인색한 친구를 사귀는 것보다는 차라리 분발 노력해서 공부를 열심히 하여 선비가 되고 군자가 되고 성현이 되면 나이를 잊은 망년우(忘年友)를 사귈 수 있게 됩니다. 왜냐하면 나이에 상관없이 고을의 선비가 되면 고을의 선비를 사귈 수 있고, 나라의 선비가 되면 나라의 선비를 사귈 수 있으며, 천하의 선비가 되면 천하의 선비를 사귈 수 있는 까닭입니다. 만일 당대에 제일 훌륭한 인격자가 되어 세상에 벗할 만한 사람이 없다면 옛날에 위대하고 거룩한 성현을 벗으로 삼아 그 책을 읽고 그 행적을 살피면서 자기를 반성하는 거울로 삼으면 될 것입니다.

길고 긴 인생행로에 좋은 벗이 가까이 있으면 얼마나 믿음직하겠습니까?

오늘은 5륜(五倫)의 마지막 덕목인 붕우유신(朋友有信)의 필요성에 대하여 말씀드렸습니다. 여러분 곁에 좋은 벗이 많기를 바랍니다. 감사합니다.

기획력(企劃力) /2007. 1. 1(月)

사랑하는 동포 여러분 안녕하십니까?

오늘은 단기로 4340년 서기는 2007년 1월 1일 새해의 첫 새벽입니다. 희망의 새해 아침을 맞이하여 경애하는 동포 여러분 복 많이 받으시고 소원 성취하시기를 축원합니다.

지난 12월 22일이 동지(冬至)였지요. 태양은 동지를 기점으로 하여 이미 천도(天道)가 바뀌어서 새해가 시작되었지요. 그래서 태양력으로는 벌써 새해가 열린 것입니다.

그러나 땅은 하늘보다 1개월이 늦고 또 사람은 땅보다 1개월이 더 늦기 때문에 음력설은 아직도 많이 남아 있지요. 그런데 태양은 전체적인 정신을 상징하고 태음(太陰)은 개체적인 물질을 상징합니다. 따라서 양력설에는 전체적인 정신을 추구하고 음력설에는 개체적인 물질을 추구하는 것이 슬기로운 생활철학이라고 할 것이므로 오늘은 한 해를 설계하는 기획력(企劃力)에 대하여 말씀드리겠습니다.

추위 속에 땅이 얼어붙어 있는 겨울 땅에서 맞이하는 양력설에는 가족이나 나라의 전체적인 문제를 정신적으로 해결할 수 있는 대책을 연구하고 추위가 물러가고 땅이 녹아서 훈훈한 봄바람 속에 맞이하는 음력설에는 개인 각자가 해야 되는 물질적 사업을 착수하는 것이 가장 현명한 인생의 길입니다.

그러므로 양력설에는 올해의 일을 미리 계획하는 때라고 할 것입니다.

옛말에 이르기를 1년의 계획은 정월에 세우고, 한 달의 계획은 초하루에 세우고, 하루의 계획은 아침에 세우라고 하였지요.

우리 유교에서는 인생을 성공적으로 살기 위하여 미리미리 계획을 세우는 일을 대단히 중요시합니다. 왜냐하면 시작을 잘해도 끝이 잘못될 수는 있어도 시작이 잘못되었는데 끝이 좋기는 어렵기 때문입니다. 그러므로 중용『中庸』에서 말하기를 "모든 일은 미리미리 준비하면 성공하고, 미리미리 대책을 세우지 않으면 실패하나니 말을 사전에 정해 놓고 하면 실수를 하지 않고, 사업도 사전에 정해 놓고 하면 곤란을 당하지 않고, 여행길도 사전에 정해 놓고 하면 지치지 아니하고, 도리도 사전에 정해 놓고 하면 궁박하지 아니하느니라."고 하였습니다.

사람이 특별한 재능도 없으면서 미리 대비함이 없으면 나중에 반드시 후회하게 되지요. 그래서 공자님은 달씀하시기를 "사람이 멀리 생각함이 없으면 반드시 가까운 근심이 있다."고 하여 앞날을 멀리 내다보는 통찰력을 기르고 뜻밖의 사태어 대비하라고 하였고 맹자는 말씀하시기를 "사람이 할 도리(道理)는 가까운데 있는데도 사람들은 먼 곳에서 찾고, 자기가 할 일은 쉬운 일인데도 사람들은 어려운 일만 찾는다."고 탄식하였습니다.

동포 여러분! 올해의 계획은 이러한 유교의 진리를 바탕으로 장단기 계획을 세우셔서 크게 성공하여 한 해의 보람을 걷으시기 바랍니다.

대체로 유교의 공통적인 사업계획은 1년의 사업목표를 정해 놓고 그것을 봄, 여름, 가을, 겨울의 4분기로 나누어 봄에는 착수하는 단계요, 여름에는 발전하는 단계요, 가을에는 거두어들이는 단계요, 겨울에는 종결하는 단계로 구분해서 사업을 추진함으로써 시작과 끝이 분명하고, 사업진척도를 확연히 알게 하였습니다. 이것은 하늘과 땅을 근본으로 삼아 천시(天時)를 따르는 지극히 합리적인 계획표입니다. 그래서 매월마다 그 공적을 평가해서 세월의 흐름과 함께 발전하는 길을 추구함으로써 모든 사람으로 하여금 순리로 점점 향상 발전하여 해를 거듭할수록 솜씨가 늘고, 사업이 커져서 마침내 거대한 성공을 거두게 하는 것입니다.

대체로 모든 계획을 세움에는 때와 정신이 가장 중요합니다. 계획은 시초에 세워야지 이미 때가 지난 다음에 세우면 쓸모가 없고, 자칫 두 번 일을 하는 어리석음을 범하지요. 그리고 계획을 세우는 정신이 아주 중요합니다. 사랑과 정의 그리고 예절과 지식으로 인정이 넘치는 성실 정직한 정신으로 계획을 세워야 하늘이 돕고, 사람이 협력해서 크게 성공할 수 있는 것이니 한갓 망상이나 잡념이나 욕심으로 계획하면 성공할 수 없습니다. 동포 여러분! 오늘 새해가 바야흐로 시작하고 하늘땅의 원기로 충만한 이 순간에 1년의 설계를 잘하시어 보람찬 한 해가 되기를 거듭 기원하면서 기획력에 대한 강론을 마칩니다. 감사합니다.

활기(活氣) /2007. 1. 2(火)

사랑하는 동포 여러분! 어제 양력설을 잘 지내셨습니까? 오늘은 새해를 활기차게 시작하는 활기(活氣)에 대하여 말씀드리겠습니다.

사람이 희망을 가지고 계획을 세워서 씩씩하게 도전하면 앞길이 열리고 절망하여 자포자기하여 기력을 잃으면 좌절하여 낙오자가 되기 마련입니다.

그러므로 『주역』에서 말하기를 "하늘의 운행은 굳세고 튼튼하니 군자는 하늘을 본받아 스스로 힘을 내서 그치지 아니하느니라."고 하였습니다. 하늘은 편안히 쉬는 날이 없지요. 1년 360일 열두 달 가운데 어느 하루나 한 시각도 편안히 노는 때가 없이 계속 운행합니다. 마치 사람의 심장이 한순간도 멈춤이 없듯이 약동합니다. 만일 하늘이 운행을 정지하면 이 세상이 어떻게 되겠습니까?

사람의 심장이 멈추면 목숨이 끊어져서 죽듯이 하늘이 만약 운행을 중지하면 이 세상은 종말이 되어 화석처럼 될 것입니다.

그러나 걱정하지 마세요. 하늘은 지극한 정성의 덩어리로 원기

(元氣)의 응결체이기 때문에 영원히 그 운행을 멈추지 않으므로 이 우주도 또한 무한히 쾌활하게 약동하여 그침이 없습니다. 사람이 하늘을 본받아 씩씩하게 살려면 역시 하늘처럼 지극한 정성을 모으고, 맑고 깨끗한 원기를 길러야 합니다. 지극한 정성을 모으기 위해서는 지혜와 사랑과 용기가 있어야 하고, 원기를 기르기 위해서는 양기(陽氣)가 있어야 되지요. 사물의 이치를 지혜롭게 연구하면 각각 특성이 있어서 쓸모가 있는 것이고, 이 세상의 만물은 모두 하나의 체계로 구성되어 있는 공동체인바 서로 협력하고 조화(調和)하는 정신을 가지는 것이 정성을 모으는 길입니다.

그리고 양기(陽氣)는 꿈틀꿈틀 살아 움직이는 기운인데 하늘에서는 원기(元氣)라고 하고, 땅에서는 정기(精氣)라고 하며, 사람에게서는 정기(正氣)라고 합니다. 그러므로 공자님은 말씀하시기를 지혜와 사랑과 용기의 세 가지는 천하에서 가장 활달한 도덕이라고 하셨고 맹자님은 말씀하시기를 한밤중에 하늘의 원기와 산천의 정기를 기르면 지극히 굳세고, 지극히 큰 호연지기(浩然之氣)가 생긴다고 하였습니다.

사랑하는 동포 여러분! 사람의 정성이 지극하면 저절로 진실하게 되고, 사람의 기상이 뚜렷하면 자연히 정직하게 됩니다. 이리하여 천하에서 가장 진실하고 정직하다면 어찌 몸에 활기가 넘치지 아니하겠습니까?

몸에 활기가 넘친 사람은 눈에서 광채가 나고, 얼굴에 화기가 피어나고, 몸에 생기가 솟으며 손발이 자기도 모르게 춤을 추는 것입니다.

이렇게 인생을 낙천적으로, 적극적으로, 능동적으로 사는 것이 인간의 본래 모습입니다. 그래서 유교에서는 5복(五福) 가운데 강녕(康

寧)이 들어 있고 6극(六極) 속에는 흉단절(凶短折)과 질(疾)과 우(憂)와 악(惡)과 약(弱)이 들어 있으니 일찍 죽거나, 질병을 앓거나, 근심하거나, 모질거나, 나약한 모습은 사람의 참모습이 아닙니다.

공자님이 말씀하시기를 "사람이 사는 것은 정직함이니 스스로 반성하여 정직하면 천만인 앞에도 꿀릴 것이 없다."고 하였습니다. 그리고 맹자님은 대장부의 기상을 설파하시면서 말씀하시기를 "천하의 넓은 삶터에 살며, 천하의 바른 자리에 서며, 천하의 큰 도덕을 행하여 뜻을 얻으면 인민과 더불어 말미암고, 뜻을 얻지 못하면 홀로 그 도덕을 실천하여 부귀(富貴)도 유혹할 수 없고, 빈천(貧賤)도 바꿀 수 없고, 위무(威武)도 굴복할 수 없으니 이런 사람을 대장부(大丈夫)라고 한다."고 하였습니다.

유교인은 이와 같이 당당하고, 씩씩하고, 쾌활하고, 명랑하게 사는 길을 추구합니다. 이것은 모두 솔개는 하늘로 날고 물고기는 못으로 뛰는 것처럼 만물의 활기찬 모습에서 배운 것입니다. 그래서 나의 두 번째 시집(詩集)의 이름을 "하늘로 날아라 못으로 뛰어라"로 하였습니다.

오늘은 활기(活氣)에 대하여 말씀드렸습니다. 동포 여러분 활기찬 한 해를 시작하세요. 감사합니다.

협동심(協同心) /2007. 1. 3(水)

사랑하는 동포 여러분 안녕하십니까? 오늘은 협동심에 대하여 말씀드리겠습니다.

우리 유교에서는 홀로 고립하여 살지 말고 협동사회(協同社會)를 만들어서 업무를 분담하여 사업을 추진하는 것이 재미도 있고, 능률적이라고 역설합니다. 태초에 하느님이 만물을 창조하실 때에 음(陰)과 양(陽)을 배합하고 수(水), 화(火), 목(木), 금(金), 토(土)의 5행(五行)이 돌아가면서 생성 변화하기 때문에 이 세상의 만물은 서로 가지런하지 아니하여 그 모양과 색깔과 성질과 맛이 각각 다르지요. 그래서 사람도 서로 똑같지 아니하여 재능과 취미와 생각과 경험이 각각 다릅니다. 그러므로 혼자서 모든 일을 다 잘하기는 매우 어려운 까닭에 먼저 그 짝을 찾아서 협동하는 길을 열었습니다.

유교에 있어서 가장 기초적인 짝은 5륜(五倫)관계와 사농공상(士農工商)과 향촌의 마을단위입니다.

5륜은 윤리적으로 다섯 가지 기본적인 인간관계인데 아버지와 아들, 임금과 신하, 남편과 아내, 어른과 어린이, 벗과 동무가 서로 짝을 지어 업무를 분담하여 협동하는 것이지요. 아버지는 아들의 성년식과 혼인식을 책임지고, 아들은 부모의 장례식과 제사를 책임지면 얼마나 즐거운 가정이 되겠습니까? 또한 임금은 영토수호의 책임을 지고, 신하는 인민을 보호하는 책임을 지면 얼마나 튼튼한 나라가 되겠습니까?

남편은 바깥일을 책임지고, 아내는 집안일을 책임지면 살림살이가 얼마나 신바람이 나겠습니까? 어른은 어린이를 깨우치고, 어린이는 어른을 배우면 사회가 얼마나 명랑하겠습니까? 벗이 충고하고 동무가 따르면 인격이 얼마나 훌륭하게 되겠습니까? 아버지가 없으면 고아가 되고, 자식이 없으면 독거노인이 되며, 임금이 없으면 망국노(亡國奴)가 되고, 신하가 없으면 망명객이 되며, 아내가 없으면 홀아비가 되고, 남편이 없으면 과부가 되며, 어른이 없으면 무뢰배가 되고, 어린이가 없으면 천한 늙은이가 되며, 벗이 없으면 외톨이가 되는 불쌍한 사람을 면치 못하는 것입니다. 모름지기 사람은 자기의 짝이 얼마나 소중한 존재인지를 알아서 길이 사랑하고 공경해야 됩니다.

다음으로는 선비와 농민과 공업기술자와 상업인이 서로 협동해야 지역사회와 국가세계를 부강하게 건설할 수 있습니다. 사람은 재주와 능력과 취향이 각각이므로 직업선택의 자유를 보장해서 능률적인 생산성을 도모해야지 모두 똑같은 일을 획일적으로 시키는 것은 비능률일 뿐만 아니라 사람의 재능을 발굴할 수 없는 것입니다. 지식이 많고 인격이 훌륭한 선비는 당연히 정치와 교육에 종사하고, 힘이 세고 집에 있기를 좋아하는 사람은 농사를 짓고, 솜씨가 좋고 만들기를 좋아하는 사람은 공업기술자가 되고, 계산에 능하고 재물을 좋아하는 사람은 상업에 종사함으로써 각각 자기의 재능과 실력을 마음껏 발휘하게 해야 고도의 발전된 국가 사회를 건설할 수 있는 것입니다. 선비는 국가 발전계획을 정확하게 세우고 그 인재를 양성하며, 농민은 식량을 충분히 생산하며, 과학기술자는 편리한 기계와 기구를 생산하며, 상업인은 시장교역과 국제무역으로 상품을 널리 유통한다면 복지사회건설은 그 가운데 있는 것입니다. 따라서 선비와 농민과 공업인과 상업인은 서로 협조 연대하는 공생관계에 있는 것이지 절대로 모순 배타적 관계가 아닙니다. 혹시 작은 그리고 일시적인 모순요소가 있을지라도 그것을 슬기롭게 조절해서 협동관계를 회복해야 미래를 보장할 수 있습니다.

끝으로 유교의 취락제도에 대하여 협동관계를 말씀드리겠습니다.

향촌의 마을은 서민 대중이 평생을 함께 살고 또 죽으면 그 마을 산에 묻히는 곳입니다. 더욱이 조상의 묘소와 사당이 있기 때문에 신성하기 그지없는 곳입니다. 그러므로 유교인은 마을에서는 공손하고 너그럽고 신용을 지키며 부지런하고 은혜를 베풀라고 하였습니다. 우리 속담에 "먼 친척보다 가까운 이웃이 낫다."고 하지 않았습니까? 고향 마을에서는 협동심이 더욱 중요합니다. 급하고 어려울 때 누가 가장 먼저 돕겠습니까? 맹자님이 말씀하시기를 "사람을 사랑했어도 친해지지 않으면 자기의 인간성을 반성하고, 사람에게 예절을 표했어도 답례가 없으면 자기의 공경심을 반성하라."고 하였으니 협동심은 인간적으로 공경하는 자세를 가져야 합니다.

오늘은 협동심에 대하여 말씀드렸습니다. 감사합니다.

창의력(創意力) /2007. 1. 4(木)

사랑하는 동포 여러분 안녕하십니까? 오늘은 창의력에 대하여 말씀드리겠습니다. 창의력(創意力)은 남을 모방하지 않고 독창적으로 생각하는 능력입니다. 인류의 역사는 끊임없이 변천하기 때문에 계속 새로운 문제에 봉착하지요. 눈앞에 닥친 현실 문제를 슬기롭게 해결하면 발전하고, 구태의연하게 모방하여 추종하면 뒤떨어지기 마련입니다. 그러므로 인류 세계는 새로운 발견과 발명을 숭상하여 왔습니다.

우리 유교사상이 다른 어떤 사상이나 종교보다도 오랫동안 사람들로부터 숭상받은 까닭은 위대한 인류문화를 창조하고 안락한 물질문명을 개척하는 일에 대단히 적극적인 면이 있기 때문입니다.

유교사상은 시대의 흐름과 더불어 발전하는 진취적인 철학입니다. 그래서 대학『大學』에서 신민(新民)을 역설했지요. 인격도 날로 새롭게 발전하고 또 날로 새롭게 발전하며 물질문명도 시대마다 발전하고 또 발전해서 고도의 인류문화를 창조하는 것이 역사를 발전시키는 시대적 사명이라고 하였습니다.

주역『周易』에서 말하기를 "막히면 바꾸고, 바꾸면 뚫리고, 뚫으면 오래가느니라."라고 하였지요. 원문으로는, 즉 "궁즉변(窮則變)이요 변즉통(變則通)이요 통즉구(通則久)라"입니다.

막히면 바꾸어야지 손을 놓고 주저앉아 있으면 어찌 되겠습니까? 다만 바꾸는 방법에 있어서는 몇 가지 원칙이 있습니다. 그것은 현실 문제의 본질을 해부해서 가장 적은 비용으로 가장 많은 성과를 얻는 방법이 좋겠지요. 따라서 때와 장소와 사람에 따라 창업기와 수성기(守成期)와 경장기(更張期)와 혁명기로 나누는 것입니다.

첫째, 창업기는 아무것도 없는 상황에서 처음 시작하는 사업을 착수하는 기간인즉 기초 골격을 튼튼히 만들어야 할 것입니다.

둘째, 수성기(守成期)는 이미 창업한 사업을 이어받았으면 그 기초 골격을 수호하면서 더욱 아름답고 충실하게 완성하는 기간입니다.

셋째, 경장기(更張期)는 부분적으로 바꾸고 고쳐서 쓰는 기간입니다. 이미 낡아서 고장이 가끔 나지만 조금만 손질하면 아직 쓸 만하므로 버리지는 않는 것이지요.

넷째, 혁명기는 부분적으로 고쳐 보았자 곧 또 고장이 나서 아주 쓸모가 없을 때에는 힘이 좀 들더라도 완전히 폐기 처분하고 다시 새롭게 만드는 기간입니다. 이렇게 시대변화에 창의적으로 능수, 능변해야지요.

창업기, 수성기, 경장기, 혁명기에 모두 창의력이 필요합니다.

창의력은 현실 문제를 능동적으로 해결하여 무한히 발전할 수 있는 기회를 줍니다.

상고시대에 순(舜)임금은 사물의 이치를 깊이 연구하시고 가까운 사람들의 말을 듣기 좋아하여 한 가지의 생각이 떠오르면 두고두고 생각해서 많은 창의력을 길렀습니다. 그래서 순임금은 농사기술이 뛰어났고, 질그릇을 만드는 솜씨가 탁월했으며, 어업기술이 특출했을 뿐만 아니라 또한 정치에 있어서도 행정과 외교와 국방에 월등했으며 심지어 음악과 천문(天文) 지리(地理)에도 후세에 따를 자가 없었습니다. 그리하여 순임금이 동양문화의 새로운 역사를 창조하셨기 때문에 지금 우리도 그 문명의 영향 속에 살고 있는 것입니다.

일찍이 공자님은 말씀하시기를 온고이지신(溫故而知新)이면 가이 위사의(可以爲師矣)라고 하였습니다. 옛것을 은근하게 오래 익혀서 새로운 것을 알면 스승이 될 수 있다는 말이지요. 가장 새로운 착상은 쉽게 나오는 것이 아닙니다. 순임금처럼 사물의 이치를 깊이 연구하고 가까운 사람들의 말을 들어서 살피다 보면 어느 날 훤히 꿰뚫어 통해서 좋은 생각이 떠오르는 것입니다. 그러므로 공자님은 배우고 생각하라고 하시면서 안연(顔淵)은 말이 없으면서도 창의력이 많다고 칭찬하였으니 말없이 생각하여 새로운 발명을 하라는 뜻입니다. 오늘은 창의력에 대하여 말씀드렸습니다. 감사합니다.

지구력(持久力) /2007. 1. 5(金)

사랑하는 동포 여러분 안녕하십니까? 오늘은 끈기 있는 지구력(持久力)에 대하여 말씀드리겠습니다. 인생에 있어서 추진력이 많은 사람은 속전속결(速戰速決)로 빨리빨리 하여 시원시원하게 처리합니다. 그러나 보통 사람들은 그렇게 하면 실수가 많아서 도리어 실패하는 경우가 있습니다.

그러므로 절대로 실패하면 안 되는 중대한 사업은 끈기 있게 오랫동안 계속 추진하는 지구력이 필요하기 때문에 공자님은 말씀하시기를 "어질지 못한 사람은 빈궁한 곳에 오래 있지 못하고, 즐거운 곳에도 오래 있지 못한다."고 하시면서 "추운 겨울이 된 다음에야 소나무와 잣나무가 뒤에 시든 것을 안다."고 하였고

맹자님은 말씀하시기를 "그 나아감이 예리한 것은 그 물러감도 신속하다(其進이 銳者는 其退也速이니라)."고 경계하였습니다.

사업을 가볍게 생각하고 처음부터 과도하게 힘을 쏟으면 얼마 가지 않아서 힘이 떨어지고 몸이 지쳐서 중지하기 마련이지요. 그렇게 되면 얼마나 후회하겠습니까?

예로부터 지혜로운 사람은 큰 사업을 시작할 때에 반드시 그 종결하는 완결점을 설정하고, 유종의미(有終之美)를 거두기 위하여 신중하고 경건하게 시작하므로 중간에 실수가 없이 순조롭게 추진하는 까닭에 날로 일하는 재미가 나고 기운이 더욱 생겨서 무한한 지구력을 발휘하였던 것입니다.

이와 반대로 경박하고 잘난 척하는 사람은 안일하고 방자한 생각으로 남에게 과시하기 위하여 시작만 요란하게 벌여 놓고는 뒷

일을 감당하지 못하여 무책임하게 방치하므로 수습하기 어려운 상태가 되고 말았던 것입니다.

동포 여러분! 지구력은 강력한 의지력(意志力)과 정력(精力)에서 나옵니다. 사람의 뜻이 굳세고 굳으면 아무도 꺾지 못하는 것이고 사람의 정력이 튼튼하고 단단하면 무엇이든지 뚫지 못하는 것이 없는 것입니다. 그러므로 유교에서는 하지 않으려면 그만두려니와 하려면 반드시 성공하도록 뜻을 확고하게 세우고 정력을 튼튼하게 길러서 용감하게 매진하라고 가르치면서 성실성(誠實性)을 강조합니다.

성실성은 하늘이 운행하는 원동력입니다. 하늘은 스스로 성실하기 때문에 억만년을 그침이 없이 운행하는 지구력이 있지요. 그러므로 사람도 하늘의 성실성을 본받아 스스로 성실하려고 노력해야만 그 의지력과 정력을 확고 불변하게 해서 죽을 때까지 시들지 않는 지구력을 보유할 수 있습니다.

『중용』에서 성실성을 배양하는 길을 다음과 같이 말하고 있습니다.

"멀리 가려면 반드시 가까운 데서부터 시작하고, 높이 오르려면 반드시 낮은 곳으로부터 시작할지니 널리 배우그 살펴 물으며 신중하게 생각하고 밝게 분별하여 돈독하게 실천하라. 사람이 배우지 못한 것을 배우면 잘하지 못함을 그대로 두지 않을 것이며, 묻지 않은 것을 물으면 알지 못한 것을 그대로 두지 않을 것이며, 생각하지 않은 것을 생각하면 깨닫지 못한 것을 그대르 두지 않을 것이며, 분별하지 못한 것을 분별하면 밝지 않은 것을 그대로 두지 않을 것이며, 실행하지 않은 것을 실행하면 돈독하지 않은 것을 그대로 두지 않을 것이니, 남이 한 번에 잘하거든 나는 백 번을 하고,

남이 열 가지를 잘하거든 나는 천 가지를 잘해야 하느니라. 과연 이와 같은 방법으로 노력하면 비록 어리석은 사람이라도 반드시 현명하게 되고, 비록 나약한 사람이라도 반드시 굳세게 되느니라."고 하여 남보다 100배의 노력을 경주해야 지구력이 생김을 설파하였습니다.

동포 여러분! "양기(陽氣)가 발동하는 곳에 쇠와 돌도 꿰뚫고, 정신이 하나로 이르는 곳에 무슨 일인들 이루지 못할 것이냐."라고 주자(朱子)가 설파했지요.

우리 속담에도 "우물을 파도 한 우물을 파라."고 했지요. 모든 것이 인간의 성실성에 있습니다. 공자님은 말씀하시기를 "비유하건대 산을 만듦에 한 삼태기의 흙이 모자라서 이루지 못하고 멈추는 것도 내가 그만둔 것이요, 비유컨대 땅을 고름에 한 삼태기의 흙을 부어서 넓혀 나감도 내가 하는 것이라."고 하였으니 뜻대로 되는 것이지요.

오늘은 지구력에 대하여 말씀드렸습니다. 감사합니다.

반발력(反撥力) /2007. 1. 6(土)

사랑하는 동포 여러분! 안녕하십니까? 오늘은 반발력(反撥力)에 대하여 말씀드리겠습니다.

사람은 만물의 영장으로서 신령한 마음과 존엄한 육체를 가진 존재입니다. 따라서 자유롭고 평등한 인권을 국가에서 헌법으로 보장하지요. 그럼에도 불구하고 불법무도(不法無道)한 무뢰배들은 약육강식(弱肉强食), 적자생존(適者生存)의 자연법칙과 경쟁사회의 기득권이라는 미명(美名)하에 인간이 인간 위에 군림하면서 압박과 착취를 예사로 할 뿐만 아니라 사람을 인간 이하르 취급해서 개돼지처럼 다루며 노예로 삼은 무리가 있습니다.

우리 유교에서는 인간을 모독하고 인권을 침해는 어떠한 행위도 결코 용납하지 않고 단호히 맞서 싸우는 반발력을 높이 평가하여 정의의 수호자로 현창합니다. 하찮은 지렁이도 밟으면 꿈틀거리는데 하물며 사람으로 수치스러운 굴욕을 어찌 감수하겠습니까? 그래서 유교의 예절에는 죽음으로 지키는 것이 있으니 임금은 영토를 죽음으로 지키고, 고급관료, 즉 공경대부(公卿大夫)는 국민을 죽음으로 지키고, 선비는 국법(國法)을 죽음으로 지키는 책임이 있습니다. 그리고 임금에게 근심이 있는 것은 신하의 치욕이고, 임금이 모욕을 당하면 신하는 죽어야 되는 것이며, 만일 임금이 시해를 당했을 때에 역적을 토벌하지 못하면 장사 지내지 못하는 것이 춘추대의(春秋大義)입니다.

그래서 유림은 외적의 침입으로 나라가 위태로우면 생명을 돌아보지 않고 의병(義兵)을 일으켜 싸웠던 것입니다. 오직 국가의 치욕만 그렇게 반발하는 것이 아니고 집안에서도 마찬가지입니다.

아버지나 형제 처자를 죽인 원수와는 하늘 아래 함께 살지 않을 각오로 항상 칼을 몸에 품고 다니면서 범인을 찾아 원수 갚을 길을 찾는 것이니 오직 당대에만 그런 것이 아니라 몇 세대에 걸쳐서라도 반드시 복수하는 것이 자손의 도리라고 하였습니다. 어떤 사상가는 "원수를 은혜로운 덕으로 갚으라."고 하는계 공자님은 그것을 반대하여 말씀하시기를 "그러면 은덕은 무엇으로 갚으려는가? 은덕

은 은덕으로 갚고, 원수는 시원하게 갚아야 한다(何以報德고 以德
報德하고 以直報怨이니라)."고 정직한 마음으로 원수를 갚는 것이
사회정의임을 밝혔습니다.

유교의 비타협적인 복수정신이 있으므로 인간을 학대하고 사람
을 살해한 무뢰배들이 두려워서 벌벌 떨고 숨어 다니는 것이고, 죄
인이 밤에도 다리를 뻗고 자지 못하는 것입니다. 만일 유교의 복수
정신이 없고, 원수를 은혜로 갚는다면 폭력범, 살인범, 매국노, 파
렴치범 등 불의부패(不義腐敗)한 무리들이 날뛰는 험악한 세상이
될 것입니다.

동포 여러분! 인간에게 있어서 수치심(羞恥心)은 사회정의를 세
우는 근본토대입니다. 사람이 부끄러움을 모르고 아첨하고 아부하
거나 비굴하게 복종한다면 남으로부터 인간대접을 받지 못하지요.
남으로부터 무시당하지 않고 사람대접을 받으려면 반드시 남이 손
가락질하고 눈 흘길 일을 하지 말아야 합니다.

그러므로 사람은 젊으나 늙으나 예의도덕을 지켜야지 어린것이 불
손하고, 젊어서 싸우기를 좋아하고, 늙어서 욕심이 있으면 안 됩니다.

맹자님이 말씀하시기를 "사람이 이놈, 저놈 하며 야, 자 소리를
듣지 않으려면 가는 곳마다 정의로운 행동을 하라."고 하였습니다.
예절 바르고 정의로운 사람을 어느 누가 함부로 대하겠습니까? 더
욱이 유교의 효도하는 예절에 말하기를 "신체와 살갗과 털은 부모
로부터 받았으니 감히 그 명예를 훼손당하거나 그 상처를 내지 않
는 것이 효도의 시작이라."고 하여 언제 어디서나 존경받고 사랑받
으라고 하였는데 만일 무시당하고 모욕당하면서도 반발하여 싸우
지 않으면 그 부모까지 욕을 얻어먹을 것이므로 사내대장부는 크

게 분노하여 반발하는 것이 당연한 직분입니다.

오늘은 반발력에 대하여 말씀드렸습니다. 감사합니다.

인내력(忍耐力) /2007. 1. 7(日)

사랑하는 동포 여러분! 안녕하십니까? 오늘은 어려운 여건 속에서 은인자중(隱忍自重) 재기(再起)의 기회를 기다리며 참고 견디는 인내력에 대하여 말씀드리겠습니다. 사람이 어려운 고통을 당하여 신음하다 보면 불안과 공포와 절망 앞에 마침내 자포자기하여 즉흥적, 감정적으로 대처하기 쉽습니다.

그러나 정신을 차리고 힘을 내서 멀리 생각해 보면 그럴 일이 아닙니다. 겨울이 가면 봄이 오듯이 사람의 운명도 흥망성쇠(興亡盛衰)가 돌고 도는 것입니다. 겨울에 죽은 나무는 그것으로 끝이지만 겨울을 견디고 살아나는 나무는 봄에 새싹이 나와서 꽃피고 열매를 맺으니 얼마나 위대합니까? 인간의 위대함은 고난을 극복하고 새로운 역사를 창조하는 것이지 결코 고난에 글복하여 패망하는 데 있는 것이 아닙니다.

우리 유교에서는 인생의 고통을 하늘이 내린 시련(試鍊)으로 받아들여서 더욱 큰 용기로 다시 일어나는 백절불굴(百折不屈)의 투지를 매우 숭상합니다.

맹자님이 말씀하시기를 "하늘이 장차 이 사람에게 큰 임무를 내림에는 반드시 먼저 그 마음과 뜻을 괴롭게 하고, 그 힘줄과 뼈를 수고스럽게 하며, 그 몸과 살결을 굶주리게 하며, 그 자신을 공허하고 궁핍하게 하며, 그 시행함이 하고자 한 바와 어긋나게 하나니 그 마음을 흔들고, 그 성품을 단련하여 그 잘하지 못한 바를 일찍부터 증진시키려 하는 까닭이니라."고 하였습니다.

　이것은 현재 내가 처한 현실이 너무도 어려워서 마음이 쓰리고 아프며, 힘이 빠져서 몸을 움직일 수 없고, 오래 굶주려서 삐쩍 말라 파리하며, 몸에 가진 것도 없으며, 하는 일마다 실패하여 뜻대로 되는 일이 하나도 없을지라도 이것을 하늘이 내린 시련으로 받아들여 그 실패를 거울로 삼아 다시 일어나 도전하는 것이 참으로 하늘의 뜻을 따르는 길이라는 말씀입니다. 그렇다면 시련을 극복하지 못하고 좌절하여 자포자기하는 것은 하늘의 뜻을 거역하는 역천(逆天)이라는 것이 아닙니까? 어찌 사람으로 태어나서 역천(逆天)하고 패륜(悖倫)적인 방법으로 끝장을 봐서야 되겠습니까?

　우리 속담에 "하늘이 무너져도 솟아날 구멍이 있다." 또 "쥐구멍에도 볕 들 날이 있다." 그리고 "산 입에 거미줄 치랴." 등등의 강인한 인내력을 찬양하는 속담이 많습니다. 이것은 우리 민족정신에 대단한 인내력이 있음을 웅변해 주는 증거입니다. 비록 거지가 되어 문전걸식을 하면서도 하는 말이 "3대 거지가 되어야 정승이 나온다."고 자위하였기 때문에 우리 조상들은 거지에게 적선(積善)하는 것을 당연시하며 힘껏 도우려고 노력하였던 것입니다.

　자고로 훌륭한 업적을 남긴 사람은 모두 항구적인 집념을 가지고 7전8기해서 최후의 승리를 거둔 것임을 알아야 합니다. 그러므로 공자님이 말씀하시기를 "적은 것을 참고 견디지 못하면 큰 계획을 곤란하게 만든다."고 하였습니다. 어진 사람은 깊이 도모하고 멀리 생각하여 작은 성공과 실패에 한 번 웃었다가 한 번 울었다가

하는 변덕이 없는 것입니다. 전쟁에서 승리와 패배가 항상 있는 일이듯이 사업에서도 성공과 실패는 항상 있는 일입니다. 전쟁에서 패배하였어도 와신상담(臥薪嘗膽) 재기(再起)하여 승리한 역사가 얼마나 많으며, 사업에 실패했어도 절치부심(切齒腐心) 다시 일어나서 성공한 사례가 얼마나 많습니까?

우리 민족도 근세에 청(淸)나라와 일본에 패하여 국권을 상실했지만 인통함원(忍痛含怨) 고통을 참고 원한을 머금으며 독립운동을 한 결과 마침내 해방독립을 이룩하여 이제는 나라를 재건(再建)하지 않았습니까?

대체로 대인(大人)군자는 인내력이 많고, 소인(小人)은 인내력이 적은데 그러한 까닭은 대인군자에게는 거대한 인생의 목적이 있기 때문에 작은 일에 흔들리지 않고 용감하게 한 길로 매진하지만 소인에게는 보다 큰 인생의 목적이 없기 때문에 사소한 일에 큰 충격을 받아 이성을 잃고 좌절하며 심지어 목숨까지 버리게 되는 것입니다. 그러므로 공자님은 말씀하시기를 "군자는 궁박한 데서 단단해지고, 소인은 궁박하면 함부로 행동한다."고 하였습니다. 사람에게 인내력이 없으면 언제 위험인물로 돌변할지 모르는 것입니다.

동포 여러분, 오늘은 지난 제국주의 시대에 우리 민족정신의 하나인 인내력에 대하여 말씀드렸습니다. 감사합니다.

의복(衣服) /2007. 2. 12(月)

사랑하는 동포 여러분 안녕하십니까? 이제 우리 설날이 1주일이면 돌아오는데 옛날에 설빔으로 고운 새 옷을 입고 기뻐했던 추억을 되살려 오늘은 의복에 대하여 말씀드리겠습니다.

사람에게 있어서 인격을 나타내는 것으로 옷처럼 뚜렷한 것도 없습니다. 옷이 깨끗하고 단정하면 그 사람의 인격도 고결하고 반듯해 보이고, 옷이 추접스럽고 괴상하면 그 사람의 인격도 천박하고 괴벽스러워 보이는 것입니다.

따라서 의복과 모자와 신은 단순히 육신을 보호하고 추위와 더위를 대비할 뿐만 아니라 또한 몸을 닦아서 인격을 아름답게 확립하는 도구입니다.

사람은 누구든지 깨끗한 새 옷을 입으면 마음이 산뜻하게 되고, 아름다운 새 모자를 쓰면 어깨가 으쓱하며, 고운 새 신을 신으면 발이 힘차게 되는 것이지요. 오직 그 사람만 신명이 나는 것이 아니라 옆에서 보는 사람도 덩달아 기분이 좋으며, 심지어 그 사람이 지나가는 골목이나 길까지도 훤하게 밝아져서 발길을 멈추고 쳐다보는 것입니다.

우리 유교는 이러한 옷의 기능을 몸을 닦는 수신(修身)의 공부로 가르쳐서 일찍이 옷을 단정하게 입고, 모자를 반듯하게 쓰며 들메끈을 꼭 매는 습관부터 익히게 하고, 나아가 때와 장소와 일에 따라서 옷의 모양과 색깔이 다르게 입어야 되는 것을 알게 합니다.

대체로 유교인의 옷은 요(堯)임금과 순(舜)임금이 제도화하였는데 모자는 하늘을 본받아 둥글게 만들고, 신은 땅을 본받아 네모지게 만들었으니 두뇌로 생각하는 일은 원만하게 하고, 발로 실천하는 일은 방정(方正)해야 된다는 뜻입니다.

그리고 윗몸에 입는 저고리는 하늘과 땅과 사람의 3가지가 하나임을 본받아 3폭을 붙여서 만들고, 아래에 입는 치마는 12달이 1년임을 본받아 12폭을 붙여서 만들되 또 네 철을 본받아 그 치마 앞뒤좌우로 터서 3개월씩 4계절로 나누듯이 만들어서 모름지기 사람은 하늘과 땅과 사람을 가슴속에 품은 주체가 되어서 1년 4계절 12개월을 두 다리로 운영하라는 뜻을 담았습니다 그리고 옷에는 5색 무늬와 그림으로 화려하게 장식해서 더욱 분발 노력하는 표지 또는 좌우명으로 삼게 하였으니 곧 옷을 통해서 사람의 방심(放心)과 동심(動心)을 방지하고 또한 태만과 경망함을 경계하였던 것입니다.

그래서 모자는 하늘처럼 검은색이고, 신은 땅처럼 노란색이며, 의복은 봄에는 초목처럼 푸른색을 입고, 여름에는 불처럼 붉은색을 입고, 가을에는 쇠처럼 흰색을 입고, 겨울에는 물처럼 검은색을 입게 하였습니다.

우리 민족은 조선왕조시대에 유교를 숭상해서 이러한 옷의 문화를 개발하여 아주 성대한 의복제도가 있었습니다. 지난 2002년 FIFA 월드컵 축구대회 개막식 전야제에 서울 상암동 월드컵경기장 밖에서 우리나라 의상전시회를 개최하였을 때에 세계인이 우리의 의상문화에 경탄하였지요. 임금의 곤룡포로부터 문무백관의 관복(官服)과 혼례복, 상복, 제례복을 비롯해서 춘하추동 4시의 남자 옷과 여자 옷 및 어린이 옷 그리고 나들이옷과 평상복 등 수백 가지가 넘었습니다.

오늘날은 나들이옷과 노동복의 구별이 없어서 간편복 하나로 아무데나 다니는데 못살고 없으면 어쩔 수 없겠지만 조금이라도 살만하면 옷치장도 좀 해서 자기의 인격품위를 높여서 자존심도 가지고 남의 눈도 즐겁게 해야 되겠지요.

그러나 또한 내면의 품성을 기르지 않고 한갓 겉치장만 하여 사치호화를 자랑하는 풍조로 흐르면 절대로 안 될 것입니다. 사람이 겉보다 속이 좋아야지 겉만 번지르르하고 속이 비었으면 도리어 남으로부터 경멸과 조롱을 받으므로 옛사람은 비단옷을 입고도 허름한 쓰개옷을 걸쳐서(衣錦尙絅) 겉모양을 검소하고 질박하게 하여 마음속의 성실성을 보존하였던 것입니다.

동포 여러분 오늘은 설을 앞두고 의복에 대하여 말씀드렸습니다. 오는 설에는 온 가족이 깨끗한 옷을 입고, 상쾌하게 한 해를 새 출발하기 바랍니다.

음식(飮食) /2007. 2. 13(火)

사랑하는 동포 여러분! 안녕하십니까? 소한대한(小寒大寒)의 추위 속에 우리 설날이 다가오고 있습니다. 우리 전통은 설날에 맛있는 음식을 장만하여 차례를 지내지요. 오늘은 음식에 대하여 말씀드리겠습니다.

사람에게 있어서 음식처럼 귀중한 것도 없습니다. 날마다 하루에 세 끼니씩을 먹어야 정상적으로 활동을 하고 만일 한 끼나 두 끼라도 굶으면 배가 고파서 허기가 지고 기운이 떨어지므로 제대로 활동할 수 없지요. 그러므로 사람은 누구나 음식에 대하여 강렬한 욕구를 본능적으로 가지고 있고 당연히 가족의 생계를 해결하기 위하여 열심히 노력하고 일해야 하기 때문에 맹자님은 말씀하시기를 서민대중은 음식으로 하늘을 삼는다고까지 설파하였지요. 서민에게 식량은 절대적 가치라는 뜻입니다. 그래서 우리 유교정치는 고대로부터 국가의 행정목표를 민생경제(民生經濟)의 해결에다 두고 나라의 8가지 정책 가운데 식량정책을 최우선 순위로 정하여 1년의 농사를 지으면 1년을 먹고도 3분의 1을 남게 하여 3년간의 잉여농산물을 저축하면 또 1년을 먹을 수 있게 해서 총 27년을 저축하면 9년을 먹을 양곡을 저장하게 되므로 홍수나 가뭄에 대처할 수 있게 되는 까닭에 이러한 시대를 태평성대(太平聖代)라고 하였던 것입니다.

우리가 태평성대를 희망으로 굳게 간직하면서 한 해, 한 해 열심히 노력하면 후세의 자손이 누리는 날이 있을 것입니다. 우리 조상들도 그러한 생각으로 살면서 고귀한 음식문화를 창조하여 왔으니 명절음식과 제사음식을 보면 대단히 과학적이고, 섭생적인 식단인데 첫째는 자기 고장에서 생산하는 토산물을 제1로 치고, 둘째는 깨끗하고 위생적으로 처리하는 것이며, 셋째는 정성을 다하여 조리해서 모양과 색깔과 맛을 내는 것입니다. 그리고 넷째로는 제철에 난 것을 먹게 하는 것으로 봄에는 물고기를 먹고, 여름에는 날짐승을 먹고, 가을에는 털짐승을 먹고, 겨울에는 조개를 먹는 것입니다.

물론 우리 유교인에게 있어서 위생관념은 철저하지만 자기가 먹는 음식에는 별로 신경을 쓰지 않습니다. 평소에 먹는 음식은 소탈하게 질박함을 숭상하지요. 일찍이 공자님은 말씀하시기를 "도덕과 학문에 뜻을 두고 허름한 옷과 거친 밥을 부끄러워하면 논의할 가치도 없느니라."라고 하였고 맹자님은 음식상이 사방 한 길씩 되게 차려주어도 먹지 않겠다고 하였으며 또한 예절에 일상적으로 고기와 술을 먹을 수 있는 사람은 70세 이상의 노인뿐이라고 하였습니다.

이러한 예절에 따라 효자는 부모를 공양(供養)하기 위하여 천하의 맛있는 음식을 장만하고 또한 제사를 지내기 위하여 소 잡고 돼지 잡는 것이지 자기의 식도락(食道樂)을 즐기거나 질펀하게 먹고 노는 것은 오히려 천박하고 방탕한 행위로 경멸합니다.

사랑하는 동포 여러분! 우리 민족은 지극한 효심(孝心)이 있어서 늙은 부모를 공양하는 음식과 조상에게 제사 지내는 음식의 종류가 아주 많지요. 세계의 자랑입니다. 다만 음식의 종류만 많을 뿐만 아니라 또한 음식을 담는 그릇도 그 크기와 모양이 서로 달라서 상에 차리면 아주 보기도 좋지요. 이제 우리 전통음식의 종류를 열거하여 보겠습니다. 혹시 잊은 것은 없는지요.

음식은 첫째가 밥이지요. 쌀밥, 기장밥, 찰밥 등 다양합니다.

둘째는 국이지요. 고깃국, 나물국, 만둣국, 토란국 등 다양합니다.

셋째는 반찬이지요. 소고기, 돼지고기, 양고기, 토끼고기, 닭고기, 꿩고기, 메추라기 그리고 생선 물고기 등으로 삶고, 지지고, 볶고, 찌고, 굽고, 적을 부쳐서 그 모양을 살리고, 맛을 내고, 향료를 넣어서 먹음직하게 차리면 5감이 저절로 동하지요. 말만 들어도 입에 침이 넘어갑니다.

넷째는 마시는 음료(飮料)지요. 단술, 즉 식혜와 수정과 그리고 우유, 양젖, 미음, 매실즙, 차(茶)와 숭늉 등 다양합니다.

다섯째는 술이지요. 막걸리, 청주, 소주, 과일주 등 다양합니다.

여섯째는 밥반찬 나물이지요. 고사리나물, 숙주나물, 도라지나물, 미나리나물, 부추나물, 무나물 등 다양합니다.

일곱째는 별식이지요. 떡으로는 시루떡, 인절미, 달떡, 흰떡이 있고 과자로는 콩강정, 깨강정, 이과 등 다양합니다.

여덟째는 과일이지요. 대추, 밤, 배, 감, 사과, 참외, 수박, 곶감, 호도, 잣 등 다양합니다.

동포 여러분 오늘은 설날을 앞두고 음식에 대하여 말씀드렸습니다. 설날에 맛있는 음식으로 차례 지내십시오. 감사합니다.

주택(住宅) /2007. 2. 14(水)

사랑하는 동포 여러분! 안녕하십니까? 이제 설을 쇠기 위하여 타지에 나갔던 자손이 집으로 모여들고, 또한 세배를 하기 위하여 형제친척이 찾아올 것이므로 오늘은 주택문화에 대하여 말씀드리겠습니다.

우리 유교에서는 정든 고향집을 대단히 신성시합니다. 부모형제와 일가친척이 모여 살면서 혼인해서 자식을 기르는 생활의 터전이고, 또 조상과 옛사람의 산소가 있는 정신의 뿌리이기 때문에 선비는 집을 깨끗하고 신성하게 가꾸고, 마을을 어질고 명랑하게 만들지요.

사람은 잘 살아야 100년 남짓밖에 살지 못하지만 주택은 자자손손 대를 이어 가며 영원한 가정을 이어 가기 때문에 조상의 손때가 묻어 있고, 그 영혼(靈魂)이 깃들어 있으므로 자손이 그 집에 대한 느낌은 그 어떤 것과 비교할 수 없는 짙은 향수를 가지게 하는 것이지요. 그래서 타향살이를 하는 사람에게는 늘 고향집을 생각하고 부모조상을 그리워하면서 눈물을 흘리는 것 아닙니까?

동포 여러분께서도 정든 고향집을 그리워하는 애절한 사연이 많은 것으로 알고 있습니다. 그러나 또한 정들면 타향도 고향이라는 말도 있으니 힘을 내서 현재 살고 있는 집을 깨끗하고 신성하게 가꾸는 일도 게을리하면 안 될 것입니다.

우리 인류의 역사는 주택문화의 발달과 비례하여 과학문명이 발전하였습니다. 태초에 인류는 굴속에서 자고, 들판에서 살았지요. 이때를 혈거(穴居)시대라고 합니다. 우리 인간도 맨 처음에는 짐승과 마찬가지로 겨울에는 굴속에서 지내고, 여름에는 나무 위에 시렁을 매고 살았던 것입니다. 그러다가 중고시대에는 풀로 움막을 짓고 살았는데 이때를 석기문화시대라고 하며, 이어 흙을 물에 이겨서 불로 구워 만든 벽돌을 쌓아 집을 만들어 살았으니 이때를 토기문화시대라고 합니다.

마침내 후세에 철(鐵)을 발견해서야 나무로 기둥을 세워 지붕과 처마가 있는 집을 지어서 비바람을 완전히 막는 건물을 세울 수 있었던 것입니다.

우리 민족은 방바닥에 구들장을 깔고, 아궁이에 불을 때서 방을 따뜻하게 하는 온돌방을 개발했으니 세계에서 가장 과학적이고 편리한 집입니다.

과학기술이 발달하고 정치사회가 발전함에 따라 국가의 공공건물이 점점 웅장하고 부자들이 화려한 집을 세웠지만 우리 유교인은 서민들의 아담한 집으로 만족하였던 것입니다.

공자님은 거친 밥 먹고 물 마시고 팔을 베고 누웠어도 즐거움이 그 가운데 있다고 하셨고 또 안연(顔淵)은 한 대바구니의 밥과 한 바가지의 물로 가난한 동네에 살면서도 그 즐거움을 고치지 않는다고 칭찬하였습니다.

관례(冠禮) /2007. 2. 15(木)

사랑하는 동포 여러분! 안녕하십니까? 오늘은 새해를 맞이하는 설날을 앞두고 새해에 해야 되는 기쁜 일을 생각해 보겠습니다. 가정에 있어서 가장 아름답고 희망적인 일은 아무래도 자녀가 성장하여 어른이 되고, 가정일을 맡아서 경영하는 것이겠지요.

우리 유교에서는 가족을 사랑함에 먹이고 입히고 재우는 衣食住만으로 그치는 것이 아니고, 더욱 뜨거운 사랑으로 길러서 어른이 되게 하고 혼인을 시키고 죽으면 초상 치르고 장사 지내며 길이길이 잊지 않고 해마다 제사를 지내는 것입니다. 이러한 가족 사랑의 예절을 가정의례(家庭儀禮) 또는 관혼상제(冠昏喪祭)라고 하는데 가족 사랑의 극치라고 하지요.

부모가 자녀를 사랑하되 당당한 인격을 완성한 어른으로 사회에 내놓지 못한다면 그 자녀를 잘 사랑했다고 하겠습니까? 그리고 자녀의 혼인식을 올려 주지 못한다면 책임 있는 부모라고 하겠습니까?

가족 사랑은 부모에게만 일방적으로 책임을 지우는 것이 아니고 자녀도 부모를 지극히 사랑하고 공경해야 됩니다. 그래서 부모가 돌아가시면 자녀는 지극히 슬프게 초상 치르고 장사 지내야 하고 또 해가 바뀌면 제사를 지내 주어야 효자라고 합니다.

동포 여러분! 가족 사랑에 관혼상제가 매우 중대하기 때문에 옛 조상들은 묵은해를 보내고 새해를 맞이하는 동지선달이 되면 새해에 자손의 성인식과 혼례에 대한 계획을 세우고 또 늙은 부모의 초상에 대한 대비와 조상의 제사에 대한 여러 가지 준비사항을 논의하느라고 긴긴 겨울밤도 설치곤 했답니다.

우리나라의 전통 성인식은 나이를 기준으로 정했습니다. 남자는 20세가 되면 성인으로 인정하여 어른의 옷을 입히고 관(冠)을 씌우므로 관례(冠禮)라고 하고, 여자는 15세 이상으로 시집가기 전에 성인으로 인정하여 어른의 옷을 입히고 비녀를 꽂았기 때문에 계례(笄禮)라고 하였습니다.

성년식에서 가장 중요한 것은 옷입니다. 현재의 신분에 알맞은 옷을 입혀야 될까요, 미래의 성공을 기대하는 옷을 입혀야 될까요. 어느 부모라도 자녀에게 거는 기대는 똑같이 최고로 성공하는 사람이 되기를 바랄 것입니다. 그래서 주례(周禮)의 관례(冠禮)에서는 작위를 받은 임금의 옷인 작변복(爵弁服)과 또 임금의 집무복인 피변복(皮弁服) 그리고 높은 선비가 평상시에 입는 현단복(玄端服)을 입혔던 것입니다. 이것은 정치사회적으로 국가민족에게 크게 이바지하여 나라의 최고지도자로 추대받으라는 뜻을 담은 것입니다.

사람은 낳으면서부터 고귀한 신분은 없습니다(人無生而貴者也). 그러므로 미성년(未成年)은 천자나 제후의 아들로부터 선비나 서민의 아들에 이르기까지 모두 평등하여 차별이 없기 때문에 19세 이하의 옷은 천하가 똑같아 누구도 비단옷을 입지 못하고, 성년식의 관례옷도 한가지로 모두 똑같은 것입니다.

이것은 모든 젊은이가 똑같은 선비의 신분으로 사회에 진출하여 인생을 잘 경영해서 최고로 성공하라는 인류의 소망을 담은 것입니다.

그러므로 관례에서는 예로부터 세 번이나 축복하는 말씀을 거듭하는데 다음과 같습니다.

첫 번째는 "좋은 달, 좋은 날에 처음으로 선비의 관과 옷을 입히노니 그대의 어린 뜻을 버리고 그대가 성인의 인격을 신중히 닦으면 오래 장수하고 길하여 큰 행복을 누리도록 도움을 받으리라."고 하면서 선비의 관을 씌웁니다.

다음 두 번째는 "길한 달, 길한 날에 그대에게 임금의 집무복 옷을 거듭 입히노니 행동을 위엄 있게 하고, 인격을 아름답게 닦으면 눈썹이 희도록 만년의 수명을 누리며 큰 복을 받으리라."고 하며 임금의 가죽고깔인 피변(皮弁)을 씌웁니다.

그리고 세 번째는 "해도 좋고 달도 좋은데 그대에게 임금의 예복 옷을 모두 입혔으니 형제가 모두 있어 그 인격을 완성하면 오래 살면서 하늘의 경사스러운 복을 받으리라."고 하며 임금의 작변(爵弁)을 씌웁니다.

오늘은 새해를 앞두고 관례, 즉 성년식에 대하여 말씀드렸습니다. 동포 여러분 새해에 자손에게 축복할 말씀을 준비하십시오. 감사합니다.

혼례(昏禮) /2007. 2. 16(金)

사랑하는 동포 여러분! 안녕하십니까? 오늘은 새해 설날을 이틀 앞두고 혼례(昏禮)에 대하여 말씀드리겠습니다.

집안에 장성한 아들딸과 손자 손녀가 있으면 장가들고 시집보낼 계획을 이때쯤 세워야 되겠지요. 혼례(昏禮)라고 할 때에 혼(昏)은 저녁 혼 자입니다. 예로부터 혼인식은 저녁 무렵에 거행하였기 때문에 저녁에 거행하는 예절이라는 뜻으로 그렇게 불렀습니다.

해가 서산에 지는 황혼녘에 예식을 거행하게 하는 것은 해가 지고 달이 뜨는 교대의 시간을 취한 것입니다. 즉 남자를 상징하는 태양이 몸을 낮추고 서쪽의 여자 집으로 찾아가서 여자를 상징하는 달을 비추어 동쪽의 남자 집에서 밝게 높이 솟아오르게 하는 일이 혼인의 본의임을 상징적으로 나타낸 것입니다.

아내와 남편은 해와 달처럼 영원히 짝을 지어서 하루의 짧은 시간에도 밤과 낮을 교대하며 밝고 따뜻하게 세상을 경영하는 존재라는 뜻입니다. 그러므로 예로부터 혼인을 2성지합 만복근원(二姓之合 萬福之源)이라고 하여 서로 다른 성씨의 결합이 일만 가지 행복의 근원임을 역설하였고, 또 하늘이 정한 배필, 즉 천정배필(天定配匹)이며 하늘이 낸 연분, 즉 천생연분(天生緣分)이라고 했지요.

우리나라 전통혼례에서는 연애결혼보다는 중매결혼을 강조하였는데 대체로 조혼(早婚)의 풍조가 있으면 중매혼(仲媒婚)을 선호하고 만혼(晩婚)의 풍속이 있으면 연애결혼을 하기 마련이지요. 시대를 따라야 할 것입니다. 다만 혼례의 조건은 철저히 지켜야 될 사항이므로 몇 가지만 말씀드리겠습니다.

첫째, 남자는 20세 이상, 여자는 15세 이상일 것,

둘째, 남자와 여자가 동성동본(同姓同本)이 아닐 것,

셋째, 육체와 정신이 모두 건강할 것,

넷째, 본인과 그 아버지에게 1년 상복 이상이 없을 것,

다섯째, 양쪽 집에 부모의 동의가 있을 것 등입니다.

대저 혼인은 때가 있으므로 미성년자나 노인은 혼례를 거행할 수 없는 것입니다. 요즈음 70노인들이 혼인하는 것을 가끔 보는데 이것은 나이를 초과했기 때문에 사실혼으로 인정할지언정 정식 예절혼으로는 인정이 안 되는 것이지요.

그리고 성씨가 같고 본관이 같은 동성동본(同姓同本)끼리의 혼인은 절대로 피해야 됩니다. 아들딸에게 어려서부터 친척끼리의 혼인은 안 되는 것임을 거듭거듭 가르쳐서 건전한 관념을 가지도록 하는 책임이 부모에게 있는 것입니다.

또한 혼인은 순결을 숭상하므로 특히 신체적 불구와 난치병 그리고 정신병은 절대로 숨기면 안 됩니다. 나중에 밝혀지면 이혼사유가 되지요.

그리고 청춘남녀가 혼인을 함에 부모의 동의를 받아야 됨은 30세 이전까지이고, 만일 30세가 넘으면 부모의 동의가 없어도 정식 혼례로 인정됩니다. 왜냐하면 혼인은 인륜의 대사(人倫之大事)이고 부모의 허락을 받음은 효도의 작은 절차인즉 효도의 작은 절차 때문에 인생의 큰일을 폐지할 수 없는 까닭입니다.

동포 여러분! 아마도 우리 전통 혼례식을 기억하시는 분이 있을 터인데 아주 뜻이 깊고 운치가 있지요. 신부를 가마 태우고 시집가게 하는 것은 최고의 대우를 뜻하는 것입니다. 가마는 임금만 탈 수 있는 것입니다. 또 신랑이 신부의 아버지에게 기러기를 드리지요. 기러기는 정절을 지키면서 가족 간의 질서와 조화 속에 철 따라 함께 이동하므로 이것은 가족이 흩어지지 않게 돌보겠다는 약속인 것입니다.

그리고 표주박으로 술을 마시는 근배례(졸杯禮)를 하지요. 이 세상에 표주박의 짝은 오직 하나뿐인 것으로 서로 모양과 크기와 빛깔이 똑같지요.

부부는 이 세상에 유일무이(唯一無二)한 평등관계라는 뜻입니다. 우리 선조들은 자손의 혼인에 대하여 큰 희망을 걸고 모든 정성을 다했습니다. 왜냐하면 자손의 성공적인 혼인생활만이 가족의 미래가 보장되고 가문이 발전할 수 있기 때문입니다.

오늘은 새해를 설계하면서 집안의 경사요, 인륜의 대사인 혼례에 대하여 말씀드렸습니다. 부디 새해에는 동포 여러분의 가정에 큰 경사가 있기를 기원합니다. 감사합니다.

상례(喪禮) /2007. 2. 17(土)

사랑하는 동포 여러분! 안녕하십니까? 오늘은 음력 섣달그믐으로 내일이 설입니다. 옛날에는 이날을 까치설날이라고 하여 어린이들에게 색동옷으로 까치저고리와 까치두루마기를 입혀서 설날을 명랑하고 즐겁게 맞이하기 위한 명절 분위기를 조성하였습니다. 모든 일에 있어서 종말은 어쩐지 섭섭하고, 시작은 어쩐지 희망차지요. 그러나 끝을 마감하여 종결을 하지 않으면 새롭게 시작할 수도 없습니다. 그래서 우리 유교에서는 가는 것을 표창하고, 오는 것을 살피는 창왕이찰래(彰往而察來)와 삼가 시작하고 신중하게 끝내는 근시신종(謹始愼終)을 역설합니다.

대체로 착실하게 시작한 일은 끝이 쉽거니와 어설프게 시작한 일은 거의 끝내는 단계에서 와르르 무너지는 것입니다. 한 해를 잘 설계하는 사람은 집안의 노인이 60세면 해로 준비하고, 70세면 철로 준비하고, 80세면 달로 준비하고, 90세면 날로 준비한다고 하였습니다. 이 말은 부모가 60세 이상이면 해마다 초상 치르고 장사 지낼 대책을 세우라는 뜻입니다. 이 세상에 죽지 않는 사람은 없고, 또 죽을 날이 예정되어 있는 사람도 없으므로 집에 노인이 있으면 미리미리 준비해 두는 것이 자손의 도리지요. 만일 아무런 준비나 대책이 없다가 갑자기 초상이 나면 슬픔 속에 당황할 터이니 난감하게 되겠지요.

상례(喪禮)는 가족 사랑의 극치입니다. 가족이 죽으면 즉각 모든 가족이 초상집에 모여서 밥도 먹지 않고, 잠도 자지 않으며 3일 동안 슬프게 울면서 소렴(小殮) 대렴(大殮)하고, 상여(喪輿)로 운구하여 묘지에 장사 지낸 다음에도 혼백(魂帛)을 집으로 모시고 와서 궤연(几筵)을 설치하여 영좌(靈座)를 모시고, 거상(居喪)하여 100일 졸곡(卒哭)이 지나야 울음을 그치고, 소상(小祥) 대상(大祥)을 지내야 상복을 벗으니 예절 가운데서 가장 길고 무거운 예절입니다.

오늘날은 세상 사람의 마음이 각박해져서 부모가 돌아가셔도 울지도 않고, 상복도 입지 않고, 조문객과 더불어 앉아서 술 먹고 밥 먹는 사람이 있지만 이것은 우리 민족의 참모습이 아닙니다. 물론 예법에도 예외규정이 있습니다. 즉 19세 이하와 70세 이상은 굶지 말고 먹으라고 하였는데 비록 부모의 상복을 입었어도 50대 노인과 19세 이하는 조금씩 먹고, 60대 노인은 정상적으로 먹고, 70대 노인은 상복만 걸치고 집 안에 있으면서 술과 고기까지 먹으라고 하였으며 80대 노인은 초상난 사실을 알리지 않아도 된다고 하였으니 초상 치르다가 줄초상이 나는 것을 방지하기 위함입니다.

대체로 모든 예절을 집안의 형편에 따라 거행하는 것이지만 오직 상례(喪禮)는 죽은 사람의 신분으로 거행하는 것입니다.

따라서 상주(喪主)가 비록 어리고 천하고 가난하더라도 죽은 사람이 고귀한 벼슬을 하였으면 주변에서 협조하여 죽은 사람의 신분에 맞게 장사 지내야 됩니다.

일찍이 맹자님이 말씀하시기를 "살아서 섬기는 일은 큰일에 해당하지 않고, 오직 죽어서 장사 지내는 것이 큰일이 된다."라고 하였습니다. 어버이를 생전에 공양(供養)하는 일은 인간의 일상생활이기 때문에 큰일로 여기지 않으나 어버이의 사후에 그 영혼을 안락하게 하는 일은 예절을 지켜야 되기 때문에 엄격하고 중대한 일이 아닐 수 없습니다. 또한 공자님이 말씀하시기를 "어버이를 사랑만 하고 공경하지 않는다면 개나 말을 사랑하는 것과 어떻게 다르리오."라고 하였습니다. 이 말씀은 어버이가 살았을 때만 사랑하고 어버이가 죽었을 때에 상례(喪禮)를 받들지 않으면 개나 말이 죽었을 때와 무엇이 다르냐고 꾸짖은 말씀입니다. 인간은 고귀한 존재이므로 살아서 예절로 섬기고, 죽으면 예절로 장사 지내고, 예절로 제사 지내라고 함과 동시에 집안에 초상이 나면 상복을 벗을 때까지 다른 제사를 지내지 않는 것이 예절이니 그 제사비용으로 초상을 치르라는 뜻입니다.

오늘은 세모에 준비할 일로 상례(喪禮)에 대해 말씀드렸습니다. 동포 여러분! 한 해를 아름답게 종결하고 새해를 상서롭게 맞이하세요. 감사합니다.

제례(祭禮) /2007. 2. 18(日)

사랑하는 동포 여러분! 오늘은 정해(丁亥)년 정월(正月) 초하루 설날입니다. 새해에 복 많이 받으시고 부자 되기를 충심으로 기원합니다.

우리 민족은 옛날부터 설날 아침에 조상님께 차례를 지내지요. 한 해를 새로 시작함에 있어 가장 중요한 것은 자기의 정체성을 확인하여 자기의 본래 자리에서 출발해야 되겠지요. 만일 자기의 원래 위치에서 출발하지 않고, 엉뚱한 위치에서 출발하면 정처 없이 표류하는 방랑객처럼 떠돌이가 되겠지요. 사람이란 자기가 오는 곳을 알아야 가는 곳도 알게 됩니다. 만일 자기의 한 몸이 오는 곳을 모른다면 필연적으로 가는 곳도 모르게 되기 때문에 우리 유교에서는 뿌리를 잊지 말라고 강조하고, 제사(祭祀)의 중요성을 역설하는 것입니다.

제사는 멀리 조상을 추모하여 잊지 아니함으로써 자기 존재의 정통성과 주체성을 확립하고, 그 뿌리에 보답하는 가장 신성한 예절이므로 길례(吉禮)라고 합니다. 제사를 지내서 자기의 근본을 바로 세우면 사람이 떳떳하고 기운이 나서 즐겁게 살기 때문에 하늘 땅이 보우하고 조상이 복을 주어서 길이 번창하는 대단히 길(吉)하고 경사스러운 일이 있다는 뜻입니다.

사람은 어디에서 나왔습니까? 분명히 아버지와 어머니로부터 이 몸이 탄생하였습니다. 그래서 얼굴 모양과 살결과 심지어 머리털까지 거의 비슷하게 닮아서 사람들이 씨는 속이지 못한다고 하지요. 그리고 사람의 천성(天性)은 하늘에서 받았기 때문에 모두 진실하고 착하고 아름다운 인의예지(仁義禮智)의 인간성을 천부적으로 가지고 있는 것입니다. 따라서 새해 아침에 깨끗한 몸과 마음으로 새 옷을 입고 정결한 음식을 차려서 천자(天子)는 하늘에 기도하여 인류의 양심(良心)이 떳떳하게 새 출발함을 보고 말씀드리고, 일반 가정 사람들은 그 조상에게 차례를 지내고 어른에게 세배를 하여 집안의 자손이 번듯하게 새 출발함을 인사드리면서 덕담을 하는 우리 풍속은 대단히 길(吉)하고 상서로운 행사입니다.

그리고 한 해를 시작하면서 조상의 제삿날을 달력에 표시하고 미리미리 준비해 두는 일도 설날 새벽에 해야 되는 일입니다. 우리나라 전통의 집안 제사는 4시정제(四時正祭)와 기제(忌祭)와 묘사

(墓祀)이지요. 4시정제는 동지에 시조할아버지와 시조할머니의 제향을 지내고, 춘분에 고조부모와 증조부모의 제사를 지내며, 하지(夏至)에 할아버지와 할머니의 제사를 지내고, 추분(秋分)에 아버지와 어머니의 제사를 지내는 것입니다. 이러한 4시제향은 조상의 은덕을 기리고 자손의 번영을 경하하는 축제이기 때문에 즐겁게 지내는 것입니다.

그런데 세상에는 지극히 어버이를 사모하는 효자가 있어 이미 어버이가 죽어서 소상(小祥)과 대상(大祥)을 지내고 상복을 벗었음에도 매년 어버이가 돌아가신 기일(忌日)이 돌아오면 애도하면서 제사를 지내는 사람이 있으니 그 지극한 효심을 어찌 막겠습니까마는 그러나 이것은 소상, 대상의 연장으로 보아야지 길제(吉祭)로 볼 수는 없는 것입니다. 그래서 4시정제는 음복(飮福)이 있지만 기제(忌祭)에는 음복이 없습니다.

다음으로 묘사(墓祀)는 음식을 묘소 앞에 차려 놓고 지내는데 우리나라에만 있는 제사입니다. 동포 여러분! 우리 유교에서는 귀신의 존재를 부정하지 않고, 정성을 다해서 귀신을 섬기되 멀리하여 귀신의 노예가 되는 것을 방지하고 있습니다.

유교는 인본주의(人本主義) 사상으로 사람이 만물을 경영하는 주인입니다. 그래서 제례에는 자손이 제주(祭主)가 되고, 상례에는 자손이 상주(喪主)가 됩니다. 따라서 그 정성이 있으면 그 귀신이 있고, 그 정성이 없으면 그 귀신이 없는 것이므로 제사에 임하여 온갖 정성을 다하여 부모 조상을 보려고 기약하나니 거기에 가족 사랑이 넘치는 것입니다.

오늘 설날은 차례와 제사에 대하여 말씀드렸습니다. 동포 여러분 새해에 하느님과 조상으로부터 복을 많이 받으세요. 감사합니다.

황천상제(皇天上帝) /2007. 3. 26(月)

사랑하는 동포 여러분! 안녕하십니까? 이제 춘분도 지나고 만물
이 소생하는 따뜻한 봄이 왔습니다. 우리 인간의 삶은 자연의 변화
에 가장 민감하지요. 사람은 하늘땅에서 태어나서 하늘땅에서 살다
가 마침내 죽어서 하늘땅으로 돌아가기 때문에 사람은 하늘땅의
변화에 가장 민감하고 또한 가장 큰 영향을 받는 것입니다. 그러므
로 하늘에 순응하면 사는 것이요, 하늘을 거역하면 죽는다고 맹자
님이 말씀하셨지요. 인류의 역사는 크게 보았을 때에 하늘을 본받
는 과정이라고 해도 과언이 아닙니다. 동서양을 막론하고 하늘의
뜻을 받들고 하늘의 사업을 일으키면 흥성하게 발전하는 문화를
창조했고, 하늘의 뜻을 거역하고 하늘의 사업을 광치하면 몰락하여
쇠망했던 것을 인류의 역사가 증명하고 있습니다. 그러므로 이번
주에는 내가 평생 연구한 하늘이 다스리는 원리와 법칙에 대하여
말씀드리겠습니다.

일찍이 우리 유교(儒敎)에서는 인류의 영원무궁한 발전의 길을 찾
기 위하여 우주(宇宙)를 관측해서 하늘땅의 이치를 연구하고 가장
정확한 천체(天體)의 구조를 탐색하는 작업을 계속하여 왔는데 태고
에 복희씨(伏犧氏)는 무변광대한 우주공간과 시작도 끝도 없이 영원
무궁하게 변화하는 우주변화의 가장 중심이 되는 것은 하늘과 땅과
사람임을 발견하여 8괘(八卦)를 그려서 철학의 체계를 세웠으니 곧

주역(周易)의 기본 원리입니다.

이렇게 하늘과 땅과 사람이 우주의 중심적 요소라는 철학이 한 번 일어나자 정치가의 관심은 하늘과 땅으로 집중하게 되지요. 그리하여 4000여 년 전의 요(堯) 임금은 천체관측소를 사방에 세우고 천체의 운행도수와 기후변화를 날마다 관측해서 30년 단위로 평균치를 계산하여 태양력과 태음력을 종합하여 음양력을 만들어 24절기와 12달의 초하루와 보름으로 1년 360일의 달력을 제정하였습니다. 그리고 요(堯)임금의 뒤를 이은 순(舜)임금은 우주의 천체(天體)를 깊이 연구하여 마침내 땅은 계란의 노른자위같이 둥글고, 하늘은 계란의 흰자위같이 땅을 둘러싸고 있다는 혼천설(渾天說)을 제시하면서 선기옥형(璿璣玉衡)이라는 천구의(天球儀)를 만들어 천체의 운행변화의 원리를 증명하고, 정치제도와 권력구조를 민주적으로 개혁하였습니다. 순임금의 혼천설이 나오기 전에는 우주를 평면적으로 인식하여 땅은 평평한 바닥이고, 그 위에 하늘이 덮고 있다는 개천설(蓋天說)에 의거하여 한 분의 하느님이 아래세상을 직접 다스린다고 생각하였던 것입니다.

그러나 순임금의 혼천설은 하늘이 2층 구조로 되어 있음을 발견하였던 것입니다. 즉 하늘이 전체를 총괄하는 상층구조와 각 방면으로 분할 관리하는 하층구조로 되어 있어 최상층에 있는 하늘은 우주 내외를 전부 통일하는 하나의 하늘인데 이것을 황천(皇天)이라고 하였으니 자연법칙의 근본원리가 비롯하여 나오는 하늘이라는 뜻입니다.

이 자연법칙의 근본원리가 비롯하여 나오는 하늘에는 상제(上帝)님이 계시는데 곧 위 하느님으로 우주만물을 창조하여 주재하시는 유일한 절대자요 초월자이십니다. 여러분이 보통 말하는 하느님은 바로 이 황천상제를 지칭하지요.

대개 유교의 경전(經傳)에서도 하늘 천(天) 자나 하늘 건(乾) 자라고 할 때에는 대개 상제(上帝)를 의미합니다. 이 황천상제(皇天上帝)는 우주만물을 창조 주재함에 있어서 홀로 독재하지 않고, 아래에 두 하느님의 보필을 받습니다. 그리고 최하층에 있는 하늘은 동서남북과 중앙의 다섯 방면으로 나누어 각 방면마다 한 분씩 하느님을 두시고, 1년의 네 철과 12개월을 교대하여 다스리게 하니 모두 다섯 하느님입니다. 따라서 하느님은 모두 여덟 분입니다.

왜 이렇게 하느님이 많을까요? 그것은 우주 내외의 천지만물이 많을 뿐만 아니라, 그 사업이 광범위하고 다양해서 분업 협동하여 임무 교대하지 않으면 완전하고 신성하게 다스릴 수 없기 때문입니다.

최상층의 하늘에 계신 황천상제를 직접 보필하는 두 하느님은 중간층의 하늘에 계시면서 한 분은 시간을 관장하시는 천종제(天宗帝)이시고, 한 분은 식량생산을 관장하시는 신능제(神農帝)입니다. 곧 시간 하느님과 식량 하느님이지요. 그리고 최하층의 하늘을 다섯 방면으로 분할하여 다스리는 하느님에는 동쪽 하늘에 계시면서 봄철을 다스리는 동쪽 하늘의 동천 하느님과, 남쪽 하늘에 계시면서 여름철을 다스리는 남쪽 하늘의 남천 하느님과, 중앙 하늘에 계시면서 네 철을 고르게 다스리는 중앙 하늘의 중천 하느님과 서쪽 하늘에 계시면서 가을철을 다스리는 서쪽 하늘의 서천 하느님과 북쪽 하늘에 계시면서 겨울철을 다스리는 북쪽 하늘의 북천 하느님입니다.

이와 같이 우리 유교의 하느님은 모두 여덟 분이지요. 그리고 이

여덟 분의 대표는 황천상제이시고 통상적으로 우리는 하느님이라고 하는 것입니다. 이 여덟 분의 하느님은 가장 존엄하시고, 진실하며 전지전능하시기 때문에 너무도 신성하여 오직 천명(天命)을 받아 도덕정치를 하여 안락 태평한 세상을 건설한 천자(天子)만이 하느님께 제향을 지낼 수 있습니다.

유교의 예절에는 윤리와 도덕으로 다스리는 천자(天子)만이 하늘에 제사 지내는 교제(郊祭)와 체제(禘祭)를 지낼 수 있고 제후(諸侯)나 대부(大夫)나 선비나 서민대중은 감히 하느님께 사사롭게 제향을 지낼 자격이 없다고 하였습니다. 그러나 자연현상이 비정상적이어서 홍수와 가뭄이 들어 고생스럽거나 국가사회가 어지러워 절망스러울 때에는 누구나 최종적으로 하느님께 호소할 수밖에 없으므로 우리 유교의 예절에서는 간단하게 기도(祈禱)하고 소원을 비는 길을 열었으니 곧 사람은 누구라도 고통스러우면 때와 장소를 가릴 것 없이 그리고 형식과 절차를 논할 것 없이 하느님께 직접 기도해서 소원을 성취케 하였습니다.

그러므로 제후가 기우제(祈雨祭)와 기한제(祈寒祭)를 지내고, 서민대중이 원통하고 억울함을 하느님께 호소할 수 있는 것입니다. 만물을 창조하여 성대하게 발전하는 대우주를 다스리는 황천상제는 인류의 생명과 재산을 궁극적으로 보장하시기 때문에 하늘은 우리의 희망이고 미래입니다. 그래서 우리는 인명재천(人命在天), 즉 사람의 수명은 하늘에 있다고 말하고, 또한 부귀재천(富貴在天), 즉 사람의 부귀는 하늘에 있다고 하지요. 사람에게 있어서 황천상제(皇天上帝)의 덕(德)이 미치지 않는 곳은 없습니다. 세상을 바로 세우시고, 자연변화를 일으키시며, 만물을 생산하여 무궁한 발전을 도모하여 착한 사람에게는 복(福)을 주고 착하지 못한 사람에게는 재앙을 내리는 것입니다.

오늘은 지극히 존엄하신 황천상제(皇天上帝)에 대하여 말씀드렸습니다. 내일부터는 일곱 하느님의 원리와 법칙을 차례로 말씀드리겠습니다. 감사합니다.

천종제(天宗帝)와 신농제(神農帝) /2007. 3. 27(火)

사랑하는 동포 여러분! 안녕하십니까? 오늘은 최정상의 하늘에 계신 위 하느님 곧 황천상제(皇天上帝)를 직접 보필하는 두 분의 하느님에 대하여 말씀드리겠습니다. 이 두 분의 하느님은 중간층의 하늘에 계시면서 한 분은 시간을 관장하는 천종제(天宗帝)이시고 한 분은 식량생산을 관장하는 신농제(神農帝)라고 어제 이미 말씀드렸지요. 황천상제님이 만물을 창조하여 주재함에 있어서 가장 중요한 일은 첫째, 만물이 공간적으로 안정을 누리면서 시간적으로 발전하여 우주의 질서 속에 만물이 쾌활하도록 경영하는 것이고, 둘째, 만물이 모두 생존에 필요한 영양분을 섭취해서 건강하게 생육하고 활기차게 활동할 수 있도록 식량을 생산하는 것입니다.

이것은 바로 우주변화의 질서가 쾌활한 환경에서 만물이 활기차게 생성 발전하는 조건을 구비하려는 황천상제의 막중한 기본사업입니다.

만일 이러한 쾌적한 환경과 생존 조건이 갖추어지지 못한다면 하느님이 아무리 만물을 생산해도 만물은 결국 생육하지 못할 것이고,

비록 생존한다고 하여도 아무런 활동도 하지 못하여 결국 우주는 황량하게 될 뿐이고, 세계는 적막강산이 될 뿐일 것입니다. 그러므로 황천상제는 천체(天體)의 운행(運行) 원리에 정통한 천종제(天宗帝)에게 우주의 시간을 관장하도록 전권 위임하시고 또한 곡식과 채소와 과일과 초목의 재질과 생태에 정통한 신농제(神農帝)에게 대지의 식량생산을 관장하도록 전권 위임하신 것입니다. 그래서 농사가 잘 되면 날씨 덕(德)이라고 하거나 종자 덕(種子 德)이라고 말하지요.

이제 먼저 시간을 관장하는 천종제(天宗帝)의 기능과 역할에 대하여 말씀드리겠습니다. 천종제(天宗帝)는 우주의 가장 순수한 원기(元氣) 덩어리라고 하겠습니다. 어찌나 힘이 세신지 천체(天體)의 중심축(中心軸)을 잡고 운전을 하시며 정확히 1년 4시 24절기와 12달의 초하루와 보름과 그믐이 있는 30일 그리고 하루는 아침저녁과 밤낮이 있는 12시를 만들되 날마다 밤과 낮의 길이가 다르고, 기후와 날씨가 변화하지만 천체의 구조는 언제나 똑같아 전혀 어그러지거나 망가지는 일이 없고, 우주의 질서가 조리 정연하여 지극히 합리적이고 통일적인 체계가 있어 마치 자연적인 속성으로 이루어진 것처럼 일정한 속도로 안전하게 영원히 순환 왕래합니다.

그리하여 해가 지면 달이 떠서 밤과 낮을 교대하고, 추위가 가면 더위가 와서 겨울과 여름이 교대하여 하루는 12시간 한 달은 30일이요, 1년은 12달, 30년이 한 세(世)대이며, 360년이 한 바퀴(運)요. 1만 8백 년이 한 모임(會)이며 12만 9천600년이 한 기원(元)입니다. 이것을 하늘의 나이로 원회운세(元會運世)라고 하는데 조금도 어그러짐이 없이 아주 정확하지요.

하늘은 높고 땅은 낮은데 만물은 우주공간에 동서남북과 상하내외에 흩어져 있으므로 조금이라도 질서와 즈화가 깨어지면 해와 달이 그 궤도를 이탈하고, 은하계의 뭇별이 충돌하여 폭발해서 기후변화에 차질이 생긴다면 생태계뿐만 아니라 땅의 형질까지 크게 위협을 당할 것입니다. 그러므로 옛날에 천명(天命)을 받아 하늘의 뜻으로 인민을 위하여 도덕정치를 했던 성왕(聖王)은 매년 초겨울이 되면 천종제(天宗帝)에게 향사(享祀)를 지내고 내년에도 천체가 정상적으로 운행하여 기후가 순조롭기를 기원했던 것입니다.

우러러보건대 하늘이 이 세상에 베푸신 은덕이 무한하지만 날로 새롭게 열어 주는 시간처럼 생광스러운 것이 어디 있겠습니까? 이제는 우리에게 장구한 생명의 수명을 누리게 하신 천종(天宗) 하느님께 감사드리고 또한 천종 하느님을 본받아 끊임없이 새롭게 발전하는 삶을 경영하여야 됩니다.

다음으로 식량을 관장하는 신농제(神農帝)의 기능과 역할에 대하여 말씀드리겠습니다. 신농제(神農帝)는 귀신 신(神) 자와 농사 농(農) 자 그리고 하느님 제(帝) 자를 쓰지요. 농사 농 자 앞에 귀신 신 자를 쓰는 이유가 있습니다. 보통 농사라고 하면 먼저 밭을 갈고 씨앗을 뿌리며 김을 매고 거두어들이는 일련의 작업공정을 통틀어 농사라고 하는데 저 가운데 하늘에 계신 신농(神農) 하느님은 밭도 갈지 않으시고 씨앗도 뿌리지 않으시고 김도 매지 않으시며 거두어들이지도 않으시는데도 이 땅에 많은 곡식과 채소와 과일이 해마다 생산되게 하시고 온갖 초목이 산천에 우거지게 하시어 사람을 비롯한 각종 들짐승과 날짐승 그리고 물고기와 곤충의 먹이사슬의 기본식량을 관장하는 기능과 역할을 하시기 때문에 너무도 신비스러워 귀신 신(神) 자를 붙여서 높인 것입니다.

이와 같이 신농(神農) 하느님은 농사에 대하여 전지전능(全知全能)하시므로 황천상제(皇天上帝)가 억조만민을 점지하여 낳게 해도 모두 하루 세 끼니씩 먹고 사는 길이 있는 것입니다. 사람이 부지런히 농사를 짓고 가축을 기르며 물고기를 길러서 가족을 부양하고 흉년에 대비하여 저축하면 하느님이 결코 굶어 죽도록 방치하지 아니합니다. 그러므로 공자님은 말씀하시기를 식량이 적은 것을 걱정하지 말고, 고루 나누어 먹지 못함을 걱정하라고 하였습니다. 그리하여 옛날의 성왕(聖王)은 곡식과 채소와 과일 그리고 초목이 한창 자라는 여름이 되면 신농(神農) 하느님의 사업을 방해하는 토목공사나 전쟁이나 벌목을 못 하게 금지하고, 가을에 풍년이 들면 신농(神農) 하느님께 감사의 향사(享祀)를 지내고 내년에도 풍년이 들게 해 달라고 기원했던 것입니다. 그리하여 우리가 밥을 먹을 때에 고수레를 하는 풍속이 있는 것입니다.

그리고 초겨울이 되어도 거두지 않은 곡식이나 채소나 과일은 사유지나 공유지 또는 국유지를 가릴 것 없이 누구든지 자유롭게 거두어 가게 해서 신농(神農) 하느님이 가꾼 곡식이나 재물을 썩혀서 버리지 못하게 국가의 법률로 공식 인정하였습니다.

여러분 우리 조상들은 농산물을 사람이 생산한 것으로 보지 않고 하느님이 생산한 것으로 고귀하게 여겼습니다. 그러므로 하늘이 낸 곡식과 재물을 버리면 천벌을 받습니다. 나에게 남은 것을 모두 없는 사람에게 주는 것이 하늘의 뜻입니다.

오늘은 시간을 관장하는 천종(天宗) 하느님과 식량을 관장하는 신농(神農) 하느님에 대하여 말씀드렸습니다. 감사합니다.

동천 태호제(東天 太皥帝) /2007. 3. 28(水)

사랑하는 동포 여러분! 안녕하십니까? 오늘부터는 최하층의 하늘을 동서남북과 중앙으로 나누어서 춘하추동의 사시를 교대로 다스리는 다섯 하느님을 하루에 한 분씩 차례로 말씀드리겠습니다.

최상층의 하늘에 계신 황천상제(皇天上帝)께서 만물을 창조하여 주재함에 먼저 가운데 하늘에 계신 천종(天宗) 하느님께 하늘을 운행하여 만물이 쾌활하게 활동할 수 있도록 1년의 일정표를 세우라고 하시면 천종(天宗) 하느님이 봄, 여름, 가을, 겨울의 사계절의 달력을 제정하여 1년의 일정 가운데 가장 먼저 봄을 열어 줍니다.

새해를 시작하는 봄철의 정월(正月), 2월, 3월의 3개월간은 동천제(東天帝)가 다스리는 기간입니다. 동천제(東天帝)는 동쪽 하늘의 하느님으로 경전(經傳)에서는 태호제(太皥帝)라그 하였는데 그 이유는 천지만물을 종합적으로 밝게 살피시어 우주만물의 전체를 다시 살리는 전지전능(全知全能)한 힘을 가졌기 때문입니다.

이 동쪽하늘에 계신 태호(太皥) 하느님은 동쪽하늘의 봄철만 다스리는 것이 아니고, 천하의 동서남북 상하에 있는 모든 세상을 빠짐없이 다스려서 삼라만상을 소생시켜 되살리는 것입니다. 그래서 아래 하늘의 다섯 하느님 가운데 그 성질이 가장 인자(仁慈)하신 하느님으로 인정하고 또한 만물을 모두 포용하여 나무처럼 거듭 자라게 하므로 5행(五行)에 있어서 나무의 본질, 즉 목덕(木德)으로 다스리는 하느님으로 규정합니다. 그리고 봄을 다스림에 있어서 태호(太皥) 하느님은 가장 먼저 따뜻한 동풍(東風)을 일으켜서 천하에 얼어붙었던 얼음을 녹이고 겨울철의 찬바람을 물리치고 천종(天宗)

하느님이 제정한 달력의 절기에 따라 신농(神農) 하느님이 계획한 식량생산사업공정에 맞추어 입춘에는 새봄의 시작을 알리고, 우수 (雨水)에는 빗물이 얼지 않게 하며, 경칩(驚蟄)에는 겨울잠을 자는 벌레를 깨우고, 곡우(穀雨)에는 곡식이 싹트게 하며, 청명(淸明)에는 날씨가 화창하게 하여 삼라만상이 푸른빛으로 가득 차게 합니다.

봄이 오면 이와 같이 하늘도 푸르고 땅도 푸르고 산과 들도 모두 푸르기 때문에 동쪽 하늘에 계시면서 봄을 다스리는 태호 하느님을 일명 푸를 청 (靑)자와 하느님 제(帝) 자를 써서 청제(靑帝)라고 하고 또 봄의 하늘을 푸를 창(蒼) 자를 써서 창천(蒼天)이라고 일컫습니다. 천하의 봄 석 달을 다스리는 일은 아주 큰일이지요. 그래서 동천(東天) 하느님을 곁에서 보필하는 신하가 있으니 곧 하늘에 있는 구망신(句芒神)과 동쪽 하늘에 있는 일곱 별, 즉 동방7 수(東方七宿)입니다. 굽을 구(句) 자에 가시랭이 망(芒) 자를 쓰는 구망신(句芒神)은 씨앗의 싹을 틔우고 풀뿌리와 나뭇가지에서 새싹을 돋게 하는 데 탁월한 재능과 신비로운 능력을 가진 천신(天神) 입니다. 얼마나 재능이 신비로운지 따뜻한 훈풍이 불고 촉촉이 가랑비가 내리면 하룻밤 사이에 일만 산하(山河)의 초목에 빠짐없이 새 뿌리와 새잎이 돋아나게 하는 현상을 여러분도 직접 보았지요? 참으로 놀라운 생명력이라고 아니할 수 없습니다. 구망신(句芒神)이 신농(神農) 하느님의 사업을 봄철에 추진하는 책임자라면 동방의 일곱 별은 천종(天宗) 하느님의 사업을 봄철에 추진하는 책임자라고 할 수 있습니다.

동방7수(東方七宿)의 별은 하늘에 있는 북박이 별 28수(宿) 가운데 동쪽에 있는 일곱 별인데 동북방에서부터 차례로 말하면 각(角)

성, 항(亢)성, 저(氐)성, 방(房)성, 심(心)성, 미(尾)성, 기(箕)성인데 기성(箕星)이 가장 동남방에 있습니다. 이 일곱 별은 봄이 되면 강력한 기운으로 천체의 기상을 작용하여 따뜻한 기후를 만들고, 동쪽에서 서쪽으로 봄바람을 불게 하여 정월(正月), 2월, 3월에 걸쳐 구름을 옮겨 비를 내리고 해와 달이 맑고 밝게 하여 봄날의 화창한 날씨를 경영하는 것입니다.

하늘이 다스리는 원리와 법칙이 이와 같이 분업 협동하여 때에 따라 주관하는 하느님과 책임자인 귀신과 별이 다르기 때문에 옛날의 성왕(聖王)은 입춘(立春)이 되면 푸른색 곤룡포를 입고 일백 관료를 인솔하여 동쪽 교외(郊外)에 나가 동쪽하늘의 하느님과 구망신(句芒神)과 동방7수를 맞아하여 조정으로 들어와서 농업과 교육 분야에 공로가 있는 사람을 표창했습니다. 왜냐하면 봄은 농사일을 시작하는 절기이므로 농사를 권장하는 것이 신농(神農) 하느님의 사업을 성공하는 길이기 때문이며 또한 봄은 새혀가 시작하는 절기이므로 학교에 신입생을 뽑아서 입학시켜야만 지식과 덕성과 체력을 나무가 자라듯이 해마다 새로 자라게 할 수 있기 때문입니다.

동쪽 하느님의 사랑으로 만물이 모두 낡은 껍질을 벗고 새로운 한 해의 삶을 시작하는 작업은 대단히 신성하고 아름다운 생명력의 발로이기 때문에 절대로 해치거나 방해해서는 안 됩니다. 그래서 우리 유교에서는 봄에 바야흐로 물이 올라 자라기 시작한 나무는 꺾지 말고, 겨울잠을 자고 나온 벌레는 죽이지 말라고 경계하였습니다.

엄동설한(嚴冬雪寒)의 길고 긴 고통을 참고 이제 한때를 보려고 나온 생명체를 해치면 천벌을 받겠지요. 주역(周易)에서는 때를 알고, 형세를 알아야 국가 경영을 잘 할 수 있다고 역설하였습니다.

지시식세(知時識勢)라고 하지요. 자연변화의 형세를 알아야 자연의 진리에 따라 길이 발전하므로 우리는 하늘의 천체현상과 하느님의 사업에서 시간관리와 생산관리가 얼마나 중요한 과제인가를 배워야 될 것입니다.

오늘은 한 해를 시작하는 새봄에 동쪽 하늘의 태호(太皥) 하느님이 만물을 소생시키는 사업을 말씀드렸습니다. 동포 여러분 하늘을 본받아 다 같이 더불어 사는 사랑의 봄을 경영하시기 바랍니다. 감사합니다.

남천 염제(南天 炎帝) /2007. 3. 29(木)

사랑하는 동포 여러분! 안녕하십니까? 오늘은 남쪽 하늘에서 여름을 다스리는 남천(南天) 하느님에 대하여 말씀드리겠습니다.

어제 말씀드렸던 동쪽 하늘의 태호(太皥) 하느님이 한 해를 시작하는 정월(正月), 2월, 3월의 석 달 동안 천하의 봄을 경영하여 만물을 모두 소생시키는 임무를 완수하면 남천제(南天帝)와 임무 교대합니다. 그래서 4월, 5월, 6월의 3개월 동안은 남녘 남(南) 자 하늘 천(天) 자를 쓰는 남천제(南天帝)가 다스리는 기간입니다. 남천제(南天帝)는 남쪽 하늘의 하느님으로 경전(經傳)에서는 불꽃 염(炎) 자와 하느님 제(帝) 자를 써서 염제(炎帝)라고 하였는데 그 이유는 천지만물을 불꽃처럼 성대하게 발전시키는 전지전능(全知全能)한 힘을 가졌기 때문입니다.

이 남쪽 하늘에 계신 불꽃 하느님은 남쪽 하늘의 여름철만 다스리는 것이 아니고, 천하의 동서남북 상하에 있는 모든 세상을 빠짐없이 다스려서 삼라만상을 약동시켜 무한히 번창하게 하는 것입니다. 그래서 아래 하늘의 다섯 하느님 가운데 그 성질이 가장 예절(禮節)에 밝은 하느님으로 인정하고 또한 만물을 모두 형통(亨通)하게 하여 불꽃처럼 잘 번지게 하므로 5행(五行)에 있어서 불의 속성, 즉 화덕(火德)으로 다스리는 하느님으로 규정합니다. 그리고 여름을 다스림에 있어서 불꽃 하느님은 가장 먼저 남풍(南風), 즉 남쪽에서 북쪽으로 부는 더운 바람을 일으켜서 만물이 모두 각각 자주자립(自主自立)하여 질서와 조화 속에 화합하고 협력해서 개체의 성장으로 전체의 성장을 실현하는 비약적 발전의 광장을 열어 줍니다.

그리하여 남쪽 하늘의 염제(炎帝)는 천종(天宗) 하느님이 제정한 달력의 절기에 따라 신농(神農) 하느님이 계획한 식량생산사업추진공정에 맞추어 입하(立夏)에는 초여름의 시작을 알리고, 소만(小滿)에는 만물의 개체(個體)마다 생기(生氣)가 넘치게 하며 망종(芒種)이 되면 봄 농사의 이삭이 패게 하고, 소서(小暑)가 되면 부분적으로 더위를 느끼게 하며 대서(大暑)가 되면 전체가 더위를 느끼게 하여 삼라만상이 정열적인 붉은 빛으로 가득 차게 합니다.

여름이 되면 이와 같이 하늘도 붉고, 땅도 붉고, 산과 들도 모두 붉게 타오르기 때문에 남쪽 하늘에 계시면서 여름을 다스리는 불꽃 하느님을 일명 붉을 적(赤) 자를 써서 적제(赤帝)라고 일컫고 또 여름의 하늘을 호천(昊天)이라고 합니다.

천하의 여름 석 달을 다스리는 일도 아주 큰일이지요. 그래서 남천(南天) 하느님을 곁에서 보필하는 신하가 있으니 곧 하늘에 있는 축융신(祝融神)과 남쪽 하늘에 있는 일곱 별, 즉 남방7수(南方七宿)

입니다. 축융신은 뿌리와 줄기를 굵고 튼튼하게 길러서 멀리 뻗어 나가게 하는 데 탁월한 재능과 신비로운 능력을 가진 천신(天神)입니다. 얼마나 신비로운 재능이 있는지 여름 하늘에 남쪽 구름이 몰려와서 장맛비가 내리면 논밭에 곡식이 무성하게 자라고 산과 들에 초목이 우거져서 마치 밀림처럼 사람이 들어갈 수도 없게 되는 현상을 여러분도 경험했지요? 참으로 놀라운 성장력이라고 아니할 수 없습니다. 축융신이 신농(神農) 하느님의 사업을 여름철에 추진하는 책임자라면 남방의 일곱 별을 천종(天宗) 하느님의 사업을 여름철에 추진하는 책임자라고 할 수 있습니다.

남방7수(南方七宿)의 별은 하늘에 있는 북박이 별 28수(宿) 가운데 남쪽에 위치한 일곱 별인데 동남방에서부터 차례로 말하면 정(井)성, 귀(鬼)성, 유(柳)성, 성(星)성, 장(張)성, 익(翼)성, 진(軫)성인데 진성(軫星)이 가장 서남방에 있습니다. 이 일곱 별은 여름이 되면 강력한 기운으로 천체의 기상을 작용하여 더운 기후를 만들고, 남쪽에서 북쪽으로 여름 바람을 불게 하여 4월, 5월, 6월에 걸쳐 구름을 옮겨 비를 내리고, 해와 달이 뜨겁게 빛나게 하여 여름의 뜨거운 날씨를 경영하는 것입니다.

하늘이 다스리는 원리와 법칙이 이와 같이 분업 협동하여 때에 따라 주관하는 하느님과 책임자인 귀신과 별이 서로 교대하기 때문에 옛날의 성왕(聖王)은 입하(立夏)가 되면 목욕재계하시고 붉은 곤룡포를 입고 붉은 말을 타고 일백 관료를 인솔하여 남쪽 교외로 나아가 남쪽 하늘의 불꽃 하느님과 축융신(祝融神)과 남방7수를 맞이하여 조정으로 돌아와서 인류행복과 국가발전에 공로가 있는 사람을 표창하였습니다. 왜냐하면 만물이 봄에 소생하는 시련을 견디고, 이제 활발하게 성장하여 꽃을 피울 수 있는 여름철이 돌아온 것을 경축하기 위해서입니다. 천지만물에 더불어 즐거운 한때를 누리도록 축복하는 것은 황천상제(皇天上帝)의 뜻입니다.

만물이 모두 각각 자유롭고 활발한 자기 영역을 확보하여 크게 성장해서 전체 완성을 실현하도록 천명(天命)을 부여하였기 때문에 좋은 환경과 좋은 조건을 얻었으면 부지런히 있는 힘을 다하여 자기와 전체의 발전을 도모하는 것이 만물의 의무이고 책임입니다. 그러므로 사람의 일생도 4계절에 비유하면 나서부터 19세까지는 봄철에 해당되므로 부모가 사랑으로 양육하고, 20세부터 39세까지는 여름철에 해당되므로 관례(冠禮)와 혼례(昏禮)를 하여 자주자립해서 가정완성을 추구하며, 40세부터 59세까지는 가을철에 해당되므로 인생의 열매를 맺어 국가 사회에 이바지하며, 60세부터 그 이상은 겨울철에 해당되므로 생명력을 뿌리에 저장하여 지혜롭게 후세를 도모해야 되는 것입니다. 우리 인간생활에 있어서 결국 인생의 여름철에 개체와 전체를 크게 완성하는 일이 중요하므로 이 때에 정열적으로 삶을 개척해야 됩니다.

동포 여러분! 오늘은 남쪽 하늘의 불꽃 하느님에 대하여 말씀드렸습니다. 감사합니다.

중천 황제(中天 黃帝) /2007. 3. 30(金)

사랑하는 동포 여러분! 안녕하십니까? 오늘은 중앙하늘에서 사계절의 밤낮과 추위와 더위를 조절하시는 중천(中天) 하느님에 대하여 말씀드리겠습니다.

지금까지 말씀드린 바와 같이 우리 유교의 하느님은 모두 여덟 분으로 그 위상과 권능과 역할이 각각 다르고 또한 각각의 하느님은 그 성질과 취향이 서로 똑같은 것이 아닙니다. 그 특성을 자세히 분석하여 비교하면 다음과 같지요.

첫째, 황천상제(皇天上帝)는 태극의 음양이치를 포괄하시어 그 성질이 인의예지신(仁義禮智信)의 5성(性)을 구비한 우주의 전체 원기로서 처음부터 끝까지 우주만물을 창조 주재하시는 최고 유일 자요, 절대자입니다.

둘째, 천종제(天宗帝)는 황천상제를 보필하면서 천체(天體)의 중심 기관(中心機關)을 운전하여 우주를 쾌활(快活)하게 회전하면서 1년 의 사계절과 24절기 및 12개월의 초하루, 보름, 그믐을 조절합니다. 천종(天宗) 하느님은 양기(陽氣)의 덩어리로 그 성질이 인애(仁愛)와 예절(禮節)의 2성(性)을 구비하여 공개적인 현상으로 만물을 널리 포용하고, 조리질서가 뚜렷한 하느님입니다.

셋째, 신농제(神農帝)는 황천상제를 보필하면서 곡식과 채소와 과 일 그리고 초목을 길러서 일체 생물(生物)의 먹이사슬의 기본식량을 관장합니다. 신농(神農) 하느님은 음정(陰精)의 덩어리로 그 성질이 정의(正義)와 지혜(知慧)의 2성(性)을 구비하여 비공개적인 작용으로 만물을 널리 공평하게 분포하고 아주 지혜롭게 생성 발전하게 하는 하느님입니다.

최상층의 전체 하늘에는 이와 같이 완전한 황천상제를 천종 하 느님과 신농 하느님이 음양(陰陽)으로 보필하기 때문에 처음부터 끝까지 완벽하여 전혀 차질이나 모순이 없는 것입니다. 그러나 최하층의 다섯으로 나누어 다스리는 각 방면의 하느님은 그 하늘의 특성과 전문적인 기능에 따라 그 체질과 취향이 서로 달라서 조절자가 없으면 어긋나기 쉽게 되는데 그 성질과 취향을 비교하면 다음과 같습니다.

첫째, 동쪽 하늘에서 봄을 다스리는 태호(太皥) 하느님은 소양(少陽)의 덩어리로 인애(仁愛)의 본성만을 가지고 나무의 덕(德)을 숭상하여 푸른색만을 좋아합니다.

둘째, 남쪽 하늘에서 여름을 다스리는 불꽃 하느님은 태양(太陽)의 덩어리로 예절(禮節)의 본성만을 가지고 불의 덕(德)을 숭상하여 붉은색만을 좋아합니다.

셋째, 서쪽 하늘에서 가을을 다스리는 소호(少皥) 하느님은 소음(少陰)의 덩어리로 정의(正義)의 본성만을 가지고 쇠의 덕(德)을 숭상하여 흰색만을 좋아합니다.

넷째, 북쪽 하늘에서 겨울을 다스리는 전욱(顓頊) 하느님은 태음(太陰)의 덩어리로 물의 덕(德)을 숭상하여 지혜(智慧)의 본성만을 가지고 검은색만을 좋아합니다.

그래서 만일 봄과 여름을 태호 하느님과 불꽃 하느님에게만 위임하여 다스리면 양기(陽氣)가 너무 극성하여 낮이 너무 길어지고 날씨가 지나치게 더울 것이고, 또 만일 가을과 겨울을 소호 하느님과 전욱 하느님에게만 위임하여 다스리면 음기(陰氣)가 너무 극성해서 밤이 너무 길어지고 날씨가 지나치게 춥게 될 것입니다. 이렇게 되면 생물이 살지 못하고 멸절하게 될 위험이 있으므로 황천상제께서는 중앙(中央)하늘에 음양의 기운을 함께 갖추어 신실(信實)의 본성만을 가지고 가장 안정하는 흙의 덕을 숭상하여 노란색을 좋아하는 중천(中天) 하느님에게 특별히 4계절의 일정 기간을 다스리게 하여 밤과 낮 그리고 추위와 더위를 조절해서 균형이 있도록 하였습니다.

1년 360일을 사계절로 나누면 각각 90일씩이지요. 봄의 3개월 90일 가운데 춘분(春分)을 중심으로 18일은 중앙하늘의 하느님이 다스려서 밤과 낮의 길이와 춥고 더운 기온을 조절하여 똑같게 하고, 여름 3개월 90일 가운데 하지(夏至)를 중심으로 18일은 중앙하늘의 하느님이 다스려서 너무 길어진 낮을 줄이고 지나치게 더운 기운을 낮추어 조절하며, 가을 3개월 90일 가운데 추분(秋分)을 중심으로 18일은 중앙 하느님이 다스려 밤과 낮의 길이와 춥고 더운 기온을 조절하여 똑같게 하고, 겨울 3개월 90일 가운데 동지(冬至)를 중심으로 18일은 중앙 하느님이 다스려서 너무 긴 밤을 줄이고 지나치게 추운 기온을 조절합니다. 그러므로 동서남북 중앙의 다섯 하느님이 다스리는 기간은 모두 각각 72일씩으로 균등한 것입니다. 중앙(中央)하늘의 하느님은 모든 색깔을 전부 받아들이는 노란색을 좋아하므로 누를 황(黃) 자와 하느님 제(帝) 자를 써서 경전(經傳)에 황제(黃帝)라고 하였고, 또한 황제가 다스리는 하늘을 균천(鈞天)이라고 일컬었으니 고루 균등한 하늘이란 뜻입니다. 천하의 춘분(春分)과 하지(夏至) 그리고 추분(秋分)과 동지(冬至)의 밤낮의 길이와 추위와 더위를 조절하는 일도 아주 큰일이지요. 그래서 중천(中天) 하느님을 곁에서 보필하는 신하가 있으니 임금 후(后) 자와 흙 토(土) 자를 쓴 후토신(后土神)입니다. 후토신은 흙을 관장하는 신령인데 5행(五行) 가운데서 가장 안정(安定)을 추구하는 성질로 만약 흙을 높이 쌓아 올리면 저절로 무너져서 낮은 곳을 편편하게 채우지요.

후토신은 조절하여 안정을 유지하는 데 탁월한 재능과 신비로운 능력을 가진 천신(天神)입니다. 그리하여 중앙 하느님과 후토신이 다스리는 기간에는 그 방면의 일곱 별을 화순(和順)하게 해서 극성하는 것을 막으며 바람을 부드럽게 하고, 날씨를 고르게 하여 만물의 뿌리와 가지의 균형을 유지하여 안정하게 하고, 또 꽃과 잎도 균형을 유지하게 합니다. 우리는 하늘의 이러한 조화로운 경영방법에서 배울 점이 대단히 많은 것입니다. 사업을 추진 공정에 따라 전문가에게 위임하되 반드시 원리원칙에 철저하고, 조절능력이 있는 사람으로 임기 중간에 교체하여 미리미리 바로잡은 다음에 다시 넘겨주는 체제를 갖추어야 편벽됨이 없게 됩니다. 비록 그렇게 하지 못하더라도 반드시 동급의 감사기관을 두어서 일정 기간 감사하고 감독하여 한편으로 흐르는 경향을 사전에 예방해야 되는 것입니다. 오늘은 온 세상을 고르게 다스리는 중앙하늘의 황제(黃帝)에 대하여 말씀드렸습니다. 동포 여러분 원리원칙에 따라 현실을 조절해서 확신을 가지고 바른길로만 가는 중앙(中央) 하느님의 덕을 본받아 화평한 세상을 만듭시다. 감사합니다.

서천 소호제(西天 少皞帝) /2007. 3. 31(土)

사랑하는 동포 여러분! 안녕하십니까? 오늘은 서쪽 하늘에서 가을을 다스리는 서천(西天) 하느님에 대하여 말씀드리겠습니다.

그저께 말씀드렸던 남쪽 하늘의 불꽃 하느님이 4월, 5월, 6월의 석 달 동안 천하의 여름을 경영하여 만물을 모두 성장시키는 임무를 완수하면 서쪽 하늘의 하느님, 즉 서천제(西天帝)와 임무 교대합니다. 그래서 7월, 8월, 9월의 3개월 동안은 서천제가 다스리는 기간입니다. 서쪽 하늘의 하느님은 경전(經傳)에서 젊을 소(少) 자와 밝을 호(皞) 자를 써서 소호제(少皞帝)라고 하였는데 그 이유는 만물의 각 객체와 부분적인 사항에 대하여 매우 밝은 하느님이기 때문입니다. 이 소호 하느님은 사물의 개별적 사항을 구체적으로 속속들이 파악해서 시비곡직(是非曲直)을 분별하는 권능이 아주 탁월합니다.

서쪽 하늘에 계신 소호(少皞) 하느님은 서쪽 하늘의 가을철만 다스리는 것이 아니고, 천하의 동서남북 상하에 있는 모든 세상을 빠짐없이 다스려서 삼라만상을 제재(制裁)하여 그 성장을 멈추게 하고, 뿌리와 열매를 여물게 하는 것입니다. 그래서 아래 하늘의 다섯 하느님 가운데 그 성질이 가장 정의(正義)로운 하느님으로 인정하고 또한 만물을 모두 이롭게 하여 날카롭게 심판하므로 5행(五行)에 있어서 날카로운 쇠의 속성, 즉 금덕(金德)으로 다스리는 하느님으로 규정합니다. 그리고 가을을 다스림에 있어서 소호(少皞) 하느님은 가장 먼저 서풍(西風), 즉 서쪽에서 동쪽으로 부는 쓸쓸한 바람을 일으켜서 만물이 모두 각각 자기의 정체(正體)를 뚜렷이 확인할 수 있도록 짐승은 털갈이를 하고, 곡식은 이삭이 익게 하며, 나무는 단풍이 들어 물들게 하며, 하늘과 땅과 바다는 태풍과 홍수로 깨끗이 청소를 하게 합니다.

그리하여 서쪽 하늘의 소호(少皞) 하느님은 천종(天宗) 하느님이 제정한 달력의 절기에 따라 신농(神農) 하느님이 계획한 식량생산사업추진공정에 맞추어 입추(立秋)에는 초가을의 시작을 알리고, 처서

(處暑)에는 더위를 물러가게 하며, 백로(白露)에는 흰 이슬이 맺히게 하며 한로(寒露)에는 찬 이슬을 내리며, 상강(霜降)에는 서리를 내려서 삼라만상이 흰빛으로 가득 차게 합니다. 가을이 되면 이와 같이 하늘도 하얀 빛이고 땅도 흰색이고 산과 들도 흰빛으로 가득하기 때문에 서쪽 하늘에 계시면서 가을을 다스리는 소호 하느님을 일명 흰 백(白) 자를 써서 백제(白帝)라고 일컫고 또 가을 하늘을 민천(旻天)이라고 하였으니 드높이 아롱진 하늘이라는 뜻입니다.

천하의 가을 석 달을 다스리는 일도 아주 큰일이지요. 그래서 서천(西天) 하느님을 곁에서 보필하는 신하가 있으니 곧 하늘에 있는 욕수신(蓐收神)과 서쪽 하늘에 있는 일곱 별, 즉 서방7수(西方七宿)입니다. 욕수신은 뿌리와 열매 그리고 줄기와 가지마다 내년에 다시 피어날 씨눈에 정체(正體)의 핵(核)을 만들어 그 종자(種子)와 혈통을 길이 보존하게 하는 데 탁월한 재능과 신비로운 능력을 가진 천신(天神)입니다.

얼마나 신비로운 재능이 있는지 가을 하늘에 서쪽의 서늘한 바람속에 찬 이슬이 내리면 5곡백과(五穀百果)가 충실하게 익어 씨눈이 확실하고 산과 들의 나뭇가지에는 내년에 피어날 싹눈이 가득히 맺혀 있는 것을 여러분도 목격했지요. 참으로 놀라운 정체(正體) 재생(再生)능력이라고 아니할 수 없습니다. 욕수신이 신농(神農) 하느님의 사업을 가을철에 추진하는 책임자라면 서방의 일곱 별은 천종(天宗) 하느님의 사업을 가을철에 추진하는 책임자라고 할 수 있습니다.

서방7수(西方七宿)의 별은 하늘에 있는 북박이 별 28수(宿) 가운데 서쪽에 위치한 일곱 별인데 서남방에서부터 차례로 말하면 규(奎)성, 루(婁)성, 위(胃)성, 묘(昴)성, 필(畢)성, 자(觜)성, 삼(參)성인데 삼성(參星)이 가장 서북방에 있습니다. 이 일곱 별은 가을이 되면 강력한 기운으로 천체의 기상을 작용하여 서늘한 기온을 만들고, 서쪽에서 동쪽으로 가을바람을 불게 하여 7월, 8월, 9월에 걸쳐 구름을 옮겨 비를 내리고, 해와 달이 높이 빛나게 하여 가을의 서늘한 날씨를 경영하는 것입니다.

하늘이 다스리는 원리와 법칙이 이와 같이 분업 협동하고, 업무 교대하기 때문에 옛날의 성왕(聖王)은 입추(立秋)가 되면 목욕재계 하시고 흰색 곤룡포를 입고 흰 수레를 타고 일백 관료를 인솔하여 서쪽 교외로 나아가 서쪽 하늘의 소호 하느님과 욕수신(蓐收神)과 서방7수를 맞이하여 조정으로 돌아와서 국가 사회에 정의(正義)를 드날리는 사람을 표창하였습니다.

그리고 부정부패(不正腐敗)한 관료와 사회정의를 해치는 죄인을 체포하고 재판(裁判)하여 깨끗한 정부와 명랑사회의 건설에 힘썼으니 가을은 숙정(肅正)의 계절이기 때문입니다.

무릇 봄에 새싹을 키울 때는 어린싹을 보호해야 되므로 안정상태를 유지해야 되지요. 여름에 한창 성장 발전할 때에도 그 환경을 바꾸면 안 되지요. 또한 겨울에는 땅이 얼어붙고 눈이 내려서 환경을 정리할 수 없지요. 그렇다면 깨끗한 환경은 언제 만들어야 되겠습니까? 그것은 가을이 가장 청소하기 좋은 철입니다. 가을에 곡식을 거두어들이고 낙엽이 떨어지면 전국 방방곡곡을 깨끗이 청소하고, 사직(社稷)의 국토신과 곡신신에게 제사를 지냈던 이유가 여기에 있습니다. 자연의 이치가 이러함에도 정부에서 국토관리를 깨끗이 하지 않거나 주민이 환경을 깨끗이 보존하지 않으면 예로부터 태풍과 홍수가 일어나 산과 들 그리고 강과 바다를 대청소하는 재난이 있었던 것입니다.

동포 여러분 오늘은 가을을 깨끗하게 다스리는 서쪽 하늘의 소호(少皞) 하느님에 대하여 말씀드렸습니다. 감사합니다.

북천 전욱제(北天 顓頊帝) /2007. 4. 1(日)

사랑하는 동포 여러분! 안녕하십니까? 오늘은 북쪽 하늘에서 겨울을 다스리는 북천(北天) 하느님에 대하여 말씀드리겠습니다.

서쪽 하늘의 소호(少皞) 하느님이 7월, 8월, 9월의 석 달 동안 천하의 가을을 경영하여 만물을 모두 거두어들이게 하는 임무를 완수하면 북쪽 하늘의 하느님, 즉 북천제(北天帝)와 임무 교대합니다. 그래서 10월, 11월, 12월의 3개월 동안은 북천제가 다스리는 기간입니다. 북쪽 하늘의 하느님은 경전(經傳)에서 전욱(顓頊) 하느님이라고 하였는데 흐리멍덩한 하느님이라는 뜻입니다. 왜냐하면 전욱하느님은 하늘과 땅의 모든 문을 완전히 닫아 버리고 외부의 어떠한 변화에도 전혀 반응하지 않으며, 한 해를 종결하면서 오로지 내부의 생명력을 한결같이 보존하기 때문에 마치 혼수상태에 있는 것처럼 보이는 까닭입니다. 그러나 이와 같은 무감각은 추운 겨울을 슬기롭게 극복하는 탁월한 지혜이고, 환경에 적응력을 길러서 더욱 강인한 체질을 기르는 시련이므로 절대로 어리석어서 흐리멍덩한 것이 아니라, 오히려 가장 현명하기 때문에 흐리멍덩한 척할 뿐입니다.

북쪽 하늘에 계신 전욱(顓頊) 하느님은 북쪽 하늘의 겨울철만을 다스리는 것이 아니고, 천하의 동서남북 상하에 있는 모든 세상을 빠짐없이 다스려서 삼라만상을 저장(貯藏)하여 그 활동을 멈추게 하고, 뿌리와 씨앗의 생명력을 보존하게 하는 것입니다. 그래서 아래 하늘의 다섯 하느님 가운데 그 성질이 가장 지혜(智慧)로운 하느님으로 인정하고, 또한 만물을 모두 저장하여 안전하게 보호하므로 5행(五行)에 있어서 생명의 원천이 되는 물의 속성, 즉 수덕(水德)으로 다스리는 하느님으로 규정합니다. 그리고 겨울을 다스림에 있어서 전욱(顓頊) 하느님은 북풍 또는 삭풍이라고도 하지요, 즉 북쪽에서 남쪽으로 부는 찬바람을 일으켜 만물이 모두 각각 자기의 정체(正體)를 깊이 감추고, 땅속에 숨어서 한 해를 마치게 합니다. 그리하여 북쪽 하늘의 전욱 하느님은 천종(天宗) 하느님이 제정한 달력의 절기에 따라 신농(神農) 하느님이 계획한 식량생산사업추진 공정에 맞추어 입동(立冬)에는 겨울의 시작을 알리고, 소설(小雪)에는 작은 눈을 내리고, 대설(大雪)에는 큰 눈을 내리며, 소한(小寒)에는 조금 춥게 하고, 대한(大寒)에는 크게 춥게 하여 삼라만상이 검은빛으로 가득 차게 합니다.

겨울이 되면 낮이 짧고, 밤이 길어서 하늘도 검은빛이고, 땅도 검은색이며 산과 들도 검은빛으로 가득하기 때문에 북쪽 하늘에 계시면서 겨울을 다스리는 전욱 하느님을 일명 검을 흑(黑) 자를 써서 흑제(黑帝)라고 일컫고, 또 겨울 하늘을 상천(上天)이라고 하였으니 겨울 하느님이 하늘 문을 닫고, 높이 황천(皇天)으로 올라가서 상제(上帝)님께 1년의 사업종결을 보고하기 때문입니다. 천하의 겨울 석 달을 다스리는 일도 아주 큰일이지요.

그래서 북천(北天) 하느님을 곁에서 보필하는 신하가 있으니 곧 하늘에 있는 현명신(玄冥神)과 북쪽 하늘에 있는 일곱 별, 즉 북방7수(北方七宿)입니다. 현명신은 물을 관장하는 신령인데 물은 땅속에 숨어 있듯이 만물이 모두 자체적으로 그 몸을 감추고 컴컴한 암흑 속에서 겨울잠을 자게 하는 데 탁월한 재능과 신비로운 능력을 가진 천신(天神)입니다.

얼마나 신비로운 재능이 있는지 겨울 하늘에 북쪽의 찬바람 속에 눈이 내리면 온 세상이 고요하고 적막하여 짐승과 곤충과 초목이 모두 죽어서 사라진 것처럼 보이지만 그러나 봄이 되면 모두 되살아나는 것을 여러분도 목격했지요. 참으로 놀라운 저장능력이라고 아니할 수 없습니다. 현명신이 신농(神農) 하느님의 사업을 겨울철에 추진하는 책임자라면 북방의 일곱 별을 천종(天宗) 하느님의 사업을 겨울철에 추진하는 책임자라고 할 수 있습니다.

북방7수(北方七宿)의 별은 하늘에 있는 북박이 별 28수(宿) 가운데 북쪽에 위치한 일곱 별인데 서북방에서부터 차례로 말하면 두(斗)성, 우(牛)성, 여(女)성, 허(虛)성, 위(危)성, 실(室)성, 벽(壁)성인데 벽성(壁星)이 가장 동북쪽에 있습니다. 이 일곱 별은 겨울이 되면 강력한 기운으로 천체의 기상을 작용하여 추운 기온을 만들고 북쪽에서 남쪽으로 바람을 불게 하여 10월, 11월, 12월에 걸쳐 눈보라를 내리고 해와 달을 흐리게 하여 얼음이 어는 날씨를 경영합니다.

하늘이 다스리는 원리와 법칙이 이와 같이 분업 협동하고 업무 교대하되 1년간의 사업이 봄에 새롭게 시작하여 겨울에 종결하여 끝내기 때문에 옛날의 성왕(聖王)은 입동(立冬)이 되면 목욕재계하고 검은색 곤룡포를 입고 검은 수레를 타고 일백 관료를 인솔하여 북쪽 교외로 나아가 북쪽 하늘의 전욱 하느님과 현명신(玄冥神) 그리고 북방7수를 맞이하여 조정으로 돌아와서 정벌(征伐)에 공이 있는 신하를 표창하고 상례(喪禮)를 어긴 사람을 징계하였던 것입니다. 그리고 세금을 모두 징수하여 내년의 예산을 편성하여 한 해의 일을 모두 마치고 동지(冬至)에는 종묘(宗廟)에서 시조(始祖)에게 제향 지낸 다음 이어서 황천상제(皇天上帝)님께 한 해의 완성을 감사하는 제향을 지내며 또 농사에 조금이라도 도움이 되었던 뭇 귀신과 동물들에게까지도 고사를 지내서 그 은혜에 보답한 다음 모든 농어민을 설날까지 쉬게 해서 일체의 부역을 시키지 않았습니다. 동포 여러분 오늘은 북쪽 하늘의 전욱 하느님이 냉엄한 겨울에 한 해를 마무리하는 원리를 말씀드렸습니다. 이상으로 유교의 우주관(宇宙觀)과 세계관(世界觀) 그리고 인생관(人生觀)과 정치관(政治觀)을 결정하는 여덟 하느님과 다섯 천신(天神)과 28수(宿)의 기능과 역할에 대하여 7일 동안의 강설을 모두 마치겠습니다. 앞으로 하늘의 진리를 본받아 여러분의 사업이 날로 번창하시기를 기원합니다. 감사합니다.

예절로 빛나는 아름다운 사회 /2007. 5. 7(月)

여러분 그동안 안녕하셨습니까? 만물이 각각 아름다움을 뽐내는 초여름이 되었습니다. 오늘은 예절로 빛나는 아름다운 사회에 대하여 말씀드리겠습니다.

예절은 사람을 사랑하고 공경하는 마음의 절도이고, 인생만사에서 가장 아름다운 행실이며, 인간의 행복을 길이 보장하는 원리입니다.

따라서 예절은 자기 자신의 품격을 진실하게 표현하는 길이고, 사물의 본질 속성을 충실하게 구현하는 규범이기 대문에 예절을 갖추면 갖출수록 더욱 아름다운 사회가 되는 것입니다.

무릇 인간의 품격에는 차등이 있고 사물의 본질 속성도 또한 한결같지 않으므로 성왕(聖王)은 사람은 누구나 예절을 실천할 수 있도록 나이를 먹어서 인격이 성장하는 정도와 사회적 신분이 상승하여 역할과 책임이 무거운 등급에 따라 다섯 가지의 예절로 분류하여 각각 그 수준에 알맞은 아름다움을 갖추지 하였습니다.

첫째, 나이가 19세 이하의 미성년이거나 사회적 역할과 책임이 작은 서민대중에게는 자신감이 넘치고 명랑 쾌활하며 부지런함을 최고의 아름다운 행실로 규정하였습니다. 어린이는 부모의 보호를 받으며 자기의 심신수련만 하면 되고, 서민대중은 정부의 보호를 받으며 자기의 가정살림만 하면 되기 때문에 크게 걱정할 일이나 무거운 책임이 없는 것입니다. 따라서 자신감을 가지고 명랑 쾌활하게 살면서 부지런히 노력하는 자세가 가장 아름다운 것입니다.

둘째, 나이가 20세 이상으로부터 39세 이하이거나 사회적으로 지식이 있어서 선비나 하급관료가 된 사람에게는 예법에 정한 원리원칙을 지켜서 당당하고 번듯하게 일을 완성함을 최고의 아름다운 행실로 규정하였습니다. 선비나 하급관료는 자기가 전공한 학문기술이 있고 하급관료는 자기가 맡은 실무가 있으므로 그 학술의 원리원칙을 생명처럼 지켜야 되고, 그 맡은바 행정실무에 대하여 목숨 바쳐 완수해야 되는 법률적 책임이 있는 것입니다. 만일 자기의 전공학문에 대하여 당당하게 나서지 못하거나 자기가 맡은 행정실무에 대하여 번듯하게 성공하지 못한다면 썩은 선비로 지탄을 받을 것이며, 부정부패하고 무능한 관료로 처벌을 받을 것입니다.

셋째, 나이가 40세 이상으로부터 59세 이하이거나 사회적으로 군자(君子)의 대접을 받거나 국가의 고급관료가 된 사람에게는 고매한 품위를 지키고, 인민을 널리 포용하여 장중하고 엄숙하게 일을 추진함을 최고의 아름다운 행실로 규정하였습니다.

인생에 있어서 40대와 50대는 경험이 풍부하고 힘이 강건하며, 나라의 고급관료는 권력이 높고 정치영역도 넓기 때문에 장엄하게 계획하고 신중하게 추진하면서 엄격하게 통제하고, 정숙하게 끝내는 것이 가장 아름다운 것입니다.

넷째, 나이가 60세 이상으로부터 79세 이하이거나 국가적으로 현인(賢人)의 대접을 받거나 지방 국가의 임금이 된 사람에게는 영광스러운 인생을 누리고, 신성한 국가를 빛내서 성대하고 훌륭하게 지도력을 발휘함을 최고의 아름다운 행실로 규정하였습니다. 사람에게 있어서 일생 동안 경영한 공적이 많으면 영광스러운 인생을 말년에 누리는 것이 당연하고, 임금이 도덕정치를 하여 사회에 윤리를 밝혀서 평화로운 나라를 건설하여 인민대중을 안락하게 다스려 신성한 국가를 빛내면 훌륭한 임금으로 받드는 것이 당연한 것입니다.

다섯째, 나이가 80세 이상으로부터 100세 안팎이거나 천하의 성인(聖人)으로 대접을 받거나 문명중심국가의 왕(王)이 된 사람에게는 겉으로 나타난 문채를 거두어 모아서 내면의 성실성이 넘쳐흐르게 하여 그윽하고 거룩하게 감화력이 나타남을 최고의 아름다운 행실로 규정하였습니다. 이것을 나타내지 않은 덕(德)이라고 하는데 깊고 깊은 마음속에 소리도 냄새도 없이 감춘 성실성이 하늘과 같고, 땅과 같아서 마침내 하늘을 감동시키고, 귀신을 감격시키며, 사람을 감화시켜서 말을 하지 않아도 따르지 않은 것이 없고, 일을 하지 않아도 성공하지 않은 것이 없으며, 움직이지 않아도 변화하지 않은 것이 없는 것입니다.

이리하여 미성년자와 청년자, 장년과 노인이 모두 한집에 살면 어린이는 부지런하고, 청년은 번듯하고, 장년은 장중하고, 노인은 거룩하여 전체적으로 웅장한 화합체를 이루어 집안에 인생의 아름다움을 모두 갖추게 되는 것이고, 또한 천하 국가에 미성년자는 부지런히 공부하고, 서민대중은 부지런히 일하며, 선비와 하급공무원은 번듯하게 맡은 일을 성공하며, 군자와 고급공무원은 장중하고 엄숙하게 사업을 추진하며, 나라의 어진 이와 지방 국가의 지도자는 성대하고 훌륭하게 경영하며, 천하의 성인(聖人)과 중앙정부의 최고 지도자는 그윽하고 거룩하게 감화력을 발휘하면 전체적으로 억조만민(萬民)의 재능과 실력을 전부 발휘하여 거대한 인류문명을 당대에 창조하는 아름다운 시대가 될 것입니다. 이것이 예절로 빛나는 아름다운 사회입니다.

오늘은 인간의 일생을 통하여 나이에 걸맞은 최고의 아름다운 덕목을 말씀드렸습니다. 여러분 아름다운 일생을 건설하기 바랍니다. 감사합니다.

세상을 보는 안목 /2007. 5. 8(火)

여러분! 안녕하십니까? 오늘은 세상을 보는 안목(眼目)에 대하여 말씀드리겠습니다. 유교인은 세상을 보는 눈이 아주 밝아서 우주의 전체를 조망하는 거시적(巨視的) 안목과 사물의 내면구조를 속속들이 탐색하는 미시적(微視的) 안목을 모두 갖추어서 형이상의 이치를 보고 형이하의 물질속성을 달관하기 때문에 가장 정확하고 완벽하게 보는 것입니다. 우물 안에 개구리가 보는 하늘과 황새가 높은 나무에서 보는 하늘은 분명히 다르듯이 오늘날 철부지 아이들이 보는 세계와 옛날 성인(聖人)이 보는 세계는 아주 다르지요. 유교인은 옛날 성인이 말씀하신 도덕세계를 배우고 익혔기 때문에 오늘날 물질세계에 매몰된 사람들의 시각과는 상당히 차이가 생겨서 그 가치관까지 다르게 되었습니다.

대저 세상을 보는 안목은 자기 자신의 눈높이에 따라서 인식하는 영역이 다르기 때문에 『주역(周易)』의 볼 관 자인 관괘(觀卦)에서는 크게 여섯 가지의 눈높이로 분류해서 사람들이 착각하고 오인하는 병폐를 막으려고 하였는데 이른바 표피적으로 세상을 보는 동관(童觀)과 일부분만을 세밀하게 보는 규관(闚觀)과 거꾸로 보는 도관(倒觀)과 돌아다니면서 보는 유관(遊觀)과 전체를 속속들이 보는 대관(大觀)과 근본을 보고 말단을 추리하여 아는 달관(達觀)으로 나누어 설명하였습니다.

첫째, 동관(童觀)은 아이 동(童) 자와 볼 관(觀) 자를 썼는데 어린아이는 눈높이가 낮아서 보는 시각이 겉으로 나타난 것만을 본다는 뜻입니다. 이 세상에 나타난 현상만물은 물질세계이고, 물질세계는 이치와 정신과 마음이 그 속에 들어 있는 것입니다. 그러나 그 이치와 정신과 마음은 형체가 없으므로 어린아이의 눈에는 보이지 않기 때문에 오직 눈에 보이는 현상의 사물만이 전체이고 가치이고 현실적 진리라고 주장하게 됩니다. 이렇게 표피적인 시각을 가지고 있는 사람은 눈에 보이고 손에 잡히는 것만을 소중하게 여기기 때문에 사람을 봄에 의복과 집과 가구와 승용차로 평가하고, 물건을 봄에 당장 쓸모가 있고 돈이 되고 뽐내고 자랑할 만한 것에만 눈독을 들이는 천박한 식견을 가지므로 비록 순수한 생각을 가졌다고 하여도 그 순수성이 별로 가치가 없게 되지요. 그래서 우리 속담에 말하기를 "아이 말을 듣고 배째랴."라고 해서 증거능력이 없음을 밝혔습니다.

둘째, 규관(闚觀)은 엿볼 규(闚) 자와 볼 관(觀) 자를 썼는데 옛날에 여자는 방 안에서 문을 조금 열거나 또는 문구멍을 뚫고 마당에 있는 남자들의 모습과 동정을 엿보고 그 인물됨을 평가하였기 때문에 『주역(周易)』에서는 사물에 직접 이르러 가서 전체를 보지 못하고, 멀리서 일부분만을 보고 추측하는 것을 이렇게 표현하였지요. 대체로 엿보는 것은 관심이 있는 부분만을 확인하기 마련이므로 당연히 사물을 주관적(主觀的)으로 평가하므로 보지 못한 나머지는 독단적으로 유추합니다. 그러나 세상은 넓고 만물은 많아서 일률적으로 논할 수 없는 이 세상을 어떻게 일부분만을 보고 전체를 단정할 수 있겠습니까? 아무리 총명한 사람이라도 주관적 독단에 흐르면 착각과 오해가 많은 법입니다. 세상에 고집이 센 사람이 많은데 대개 세상을 엿보기한 계층입니다.

셋째, 도관(倒觀)은 거꾸로 도(倒) 자와 볼 관(觀) 자를 내가 썼습니다. 세상만사를 바로 보지 않고 거꾸로 보면서 비정상적으로 인식하며 적대감을 품고 부정적으로 평가하며 세상을 백안시(白眼視)하게 되고 끝내는 현실을 비관(悲觀)합니다. 세상이 말세(末世)가 되어 하늘땅이 뒤집어진 세상을 거꾸로 보았다면 진정 바로 본 것으로 필시 선각자가 되고 선지자가 되겠지만 만약 그렇지 않고, 우주가 쾌활하고 정치사회가 문명한 시대에 세상을 거꾸로 보는 것은 한갓 마음의 문을 닫아 놓고 홀로 편벽된 선입관에 빠져 망상에 사로잡힌 결과이므로 세상 사람들이 '헛것을 본 것'으로 치부할 것입니다.

넷째, 유관(遊觀)은 놀 유(遊) 자와 볼 관(觀) 자를 내가 썼습니다. 각 지역을 널리 유람하면서 아름다운 정치사회와 교육문화를 두루 관광하여 역사적 인물과 시대적 사업을 비교 관찰하고 문학과 사학과 철학을 연구하여 인류문화 발전의 길을 찾는 것입니다. 젊어서 넓은 세상을 두루 보는 것은 세상을 객관적으로 보는 안목을 크게 넓히기 때문에 우리 유교에서는 청소년기에 멀리 타국으로 유학을 장려합니다. 신라시대 최치원 선생은 12세 때에 당나라로 유학을 보내서 훌륭한 학자가 되었습니다.

다섯째, 대관(大觀)은 큰 대(大) 자와 볼 관(觀) 자를 내가 썼는데 전체를 속속들이 꿰뚫어 하늘과 땅과 사람과 만물의 본래 모양을 보고 하늘땅의 도덕과 인간의 윤리와 사회의 예절을 뚜렷이 파악하여 세상에서 가장 크고, 가장 넓고, 가장 깊은 태극(太極)의 통일 원리를 받들어 하늘처럼 공명정대한 가치관을 확립하는 것입니다. 현상의 만물은 끊임없이 변화하여 바뀌는 것이지만 태극의 원리는 영원불변한 진리의 본체이므로 물질세계에 집착하지 않고 영원한 이치의 세계, 정신의 세계, 마음의 세계에 사는 성인(聖人)의 시각입니다.

여섯째, 달관(達觀)은 달통할 달(達) 자와 볼 관(觀) 자를 내가 썼는데 어떤 전공분야를 정통하여 거기에 인접한 분야는 보지 않고도 정확히 실체를 파악하여 아는 것으로 경험이 많고 공부를 오래

하면 세상을 모두 직접 보지 않아도 대개 짐작하게 되는 것입니다. 사람의 나이가 70이 넘으면 세상사를 달관하여 초연해야 됩니다.

오늘은 세상을 보는 안목에 대하여 말씀드렸습니다. 여러분 생로병사에 낙관적인 시각을 가지고 즐겁게 살기 바랍니다. 감사합니다.

깨끗하고 고상한 인생 /2007. 5. 9(水)

여러분! 안녕하십니까? 오늘은 깨끗하게 사는 인생에 대하여 말씀드리겠습니다.

유교인은 청렴결백을 매우 숭상합니다. 태초어 하늘이 이 세상을 창조할 때에 음양(陰陽)의 맑은 기운과 물과 불, 나무와 쇠, 그리고 흙 등의 5행(五行)으로 빼어난 순수한 원질을 갖추어 가장 깨끗하고 신령한 세상을 만들었습니다. 그래서 하늘에는 하느님이 계시고, 땅에는 땅귀신이 계시며, 산에는 산신령이 있고, 물에는 물귀신이 있으며, 또한 길에는 길귀신이 있고, 집에는 집귀신, 들에는 들귀신이 있어서 어느 곳에나 귀신이 있을 뿐만 아니라 사람도 죽으면 귀신이 됩니다. 이와 같이 신성한 영역을 만물의 영장인 사람으로서 차마 더럽히면 되겠습니까?

유교에서는 천진무구(天眞無垢)한 어린이와 청렴 정직한 청년과 순결한 여자와 결백하게 벼슬하는 청백리(淸白吏)와 고결하게 늙어가는 노인을 지극히 존경하여 왔습니다. 사람이 이 세상에 태어나서 한평생을 살다가 죽는 것은 잠깐이고, 이 세상은 영원한 것인데 한때 잠깐 살다가 가는 사람이 깨끗하고 고상하게 살지 못하고, 더럽고 추잡하게 살면서 이 세상을 어지럽혀 놓으면 장차 세상이 어떻게 되겠습니까?

어린이가 단정하지 못하고 버릇이 없으며, 젊은이가 예의를 지키지 못하고 건방지며, 어른이 체통을 지키지 못하고 추잡하며, 늙은이가 염치없이 욕심만 부리는 것은 참으로 세상을 어지럽게 하는 악덕(惡德)이 아닐 수 없습니다. 그러므로 유교에서는 이러한 악덕을 원천적으로 방지하기 위하여 청소하는 절도와 자기의 몸을 깨끗하게 지키는 것을 교육의 기본원리로 삼았습니다.

유교는 소학(小學)에서 청소교육으로 가장 먼저 가르치는 것은 물 뿌리고 쓰는 쇄소(灑掃)입니다. 사람이 거처하는 방과 마루 그리고 마당을 아침에 일어나면 집안에서 가장 어린 사람이 의무적으로 쓸고 닦게 하였습니다. 오늘날은 어린 자녀들을 너무도 사랑한 나머지 청소를 시키지 않고, 오히려 어른이나 또는 늙은이가 하는데 이것은 어린이에게 청소의 예절을 모르게 할 뿐만 아니라 청소의 숭고한 정신을 깨우치지 못하는 결과를 초래해서 마침내 앉은 자리를 어질러 놓은 사람과 치우는 사람이 따로 있다는 인간 차별의식을 심어 주게 되지요.

성인(聖人)이 놀던 자리는 신성한 성지(聖地)가 되는데, 천박한 사람이 놀던 자리는 쓰레기장이 되는 이유가 무엇일까요? 바로 소학교에서 청소교육을 시키지 않고, 또한 부모가 자녀에게 청소를 시키지 않은 결과인 것입니다. 어린이가 어른을 모시는 기본예절이 어른의 방을 청소하는 것임을 가르쳐야 합니다. 유교에서는 청소교육만 하는 것이 아니라 철마다 대대적으로 집 안팎을 청소하는 예절을 제정하여 누구나 환경을 깨끗하게 가꾸도록 하였습니다. 그리하여 집안의 제사와 산천의 제사에는 3일 전부터 대청소를 하여 깨끗함을 제일 중요시하였으며, 또한 봄에는 방문제사, 여름에는 부엌제사, 그 다음엔 마당제사, 가을에는 대문제사, 겨울에는 길제사를 지내게 하여 천자제후로부터 서민대중에 이르기까지 전 국민이 동시에 같은 날 청소했던 것입니다. 이렇게 환경을 깨끗이 보존하는 것은 천하 국가의 기본 의무요, 모든 사람의 당연한 책임입니다.

다음으로 유교의 몸을 깨끗하게 지키는 교육은 효도사상에서 출발합니다. 효경(孝經)에서 말하기를 "신체와 머리털과 살갗은 부모에게서 받은 것이므로 감히 훼손하거나 상처를 내지 아니함이 효도의 시작이요, 몸을 깨끗하게 세우고 도덕을 실천하여 후세에 이름이 나서 부모를 빛내는 것이 효도의 마침이니라."고 하면서 이것이 바로 인격의 뿌리이고, 교육이 말미암아 나오는 바탕이라고 하였습니다.

그러므로 몸을 깨끗하게 세우려는 사람은 항상 옷을 단정하게 입고 말을 고상하게 하며 음식을 사양하고 길을 양보하며 분수와 의리를 지키고, 조정에 나아가 벼슬을 함에도 청렴결백하고 정직하게 봉사하여 결단코 부정부패하거나 사악한 임금을 섬기지 않으며, 친구도 어진 사람과 사귀고 절대로 포악하고 음란한 저질과는 더불지 않고 고결하게 사는 것입니다.

유교의 교육원리와 생활신조가 이러하므로 선비가 거처하는 방에는 항상 성인의 말씀을 기록한 경서(經書)가 곁에 있고, 또 문방사우(文房四友)라고 하는 붓과 벼루와 먹과 종이가 있는 것입니다. 그리고 사방의 벽에는 4군자(四君子)라고 하는 매화, 난초, 국화, 대나무의 그림을 걸어서 깨끗하고 향기롭게, 절거 있고, 곧은 정신을 사랑합니다. 이렇게 고결하게 살다 보면 어지러운 세상에서는 어쩔 수 없이 가난하고 천한 신분으로 전락되는 것이 고금의 역사적 현실이지요. 그러나 공자님이 일찍이 말씀하시기를 "거친 밥 먹고 물 마시고 팔을 베고 누웠어도 즐거움이 그 가운데 있으니 정의롭지 않은 부귀는 나에게 저 뜬구름과 같다."라고 하였습니다. 배부른 돼지가 되는 것보다는 차라리 주리면서라도 봉황과 용과 기린과 거북이 노는 신령한 세상을 기다리는 즐거움이 더욱 크다는 뜻입니다. 한갓 신령한 이 세상을 추잡한 오욕으로 어지럽게 하는 장본인이 되는 것보다는 차라리 신령한 이 세상을 지키려는 주인공이 되는 것이 훨씬 행복할 것입니다.

오늘은 깨끗하고 고상한 삶을 말씀드렸습니다. 감사합니다.

최고의 인생을 경영하는 과정 /2007. 5. 10(木)

여러분! 안녕하십니까? 오늘은 최고의 인생을 경영하는 유교의 생활규범에 대하여 말씀드리겠습니다.

하늘은 이 세상에 사람을 낼 때에 차별 없이 평등하게 인의예지(仁義禮智)의 착한 본성을 부여하였고, 또한 천하가 똑같은 시간과 공간 속에서 자유롭게 인생을 경영할 수 있는 활동영역을 주었습니다. 그러나 또한 어버이로부터 피와 살을 받을 기질(氣質)에 맑고, 흐리고, 순수하고, 잡박한 차이가 없을 수 없고, 나라의 정치와 지역의 풍속이 다르며, 사회에 빈부귀천(貧富貴賤)의 분수가 있으므로 세상은 고르지 못한 것도 사실입니다.

만일 인간의 일생이 고르지 못하다면 어떤 사람은 즐거운 인생을 노래할 것이고, 어떤 사람은 괴로운 인생을 탄식할 것이니 이렇게 원통한 인생이라면 어찌 인간사회라고 하겠습니까?

우리 유교에서는 이렇게 원통한 인생으로 전락하는 것을 원천적으로 방지하기 위하여 전체 인류가 평등하게 사는 보편적인 최고의 예절을 제정하여 모두 즐거운 인생을 노래하는 길을 개척하였습니다. 그것은 누구나 똑같이 나이를 기준으로 해서 성장 발전하는 절도를 통일화한 것입니다. 비록 현실적으로 재능과 학술의 우열에 따라 부귀한 사람과 빈천한 사람의 신분 차이가 없을 수 없지만 그러나 현실사회의 모순 구조에 의하여 나타나는 신분의 차이로 인생의 등급을 나누는 것은 신성한 인간을 모독하는 행위가 될 것입니다. 인간 자체의 신성성은 사람이 평가하여 분류할 사항이 아닙니다. 그것은 하느님이나 평가할 사항이에요. 그래서 유교의 예절은 하늘의 질서를 존중해서 천시(天時)가 변화하는 절도로만 분류하고, 그 이외의 사항은 부수적으로 알맞게 조절할 뿐입니다. 따라서 유교의 예절은 평등을 원칙으로 하고, 모두 최고의 인생을 추구합니다.

유교의 예절세대는 육체가 건강하고 정신이 건전한 20세부터 69세까지로 한정합니다. 19세 이하와 70세 이상은 육체가 허약하고 정신이 미약하여 정상적으로 사회활동을 할 수 없기 때문에 제외한 것이지요.

그러므로 19세 이하는 미성년자로 인정하여 비단옷을 입을 수 없고, 술을 먹지 못하며, 벼슬이나 노동을 하지 못하며, 혼인을 하지 못하며, 어른과 맞먹지 못하게 하였습니다. 이러한 미성년자의 예절은 하늘이 사람을 똑같이 태어나게 했다는 평등사상에 기초했기 때문에 천자(天子)나 제후(諸侯)의 태자(太子)로부터 서민대중의 아들에 이르기까지 모두 공통으로 정한 예절입니다. 그래서 20세로부터 관혼상제(冠昏喪祭)의 가정의례를 누구나 빠짐없이 거행하도록 문호를 크게 열었는데 그 의식이 빈부귀천(貧富貴賤)이 없이 최고의 인생을 추구하도록 하였습니다.

20세가 되면 남자는 관(冠)을 쓰고 여자는 비녀를 꽂는 성년식(成年式)을 집에서 거행함에 남자는 임금의 집무복을 입고 임금의 관을 쓰며 여자는 왕비의 비녀를 꽂고 왕비의 예복을 입는 것이 주례(周禮)에 정한 예법입니다. 이것은 20세부터 인생을 지혜롭게 경영하면 국가사회적인 최고의 신분에 오를 수 있음을 현실적으로 공개하여 인정하는 행사입니다. 그리고 혼인식을 거행할 때에도 관례(冠禮) 때와 똑같이 신랑은 임금의 관을 쓰고 임금의 집무복을 입으며 신부는 왕비의 비녀를 꽂고 왕비의 예복을 입게 하였으니 남편과 아내가 화합해서 인생을 슬기롭게 경영하면 국가사회적인 최고의 신분에 오를 수 있음을 현실적으로 다시 한 번 공개 인정하는 행사입니다. 이렇게 두 번이나 최고의 인생을 경영하도록 격려하였음에도 실제로 그렇게 성공한 사람은 소수에 불과하고 다수의 서민대중은 실현하지 못합니다.

이러한 다수의 서민대중을 구제하기 위하여 유교의 예절은 상례(喪禮)와 제례(祭禮)에서 최고의 인생행복을 누리도록 예절로 배려하였습니다.

상례의 초혼(招魂)하는 복(復)과 명정(銘旌)은 천자로부터 서민에 이르기까지 모두 이름을 쓰게 하여 평등한 인간임을 확인하고, 운구(運柩)는 상여(喪興)로 하였으니 사람이 메는 연(輦)은 천자와 제후만이 사용하는 것이며, 부고(訃告)는 호상(護喪)의 이름으로 내게 하여 그 아들의 아름다움에 아버지는 대인(大人)이라 쓰고 어머니는 부인(夫人)이라고 쓰니 모두 임금과 임금의 부인을 호칭하는 용어이며, 신주(神主)에도 아버지면 학생부군신위(學生府君神位), 어머니면 유인(孺人)신위라고 써서 나라의 최고학부인 태학을 졸업한 지방 국가의 임금이요, 그 부인임을 공개 확인해서 높이 받들어 최고로 훌륭한 신령으로 모십니다. 그리고 아들이 3년복을 벗고 대상(大祥)을 지낼 때에는 역시 임금의 관을 쓰고 임금의 집무복을 입고 제사를 지내게 하였으니 어버이의 3년복을 입었기 때문에 인간의 가장 신성한 경지에 올랐음을 공개 인정한다는 뜻입니다. 제사도 마찬가지로 신주(神主)나 지방(紙榜) 그리고 축문에 최고로 거룩하고 훌륭한 신령임을 밝히고, 그 아들은 효자(孝子)라고 일컬으니 이보다 더 높은 인생이 어디에 있겠습니까? 우리 유교인은 현실적인 세계보다도 예절적인 세계를 더욱 존중합니다.

오늘은 최고의 인생을 경영하는 예절에 대하여 말씀드렸습니다. 여러분도 예절세계에서 아름답게 살기 바랍니다. 감사합니다.

노인을 공경하는 예절 /2007. 5. 11(金)

여러분 안녕하십니까? 오늘은 노인을 각별히 모시는 예절에 대하여 말씀드리겠습니다.

노인을 공경하는 경로(敬老)사상은 우리나라의 미풍양속이지요.

우리 선인(先人)들은 어른을 곁에서 모시면서 매우 공경하였습니다. 지금은 서양의 개인주의 사상과 젊은 사람이 노인을 경시하는 풍조가 들어와서 많이 변질되어 빛을 잃었지만 그래도 우리나라는 세계에서 노인을 가장 존경하고 받드는 풍속이 살아 있지요.

사람이 늙으면 체력이 쇠퇴하고 정신력도 감퇴할 뿐만 아니라 여러 가지의 질병이 생겨서 아픈 데가 많으므로 젊은 사람이 곁에서 모시고 돕지 않으면 완전히 기력을 잃어서 죽고 싶은 신세를 면치 못할 것입니다.

만일 늙은 노인이 세상을 비관하고 고독하게 허무한 일생을 정리한다면 이 얼마나 비참한 세상이 되겠습니까? 만물의 영장으로 태어난 인간이 결국에는 늙음에 대한 불안만 남고 또 죽음에 대한 공포(恐怖)를 벗어나지 못하여 인생의 고통을 온몸으로 안고 사는 절망적인 세상이라면 어찌 사람이 사는 세상이라고 할 수 있겠습니까?

우리 유교(儒敎)에서는 이러한 무서운 세상이 되는 것을 원천적으로 막고, 늙은 노인이 편안하고 보람 있게 죽어서 참으로 인생이 즐겁고 희망이 넘치는 세상을 경영하는 예절을 일으켰던 것입니다. 그래서 50세가 되면 비단옷을 입게 하고 집에서는 지팡이를 짚게 하며 나라에서는 부역이나 군대의 일에 종사하지 않게 하며 비록 부모가 돌아가서 상복을 입을지라도 몸이 수척하는 데까지 이르지 않도록 음식을 먹게 하였던 것입니다.

60세가 되면 조금 더 배려하여 비단옷에 고기반찬 한 가지를 먹게 하고 고을에서 지팡이를 짚게 하며, 노동하는 일을 못 하게 하며 비록 부모가 돌아가서 상복을 입을지라도 밥을 제때에 먹게 하였지요. 그래서 우리나라에서는 부모가 61세 환갑이 되면 아들딸이 모여 비단옷과 성대한 음식을 차려서 환갑잔치를 베풀어 드리고 노동일에서 해방시키는 것입니다.

70세가 되면 더욱더 배려하여 비단옷에 고기반찬 두 가지를 먹게 하고, 도읍에서도 지팡이를 짚게 하며 일체의 벼슬을 반납하고 집안일도 큰아들과 큰며느리에게 위임하여 모든 일에서 해방하며 또한 부부가 한방을 쓰며 손님도 직접 대접하지 않고, 비록 어버이가 돌아가서 상복을 입을지라도 술과 고기를 먹으며 방 안에 있으면서 초상 치르는 일을 자손에게 위임하는 것입니다. 우리나라는 어버이가 70이 되면 칠순잔치를 베풀어 드리고 일체의 세상일에서 손을 떼고 초연히 여생을 편안히 즐기게 하는 아름다운 풍속이 지금도 남아 있습니다.

80세가 되면 더욱 적극적으로 배려하여 출입할 때에 반드시 수행원을 대동하고, 두 번 절할 때에는 한 번 앉아서 허리만 두 번 굽히는 것으로 대신하며, 조정에까지 지팡이를 짚고 들어가고 비록 범법하여 죄를 지어도 나라에서 형벌을 집행하지 아니하며 또한 집안에 제사를 지내고 초상이 났어도 행사에 참여하지 않아도 되는 것입니다.

90세가 되면 더욱 철저히 배려하여 집에서도 그 곁에 항상 수발드는 사람이 있게 하고, 침실에 음식이 떨어져서는 안 되며 맛있는 반찬과 술이 곁에 따라야 합니다. 그리고 임금이 찾아와서 선물을 하사하여도 직접 받지 않고 다른 사람이 대신 받게 합니다.

100살이 되면 음식을 먹여 주는 사람이 곁에 있어야 되고 비록 임금이 집으로 찾아와서 문안하여도 방에 앉아서 맞이하고 밖에 나아가지 아니하는 것입니다.

이와 같이 늙어서 나이가 높을수록 곁에서 모시는 예절이 더욱 깍듯하고 자상하므로 늙음에 대한 불안감이나 죽음에 대한 공포심이 사라질 뿐만 아니라 오히려 늙음이 편안하고 인생 말년이 보람차서 늙을수록 더욱 고결하고 씩씩해지는 것입니다.

우리 유교에서는 서민대중이 모두 오래오래 장수(長壽)하여 생전에 인간 5복(五福)을 누리도록 경영합니다. 인간의 다섯 가지 행복이란, 첫째가 오래 사는 것이고 둘째가 부자가 되는 것이며, 셋째가 건강하고 근심걱정이 없는 것이요 넷째가 착한 사람이라는 평판을 얻는 것이며 다섯째가 하늘이 준 사명을 완수하고 죽는 것인데 서민대중에게는 이러한 다섯 가지 행복을 모두 누리게 하기 위하여 유교의 예절에는 서민대중에게는 죽으면서까지 기어이 해야 되는 일이 없게 하였습니다. 물론 선비나 대부 그리고 임금은 생명을 버리고 정의를 쟁취하고 목숨을 바쳐서 인간성을 완성하는 극단적인 의리가 있지만 서민대중에게는 어떠한 세상이나 어떠한 경우라도 살길을 찾고 목숨을 지키면서 인류번창에 기여하는 것이 기본의무이고, 또한 정부는 인민의 생명과 재산을 보호하는 것을 기본 책무로 인식하여 서민대중이 장수하는 것을 나라의 영광으로 역사에 기록하였습니다. 국가의 정치 목적이 이러하므로 집안에서 어버이를 장수하도록 모시는 아들과 며느리를 효자·효부로 크게 표창하였으니 우리나라는 방방곡곡에 효자비, 효부비, 효녀비가 많이 있습니다.

오늘은 노인을 공경하는 예절에 대하여 말씀드렸습니다. 감사합니다.

인사하고 절하는 법 /2007. 5. 12(土)

여러분! 안녕하십니까? 흐르는 세월은 그침이 없어 어느덧 녹음 방초 우거진 초여름입니다. 오늘은 사람을 지극히 공경하고, 항상 친절을 베풀어 인사하고 절하는 법에 대하여 말씀드리겠습니다.

사람은 하늘이 점지하여 인의예지(仁義禮智)의 착한 본성을 받아 태어난 만물의 영장으로 보는 유교에서는 사람을 지극히 공경하고 친절하게 섬겨야 되는 존엄한 존재로 파악합니다. 그래서 우리 유교의 절하는 예절은 무릎을 꿇고 땅에 엎드려 몸을 낮추는 형식을 취합니다. 이것은 자기를 땅처럼 낮추고, 상대방을 하늘처럼 높인 다는 뜻입니다. 여러분도 여러 나라와 여러 종교의 인사법을 많이 보았겠지만 유교의 인사법처럼 사람에게 절하는 풍속은 보지 못했 을 것입니다. 간혹 다른 종교에서도 하늘이나 신에게는 그렇게 하 지만 사람에게는 하지 않지요. 우리나라의 인사법은 친절하게 공경 하여 시시각각 변화하는 시간마다 그리고 언제 어디서나 만날 때 마다 서로 인사를 주고받게 하였으니 아침에 잠자리에서 일어나면 비록 한집에서 잠을 잤을지라도 반드시 "안녕히 주무셨습니까?"라 고 인사를 하여 새날이 밝았음을 확인하고, 아침이면 "조반을 드셨 습니까?"라고 하여 오전이 되었음을 확인하며, 점심에는 "점심을 드셨습니까?"라고 하여 오후가 되었음을 확인하고, 저녁이면 "저녁 을 드셨습니까?"라고 하여 저녁임을 확인해서 하루의 시간이 시시 각각 새롭게 변화함에 따라 사람도 새롭게 변화하는 시간을 확인 하여 지나간 옛것은 버리고, 계속 새로운 삶을 함께 경영하는 인사 의 길을 열었습니다.

우리 유교의 인사법은 두 손을 겹쳐 잡아 올리거나 허리를 구부리고 머리를 숙이는 절이지요. 그런데 때와 장소와 사람에 따라 절을 하는 예절법도에 약간씩 차이를 두어 그 절을 하는 의미를 표현해서 공경하고 사양하고 감사하는 뜻을 전달합니다. 따라서 처음 인사할 때에 그 절하는 태도에서 그 사람의 정체(正體)와 신분과 품격을 확인하게 되지요. 오늘날은 인사법을 가르치지 않으므로 절하는 법도를 알지 못하여 어물어물 넘기거나 또는 지나치게 큰절을 하여 체통을 잃은 경우가 많은데 인사성이 없어도 문제고, 지나치게 공경하여 체신을 잃어도 문제일 것입니다. 먼저 절을 하는 자리에 나아가서 절을 하겠다는 뜻을 표하는 기본자세는 두 손을 겹쳐 잡고 바르게 서는 것입니다. 이것을 공수(拱手)라고 하는데 길사(吉事)에는 남자는 왼손이 위로 가게 포개고, 여자는 오른손이 위로 가게 포개며, 흉사(凶事)에는 반대로 남자는 오른손이 위로 가게 포개고 여자는 왼손이 위로 가게 포개서 두 손을 포갠 모양만 보아도 길한 일인지 또는 흉한 일인지를 알 수 있는 것입니다.

그리고 절하는 형식은 두 가지인데 가장 가벼운 약식절은 두 손을 포개 잡은 손을 들어서 올렸다가 내리는 것입니다. 이러한 절을 읍(揖)이라고 하는데 마당이나 길에서 가볍게 만났을 때에 하는 절이고, 또한 손을 눈썹까지 올리면 최고 존경이고, 턱까지 올리면 보통 존경이며, 가슴까지 올리면 가벼운 존경을 나타냅니다. 대체로 아버지뻘이면 눈썹까지 올리고, 형제뻘이면 턱까지 올리며, 아들뻘이면 가슴까지 올리는 것입니다.

다음에는 두 손을 포개서 무릎을 꿇고 손을 앞으로 내밀어 땅에 대고 허리를 굽혀 머리를 숙이며 절하고 일어나는 것입니다. 이러한 절을 배(拜)라고 하는데 대청이나 방에서 정식으로 하는 절이며 이러한 절에도 감격하는 정도와 공경하는 등급에 따라서 머리를 숙이는 절도가 있습니다.

가장 감격적이고 최고로 공경할 때에는 두 손을 벌려서 땅에 대고 이마를 땅에 오랫동안 대고 있다가 손을 모아서 절하고 일어나는 것인데 이러한 절을 계상배(稽顙拜・稽首拜)라고 하여 아버지가 죽었을 때에 조문객에게 하는 절입니다. 이보다 조금 가벼운 감격일 때에는 이마를 땅에 잠깐 동안 대고 있다가 손을 모아서 절하고 일어나는 것인데 이러한 절을 돈수배(頓首拜・叩頭)라고 하여 어머니가 죽었을 때에 조문객에게 하는 절입니다. 그리고 또 이보다 더욱 가벼운 감격이지만 존경만큼은 가장 많이 할 때에는 두 손을 포개서 땅에 대고 이마를 손등에까지 이르도록 머리를 숙이는 것인데 이러한 절을 수배(手拜・拜手) 또는 공수(空首)라고 하여 부모조상의 제사 지낼 때에 하는 절입니다. 일반 사회생활에서 보통의 절은 머리를 허리와 수평이 되도록 하는 것인데 이러한 절을 배(拜)라고 하여 주인과 손님이 인사할 때에 하는 절입니다.

끝으로 우리나라는 두 손을 내리고 앉은 다음에 두 손을 포개서 이마에 대고 허리를 굽혀 머리를 앞으로 숙였다가 손을 내리고 일어나는 절이 있는데 이것을 숙배(肅拜)라고 합니다. 이러한 숙배는 부인이 길사(吉事)에 하는 절이고 부인도 남편이나 큰아들이 죽어서 상주(喪主)가 되었을 때에는 계상배(稽顙拜)를 합니다. 그리고 신하가 지방관으로 임명되어 임지로 떠날 때에는 임금에게 숙배(肅拜)를 하는 것입니다.

오늘은 친절하게 인사하고 절하는 법도에 대하여 말씀드렸습니다. 여러분도 더욱 공경하고 친절하게 인사하며 살기 바랍니다. 감사합니다.

위대한 전통 /2007. 5. 13(日)

여러분! 안녕하십니까? 오늘은 인류 역사 이래로 가장 위대한 전통에 대하여 말씀드리겠습니다.

유교인은 어버이의 은혜에 보답하는 것을 가문의 전통으로 삼아서 대대로 조상을 숭배합니다. 사람은 누구나 어버이의 피와 살을 받아서 태어났으니 세상에 이보다도 큰 은혜는 없는 것이고, 또 그 젖과 밥을 먹고 자랐으니 만약 어버이가 없었다면 사람이 이 세상에 나올 수가 없으므로 어버이의 은혜는 산보다도 높고 바다보다도 깊어서 그 은혜를 다 갚으려고 한다면 저 하늘도 다함이 없어 천하 만물을 바쳐도 오히려 모자랄 것입니다. 그리하여 일생 동안에 걸쳐 어버이를 친히 모실 뿐만 아니라 자자손손 대를 이어 섬겨야 되었으니 곧 할아버지와 할머니를 높이 섬기고, 조상을 길이 숭배하는 예절을 밝혀 종족(宗族)의 기본의무로 하였습니다.

우리나라의 가장 위대한 전통은 큰아들이 부모를 직접 한집에서 모시고 큰며느리가 시부모를 직접 모시며, 또 돌아가시면 부모조상의 제사를 지내는 것입니다. 이러한 전통은 비록 한 가정의 일에 지나지 않지만 그러나 그 숭고한 정신과 위대한 역사는 지극히 높고 길기 때문에 위대한 전통으로 받드는 것입니다.

무릇 사랑과 정의로 충만한 인간의 정신은 모두 위대합니다. 그러나 인간정신의 원천은 어버이를 친하는 정신에 말미암기 때문에 어버이를 섬기고 조상을 받드는 정신보다 숭고한 것은 없으며, 대저 도덕과 학술로 개척한 위대한 역사는 모두 오래 전합니다. 그러나 인류문명의 기초는 가정문화에서 비롯하기 때문에 자자손손 대를 이어 일만 세대에 걸쳐 오랜 역사를 이어 가며 발전하는 것입니다. 따라서 가정은 인간의 숭고한 정신의 원천이고, 영원한 인류 역사의 터전이기 때문에 이것을 일컬어 위대한 전통이라고 하였습니다.

대체로 이 세상에 위대한 전통은 세 가지가 있는데 대통(大統)과 도통(道統)과 종통(宗統)이지요.

첫째, 대통(大統)은 큰 대(大) 자와 이을 통(統) 자인데 훌륭한 성왕(聖王)이 나와서 공명정대한 도덕을 밝히고, 인간의 윤리를 바로 잡아 문명한 정치를 이룩하여 천명(天命)을 받고 민심을 얻어서 태평성대를 개척했던 정치 사업의 체제를 계승 발전하는 위대한 전통을 지칭합니다. 이러한 대통은 옛날 요(堯)임금과 순(舜)임금에서 비롯하여 우(禹)임금과 탕(湯)임금 그리고 주(周)나라의 문왕(文王)과 무왕(武王)이 계승하였기 때문에 공자(孔子)와 맹자(孟子)는 춘추전국의 난세에 열국의 임금에게 대통을 계승하여 인류행복을 보장하라고 역설할 뿐만 아니라 제자들에게 대통계승의 주체가 되도록 가르치면서 이상 국가를 건설하는 전범(典範)으로 삼았습니다.

둘째, 도통(道統)은 길 도(道) 자와 이을 통(統) 자인데 사람이 인격을 수양하는 학문을 함에 있어서 천성(天性)을 갈미암고 도덕심을 간직하면 밝고, 굳세고, 넓고 큰 사람이 되지만 하늘로부터 받은 천성(天性)을 잃어버리고 사사로운 욕심을 부리면 어둡고 나약하고 좁고 작은 사람이 되기 때문에 유교의 수양공부는 인간의 천부적인 본성을 함양하고 착한 도덕심을 한결같이 지키는 것으로 주장을 삼는 것입니다.

사사로운 욕심은 천차만별이지만 착한 도덕심은 모두 똑같아서 시대와 공간을 초월하여 동일하므로 서로 이어지는 것입니다. 따라서 마음과 마음이 이어지면서 길이 계승하는 것을 도통(道統)이라고 합니다. 대대로 이러한 도통을 계승한 학문을 도학(道學)이라고 하며, 이러한 도통은 성인(聖人)이 되는 것이므로 성학(聖學) 또는 성리학(性理學)이라고 하여 일반 학문과 구별하는 것입니다.

셋째, 종통(宗統)은 종족의 혈통에 따라 큰아들이 아버지를 승계하여 본가(本家)가 되고, 여러 아들은 분가(分家)하여 독립해서 세대를 계승함으로써 본가는 큰집으로 대종(大宗)이 되고, 분가하여 독립한 집은 작은집으로 소종(小宗)이 되어서 그 세대(世代)의 차수(次數)와 항렬의 촌수(寸數)에 따라 친척의 멀고 가까움을 결정하여 종족의 질서와 체계를 길이 지키는 전통입니다.

무릇 종통의 질서는 자기를 중심으로 해서 위로 고조할아버지로부터 아래로 현손까지의 9대를 동거할 수 있는 가족으로 인정하고 옆으로는 8촌 형제까지를 친족(親族)으로 한정하여 상복을 입는 유복친(有服親)으로 정했습니다. 그리고 9촌과 10촌은 비록 상복은 입지 않지만 어려울 때에 서로 돕는 무복친(無服親)으로 정하여 서로 왕래하며 보살피게 하였고, 10촌 이상의 모든 종족은 평등하게 대우해서 식사를 할 때에는 같은 항렬에 함께 앉아서 먹는 친절을 베풀게 하였습니다.

종족이 자손만대에 걸쳐 그 뿌리를 확인하며 질서를 지키고 화목하게 사는 것은 이 세상에서 가장 아름다운 미풍양속(美風良俗)

으로 인류를 번창하게 하는 원동력이 되는 것입니다. 대저 나라를 다스림에 있어서 대통(大統)의 사업을 계승하여 이상 국가를 건설하는 공적도 위대합니다. 그리고 인격을 수양함에 있어서 도통(道統)의 연원(淵源)을 계승하여 성인(聖人)이 되는 것도 역시 위대합니다. 그러나 그것은 소수의 정치가와 학자의 몫일 뿐이고, 오직 가정을 경영함에 있어서 종통(宗統)의 뿌리를 계승하여 효자(孝子), 효손(孝孫)이 되어 자손만대에 어버이를 친절하게 모시고, 조상을 높이 받드는 것은 모든 사람의 공통적인 책무이기 때문에 가장 위대한 전통이 아닐 수 없습니다. 오늘은 위대한 전통을 지키는 우리의 가정문화에 대하여 말씀드렸습니다.

여러분의 가정에도 위대한 전통을 보존하리라고 믿습니다. 감사합니다.

유림의 항일독립전쟁의 역사 /2007. 7. 30(月)

청취자 여러분 안녕하십니까? 오늘은 유림의 항일독립전쟁의 역사에 대하여 말씀드리겠습니다.

올해는 1907년 6월 15일 정미7늑약으로 우리 군대까지 해산을 당하자 전국 유림이 총궐기하여 3년간 치열하게 항일독립전쟁을 본격적으로 착수한 지 100주년이 되는 해입니다. 여러분은 임진왜란 때에 유림이 의병(義兵)을 일으켜 혁혁하게 싸운 역사는 이미 배워서 잘 알고 있을 줄 압니다. 그러나 임진왜란이 일어난 지 300여 년 만에 다시 침략한 일본군대와 전면전을 선포하고 거룩하게 싸웠던 13도 민군(民軍)의 전사(戰史)에 대해서는 아는 사람이 별로 없을 줄로 압니다. 그 이유는 1905년 을사5늑약을 일본이 강행하여 우리나라의 외교권을 박탈하자 우리 민족이 을사5적을 규탄하고 일본의 불법침략에 항의하여 홍만식(洪萬植), 조병세(趙秉世), 민영환(閔泳煥), 김봉학(金奉學), 이상철(李相哲), 송병선(宋秉璿) 열사들이 자결(自決)하였으며 다음 해에는 민종식(閔宗植) 장군이 홍주(洪州)에서 의병을 일으키고 또 면암(勉菴) 최익현(崔益鉉) 의병대장이 일본의 16개 큰 죄악을 성토하며 호남에서 의병을 일으켰다가 대마도에서 굶어 순절한 결과 그 뒤로는 신문보도를 완전히 통제하여 의병전쟁의 기사를 삭제당했기 때문에 세상에 알릴 수가 없었던 까닭입니다. 당시의 독립정쟁사의 전모를 엿볼 수 있는 우리 쪽 자료는 매천(梅泉) 황현(黃玹) 선생이 기록한 『매천야록(梅泉野錄)』이 유일하고 일본 측 자료는 소위 조선주둔군 사령부편 『조선폭도토벌지(朝鮮暴徒討伐誌)』가 있으며 기타 우리 의병대장의 성토문, 포고문과 재판기록문서 등이 있는데 이러한 자료에 근거하더라도 1907년 8월부터 1910년 말까지 우리나라의 존경받는 유학자(儒學者)인 산림학자양반(山林學者兩班) 10만 명과 유학을 공부하는 유생(儒生) 110만 명이 비밀리에 단결하여 14만 명의 대한독립민군(民軍)을 양성하여 전국 각지에서 일본군을 3,000여 회나 토벌하여 많은 지역에서 일본군을 물리친 혁혁한 전공을 세우고 일본군의 통계로 17,779명의 한국의병이 죽었고 1만 정의 총포를 노획했다고 하였으니 이것이 전쟁이 아니고 무엇이겠습니까? 지난 100년 전 정미년의 항일독립전쟁을 일으킨 유림 의병대장은 수천 명을 헤아립니다. 각 지역마다 의병을 일으키지 않은 곳이 없을 정도지요. 우선 창의 100주년이 되신 민족영웅을 보면 가장 먼저 단양에서 이강년(李康秊) 의병대장이 칼을 뽑아 들고 각지의 의병을 모집하니 김상태(金尙台), 이만원(李萬源), 백남규(白南奎), 하한단(河漢端), 권용일(權用佾), 민순호(閔舜鎬) 등 39명의 의병장들이 호응하고 또한 원주 진위대에서 의거를 일으켰던 민긍호(閔肯鎬)가 합세하여 경북, 강원, 충북의 일본군을 토벌하여 1907년 7월 5일 제천전투에서 500여 명의 적군을 사살하였습니다. 동년 8월 초에는 정직환(鄭直煥) 의병장이 경상북도 동대산(東大山)에서 창의(倡義)하여 왜적을 소탕하고 8월 5일에는 노병대(盧炳大) 의병장이 김운노(金雲老), 송창헌(宋昌憲), 임용덕(林容德) 의병장과 함께 속리산에서 의병을 일으켜 보은, 상주, 청주, 성주, 거창지역의 왜군을 토벌하였습니다.

강원도에서 의병을 일으킨 이은찬(李殷贊) 의병대장과 이재구(李載求) 의병대장은 이인영(李麟榮) 선생을 찾아가서 총대장(總大將)으로 추대하고 관동창의대장(關東倡義大將)의 깃발을 높이 세운 다음 8도의 의병을 모으니 강원도 민군은 이은찬 장군과 이재구 장군이 6,000명을 거느리고, 충청도 민군은 이강년 장군이 500명, 경기도는 허위(許蔿) 장군이 2,000명, 황해도는 권중식(權重植) 장군이 500명, 평안도는 방인관(方仁寬) 장군이 80명, 함경도 민군은 정봉유(鄭鳳裕) 장군이 80명, 경상도는 박정빈 의병대장이, 전라도는 문태수(文泰洙) 장군이 각각 100명을 거느리그 와서 이인영 장군을 총대장으로 추대하여 공동보조를 취하기로 결의하니 강원도 내 19개 군수가 모두 도망하여 각 고을의 행정을 민군이 접수하니 감히 왜군이 접근하지도 못했습니다.

1907년 8월 20일 안성에서 의병을 일으킨 김동식(金東植) 장군은 아들 김봉환(金鳳煥) 의병장과 함께 동월 28일 죽산군의 정주원(鄭周源) 의병장과 안성군민회의를 열고 관아를 접수한 다음 300여 명의 의병을 이끌고 지리산으로 들어가 웅거하면서 호남과 영남의 왜적을 토벌하여 큰 전과를 올렸으니 초기에는 전남의병장 고광순(高光洵) 부대와 연합하고 고광순 의병장이 구례에서 전사하자 다시 전북의병장 이석용(李錫庸) 장군과 연합하였으며 이어서 호남창의대장 기삼연(奇參衍) 장군의 휘하에 있는 김용구(金容球), 김준(金準), 이철형(李哲衡), 이남규(李南奎) 의병장과 연대하며 호남해방의 기세를 올렸습니다. 이리하여 일본군이 무서워하면서 말하기를 "1907년 9월 상순 광주 부근에서 곡성, 담양, 창평, 옥과에 걸쳐 민심이 험악해지기 시작했다. 10월에 이르자 드디어 한 부대의 폭도가 순창우체국을 습격 약탈하고, 15일에는 동북순사주재소를 습격하였으며, 19일에는 구례, 영광의 헌병 분견소가 습격당했는데 이 폭도의 수괴(首魁)는 김동식, 고광순 등으로 전라남북도에 있어서 폭도의 선구자였다."라고 '조선주둔군 사령부 편 조선폭도토벌지 제4편 제2장 전라남북도 및 그 부근에 있어서의 토벌'이라는 책에 올라 있는 내용입니다.

　　그리고 또 1907년에 의병을 일으켜서 혁혁하게 싸운 분이 많습니다만 일찍이 민종식 의병부대의 선봉장으로 계속 항일전쟁을 계속했던 김동신(金東臣) 의병대장이 공주, 회덕, 연산 등지에서 활발하게 싸웠고, 강화에서 창의한 이능권(李能權) 의병대장과 경기, 황해, 강원지역에서 활약한 연기우(延基羽), 김규식(金圭植), 권중설(權重卨), 이진용(李鎭龍) 장군이 있으며, 을미사변 때 국모시해에 대한 복수를 주장하면서 8도 의병을 일으켰던 유인석(柳麟錫) 장군도 이때에 평안도 순천군에서 다시 관서유림을 모아 의병을 일으켜 싸웠고, 갑산(甲山)에서 홍범도(洪範圖) 장군이 차도선(車道先), 송상봉(宋相鳳) 의병장과 함께 창의하여 장렬하게 항일전쟁을 하였습니다. 이렇게 많은 유림(儒林)이 독립전쟁을 일으킨 지 이제 100주년이 되었습니다.

우리는 마땅히 추모하고, 그 장엄한 정신을 계승하여 자랑스러운 나라를 건설해야 되겠습니다. 감사합니다.

우리나라의 위대한 전통 : 내림내림 /2007. 7. 31(火)

청취자 여러분 안녕하십니까? 오늘은 우리나라의 가장 위대한 전통인 집안의 내림내림으로 이어온 가풍에 대하여 말씀드리겠습니다.

자고로 우리나라는 시조를 지극히 숭배하는 정신이 있었습니다. 각 집안의 시조(始祖)는 본래 훌륭한 인격을 길러서 국가 사회에 커다란 공적을 세우면 국가에서 성(姓)을 내려 주고 길이 방안제사를 지내도록 불천위(不遷位)를 임금이 허락한 분입니다. 따라서 각 집안의 시조나 중시조 그리고 훌륭한 불천위 조상은 보통 인물이 아닙니다. 충효(忠孝)의 정신이 투철하시고, 학문과 덕행이 뛰어나시며, 국가 사회의 발전에 크게 이바지하시여 역사·책에 빛나는 이름이 올라서 그 당시뿐만 아니라 후대에도 길이길이 숭앙(崇仰)받는 어진 분입니다. 이러한 시조를 모신다는 것은 집안의 영광이고 자손의 긍지이므로 우리는 시조가 나라에서 받은 성씨(姓氏)를 이름 앞에 써서 항상 자랑스럽게 간직하고 또 자손에게 대대로 물려 주지요.

우리 민족은 단순히 성씨만 소중하게 간직하는 것이 아니라 조상을 숭배하고 그 공적을 기리며 그 은덕에 감사하여 해마다 제사를 지내면서 그 정신을 이으려고 노력합니다. 그래서 자손에게 반드시 그 몇 대손임을 가르쳐 혈연관계의 계통을 찾아 큰집과 작은집의 종통(宗統)을 밝히고 친척의 멀고 가까움에 따라 공경하고 친근한 정을 서로 나누게 하지요. 이러한 일은 단순히 조상이나 문벌을 자랑하려는 것이 아니고, 인간존재의 뿌리를 확인하여 사람의 정체(正體)를 뚜렷하게 확립하는 작업입니다. 만물의 영장인 사람으로서 부평초처럼 오는 곳도 모르고 가는 곳도 모르며 떠돌아 다녀서야 되겠습니까?

사람이 뿌리가 없고 정체가 불명이면 아무리 세상이 넓어도 의지할 곳이 없고, 아무리 사람이 많아도 믿을 데가 없어서 결국 외롭고 쓸쓸하게 살다가 흔적 없이 죽는 것입니다. 이러한 불행을 원천적으로 막기 위하여 우리나라는 대대로 시조를 받들고 뿌리를 북돋으면서 자손을 가르쳐 친척과 친하면서 정체(正體)를 뚜렷이 확립하는 길을 열었던 것입니다.

오늘날도 세계에서 유일하게 족보(族譜)를 가지고 있고, 국가에서 호적(戶籍)을 관리하고 있는 나라는 오직 우리나라뿐이지요. 대단히 아름다운 미풍양속(美風良俗)입니다.

이것은 사람이 사는 것이 혼자 일시적으로 사는 길이 아니고, 조상과 자손이 일체가 되며 나아가 천지만물과 일체(一體)가 되어 시간을 초월해서 쾌활하게 더불어 발전하는 길이지요. 마치 일백 시냇물이 굽이굽이 일천 굽이를 돌아도 마침내 바다를 향하여 흐르듯이 모든 자손이 각각 어디에서 살더라도 도두 하나로 돌아간다는 일체감을 가지고 사는 길입니다. 그리고 마치 한 뿌리의 나무가 무성하게 일만 가지를 뻗었어도 꽃을 피울 때에는 일제히 함께 피듯이 모든 자손이 무슨 일을 하든지 모두 같이 번영한다는 희망을 가지고 사는 것입니다. 조상의 얼을 이어받아 더욱 빛내려는 마음을 가지는 내림내림의 가풍은 마침내 성대하고 찬란한 민족공동체 문화를 창조하였습니다. 시조가 이룩한 공적을 자손이 지키는 전통은 곧 아버지가 이룩한 사업을 아들이 계승하는 작업이지요. 유교를 숭상(崇尚)했던 조선왕조시대에는 집집마다 사당을 지어서 제사를 지내고, 가문(家門)을 건설하는 이념으로 삼아 부지런히 지혜와 사랑과 용기를 갈고닦아 이름 높은 성씨를 빛내려고 노력하였습니다. 그래서 우리나라에는 위대한 충신(忠臣)과 효자와 열녀와 의사(義士)가 방방곡곡에 없는 데가 없었습니다. 일상적인 효도는 당연한 생활규범으로서 아들과 며느리의 가장 큰 직분으로 인식하였으며, 아들은 그 아버지를 닮으려고 밤낮으로 노력하고, 며느리는 그 시어머니를 닮으려고 아침저녁으로 노력하여 어버이 살아서는 그 뜻을 항상 물어서 받들고, 마침내 어버이가 돌아가시면 그 평생의 자취를 더듬어 관찰해서 받들었는데 만일 어버이처럼 하지 못했을 때에는 스스로 불초(不肖)한 아들로 자책하고, 불효(不孝)한 아들로 뉘우쳐서 큰 죄를 지은 것으로 생각하였습니다. 이리하여 충성과 효도 그리고 절개와 의리(義理)로 빛나는 전통문화를 오랫동안 계승하여 왔으니 우리 민족의 내림내림의 가풍은 세계에서 가장 고귀하고 값진 위대한 전통으로 인류 역사에 길이 빛나는 한겨레의 맥박입니다. 오늘은 우리나라의 가장 위대한 전통인 내림내림의 가풍에 대하여 말씀드렸습니다.

여러분의 가정에도 내림내림의 가풍을 더욱 크게 일으켜 하늘의 복을 받으시기 바랍니다. 감사합니다.

배움의 길 /2007. 8. 1(水)

청취자 여러분 날씨가 매우 더운데 안녕하십니까? 오늘은 배움의 길에 대하여 말씀드리겠습니다.

사람은 뛰어난 지능을 가지고 태어나서 어려서부터 잘 아는 사람도 있지만 보통사람은 배워야만 세상의 이치를 아는 것입니다. 그래서 유교의 경전인 예기(禮記)의 학기(學記)편에서 말하기를 "옥돌도 쪼아야만 그릇을 만드니 사람이 배우지 않으면 진리를 알지 못한다."라고 하였지요. 원문은 '玉不琢이면 不成器요, 人不學이면 不知道니라.'인데 여러분도 들어서 아시는 분이 있을 줄로 압니다. 그리고 이어서 해설하기를 "비록 좋은 음식이 있어도 먹어보지 않으면 그 맛을 알지 못하듯이 비록 지극한 도리가 있어도 배우지 않으면 그 좋은 점을 알지 못하는 것이다. 이런 까닭으로 사람은 배운 뒤에야 자기의 학식이 부족함을 깨닫게 되고, 가르친 다음에야 자기의 지식이 빈곤한 줄을 알게 되나니 자기의 학식이 부족함을 깨달은 뒤에야 능히 스스로 돌이켜 배우려고 노력하는 것이며, 자기의 지식이 빈곤함을 안 다음에 능히 스스로 힘써서 배우려고 노력하는 것이니 말하기를 가르침과 배움이 서로 발전하는 것이니라."라고 하였습니다.

사람에게 있어서 배우고 가르치는 일은 지식을 넓히고 인격을 높여서 자기 자신의 성장을 도모하는 일이기 때문에 매우 기쁘고 즐거운 일입니다. 그리하여 공자는 말씀하시를 "배우고 늘 익히면 기쁘지 않은가?"라고 하셨고, 맹자는 말씀하시기를 "천하의 영재를 얻어서 교육함이 군자의 세 번째 즐거움이니라."고 하셨습니다. 배우고 가르치는 일을 기쁘고 즐겁게 생각하는 자세가 바로 유교인의 기본자세인데 돈을 주고 배우거나 돈을 받고 가르치는 것이 아니라 돈과는 상관없이 예절만 갖추면 서로 부담 없이 스승과 제자의 관계가 성립되어 평생 배우고 가르치는 것이 유교인의 사명으로 여겼습니다.

유교의 국가제도교육은 그 전통이 매우 오래되었는데 순(舜)임금이 음악을 통하여 차세대의 어린이들을 교육하면서 정부에 음악부 장관과 교육부 장관을 설치함으로부터 시작하였습니다. 그리하여 마을에는 초등학생을 가르치는 숙(塾)이라는 소학교가 있었고, 읍(邑)이나 면(面) 단위에는 중등학생을 가르치는 상(庠)이라는 중학교가 있었으며, 큰 고을에는 서(序)라는 고등학교가 있었고, 나라에는 태학(太學)이라는 대학교가 있어 매년 봄에 입학하여 나라에서 무상으로 교육해서 학문을 크게 이루도록 힘썼기 때문에 모두 대인(大人), 군자(君子), 선비가 되어 사회의 모범집단이 되었던 것입니다. 유교의 학문과 교육은 진리를 탐구하여 몸을 닦아 인격을 완성하는 것을 목표로 하였으므로 성현(聖賢)을 배워서 도덕, 윤리, 예절을 실천하는 것을 지극히 숭상하였습니다. 그래서 유교의 학문을 성학(聖學) 또 도학(道學)이라고 하지요. 이러한 성학이나 도학은 학생으로 하여금 첫째, 성현의 글을 읽고 그 뜻을 파악할 수 있는 독해력을 기르고, 둘째, 학업에 집중하며 학우들과 즐겁게 지내는 협동심을 기르며, 셋째, 학습의 영역을 넓히며 스승을 친근히 따르는 탐구심을 기르고, 넷째, 학설을 토론하여 동지를 선택하는 가치관을 정립하며, 다섯째, 사물의 이치를 유추 해석하여 두루 통달해서 확고한 인생관을 세워 어떠한 상황에서도 결코 흔들리지 않는 고결한 인격을 확립하는 것이었습니다.

이렇게 인격을 크게 완성하는 공부는 인간의 본성을 계발하는 교육이기 때문에 정식 수업시간에만 선생이 가르치고, 학교수업이 끝나면 반드시 자유로운 시간을 학생에게 주어서 스스로 생각하여 자율학습을 해서 자기 개발을 하도록 여유를 주어야 성공하는 것입니다.

자고로 교육이 실패한 원인은 획일적인 주입식교육(注入式敎育) 때문이었습니다. 학생에게 생각할 수 있는 여유를 주지 않고, 암기(暗記) 위주로 실력 평가만 자주 하고, 학생에게 재능을 발견할 수 있는 틈을 주지 않고, 진도(進度)만 서둘러 나아가서 수박 겉핥기식으로 시험 준비만 많이 하니 마침내 출세주의(出世主義) 교육으로 전락하여 소수의 출세한 사람을 제외하고 전체 다수가 공부는 많이 했어도 전혀 쓸모가 없게 되는 까닭에 그 배우기를 걱정하고, 그 스승을 싫어하며, 그 어려움을 괴로워하고, 그 보탬이 되는 것을 알지 못하여 그 학업을 마치자마자 그 배운 것을 모두 버리므로 결국 출세도 못 하고, 인격도 기르지 못하는 공허한 교육현실로 전락하였던 것입니다.

그러나 겸허하게 배우기를 좋아하는 사람은 학교교육에서만 배우는 것이 아니고 현실생활 속에서 민첩하게 배우지요. 공자가 말씀하시기를 "세 사람이 길을 갈 때도 반드시 나에게 스승이 있다."고 하셨지요. 곁에 사람에게 좋은 점이 있으면 본받아 배우고, 반대로 단점이 있으면 자기에게는 그런 단점이 있는가를 반성하여 고치라는 뜻입니다. 옛날에 훌륭한 성현은 모두 주변에서 배워서 훌륭한 대인군자(大人君子)가 되었습니다.

공자의 제자인 자로(子路)는 곁에 사람이 충고하면 기뻐하였고, 우(禹)임금은 착한 말을 들으면 절을 하였으며, 순(舜)임금은 곁에서 누가 착한 일을 하면 쫓아가서 함께 같이하였다고 합니다. 천하 사람의 착한 점을 취하면 천하의 일만 가지 착함을 모두 갖추어 마침내 인류의 사표가 되겠지요.

오늘은 배움의 길에 대하여 말씀드렸습니다. 여러분도 주변 사람의 착한 점을 배워서 일만 가지 착함을 한 몸에 아름답게 갖추기 바랍니다. 감사합니다.

교육의 길 /2007. 8. 2(木)

청취자 여러분 3복염천에 안녕하십니까? 오늘은 교육의 길에 대하여 말씀드리겠습니다. 사람은 만물 가운데서 지능(知能)이 가장 높기 때문에 잘 가르치기만 하면 아주 바람직한 인물로 성장할 수 있기 때문에 사람은 모두 가르쳐야 합니다.

그래서 오늘날도 모든 국민에게 교육의 의무를 가지게 하지요. 자고로 사람에게는 대체적으로 두 가지의 지식을 가르쳐 왔습니다. 하나는 사람이 살아감에 필요조건인 의(衣), 식(食), 주(住)를 스스로 해결할 수 있도록 가르쳐야겠지요. 사람이 의식주를 스스로 해결하지 못하면 생활의 고통이 얼마나 크겠습니까. 배고픈 슬픔, 헐벗은 슬픔, 집 없는 설움은 아마 당해 보지 않은 사람은 모르겠지요. 따라서 사람은 누구든지 생활의 고통에서 해방하도록 사농공상(士農工商)의 직업을 갖도록 적성에 따라 교육한 역사가 매우 오래되었습니다.

그리고 또 하나는 사람이 더불어 살아감에 필요조건인 도덕과 윤리와 예절을 스스로 실천할 수 있도록 가르쳐야겠지요. 사람이 사람과 더불어 살지 못하고 만나면 경쟁하여 다투며, 배척하여 증오하고 또는 모임에 혼자 군림하여 독판을 치거나, 세상을 백안시하며 외톨이가 된다면 어떻게 공동체사회를 이루겠습니까?

자고로 인간은 서로 더불어 살아야만 화목한 가정을 만들고 문명한 나라를 건설하여 즐거운 사회생활을 하는 까닭에 우리 유교에서는 윤리교육의 역사가 매우 오래되었습니다.

일찍이 맹자님이 유교의 교육사에 대하여 말씀하시기를 "태고시대에 후직(后稷)이란 분이 국민에게 농사짓는 법을 가르치시어 5곡을 심어 가꾸게 한대 5곡이 잘 익어서 인민이 건강하니 사람은 도덕이 있거늘 배불리 먹고 따뜻한 옷을 입고 안일하게 살면서도 가르침이 없으면 짐승에 가까워지는 것이므로 순(舜)임금이 근심하여 설(契)로 하여금 교육부 장관을 맡게 하여 인간의 생활윤리로 교육하게 하였으니 아버지와 아들은 친근함이 있고, 임금과 신하는 정의가 있으며, 남편과 아내는 분별이 있고, 어른과 어린이는 차례가 있으며, 동무와 벗 사이에는 믿음이 있는 것이었다."라고 하였습니다.

이것이 바로 5륜(五倫) 교육의 시원인데 요약하면 충효(忠孝)를 교육하는 것입니다. 이러한 충효교육은 스승이 있어야 됩니다. 오직 스승만이 '충성하라' 또 '효도하라'고 가르칠 수 있는 것이지요. 왜냐하면 임금은 절대로 국민에게 '충성하라'고 가르칠 수 없고, 아버지는 절대로 자녀들에게 '효도하라'고 가르칠 수 없는 것입니다. 그것은 자기에게 충성하고, 또 자기에게 효도하라고 명령하는 강요나 협박이 되는 것입니다. 그래서 도덕정치를 했던 옛날에는 임금은 국민에게 효도만을 가르치고, 또한 부모는 자녀에게 충성만을 가르쳤습니다. 이것이 곧 분업협동의 교육방법이지요.

요(堯)임금과 순(舜)임금은 국민에게 효도만을 강조하여 천하의 부모가 그 아들딸로부터 효도를 받게 되니 그 부모들이 이에 감사하여 그 자녀들에게 충성하라고 가르쳐 당부하여 마지않았습니다. 이러한 결과 온 나라가 집에서는 효도하고, 나라에서는 충성하여 아름다운 공동체사회의 풍속이 이루어졌던 것입니다.

후세의 폭군은 자기에게 충성하라고 요구하고, 후세에 어리석은 부모는 자기에게 효도하라고 호통을 치므로 반발심이 생겨서 허구적인 가식이나 아첨으로 흘러버렸지요. 이런 까닭으로 지혜로운 부모는 어지러운 난세에 윤리도덕이 무너졌어도 반드시 도덕적으로 훌륭한 스승을 찾아 자녀를 데리고 가서 도덕과 윤리와 예절을 배우게 하였지요. 모름지기 훌륭한 스승은 엄격합니다. 특히 윤리교육을 잘하는 스승은 더욱 엄격합니다. 스승이 엄격해야 도덕이 존엄해요. 도덕과 윤리와 예절에 대한 존엄성이 없으면 교육효과를 기대할수 없는 것입니다. 모름지기 스승은 제자들의 재질과 장단점을 살펴서 미리미리 잘못된 점을 경계하여 금지시키고, 때를 맞추어 가르치며, 절차를 뛰어넘어 진도를 나아가지 않고, 서로 토론하여 깊이 연마하게 해야 됩니다, 그래야 학생들이 잘 따라 배우고, 또한 학습에 재미를 느껴 낙오자가 없게 됩니다.

자고로 스승이 제자를 가르치는 방법에는 다섯 가지가 있는데 현재의 수준에서 필요한 만큼만 가르치는 교육방법이 있으며, 장차 대성(大成)하도록 기본인격을 널리 가르치는 교육방법이 있으며, 한가지의 과목만을 정통하도록 깊이 가르치는 교육방법도 있으며, 제자가 관심을 가지고 있는 문제에 대하여 묻고 대답하며 토론수 업을 하는 교육방법도 있으며, 제자에게 4서5경의 경서(經書)를 읽게 하여 스스로 성현의 행실을 배우도록 하는 교육방법이 있는 것입니다. 따라서 아들딸을 스승에게 맡겼으면 그 교육방법에 대하여 참견하지 말아야 합니다.

오늘은 교육의 길에 대하여 말씀드렸습니다. 여러분의 자녀교육이 성공하여 보람이 있기를 바랍니다. 감사합니다.

음악교육의 중요성 /2007. 8. 3(金)

청취자 여러분 안녕하십니까? 오늘은 음악교육의 중요성에 대하여 말씀드리겠습니다.

유교에서는 음악교육을 대단히 중요하게 생각합니다. 왜냐하면 음악은 소리의 예술인데 소리는 감정의 느낌에서 생기기 때문에 마음의 상태를 가장 정확하게 나타내고 또한 소리의 전달효과가 가장 빠르고 확실하여 소리를 통한 음악교육은 쉽게 사람을 감동시켜 오래 잊지 못하게 하므로 커다란 교육효과를 거두게 하지요.

그래서 옛날의 스승은 제자들에게 글을 가르치되 반드시 소리를 내서 읽는 성독(聲讀)을 하게 하였습니다. 단지 책을 펼쳐 놓고 소리를 내서 읽는 데 그치지 않고, 글을 외워서 소리 내서 읽는 송독(誦讀)까지 권하여 옛날 사람은 고금의 명문장을 외워서 밤중이나 길을 갈 때나 심지어 일을 할 때에도 큰 소리로 신명나게 읽으면서 기분을 돋우었습니다. 그렇게 듣기 좋은 소리는 사람의 감정을 예민하게 전달하므로 곁에서 듣는 사람도 즐거운 기분을 함께 느껴서 신바람이 나지요? 따라서 좋은 가락은 사람의 정서를 순화하여 몸과 마음을 즐겁고 화평하게 하면서 그 인격까지 높이는 효과가 있습니다.

　그러므로 유교에서는 기본 교양과목인 6예(六藝)의 예악사어서수(禮樂射御書數)에 음악과목이 들어 있고, 공자님이 편집하신 6경(六經)에 『악기(樂記)』와 『시경(詩經)』의 두 경전이 들어 있습니다.

　유교의 음악은 대체로 소리와 가락과 풍악으로 이루어지는데 소리는 소리 성(聲) 자를 쓰고, 가락은 소리 음(音) 자를 쓰며, 풍악은 음악 악(樂) 자를 쓰지요. 그래서 성음(聲音) 또는 음악(音樂)이라고 하지만 엄격하게 분별하면 각각의 연구 분야가 있습니다. 이제 그 내용의 차이를 분석하여 음악교육에서 주의할 점을 지적하겠습니다.

　첫째, 소리에 대하여 말하면 소리가 높고 낮고 길고 짧은 것을 다섯 가지 5성(五聲)으로 나누어 궁(宮), 상(商), 각(角), 치(徵), 우(羽)라고 하지요. 궁성(宮聲)은 굵고 느린 소리로 임금의 소리입니다. 상성(商聲)은 가을바람 소리처럼 맑고 긴 소리로 신하의 소리입니다. 각성(角聲)은 봄바람 소리처럼 가늘고 부드러운 소리로 인민대중의 소리입니다. 치성(徵聲)은 여름의 태풍소리처럼 탁하고 센 소리로 사업장에서 일하는 소리이고, 우성(羽聲)은 겨울의 눈보라 소리처럼 급하고 짧은 소리로 물건이 파괴될 때에 나는 소리입니다. 이와 같이 만물에는 각각의 소리가 있으므로 음악 교육에서 가르치는 소리는 당연히 맑고 긴 소리를 가르쳐야지 거칠거나, 세거나, 근심스럽거나, 슬프거나, 위태로운 소리를 내게 해서는 안 되는 것입니다.

둘째, 가락인 율(律)에 대하여 말하면 곡조(曲調)가 협화음(協和音)이 된 고운 가락이 있고, 그렇지 못하여 불협화음(不協和音)이 된 조잡한 가락이 있지요. 그리고 그 가락의 색깔과 느낌, 즉 음색(音色)과 음감(音感)에 따라 종류를 나누면 쉽고 간단하면서도 절도가 있는 가락은 사람을 건강하고 즐겁게 하고, 분개하고 용맹스러우면서도 빠른 가락은 사람을 굳세고 의젓하게 하며, 날카롭고 반듯하며 웅장한 가락은 사람을 엄숙하고 공경하게 하는 것이며, 너그럽고 중후하며 순서를 갖추어 화합하는 가락은 사람을 자애롭게 하는 것이므로 모두 좋은 가락입니다. 그러나 이와 반대로 아무런 예고도 없이 급하게 재촉하듯 반복하다가 낮은 소리로 끊어지는 가락은 사람을 근심 걱정하게 하는 것이고, 편벽되게 흘러 사악한 데로 빠지는 가락은 사람을 음란하게 만드는 것이므로 이 두 가지의 가락은 교육용으로 사용할 수 없는 아주 해로운 가락이에요. 옛날의 조선왕조시대의 가락은 매우 건전하였는데 제국주의의 침략과 세도 정치로 나라가 어지럽게 되자 희망을 읽고 태만하게 놀기만 좋아하는 난세(亂世)의 노래가 유행하였고, 그 다음에 일본제국주의에 의하여 국가의 주권을 약탈당하자 망국(亡國)의 슬픔을 달래는 애상조(哀傷調)의 노래가 유행하였지요. 이제는 독립국이 되었으므로 지난 세월의 음란하고 슬픈 노래를 청산해야 될 때가 왔습니다.

셋째, 풍악(風樂)인 악(樂)에 대하여 말하면 요즘 사람은 창가(唱歌)로 알지만 그게 아니지요. 좀 어렵습니다. 악은 최고급의 악기로 천지만물의 본래 소리를 얻어 진심 어린 시(詩)와 노래를 곁들이고 춤을 추면서 인정(人情)이 깊고 문채가 밝으며 기운이 성대하고 변화가 신비로운 음악이에요. 들으면 마음이 편안하고 즐거움이 넘칩니다. 그러므로 유교에서는 예절과 음악을 예악(禮樂)이라 하고 또 음악과 춤을 악무(樂舞)라고 하는데 이러한 음악은 도덕의 꽃으로 최고 지성인의 산물이지요. 인류 전체가 윤리(倫理)와 도덕을 통달하여 지극히 착한 지선(至善)의 대동(大同)세계를 건설해서 천하가 평화롭게 안정되었을 때에 성왕(聖王)의 공덕을 기리고 자손만대에 인류를 교육하기 위하여 창제하는 것이 악(樂)입니다. 우리는 아직 그러한 세계를 건설하지 못했으므로 옛날의 아악(雅樂)이나 감상할 뿐이지요. 오늘은 유교의 음악교육에 대하여 말씀드렸습니다.

우리도 빨리 윤리도덕을 일으켜 태평성대(太平聖代)를 건설하여 하늘땅과 귀신과 인류와 금수곤충과 산천초목이 함께 즐기는 정악(正樂)을 노래합시다. 감사합니다.

예절의 구조와 기능 /2007. 8. 4(土)

청취자 여러분 안녕하십니까? 오늘은 인류문화의 꽃이라고 할 수 있는 예절의 구조와 기능에 대하여 말씀드리겠습니다.

우리는 예절이 좋은 것인지는 누구나 알고 있으면서도 예절을 거추장스러운 것으로 생각하여 실천에는 소극적인 사람이 많습니다.

그러나 알고 보면 예절은 결코 어렵고 복잡한 것이 아닙니다. 왜 냐하면 성왕(聖王)이 예절을 제정할 때에 가장 간단하고 뚜렷한 하늘땅의 이치에서 본받아 자연적인 보편성의 원칙을 세웠기 때문입니다. 예기(禮記)의 예운(禮運)편에서 말하기를 "무릇 예절은 반드시 태일(太一)에 근본하여 나누어 하늘과 땅을 본받고, 굴려서 음양(陰陽)을 본뜨며, 바꾸어서 네 철을 본뜨며, 벌려서 귀신을 본뜨라."고 하였습니다. 최상층에는 만물을 통일하는 태극(太極)의 원리로 천지를 창조하여 주재하는 하느님이 계시지요. 그 아래에는 하늘과 땅이 있습니다. 그리고 하늘땅 사이에는 음기(陰氣)와 양기(陽氣)가 발생하여 상대적인 힘으로 운동이 일어나지요. 이러한 운동의 법칙에 의하여 봄, 여름, 가을, 겨울의 네 철이 변화합니다. 이리하여 삼라만상이 신비로운 존재가치를 발양하는 것이지요. 우리 유교의 예절은 이러한 자연의 구조와 기능을 본받아 천하 국가 사회의 경영원리로 정립하여 천연적인 질서와 조화로 가장 착하고 아름다운 세계를 건설하려고 하였습니다.

따라서 이러한 예절의 구조와 기능만 깨달으면 예절이 그렇게 어렵고 까다로운 것이 아님을 알 것이고, 또한 가장 합리적이고 보편적인 진리임을 인식할 것이므로 이에 예절의 다섯 가지 구조와 기능을 차례로 해설하여 예절의 보편적인 구조와 기능을 밝히겠습니다.

첫째, 태극(太極)의 통일 원리와 조물주(造物主)인 하느님을 본받아 예절의 이념과 목적을 통일하고 행사를 주도하는 주인을 받드는 것입니다. 만일 예절행사에 전체가 지키는 통일적인 이념이나 목적이 없다면 우주만물에 태극(太極)의 원리가 없는 것과 같을 것이며 또한 예절행사에 최고 지도자가 없다면 하늘에 하느님이 없는 것과 같겠지요. 어떻게 질서와 조화를 이루겠습니까? 그래서 모든 예절에는 겸사(兼事)겸사(兼事)로 아울러 하는 것이 없고, 다시 반복하는 것도 없으며, 반드시 행사를 주재(主宰)하는 주인이 있어서 혼례에는 혼주(昏主), 상례(喪禮)에는 상주(喪主), 제례(祭禮)에는 제주(祭主)가 반드시 있어야만 거행하는 것입니다.

둘째, 하늘이 위에 있고, 땅이 아래 있는 것을 본받아 예절행사에는 하늘처럼 높은 자리에서 능동적으로 활동하는 계층과 땅처럼 아래에서 종속적으로 책무를 지키는 계층으로 나누는 것입니다. 대체적으로 유교의 예절은 하늘땅을 본받아 민간사회에서는 나이를 기준하여 어른과 어린이로 나누고, 조정에서는 벼슬을 기준하여 당상관(堂上官)과 당하관(堂下官)으로 나누며, 국가 사회에 이바지함에는 공적(功績)과 학덕(學德)을 기준하여 큰 공덕과 작은 공덕으로 나누는 것입니다. 그리고 임금과 스승과 아버지는 북쪽에서 남향하고, 신하와 제자와 아들은 남쪽에서 북향하며, 여자는 안에 거처하고, 남자는 밖에 거처하며, 주인은 동쪽자리요, 손님은 서쪽자리에 서는 것이 원칙입니다.

셋째, 음기(陰氣)와 양기(陽氣)가 서로 상생(相生)하여 부드러운 음기가 고요함의 극치에 이르면 양기가 생기고, 굳센 양기가 움직임의 극치에 이르면 음기가 생겨서 한 번 고요한 음기였다가 한 번 활동하는 양기가 되는 자연의 운동법칙을 본받아 예절에서는 반드시 한 번 움직이면 한 번 쉬고, 한 번 나아가면 한 번 물러가서 교대로 역할을 분담하면서 상대적 배합구조를 형성하여 자체적으로 전체의 활력이 넘치게 합니다. 따라서 유교의 예절에는 혼자 독판을 치거나 특정인만 조명(照明)을 받는 행사는 없고, 남녀노소(男女老少)와 현우귀천(賢愚貴賤)이 없이 차례차례 교대하며, 모두 일정한 역할로 기여하고 보람을 찾게 하여 대화합의 마당이 되게 하는 것입니다.

넷째, 봄, 여름, 가을, 겨울이 차례로 바뀌어 1년의 사업을 마치는 네 철을 본받아 예절에서는 봄처럼 따뜻한 사랑의 마음으로 시작하고, 여름처럼 뜨거운 예절의 절도로 발전하며, 가을의 싸늘한 정의(正義)의 정신으로 거두어들이고, 겨울처럼 냉정한 지혜의 빛으로 저장하는 순서로 행사를 진행하는 것입니다. 따라서 유교의 예절은 봄날의 새싹처럼 깨끗하게 시작하고, 여름의 신록처럼 성대하게 진행하다가 가을의 열매처럼 알알이 익게 하며, 겨울의 뿌리처럼 깊이 감추어서 끝냅니다.

다섯째, 삼라만상이 각각 신비로운 존재가치를 발양하는 것을 본받아 유교의 예절은 업무를 분담하여 각각 최고의 전문가에게 책임을 맡기는 것입니다. 모든 예절행사는 크고 작고 간에 사람의 정신을 통일하고 귀신을 영접하며 하늘을 받드는 위대한 일입니다. 그런데도 그 일에 정통하지 못하는 사람에게 일을 맡겨서야 되겠습니까? 만약 한 가지라도 실수하거나 불성실하게 한다면 복을 받기는커녕 도리어 재앙을 받는 것이 예절이에요. 오늘날 예절을 경시하는 풍조가 있어서 전문가에게 물어보지도 않고, 아는 척하며 경솔하게 임의대로 하는 사람이 있는데 위험한 사람입니다. 예절은 하지 않으려면 그만둘지언정 하려면 온갖 정성과 지혜를 모아야 하는 것입니다. 그래야 예절을 통하여 신성한 정신을 간직할 수 있습니다.

오늘은 예절의 구조와 기능에 대하여 말씀드렸습니다. 부디 예절 행사에는 하느님과 하늘땅과 음양(陰陽)과 네 철과 신성한 사물을 본받아 복을 많이 받기 바랍니다. 감사합니다.

유교의 세계관 /2007. 8. 5(日)

청취자 여러분 안녕하십니까? 오늘은 우리가 살고 있는 세계에 대하여 말씀드리겠습니다.

우리 유교에서는 이 세상을 크게 나누어 하늘의 세계인 천계(天界)와 귀신의 세계인 신계(神界)와 사람의 세계인 인계(人界)와 물질의 세계인 물계(物界)의 네 층으로 되어 있다고 보았습니다.

하늘의 세계는 하느님이 만물을 창조하여 주재하시는 지극히 높고, 지극히 밝고, 지극히 성실하고, 지극히 신성한 세계이고, 귀신의 세계는 하느님의 부름을 받아 만물을 생성케 하여 보호하고 지키는 지극히 능통하고 지극히 신비로운 세계이며, 인간의 세계는 하느님의 명령, 즉 천명(天命)을 받아 이 세상을 경영하는 지극히 착하고, 지극히 지능이 높은 만물의 영장(靈長)이 사는 세계입니다. 그리고 물질의 세계는 하느님이 창조한 물질로 가득한 최하층의 세계로 귀신이 보호하여 지키는 대상이요, 또한 사람이 경영하는 대상물이 존재하는 세계입니다.

이렇게 거대한 4층의 본래 세계를 자세히 살피면 참으로 장엄하지요. 각 층의 세계마다 진리로 가득하여 허무하거나 망령됨이 전혀 없고, 각 층의 세계마다 착함이 가득하여 사악하거나 잔인함이 전혀 없으며, 각 층의 세계마다 아름다움이 넘쳐 추악하거나 난잡함이 전혀 없는 도덕과 윤리와 예절의 세계입니다.

첫 번째로 가장 높은 하늘의 세계를 살펴보겠습니다. 하늘의 세계는 상층 하늘과 하층 하늘로 나누어집니다. 상층 하늘은 전체 하늘을 모두 포괄하는 하늘로 황천(皇天)이라고 하는데 여기에는 절대 유일자(唯一者)이시며 최고의 조물주(造物主)이신 상제(上帝)님이 계시고 이 상제님을 시간을 관장하는 천종(天宗) 하느님과 식량을 관장하는 신농(神農) 하느님이 함께 보필합니다. 그리고 하층 하늘은 하늘을 동서남북과 중앙으로 나누었기 때문에 5방천(五方天)이라고 하는데 동쪽 하늘은 태호(太皥) 하느님이 봄을 다스려 사랑의 씨앗을 싹틔우고, 남쪽 하늘은 염제(炎帝) 하느님이 여름을 다스려 예절의 꽃을 피우고, 서쪽 하늘은 소호(少皥) 하느님이 정의의 결실을 맺고, 북쪽 하늘은 전욱(顓頊) 하느님이 지혜의 뿌리를 저장하고, 가운데 하늘은 황제(黃帝) 하느님이 춘분, 하지, 추분, 동지에 믿음의 줄기를 바르게 고르는 것입니다. 이리하여 하늘의 무한한 사업이 영원히 발전하니 만물이 일체(一體)가 되어 우주가 쾌활하여 지극히 존엄하고 장엄합니다.

두 번째로 귀신의 세계를 살펴보겠습니다. 귀신은 하늘을 호위하여 지키는 천신(天神)과 땅을 호위하여 지키는 지기(地祇)와 사람을 호위하여 지키는 인귀(人鬼)와 사물을 호위하여 지키는 물령(物靈)으로 나누지요. 이제 그 중요한 기능과 역할을 하는 귀신을 보면 천신(天神)에는 동쪽 하늘을 호위하는 구망신(句芒神)과 남쪽 하늘을 호위하는 축융신(祝融神)과 서쪽 하늘을 호위하는 욕수신(蓐收神)과 북쪽 하늘을 호위하는 현명신(玄冥神)과 가운데 하늘을 지키는 후직신(后稷神)이 있으며, 또 태양신과 태음신이 있습니다. 그리고 땅을 호위하는 지지(地祇)에는 국토를 호위하는 사직신(社稷神)과 산을 호위하는 5악신(五嶽神)과 강을 지키는 하백(河伯)과 3독(三瀆)신이 있으며 일반인에게는 집터귀신과 토지신(土地神) 등이 있어서 강토를 신성하게 보호합니다. 또한 사람이 죽어서 되는 인귀(人鬼)에는 혼백(魂魄)과 귀신이 있는데 이것은 인격신(人格神)으로 그 자손을 보호하다가 대부분 자연신(自然神)으로 돌아가는 것입니다.

끝으로 사물을 호위하는 물령(物靈)에는 나두를 호위하는 목신(木神)과 쇠를 호위하는 금신(金神) 등이 있습니다. 이렇게 천지만물에는 모두 각각 그것을 호위하는 신령이 있기 때문에 이 세상은 헤아릴 수 없이 많은 자연의 신비로 가득하여 오묘하기 그지없는 것입니다.

세 번째로 인간세계를 살펴보겠습니다. 이 세상의 만물을 경영한 인간세계에는 하늘땅의 도덕을 받들고 예절사회를 경영하는 성현(聖賢) 군자(君子)와 선비가 있고, 그 다음에 나라의 겁을 충실히 지키면서 생업을 경영하는 농어민과 상공인과 잡역부가 있으며, 또한 적자생존(適者生存)의 논리로 약육강식(弱肉强食)하면서 사리사욕(私利私慾)만 추구하는 이적(夷狄)이 있는데 이것을 오랑캐라고 하지요. 따라서 위대한 성인이 출현하여 문명한 도덕정치로 천하를 태평하게 경영하여 변방의 오랑캐를 감화시켜서 인간의 양심(良心)을 깨우쳐 신의를 지키게 하고, 착한 사람이 되도록 이끌기만 하면 이 세상의 인간세계는 자연과학과 인문과학, 사회과학을 고도로 발전시켜서 즐거운 낙원을 만들 수가 있는 것입니다.

네 번째로 물질계를 살펴보겠습니다. 하느님이 창조하고 귀신이 보호하는 다양한 사물은 인간이 경영하기에 따라 그 가치를 발양하기도 하고, 또는 쓸모없이 버려지기도 하지요. 만물의 가치는 사람이 경영하기에 따라 나타납니다. 그리고 사람이 그 신성한 가치를 모두 개발하여 아름다운 천연(天然)의 모습을 가꾸면 산천초목이 빛나고 깨끗하여 마침내 용(龍)과 봉황, 기린, 거북 같은 영물(靈物)이 나타나서 날짐승과 들짐승 그리고 물고기와 파충류들도 유순하게 길들여져서 사람을 따르게 되는 것입니다. 우리 유교는 이러한 이상세계(理想世界)를 건설하려는 세계관을 가지고 있습니다.

오늘은 유교의 세계관에 대하여 말씀드렸습니다. 여러분도 이러한 세계관으로 희망을 가지고 즐겁게 인생을 경영하시기 바랍니다. 감사합니다.

독서(讀書)의 자세 /2007. 9. 3(月)

청취자 여러분 안녕하십니까? 결실의 계절인 가을이 되었습니다. 예로부터 가을은 독서의 계절이라고 했지요. 가을에는 물이 맑고 햇빛이 밝아서 마음을 가다듬고 책을 읽기가 좋기 때문입니다. 오늘은 경서(經書)를 읽는 자세에 대하여 말씀드리겠습니다.

성인의 말씀인 경서를 읽는 자세는 잡서(雜書)를 읽는 자세와는 사뭇 다르지요. 성현의 말씀은 착한 인간성을 길러서 성현의 학덕을 완성하라고 가르치기 때문에 이러한 경전을 읽을 때에는 먼저 배우려고 하는 겸허한 자세를 취하고 경건하게 경전을 대하여야 되는 것입니다. 그리하여 우리나라의 독서풍(讀書風)은 대단히 근엄해서 그 글 읽는 소리만 듣고도 지극히 존경하고 흠모하며 독서인(讀書人) 또는 글자를 안다는 식자인(識字人)으로 섬겨서 받들었던 것입니다. 지금은 이렇게 단정한 자세로 글을 읽는 사람을 찾아보기가 어렵게 되었지만 불과 100년 전만 하여도 우리나라는 3천리 방방곡곡 마을마다 서당이 있고 집집마다 글방이 있어서 글을 읽는 소리가 그치지 아니하였으므로 다른 나라 사람들이 문화국 또는 예의국(禮義國)이라고 탄복했던 것입니다.

이제 우리 민족이 지켜 온 장엄한 독서정신의 실천적 사례를 밝히겠습니다. 방산(方山) 이방헌(李邦憲) 선생은 조선왕조 철종(哲宗) 8년에 충남 면천(沔川)에서 태어나 서기 1923년에 졸하신 유학자(儒學者)인데 67세의 한평생을 오로지 두문불출(杜門不出)하고 독서하면서 성현의 글만 읽었습니다. 평생 독서는 대단히 어려운 일이지요. 어떤 사람은 과거(科擧)에 합격하거나 떨어지면 독서를 그만두지요. 또 어떤 사람은 가난하여 굶주리면 독서를 포기하지요. 또 어떤 사람은 늙거나 병이 들면 독서를 포기하지요. 또 어떤 사람은 시대가 어지럽고 나라가 망하면 독서를 그만두기 때문에 어지러운 난세에는 글을 읽는 어진 이를 찾아보기 어려운 것이 역사적 경험법칙입니다.

그럼에도 방산(方山) 이방헌(李邦憲) 선생은 집어서 날마다 새벽부터 늦은 밤까지 단정히 앉아서 쉬지 않고 글을 읽었는데 일찍이 과거(科擧)에 한 번 낙방하자, 단호하게 과거를 포기하고는 경서만을 더욱 열심히 읽었으며, 가세가 기울어 매우 빈곤하였지만 굶주림을 참고 글을 읽었으며, 세상이 어지럽고 마침내 나라가 망하여

도 변함없이 늙도록 글을 읽어서 마침내 호서(湖西)의 학통을 이어 한 지방의 유림종장(儒林宗匠)이 되어 동방예의지국의 풍기(風氣)를 붙들어 세웠습니다.

이것은 우리 민족의 강인한 독서정신입니다. 자고로 유학자는 천하대란(天下大亂)의 시기에 글을 읽어 독서종자(讀書種子)를 보존하는 것을 큰 사명으로 삼아 왔습니다. 춘추난세에 공자의 문하에서 3,000의 학도가 글을 읽었고, 전국시대(戰國時代)에는 맹자의 문하에서 많은 제자들이 글을 읽음으로써 후세에 4서5경(四書五經)이 전해 와서 세상에 도덕과 윤리와 예의가 있는 것을 알게 되었지요. 만일 이러한 노력이 없었다면 세상은 암흑시대가 되어 착한 인간이나 위대한 인류문화는 이미 멸절하고, 오로지 오랑캐와 짐승같이 살아 약육강식(弱肉强食)하고, 적자생존(適者生存)의 악독한 사상이 세상을 지배하는 야만국만이 날뛰게 되었을 것입니다.

방산 이방헌 선생은 사람이 글을 읽어야만 인간의 본성과 짐승의 본성이 다른 실체를 깨닫게 되고 또한 성인(聖人)의 도덕심과 범인(凡人)의 사사로운 욕심(慾心)을 분별할 수 있다고 설파하면서 그 제자들에게 다음과 같이 독서의 자세를 가르쳤습니다.

"독서의 자세는 의관(衣冠)을 바로 하고, 바라봄을 존엄히 하여, 용모를 갖추고, 위엄 있는 거동으로 책상을 가지런히 하고 책을 펼쳐서 무릎을 꿇고 소리 내어 읽으면서 성현을 마주 대하듯이 하여야 되는 것이다. 자세가 기울거나 의지하지 말고, 태만히 하는 기분이 없게 해서 잠시도 거칠고 난잡하고 경솔함이 없게 하며, 또한 방종함이 없게 하여 바깥의 사물에 뜻을 빼앗기지 말고, 나의 몸을 법도 속에 두어서 조금도 방심하여 실수함이 없어야만 이 마음이

비로소 오로지 한결같이 전일(專一)하여 독서에 진도가 있는 것이다. 이것이 모두 옛사람이 말씀하신 공경함이니 항상 정신이 반짝반짝 살아 있는 방법이다. 여기에서 힘을 얻으면 천하의 크고 작은 일을 분별하기가 어렵지 아니한 것이니 바야흐로 글 읽는 사람이라고 말할 수 있을 것이다."라고 여러 제자에게 보이는 시제생(示諸生)이란 글에서 이상과 같이 역설하였습니다. 우리 민족의 학문은 이와 같이 철저하게 책과 사람이 하나가 되는 독서정신의 전통을 숭상하였습니다. 지금의 학자는 "책은 책이고 나는 나다."라고 하면서 앵무새처럼 경전의 글귀를 인용하면서도 그 행동은 전혀 딴판이니 어찌 지식인(知識人)이라고 하겠습니까? 독서를 많이 하여 힘을 얻은 사람은 그 인격이 고매하고, 그 행실이 반듯하여 당대에뿐만 아니라 길이 후세에까지 존경을 받는 사람이 되는 것입니다. 그래서 매천(梅泉) 황현(黃玹) 선생은 절명시에서 "인간으로 글자를 아는 사람 되기가 어렵다."고 하였지요. 오늘은 독서의 자세에 대하여 말씀드렸습니다.

여러분도 독서의 계절에 옷깃을 여미고, 경전을 읽어 더욱 존경받기 바랍니다. 감사합니다.

생각하는 자세 /2007. 9. 4(火)

청취자 여러분 안녕하십니까? 사색(思索)의 계절인 가을이 되었습니다. 인간은 생각하는 존재이지요. 가을이 되면 시원한 바람이 불어 정신을 맑게 하고, 밤하늘의 별이 반짝반짝 빛나기 때문에 예로부터 생각하기 좋은 계절로 일컬어 왔습니다. 오늘은 생각하는 자세에 대하여 말씀드리겠습니다.

우리 유교(儒教)에서는 생각하는 공부를 대단히 중요하게 여깁니다. 왜냐하면 사람이 깊이 이성적(理性的)으로 생각함이 없이 한갓 단순한 동물적 감각으로만 천박하게 살면 실수가 많을 뿐만 아니라 또한 맹목적으로 다른 사람을 추종하여 앵무새처럼 흉내만 내면 주체적 인격을 세울 수 없기 때문입니다. 그러므로 공자님은 배우면서도 반드시 생각을 하여야 된다고 설파하셨으니 말씀하시기를 "배우면서 생각하지 않으면 흐리멍덩하고, 생각하면서 배우지 않으면 위태로우니라."고 하였습니다. 모름지기 배웠으면 그것을 생각하여 마음속에 정리해서 자기의 사상으로 만들어야 확고한 신념이 생기는 것이고, 또한 생각하였으면 그것에 대하여 널리 배워서 보편적 진리임을 확인하여야 오류를 범하지 않을 수 있다는 뜻입니다. 이와 같이 생각은 배움을 확실한 지식으로 만들고, 배움은 생각을 공명정대한 사상으로 만들기 때문에 성현(聖賢)과 군자(君子)는 항상 생각하는 자세를 가지는 것이므로 마침내 "생각을 잘해서 성인(聖人)이 된다."는 극념작성(克念作聖)의 인격수양의 길을 제시하였습니다.

생각을 잘하여 성인이 되기 위해서는 먼저 생각하는 기관이 명철해야 되고, 다음으로 생각하는 자세가 똑발라야 하며, 끝으로 자기의 생각을 분명하게 말하고 실천하는 용기가 있어야 됩니다. 만일 생각하는 기관이 명철하지 못하고 흐리멍덩하다면 아무리 생각해 보아야 망상(妄想)이나 환상(幻想)에 지나지 않게 되겠지요. 그리고 생각하는 자세가 똑바르지 못하여 기울거나 의지한다면 아무리 생각해 보아야 편벽되고 사사로운 생각밖에 나오지 않겠지요. 또한 생각한 결과를 실천하는 용기가 없다면 아무리 좋은 생각이라도 공상(空想)이나 몽상(夢想)에 지나지 않게 될 것입니다. 이렇게 허무한 생각으로 어떻게 성인(聖人)이 되겠습니까?

첫째, 사람이 생각함에 망상이나 환상에 빠지지 않기 위해서는 지각(知覺)이 총명하고, 정신이 뚜렷하여 기억력이 왕성하고, 사유력(思惟力)이 충만하며, 계산력(計算力)이 치밀하고, 추진력(推進力)이 풍부하며, 판단력이 정확해야 됩니다. 물론 이러한 능력을 모두 갖추기는 쉽지 않겠지요. 그러나 사람의 두뇌는 개발하기에 따라서 거의 무한한 능력을 가지고 있으므로 오늘날 아무리 용량이 큰 컴퓨터보다도 더욱 많은 재능을 가지고 있다고 합니다.

주자(朱子)는 재거감흥부(齋居感興賦)에서 말하기를 "신비로운 정신의 빛은 우주를 비추고, 깊은 생각은 일만 가지의 은미한 이치를 꿰뚫는다."는 신광촉구해(神光燭九垓), 현사철만미(玄思徹萬微)라고 하면서 사람의 마음인 영대(靈臺)는 신묘함에도 스스로 갈고닦지 않고 버려둠으로써 황폐화하여 신비로운 능력을 잃었다고 경계하였습니다. 그리하여 주자(朱子)는 정신을 통일하건 무슨 일인들 이루지 못하며 양기가 발동하면 쇠와 돌도 뚫는다는 정신일도 하사불성(精神一到 何事不成), 양기발처 금석역투(陽氣發處 金石亦透)라고 하였지요. 사람이 성실하고 공경하여 자기의 몸을 닦으면 스스로 지각이 총명해지고 정신이 맑아지는 것입니다.

둘째, 사람이 생각함에 편벽되고 사사로운 데로 빠지지 않기 위해서는 생각하는 자세가 공명정대(公明正大)해야 됩니다.

사람의 생각이 어떻게 선입관이나 편견이 없이 공명정대하여 진리의 표준이 되고, 인류의 사표(師表)가 될 수 있을까요? 그것은 생각하는 자세에 있어서 감각적인 사리사욕(私利私慾)을 막고, 무념(無念) 무사(無思)하게 고요히 움직임이 없는 가운데 하늘로부터 받은 본성(本性)을 온전히 간직하는 것입니다. 인의예지(仁義禮智)의 천성(天性)을 말미암아 나타나는 생각은 바로 진리의 표준이 되고, 인류의 사표가 되기 때문에 이것을 일컬어 떳떳한 것을 잡는다는 잡을 병(秉) 자와 떳떳 의(彝) 자를 써서 병의(秉彝)라고 합니다. 모든 사람에게는 도덕적 가치를 스스로 판단하는 떳떳한 양심(良心), 즉 이성(理性)이 있지요. 『대학(大學)』에서 이러한 진리 탐구자세를 일컬어 헤아릴 혈(絜) 자와 법도 구(矩) 자를 써서 혈구지도(絜矩之道)라고 하였습니다. 사람은 누구나 양심적으로 생각하면 법도에 맞는 길이 있다는 뜻인데 이러한 양심의 진실체는 대단히 공명정대하므로 진리의 표준으로서 사물의 표준이 되고, 사회의 준칙이 되니 이것이 인격적으로 천하 정의의 주체가 된다는 뜻입니다.

셋째, 자기의 생각이 공상이나 몽상으로 전락하지 않기 위해서는 생각에 사악함이 없어서 하느님이 나에게 임(臨)하여 있다는 자신감을 가지고 정직하게 표현하는 용기가 있어야 됩니다. 일찍이 『시경(詩經)』에 말하기를 "하느님이 너에게 임(臨)하였나니 네 마음을 의심하지 말라."고 하며 또 말하기를 "의심하지 말고 걱정하지 말라, 하느님이 너에게 임하시니라."고 하였으니 자기의 양심(良心)에 떳떳한 생각은 믿어 의심치 말고 성실하게 실천하여 안으로 정직한 양심을 지키고, 밖으로 정의로운 행동을 하면 절대로 외롭지 않고 반드시 이웃이 있다고 하였습니다. 또한 공자님은 말씀하시기를 비록 세상 사람이 자기의 정당성을 알아주지 않더라도 화를 내거나 원망을 하지 않으면 군자라고 하였으며, 멍자님은 스스로 힘써 굳세게 뜻을 굽히지 않은 것이 대장부라고 하였습니다. 오늘은 생각하는 자세에 대하여 말씀드렸습니다. 사색의 계절에 여러분, 앞으로 생각을 잘해서 훌륭한 성현 군자가 되어 국가 사회를 크게 빛내기 바랍니다. 감사합니다.

용모(容貌)와 행동거지(行動擧止) /2007. 9. 5(水)

청취자 여러분 안녕하십니까? 오늘은 의젓한 용모와 반듯한 행동거지에 대하여 말씀드리겠습니다.

오늘날은 형식을 파괴하고 실질적인 내용만 숭상하기 때문에 겉으로 나타난 형식을 너무 무시하는 경향이 많지요. 아마도 내용이 없이 형식만 갖추는 허례허식(虛禮虛飾)이나 가증스럽게도 속임수로 위장하는 제국주의의 군사통치가 세상을 오래 어지럽히면서 실질적 이익만 추구하므로 그 동기(動機)와 방법은 무시하고, 오로지 결과만을 숭상하는 세태로 전락하게 된 것 같습니다.

그러나 진정한 아름다움은 내용도 충실하고, 형식도 갖추어야지 아무리 내용이 좋다고 하여도 형식이 수반하지 않으면 장엄하지 못합니다. 그래서 우리 속담에 "모로 가도 서울만 가면 된다."고 하면서도 또한 "보기 좋은 떡이 먹기도 좋다."고 하지요. 그리고 또한 '겉볼안이라.'고 하여 겉에 나타난 꼴을 보면 그 속을 알 수 있다고 하였습니다. 왜냐하면 사람이란 마음속이 성실하면 저절로 그 외모(外貌)에 성실한 모양이 나타나기 때문입니다. 과일도 충실히 익으면 그 열매가 때깔이 나고, 짐승도 충실히 자라면 그 털빛이 곱고 아름답지요. 따라서 과일은 그 모양새로 종자를 구별하고, 짐승은 그 털빛으로 종류를 구별하여 호랑이 가죽은 비싸고, 양 가죽은 싸며, 오동나무로는 가구를 만들고, 대나무로는 그릇을 만드는 것입니다.

밖으로 나타난 형식이 이와 같이 중요하므로 우리 유교(儒敎)에서는 밖으로 나타나는 용모와 행동거지를 매우 귀중하게 생각하여 단정하게 꾸미고 반듯하게 처신하려고 노력합니다. 그러나 우리 유교는 그 형식을 꾸미되 반드시 그 내용과 일치하여 겉과 속이 똑같고, 시작과 끝이 한결같아서 표리일체(表裏一體)하고, 시종여일(始終如一)하는 것을 추구하기 때문에 자기의 분수와 처지를 생각하지 않고 오로지 남을 모방하면서 유행이나 따르는 것을 매우 안타깝게 생각합니다. 마치 뱁새가 황새걸음을 걷는다면 가랑이가 찢어지겠지요. 그러므로 유교의 예절은 먼저 그 인격과 직위의 신분에 알맞은 외모의 풍채를 다섯 가지 등급으로 나누어 각각의 아름다운 모습을 충분히 나타내서 전체적으로 웅장하고 성대한 광채를 갖추도록 하였습니다. 가장 낮은 신분인 서민대중의 아름다운 용모는 '명랑하고 부지런해야' 된다고 하였지요. 그리고 초급지식인인 선비의 아름다운 용모는 '활달하고 번듯해야' 된다고 하였으며 이어 고급관료인 대부(大夫)는 '장중하고 엄숙해야' 된다고 하였습니다. 지방국가의 임금인 제후(諸侯)는 '성대하고 훌륭해야' 되고 가장 높은 천자(天子)는 '그윽하고 거룩해야' 된다고 하였습니다. 온 나라 사람이 이와 같은 용모와 행동거지를 숭상하여 배워서 서민대중은 명랑하고 부지런하며, 초급지식인은 활달하고 번듯하며, 고급관료는 장중하고 엄숙하며, 지방장관은 성대하고 훌륭하며, 최고 지도

자는 그윽하고 거룩하다면 얼마나 장엄한 세계가 되겠습니까? 우리나라는 조선왕조시대에 유교(儒敎)를 숭상하여 이러한 나라를 세우려고 정암 조광조 선생이 지치주의(至治主義)를 경영하였지요. 비록 간신배의 농간으로 성공하지 못했지만 그러나 퇴계, 율곡, 우암 선생이 계속해서 추진하려고 노력한 결과 동방예의지국을 건설하였지요.

유교인(儒敎人)의 용모와 행동거지는 본질적인 신분으로만 나누어지는 것이 아니라 또한 때와 장소와 직분의 내용에 따라서도 다르게 표현하도록 하였습니다. 왜냐하면 상황이 바뀌면 형식이 바뀌어야 되고, 내용이 변하면 표현이 달라야 하기 때문입니다. 이것은 겉과 속이 서로 부합하기 위하여 마음의 성실성誠에 따라 용모가 바뀌는 것이므로 매우 자연스러운 행동이지요. 따라서 앉은 자세는 단정하고, 평시의 대화는 따뜻하고, 제사 지낼 때는 엄숙하고, 상복을 입었을 때에는 실의에 빠져 어릿어릿하면서 근심하고 두려워 앞이 캄캄한 듯이 하며, 군복을 입었을 때에는 용감하고 씩씩하게 행동하면서 단호하게 결단하고 불끈불끈하여 분개하며, 관복을 입었을 때에는 분별하여 겸양하되 아첨하지 말며 그 머리와 목은 반드시 바르게 똑바로 세워서 산처럼 우뚝하게 하고 걸어 다님에는 왕성한 기운이 한결같이 충만하여 아름다움을 드날리되 옥빛처럼 은은하게 해야 된다고 하였습니다. 때와 장소와 직분에 따라서 그 옷을 다르게 입고, 그 옷에 걸맞은 행동을 하는 것이 행동을 절도 있고 분명하게 하는 것입니다. 끝으로 우리 유교에서는 전체적인 용모뿐만 아니라 부분적인 용모도 밝혀서 세밀하게 다듬어 완전미를 추구하였으니 이른바 아홉 가지의 용모인 9용(九容)이 있지요.

즉 "발의 맵시는 무겁게 하며, 손의 맵시는 공손하게 하며, 눈의 맵시는 단정하게 하며, 소리의 맵시는 고요하게 하며, 머리의 맵시는 곧게 하며, 기상의 맵시는 엄숙하게 하며, 서 있는 몸맵시는 덕성스럽게 하며, 얼굴빛의 몸맵시는 씩씩하게 하느니라."고 『예기(禮記)』의 옥조(玉藻)에서 말하였습니다.

전체적으로는 웅장하고 성대함을 추구하면서도 개인적으로는 충실하고 아름다움을 갖추게 하는 유교의 용모 가꾸기는 인문주의의 극치입니다.

오늘은 용모와 행동거지에 대하여 말씀드렸습니다. 여러분도 더욱 용모를 가꾸어 길이 잊지 못하는 풍채를 남기시기 바랍니다. 감사합니다.

예절에 있어서 미성년과 성인(成人)의 구별점 /2007. 9. 6(木)

청취자 여러분 안녕하십니까? 오늘은 우리나라 예절에 있어서 어린이와 어른을 구별하는 중요 사항을 말씀드리겠습니다.

오늘날은 미성년과 성인(成人)을 똑같이 대하는 세상이 되었는데 그러한 결과 어린이가 본분을 망각하고 건방져서 어른과 대등하게 맞먹으려고 대들고, 어른을 무시하여 업신여기는 작태가 발생할 뿐만 아니라 집에서도 그 부모를 함부로 대하고, 또 학교에서도 스승을 섬기지 않는 경박한 풍조가 생겼습니다.

19세 이하의 미성년자는 가정과 국가 사회로부터 특별히 보호를 받으며 자라는 세대입니다. 이들이 건전한 육체와 정신을 가져야만 미래의 희망이 있는 것이고, 만일 발육상태가 온전하지 못하거나 생각이 불성실하여 오만방자하다면 그 미래가 암담하게 되므로 대단히 걱정스럽게 되지요. 그래서 성왕(聖王)이 예절을 제정해서 어린이와 어른의 분수를 뚜렷이 밝혀 미성년자로 하여금 감히 어른과 똑같이 행세하지 못하게 하면서 19세 이하는 오로지 체력을 단련하고 지식을 넓히며 덕성(德性)을 높이고 공부에만 전념토록 하였습니다. 이러한 공부는 인격을 완성하는 공부이고, 또한 공부는 때가 있는 것이기 때문에 청소년의 성장기에 공부는 아주 중요한 책무지요. 사람은 나면서부터 고귀한 사람이 없는 것입니다. 그러므로 위로 천자(天子)의 아들로부터 아래로 서민대중의 아들딸에 이르기까지 모두 평등한 것이므로 미성년자의 예절은 모두 한가지로 똑같게 하는 대원칙이 있습니다.

오늘날 사람들은 자식을 기르는 예절을 몰라서 자기 자식만 특별하게 키우려고 하는데 이것은 한번 생각해 볼 문제입니다.

우리 유교(儒敎)에서는 자기 자식을 특별하게 키우는 것을 좋아하지 않고, 가급적 남의 아들과 똑같이 더불면서 인간성을 개발하고 사회성을 기르는 것을 좋아합니다. 그래서 19세 이하의 미성년은 모두 똑같이 지키는 미성년자의 예절을 교육하여 우리나라의 풍속이 되었지요.

첫째, 미성년자로 7세 이상 19세까지는 의식주(衣食住)를 어른과 다르게 하였습니다. 어린이나 청소년은 왕성하게 성장하는 시기이므로 활동성이 간편해야 되기 때문에 비단옷이나 가죽옷이나 솜옷을 입지 못하게 하였으며, 그리고 술과 쇠고기와 돼지고기 등 기름진 살코기를 먹이지 아니하였으며, 또한 안방에서 자지 않고 글방에서 자되 요를 깔지 않고 잠을 자게 하였으니 강인한 체력과 맑은 정신을 기르게 하는 방법이었습니다. 오늘날 젊은 부모들은 지나치게 자녀를 보호하여 비단옷을 입히고, 기름진 음식을 먹이며, 따뜻한 침대에서 편안히 자게 하니 그 체력이 허약하고 너무 비만하여 뚱뚱보가 되어서 제 몸도 가누지 못하고, 감기와 질병을 달고 사는 청소년이 있고, 심지어 술까지 먹는데 이것은 모두 미성년자의 예절을 지키지 않은 결과로 파생한 문제인 것입니다. 유교(儒敎)의 예절에서는 20세 이상 성인식(成人式)을 거행한 사람만이 비단옷과 가죽옷과 솜옷을 입을 수 있고, 술과 고기반찬을 먹을 수 있고, 안방에서 요를 깔고 잘 수 있는데 그것도 예식을 거행할 때나 높은 벼슬을 하였을 때와 사람이 늙어서 50세가 되면 비단옷을 입고, 70이 되면 누구나 맛있는 술과 고기반찬을 먹게 하였던 것입니다.

둘째, 미성년자에게는 노동이나 직업에 종사하지 못하게 하였고, 혼인이나 벼슬을 하지 못하게 제한하였습니다. 미성년자에게 노동을 시키고 직업을 가지게 하는 것은 육체적 성장을 저해할 뿐만 아니라 비인도적인 노동착취이기 때문에 절대로 육체노동을 엄금하였으며, 역시 벼슬을 시키는 것도 학업이 크게 성공하는 것을 방해하므로 비록 소년에 등과(登科)하였어도 20세가 되기를 기다려서 등용하였던 것입니다. 그래서 옛날에는 소년이 과거에 합격한 것을 오히려 불행으로 여겼는데 그것은 자만하여 공부를 게을리하는 폐단이 있기 때문이었지요. 그리고 남자 19세 이하와 여자 15세 이하는 원칙적으로 혼인을 못 하게 하였습니다. 한때 나라가 어지러울 때에 조혼(早昏)의 풍조가 있었지만 그것은 우리 유교(儒敎)의 예절이 아니지요. 미성년자가 어떻게 가정을 경영하겠습니까? 그리고 건강을 해치게 되는 위험도 있는 것입니다.

셋째, 19세 이하의 미성년이 상례(喪禮)나 제사(祭祀)를 주관할 때에는 반드시 의식절차를 대행하여 돕는 사람이 있어야 됩니다. 유교의 예절에서는 먼저 종갓집(宗家)의 종자(宗子)와 종부(宗婦)가 대행하여 돕고, 또는 집안의 어른이나 마을의 이장(里長)이 대행하여 도우라고 하였습니다. 이것은 미성년자에게는 감당할 수 없는 큰 짐을 지게 해서는 안 되기 때문에 주변에서 사랑의 은덕을 베풀어 주는 것이 인간의 도리라고 생각한 것입니다.

넷째, 19세 이하의 미성년은 아직 예절을 실천할 능력이 없으므로 손님으로 대우하지 않고 자기의 아들딸이나 혹은 제자(弟子) 및 신하(臣下)처럼 따뜻하게 대하여 그 이름을 부르고, 그 절을 앉아서 받으며, 심부름을 왔을 때에도 자유롭게 수시로 출입하도록 대문을 개방하였습니다. 그리하여 20세가 되어 성인식을 거행하여야 이름 대신 자(字)를 불러서 높여 주고, 절을 받음에 손님으로 대접하여 서로 공경해서 같이 절하며, 또 집에 찾아오면 대문에 나아가서 맞이하였던 것입니다. 성인의 이름은 임금과 스승과 아버지 3사람밖에 부르지 못하지만 미성년의 이름은 모든 어른이 부를 수 있는 것입니다.

오늘은 예절에 있어서 미성년과 성인(成人)의 구별점을 말씀드렸습니다. 어린이와 청소년을 씩씩하게 키우기 바랍니다. 감사합니다.

은혜에 보답하는 예절 /2007. 9. 7(金)

청취자 여러분 안녕하십니까? 오늘은 은혜에 보답하는 예절에 대하여 말씀드리겠습니다.

사람이 정상적으로 이 세상을 살아가기 위해서는 대체로 세 가지의 은혜를 입어야 되지요.

첫째는 부모가 낳아서 길러 준 은혜이고, 둘째는 나라님이 먹이고 보호하여 주신 은혜이며, 셋째는 스승이 가르치고 깨우쳐 주신 은혜입니다. 만일 부모가 없다면 어떻게 이 몸이 세상에 나오며, 또 세상에 나왔다고 하더라도 3년간 어머니의 젖을 먹지 않았으면 어떻게 살아남으며, 또 아버지가 성명(姓名) 3자를 지어 주지 않았다면 자기의 정체(正體)가 어떻게 밝혀지겠습니까?

그래서 우리 유교(儒敎)에서는 반드시 하늘같은 어버이의 은혜를 길이 잊지 말고 보답하는 효도(孝道)의 예절을 설파합니다. 그러나 부모가 있다고 하여도 만일 나라님이 없다면 어떻게 의식주(衣食住)를 해결하며, 어떻게 생명과 재산을 보호받으며, 어떻게 인간의 자유로운 권리를 보장받으며, 또 나라님이 벼슬에 등용하고 시호(諡號)를 내리지 않으면 어떻게 보람차고 영광스러운 인생을 경영할 수 있겠습니까? 그래서 우리 유교(儒敎)에서는 반드시 하늘 같은 나라의 은혜를 길이 잊지 말고 보답하는 충성(忠誠)의 예절을 강조합니다.

그러나 또한 부모도 있고 나라도 있다고 하여도 만일 스승이 없다면 어떻게 도덕윤리를 깨우쳐서 사람의 도리를 실천하며, 어떻게 지식을 배워서 삶의 지혜를 터득하며, 어떻게 예절을 익혀서 관혼상제(冠昏喪祭)를 거행하여 자(字)를 가진 선비로서 당당하게 지성사회(知性社會)에 동참해서 명랑하고 부지런한 학도가 되고, 단정하고 번듯한 선비가 되며, 엄숙하고 장중(莊重)한 군자(君子)가 되며, 성대하고 빛나는 현인(賢人)이 되고, 그윽하고 거룩한 성인(聖人)이 될 수 있겠습니까? 그래서 우리 유교(儒敎)에서는 반드시 하늘같은 스승의 은혜를 길이 잊지 말고 보답하는 존친(尊親)의 예절을 가르칩니다. 이리하여 나라님과 스승과 아버지 세 분을 하나의 실체처럼 똑같이 섬기는 일을 군사부일체(君師父一體)라고 해서 평생 하늘처럼 받드는 것이 은혜에 보답하는 기본이라고 하였습니다.

그러나 군사부일체(君師父一體)라고 하여 나라님과 스승과 아버지 세 분을 한 몸처럼 섬기라고 해서 똑같은 방식으로 섬기는 것은 아니고 각각 다른 방식으로 섬기는 것이 유교의 예절이지요. 유교의 은혜에 보답하는 예절은 모름지기 그 은혜를 받은 내용에 합당하게 보답하는 것을 원칙으로 하기 때문에 그 은혜의 본질속성에 따라 다르게 보답하지요. 대저 아버지에게는 피와 살을 받았으므로 혈연(血緣)으로 갚고, 나라에서는 안전한 사회생활을 보장받았으므로 국법에 정한 의무(義務)로 갚고, 스승에게는 도덕윤리와 지식을 받았으므로 마음과 정신으로 갚게 하였습니다.

『예기(禮記)』의 단궁(檀弓)편에서 말하기를 "어버이를 섬기되 감추고 숨기는 일은 있으나 얼굴을 대들고 간(諫)하여 말리는 일은 없으며, 곁에 나아가서 옷과 음식과 잠자리를 손수 마련하여 공양(供養)하되 형편대로 하며, 어버이를 섬기는 일에 부지런히 일하여 죽을 때까지 노력하고, 어버이가 돌아가시면 애틋하게 슬퍼하면서 상복(喪服)을 입고, 3년간 출입을 삼가며 거상(居喪)하느니라고 하였으며, 또 나라님을 섬기되 감추고 숨기는 일이 없으며, 얼굴을 대들고 똑바로 간(諫)하여 기어이 말리며, 책임자는 곁에 나아가서 옷과 음식과 잠자리를 손수 살펴서 공양하되 국가의 법률과 제도에 의거하여 일정한 격식대로 해야 되며, 모든 관료는 관직(官職)에 정한 직분을 수행함에 있는 힘을 다하고, 국가의 위기에 목숨을 바치며, 나라님이 승하하면 공경대신(公卿大臣)과 지방제후(諸侯)는 애도하면서 상복(喪服)을 3년 동안 입고 근무하며, 일반 국민은 애도하면서 장사 지낸 뒤 3개월 동안 흰옷을 입고 일한다고 하였습니다. 그리고 스승을 섬기되 얼굴을 대들고 간(諫)하여 말리는 일도 없고, 감추어 숨기는 일도 없이 오로지 정직하게 질문하여 확인하며, 곁에 나아가서 옷과 음식과 잠자리를 손수 마련하여 공양하되 형편대로 하며, 제자의 직분을 다하여 공부하면서 죽을 때까지 부지런히 배우며, 스승이 돌아가시면 마음으로 슬퍼하면서 제자들이 모여서 장사 지내고, 비록 상복(喪服)은 입지 않으나 3년 동안 근신하며, 스승의 학문과 사업을 정리하느니라."고 하였습니다.

우리나라는 이와 같은 은혜에 보답하는 예절에 철저하여 어버이와 자녀는 친근하게 애정이 넘치는 부자유친(父子有親)의 아름다운 가정을 경영하였고, 임금과 신하는 멸사봉공(滅私奉公)하여 청렴강직하고 정의로운 군신유의(君臣有義)의 문명한 국가를 경영하였으며, 스승과 제자는 교육정신을 확립하여 윤리도덕을 밝히고 성실하고 공경하고 정직한 인격을 길러서 스승을 높이며, 벗을 친하는 장유유서(長幼有序)와 붕우유신(朋友有信)의 두터운 사회풍속을 경영하였으니 마침내 최근세 400년 동안은 세계에서 제일 아름다운 동방예의지국을 건설하여 천하문명의 중심지가 되었던 것입니다. 오늘날은 이러한 국풍(國風)이 모두 사라졌으나 장차 다시 1등 국가를 건설하려면 이러한 은혜에 보답하는 예절을 먼저 다시 일으켜야 될 것입니다. 오늘은 은혜에 보답하는 예절을 말씀드렸습니다. 감사합니다.

은혜와 공덕(功德)을 베푸는 자세 /2007. 9. 8(土)

청취자 여러분 안녕하십니까? 이제 삼라만상이 1년 동안 경영한 사업에 대하여 결실을 맺는 가을이 되었습니다 만물은 모두 각각 나름대로 결실을 맺어서 그동안의 베풀어 주신 은혜에 보답합니다. 짐승도 1년 동안 얻어먹은 값으로 그 몸집을 키우고 새끼를 낳아서 주인에게 보답하고, 오곡백과(五穀百果)도 1년 동안 가꾸어 준 노력의 대가로 탐스러운 열매를 맺어서 농부에게 보상하지요. 하물며 만물의 영장(靈長)인 사람으로서 은혜(恩惠)와 공덕(功德)을 조금도 베풀지 않아서야 되겠습니까?

오늘은 은혜와 공덕을 베푸는 자세에 대하여 갈씀드리겠습니다.

일반적으로 착하고 좋은 일을 해서 성장발전에 보탬이 되게 하는 사랑과 노력이 샘물처럼 일정한 지역이나 특정한 사람에게 입히는 것을 은혜 은(恩)자를 써서 은택(恩澤) 또는 은총(恩寵)이라고 하고, 비가 내리듯이 넓은 지역과 많은 사람에게 입히는 것을 은혜 혜(惠)자를 써서 혜택(惠澤)이라고 하며, 태양처럼 온 세상에 햇빛이 비치는 양지(陽地)쪽과 자기 나라의 인민에게 입히는 것을 공공(功)자를 써서 공로(功勞)라고 하며, 이슬처럼 온 세상의 그늘진 음지(陰地)와 세계의 전체 인민에 이르기까지 하나도 빠짐없이 공평하게 입히는 것을 큰 덕(德)자를 써서 덕택(德澤)이라고 하는 것입니다. 따라서 은혜는 비교적 좁고 작은 범위의 특별한 사람에게 베풀어 준 사랑이고, 공덕은 비교적 넓고 큰 일반 사람에게 베풀어 준 사랑입니다.

유교(儒敎)의 가르침은 직접적으로 은혜를 입은 사람이 스스로 보답하는 수혜자보답(受惠者報答)의 원칙에 의거하여 특별히 혼자서 받은 은택은 자기 혼자서 갚고, 한 무리가 집단적으로 함께 받았으면 한 무리의 집단이 함께 갚으며, 한 나라의 인민이 모두 받았으면 한 나라의 인민이 모두 갚고, 전 세계적 억조 만민이 한결같이 받았으면 전 세계의 억조 만민이 한결같이 갚도록 하는 것입니다. 이리하여 사랑을 베푸는 데도 분수가 있고 또한 사랑에 보답하는 데도 분수가 있어서 그 분수를 넘어가면 참람이나 아첨이요. 그 분수에 미치지 못하면 각박이나 인색이니 추악하고 파렴치한 행동이 되는 것입니다.

사람이 도덕심을 가지고 윤리(倫理)를 밝혀 예절을 지키는 사랑의 분수(分數)를 옛날 성인(聖人)이 제정하였는데 말하기를 "천자(天子)는 덕(德)을 기리고, 제후(諸侯)는 공(功)을 기리고, 대부(大夫)는 혜(惠)를 기리고, 선비는 은(恩)을 기린다."고 하였습니다. 이것은 인격을 닦은 학덕의 수준과 국가사회적인 직위의 등급에 합당하도록 사랑을 베풀어야 아름다울 뿐만 아니라 또한 그 사랑을 베푸는 책임을 완수하게 된다는 뜻입니다. 이와 같이 은혜와 공덕을 베풀어야되는 신분적 책무가 있기 때문에 사람은 인격이 높아질수록 사랑의 색깔이 더욱 순수해야 되고, 벼슬이 높아질수록 사랑의 폭이 더욱 넓어져야 되는 것이지요. 오늘날은 이익과 손해를 계산하는 얄팍한 생각을 가지고 조금이라도 손해 보는 일은 하지 않고 오직 권리만 찾으면서 희생과 봉사의 책임을 망각하는 극단적인 개인 이기주의자가 많은데 이러한 사람은 더불어 사는 세상의 이치를 모르기 때문입니다. 이 세상의 모든 것은 천하 사람의 것이요, 한 사람의 것이 아닙니다. 하늘도 땅도 귀신도 사람도 산천초목과 금수곤충까지도 모두 천하 사람의 공동 경영물이지 한 사람의 소유물이 아닌 것입니다. 그렇다면 정치, 경제, 사회, 문화적으로 남보다 높은 지위를 누리는 사람은 모름지기 그보다 낮은 지위에 있는 사람보다는 더욱 순수하고 많은 사랑을 베풀어야 되지요. 없는 사람은 아무리 사랑을 베풀려고 하여도 능력이 부족하여 마음뿐이고 실천하지 못합니다. 그래서 우리 속담에 "쌀독에서 인심 난다."고 하지 않습니까? 이러한 까닭으로 천하에서 가장 고귀한 자리에 오른 천자(天子)는 성대한 덕(德)을 베풀어서 천하의 억조만민(億兆萬民)이 영원한 행복을 누리도록 일만 만(萬)자와 복 복(福)자를 써서 만복(萬福)을 경영하는 것이 기본 책무이고, 또한 천자의 곁에서 보필하는 공경(公卿)과 제후(諸侯)는 빛나는 공(功)을 세워서 지방 국가의 국민이 안락한 행복을 누리도록 일천 천(千) 자와 복 복(福)자를 써서 천복(千福)을 경영하는 것이 기본 책무이며, 역시 공경(公卿)이나 제후(諸侯)의 밑에서 복무하는 고급관료인 대부(大夫)는 혜택(惠澤)을 베풀어서 특정지방의 주민이 풍요로운 삶을 누리도록 일백 백(百)자와 복 복(福)자를 써서 백복(百福)을 경영하는 것이 기본 책무이고, 끝으로 대부(大夫)의 아래에서 근무하는 하급관료인 선비는 은택(恩澤)을 베풀어서 일부 계층의 사람이라도 안녕을 누리도록 열 십(十)자와 복 복(福)자를 써서 십복(十福)을 경영하는 것이 기본 책임이며, 일반 서민대중은 노력하여 자기 자신과 가족만이라도 즐겁게 살도록 다섯 오(五) 자와 복 복(福) 자를 써서 오복(五福)을 경영하는 것이 기본 책임입니다. 결국 사람은 살아 있는 생명 값을 해야 되는데 그것은 바로 희생과 봉사정신으로 증명하지요. 희생과 봉사는 영원불후(永遠不朽)한 인생의 가치입니다. 오늘날 벼슬아치와 지식인들이 제 몫만 날름 챙겨 먹고, 아무런 은혜도 베풀지 않고 어떠한 공덕도 세우지 않으니 그 인생이 한심하기 짝이 없는데 이것은 우리 한국정신이 아닙니다. 공자는 어질 인(仁) 자를 인간의 본성이라고 하셨지요.

오늘은 은혜와 공덕을 베푸는 자세에 대하여 말하였습니다. 여러분 사랑을 베풀어 길이 잊지 못하는 사람이 되기 바랍니다. 감사합니다.

국가공무원의 자세 /2007. 9. 9(日)

청취자 여러분 안녕하십니까? 오늘은 국가 공무에 종사하는 자세에 대하여 말씀드리겠습니다.

자고로 국가 공무의 막중대사(莫重大事)를 처리함에는 반드시 성공을 기약하기 때문에 특출한 인재를 선출하여 권력을 맡겼던 것입니다. 그러나 특출한 인재는 많지도 않을뿐더러 또한 뛰어난 인물을 찾아내기도 쉽지 않아서 인류의 역사 이래로 치세(治世)와 난세(亂世)를 거듭 반복하여 왔지요. 이제는 모든 국민에게 참정권이 있고 또 선거권과 피선거권이 있으므로 주권을 가지고 있는 국민이 국가공무원의 자세를 분명히 알아야만 깨끗한 선거문화를 정착하여 특출한 인재를 뽑아 권력을 위임해서 공명정대한 정치문화를 이룩하여 억조만민(億兆萬民)이 융성한 새 시대를 건설하게 될 것입니다. 국가공무에 종사하는 사람의 기본자세로 가장 중요한 것은 수신(修身)과 제가(齊家)입니다. 『대학(大學)』에서 말하기를 "천자(天子)로부터 서민대중에 이르기까지 몸을 닦는 것으로 근본을 삼는다."라고 하였지요. 정치라는 것은 궁극적으로 도덕세계를 경영하여 안락 태평한 시대를 창조하는 사업인데 천하 국가를 경영하고 지도하는 사람이 도덕적으로 흠결이 있으면 일반 국민이 믿고 따르겠습니까? 그래서 정치지도자는 개인적으로 또는 가정적으로 도덕과 윤리와 예절을 지키는 모범을 보여야 되는 것입니다. 일단 그 몸가짐이 깨끗하고 그 집안이 반듯하면 다음으로는 그 자질(資質)과 능력과 정신을 검증해야 됩니다.

국가공무원의 자질과 능력과 사상을 검증함에는 여러 가지의 장점과 단점을 비교하여 관찰하여야 되므로 일정한 공식이 있는 것은 아니지만 그래도 예로부터 신언서판(身言書判)이라고 하였으므로 대략 요점을 정리하면 국가공무원으로서의 자질과 능력과 정신상태를 반드시 살펴야 됩니다.

첫째, 국가공무원의 자질로서 좋은 점은 그 기상이 강직하고 위엄이 있으며 그 마음가짐이 겸허(謙虛)하고 성실하고 정직하여 겉과 속이 똑같고 처음과 끝이 한결같으며 그 도량이 하늘처럼 덮어 주고 땅처럼 실어 주어서 모든 것을 포용하는 덕이 있으며, 그 사상이 하늘을 받들고 인민을 사랑하여 권력을 봉사의 기회로 생각하여 멸사봉공(滅私奉公)해서 나라에 충성(忠誠)하고 부모에게 효도(孝道)하며 조상과 귀신의 안녕까지 보장하려는 생각을 가지는 것입니다.

이와 반대로 그 기질이 우유부단(優柔不斷)하여 우물쭈물하거나 내유외강(內柔外剛)하여 겉으로는 허세(虛勢)를 부리면서도 속으로는 의심이 많으며, 그 마음가짐이 교만 방자하고 경쟁심이 있어서 남을 이기려고 음흉한 심보로 속을 보이지 않으며, 그 도량이 편협하고 괴팍하여 배타적이고 독점적이며 분열대립구도를 만들어서 싸우기를 좋아하며, 그 사상이 도덕과 윤리와 예절을 비난하면서 오로지 눈앞의 이익 추구에 열중하여 권력을 출세의 도구로 생각하는 것은 국가공무원의 자질로서 아주 나쁜 점입니다.

둘째, 국가공무원의 능력으로서 좋은 점은 그 사업을 경영하는 방식이 사랑으로 충만하여 자연을 보호하고 인간을 융성하게 하며 사회를 통일하게 하여 신성(神聖)한 이상국가(理想國家)를 창조하려고 도모하며, 그 사업을 결단하는 방식이 자연과학의 전문적 지식을 갖추고 고금의 역사적 사례에 비추어 한 치의 오차도 없이 정확하게 헤아려 스스로 용기 있게 결단해서 홀로 책임을 지고 오직 재직 시나 당대에만 아니라 후세에까지도 떳떳하게 성공과 실패에 대한 무한 책임을 지며, 또한 그 사업을 추진하는 방식이 천하의 지혜를 모으고 국민의 협조를 얻어서 자발적인 화합체제를 이루어 대동화합해서 천시(天時)와 지리(地利)와 인화(人和)를 얻는 것입니다. 이와 반대로 과학적 전문지식도 없고 고금의 역사적 사례도 모르며 한갓 시간을 천연하면서 아무런 결단도 내리지 못하고 오로지 남의 말만 들으면서 책임을 회피할 구실만 찾으며 이 핑계 저 핑계로 남의 탓만 해서 시대적 사업을 망각하고 역사적 과업을 망치거나 또는 과대 망상하여 독선적으로 엉뚱한 사업을 도모하고 무리하게 추진하여 국력을 낭비하며 인민을 살상하는 것은 국가공무원의 능력으로서 아주 좋지 못한 것으로 직무유기와 월권행위를 하게 될 것입니다.

셋째, 국가공무원의 정신으로서 좋은 점은 국가발전에 이바지하고 국민의 생활 향상에 봉사한다는 명예와 긍지를 가지고 헌신 노력하면서도 청렴강직(淸廉剛直)한 지조를 지켜서 국법을 엄수하고, 풍기(風紀)를 세워서 정치가의 모범이 되고, 교육자의 사표가 되는 것입니다.

이와 반대로 공무를 빙자하여 사리사욕(私利私慾)만 채우고 아첨하는 말로 정상배를 모아 당파를 형성해서 권력을 거머쥐며, 음란한 말로 주색(酒色)을 가까이하여 뇌물을 주고받으며, 헐뜯는 말로 정직한 사람을 모함하여 함정에 빠지게 하며, 궁색한 변명으로 허물과 죄악을 덮고 후안무치(厚顔無恥)하게도 뻔뻔스럽게 횡행하면서 서민대중을 조롱하고 능멸하는 것은 국가공무원의 정신으로서 아주 좋지 못한 것입니다.

오늘은 국가공무원의 자세에 대하여 말씀드렸습니다. 여러분의 손으로 좋은 공무원을 뽑으세요. 감사합니다.

대학(大學)·중용(中庸)을 읽는 요령 /2007. 10. 15(月)

청취자 여러분 안녕하십니까? 서늘한 가을 기운이 완연합니다. 독서하면서 몸과 마음을 수양하기 좋은 철이 되었습니다. 옛날 사람들은 희미한 호롱불 아래서도 밤새도록 글을 읽었는데 오늘날은 밝은 전등불이 있음에도 별로 글을 읽는 사람이 없는 것 같습니다.

그러나 글을 읽은 사람과 안 읽은 사람은 확연히 구분이 되지요. 글을 읽은 사람은 그 사상이 뚜렷하게 확립되어 있어서 활력이 넘치고 정신이 왕성하여 고상한 품위가 나옵니다. 그러나 글을 읽지 않은 사람은 그 사상에 뿌리가 없어서 자주 흔들리고 일을 함에도 의욕을 보이지 않으며 정신도 흐리멍덩하여 기억력, 계산력, 추리력, 판단력, 실천력에서 모두 남에게 뒤떨어지게 되는 것입니다.

그러므로 우리 유교에서는 7세부터 글을 읽기 시작해서 늙을 때까지 책을 읽으라고 권하는 것이지요. 그러나 책을 읽어서 지식을 탐구하고 이치를 깨달으며 정신을 가다듬고 마음을 성실하게 하기 위해서는 책을 골라서 읽어야 되고 또한 단계적으로 수준을 높여야 되므로 아무 책이나 손에 잡히는 대로 두서없이 읽어서는 안 됩니다. 우리나라는 예로부터 인격을 수양함에 있어서 초급수준은 천자문(千字文), 동몽선습(童蒙先習), 명심보감(明心寶鑑), 사략(史略), 효경(孝經), 소학(小學), 고문진보(古文眞寶), 통감절요(通鑑節要) 등을 많이 읽어서 사회생활의 상식으로 삼았지요. 옛날에는 원전(原典)으로 읽었지만 오늘날에는 모든 책이 쉽게 우리말로 번역되어 나왔기 때문에 읽기도 쉽고 책값도 아주 저렴하여 누구나 뜻만 있으면 읽을 수 있습니다. 그리고 고급수준은 4서5경을 읽었는데 대학(大學), 중용(中庸), 논어(論語), 맹자(孟子)와 시경(詩經), 예기(禮記), 서경(書經), 주역(周易), 춘추(春秋)를 차례로 읽었습니다.

옛날에는 이러한 고급경전을 모두 서당이나 향교, 서원 및 성균관에 들어가서 스승에게 배웠지만 지금은 모두 우리말로 쉽고 자상하게 번역이 되어서 누구나 집에서 부담 없이 읽을 수 있으므로 우리 조상의 정신과 사상의 원천을 알고자 하면 뜻을 세워 한 번은 독파해야 될 것입니다. 이번 주에는 4서5경을 읽는 순서에 따라 차례로 책의 내용을 요약해서 독서의 주안점(主眼點)을 밝혀서 독자의 이해력을 높이고자 합니다. 오늘은 먼저 대학과 중용을 읽는 요령에 대하여 말씀드리겠습니다.

대학과 중용은 분량이 적고 논리 정연한 책인데 그 핵심이 맨 첫 장에 있습니다. 먼저 대학의 첫머리를 보면 말하기를 "큰 사람의 학문은 밝은 덕을 밝히는 데 있고, 민중을 새롭게 함에 있으며, 지극히 착함에 멈추는 데 있느니라."라고 하였습니다. 이것을 세 가지의 강령이라고 하는데 첫째는 밝은 덕을 밝히는 명명덕(明明德)이고, 둘째는 민중을 새롭게 한다는 신민(新民)이며, 셋째는 지극히 착함에 멈춘다는 지어지선(止於至善)입니다. 무릇 대학을 읽음에는 이 3강령을 확실히 파악해야 독서에 힘이 생기고 또한 재미가 나며 의욕이 솟아나게 되지요.

밝은 덕(德)은 사람의 본성에서 말미암는 단정한 마음씨입니다. 이 단정한 마음씨는 스스로 즐겁고 상쾌한 감정이 솟아나는데 모름지기 대학을 읽음에는 밝은 덕이 자기 자신의 본성에서 나오는 아름다운 마음씨임을 확인해야 됩니다. 천하 국가는 인간이 경영하는 주인이므로 천하 국가를 경영하는 큰 사람은 먼저 자기의 마음씨를 투명하고 아름답게 간직하여 민중이 사랑하고 흠모하는 인격을 길러야 되지 않겠습니까? 그래야 위대한 정치지도력을 발휘하여 민중이 떨치고 일어나서 정치개혁, 사회개혁의 새 바람을 일으킬 수 있는 것이고, 또한 전체 국민이 대동단결하여 역동적으로 지극히 착한 지선(至善)의 이상세계를 건설할 수 있는 것입니다. 대학의 극치는 지극히 착한 이상세계입니다. 인간을 괴롭히고 해치는 일체의 사회악을 완전히 청소해서 인생의 행복을 살아서 누리는 세상을 우리 손으로 만드는 것입니다.

다음으로 중용의 첫머리를 보면 말하기를 "하늘이 명령한 것을 본성이라 일컫고, 본성을 좇는 것을 도리라고 일컬으며, 도리(道理)를 닦는 것을 교육이라고 하느니라."라고 하였습니다. 이것은 하늘의 지상명령인 천명(天命)과 인간의 궁극적 실체인 본성(本性)과 인간의 보편적 진리인 도리(道理)와 국가 사회의 모범적 행실인 교육이 통일적 주제(主題)임을 천명한 것입니다. 따라서 중용을 읽은 사람은 천명(天命)과 인성(人性)이 하나임을 깨달아 천인합일(天人合一)의 정신을 가지고, 인간의 도리와 사회의 교육이 하늘의 이치를 구현하는 위대한 사업임을 체득해야 되지요. 대학과 중용을 읽은 사람의 위대한 모습은 겉으로 나타난 것이 아니라 마음속에 하늘을 모시고 있어서 천리(天理)와 천성(天性)과 천덕(天德)과 천도(天道)를 받드는 데 있습니다.

오늘은 대학과 중용을 읽는 요령을 말씀드렸습니다. 여러분도 번역본 대학·중용을 한 번 읽고 고전의 향기를 음미하시기 바랍니다. 감사합니다.

논어(論語)를 읽는 요령 /2007. 10. 16(火)

청취자 여러분 안녕하십니까? 오늘은 고금에 가장 많은 사람을 감동시키고 있는 논어를 읽는 요령에 대하여 말씀드리겠습니다.

여러분 중에도 이미 애독하여 알고 있는 분이 있겠지만 논어는 공자의 언행(言行)을 그 문인(門人)들이 기록한 내용으로 성인(聖人)이 어진 제자들과 학문을 강론하고 인생의 도덕을 밝혀 정치적으로 춘추의 난세를 바로잡으려고 군자유(君子儒)를 양성하고 인간 본성인 어질 인 자 인(仁)을 체득하는 과정을 담은 책입니다.

일찍이 정자(程子)는 말하기를 "논어를 읽고 아무 일도 없었던 듯이 하는 사람도 있으며, 또 논어를 읽고 그 가운데 한두 마디를 깨달아 기뻐하는 사람도 있으며, 또 논어를 읽고 논어책을 좋아할 줄 알게 되는 사람도 있으며, 또 논어를 읽고 바로 손이 춤추고 발이 뛰는 것을 알지 못하는 사람도 있다."고 하였습니다. 그리고 다시 말하기를 "오늘날 사람은 일찍이 글을 읽지 아니하도다. 혹시 논어를 읽는다고 하여도 읽지 않았을 때에 이런 수준의 사람이었고, 읽은 뒤에도 또한 다만 이런 수준의 사람일 뿐이니 문득 이것은 일찍이 읽지 않은 것이나 다름이 없다."고 하면서 논어를 읽고도 사람이 변하지 않은 것은 불성실한 독서임을 비판하였지요.

이어서 정자(程子)는 말하기를 "나는 17~18세로부터 논어를 읽어서 당시에 이미 문장의 뜻을 이해했지만 계속 읽어서 세월이 오래되니 특별히 깊은 의미가 있음을 깨달았다."고 하여 논어는 읽을수록 더욱 깊은 뜻을 발견하게 된다고 하였지요.

참으로 논어책을 읽으면 읽을수록 재미가 나고, 그 깊은 뜻을 깨달아 자신의 삶을 뒤돌아보고 성인을 배우려는 마음이 간절하게 되기 때문에 고금에 위인열사가 모두 논어에서 큰 힘을 얻었다고 하였을 뿐만 아니라 오늘날에도 우리나라에서 제일 큰 회사를 경영했던 삼성주식회사 창립자인 이병철 회장과 현대건설주식회사 창립자인 정주영 회장이 모두 그 회고록에서 말하기를 "논어로 경영철학을 삼았다."고 밝히고 있습니다.

청취자 여러분! 논어는 춘추의 난세에 살면서도 인간의 고귀한 품격을 유지하면서 정치, 교육, 경제, 문화, 예술, 외교, 국방 등에 있어서 최고의 지성을 개발하여 만인이 우러러 사모하는 성인(聖人)의 길을 구체적 실증으로 보이고 있기 때문에 모든 사람이 반드시 읽어야 되는 교양의 필독서입니다. 논어는 관념적으로 사상을 정리한 이념서가 아니고, 구체적 현실 속에서 직접 체험한 내용을 모아 엮었기 때문에 진실하고도 절실하며 또한 어지러운 세상에 현실을 도피하거나 공허한 망상으로 지식을 자랑하고 세상을 비웃고 인생을 희롱하는 이야기가 아니라 어려운 현실을 고민하면서 함께 국가 사회를 바로잡아 세계평화를 보장하여 안락한 국가를 건설하려는 정열과 노력으로 일관하기 때문에 누구나 읽어 보면 세상을 옳게 사는 바른 길이 열리게 되는 것입니다. 논어를 펼치면 개권벽두에 나오는 말이 다음과 같습니다.

"공자님께서 말씀하시기를 배우고 늘 익히면 또한 기쁘지 않으리오. 벗이 있어 멀리 찾아오면 또한 즐겁지 않으리오. 남이 알아주지 않아도 성내지 않으면 또한 군자가 아니리오."라고 하였습니다.

원문으로 읽으면 '자왈학이시습지(子曰學而時習之)면 불역열호(不亦說乎)아 유붕(有朋)이 자원방래(自遠方來)면 불역락호(不亦樂乎)아 인부지이불온(人不知而不慍)이면 불역군자호(不亦君子乎)아.' 입니다. 이 말은 평화 시의 안락사회에 사는 사람들에게 던진 말이 아니고, 춘추난세라고 하는 극도의 혼란사회에서 생활고에 찌들고, 가치관이 무너지고 윤리가 타락하고 약육강식(弱肉强食)하며 적자생존(適者生存)하는 극단적 이기주의와 사리사욕을 탐하여 밤낮으로 경쟁하는 암흑시대의 절망과 공포 속에 있는 청소년과 지식인 그리고 노인에게 던진 시대구원의 법문입니다. 이것은 첫째로 어떠한 시련과 고통 속에서도 절대로 자기개발의 학습활동을 계속하는 기쁨만은 간직하라는 말씀이지요. 얼마나 힘이 솟는 말씀입니까. 다음으로 아무리 각박하고 험난한 사회라고 하여도 반드시 좋은 벗을 사귀어 서로 왕래하면서 학문을 토론하고 정보를 교환하며 즐거움과 슬픔을 나누고 살라는 말씀이지요. 얼마나 활력이 솟는 말입니까. 끝으로 얄팍한 시대사조와 표피적이고 감각적인 세태 및 외형적이고 물질적인 가치관에 매몰된 세태로 인하여 아무도 자기의 도덕적 가치를 인정하여 주는 사람이 없어서 가난하고 천하게 늙어도 절대로 하늘을 원망하거나 사람을 허물하여 화를 내면서 불평하지 말고 홀로 깨끗하고 고결하게 살라는 달씀이지요. 얼마나 자신(自信)감이 넘치는 말입니까? 논어는 이렇게 깊고 절실한 말씀으로 가득하기 때문에 옛사람이 말하기를 "반부(半部)의 논어만 가지고도 천하를 잘 다스릴 수 있다."고 하였던 것입니다.

여러분! 오늘은 논어를 읽는 요령에 대하여 말씀드렸습니다. 귀뚜라미 소리를 들으며 책과 가까이하는 가을이 되기 바랍니다. 감사합니다.

맹자(孟子)를 읽는 요령 /2007. 10. 17(水)

청취자 여러분 안녕하십니까? 오늘은 맹자를 읽는 요령에 대하여 말씀드리겠습니다.

맹자님은 전국시대에 제자백가(諸子百家)의 출현으로 정치사회 사상이 극도로 혼란했던 시대에 분연히 일어나서 공자의 도덕과 학문을 천명하였습니다. 당시의 시대상황을 보면 도덕과 윤리와 예절의 기강으로 국제질서를 유지하면서 세계평화를 보장했던 주(周)나라가 멸망하고, 주변의 이웃나라를 무력과 술수로 병탄한 진(秦), 초(楚), 연(燕), 제(齊), 한(韓), 위(魏), 조(趙)의 일곱 나라가 쟁패전을 벌이면서 자웅(雌雄)을 다투었지요. 그리하여 수단과 방법을 가리지 않고, 오로지 부국강병책(富國强兵策)만을 경쟁적으로 추구했기 때문에 도덕적 가치관은 완전히 해체되고 온 세상에 공리주의(功利主義)가 극성하게 되었습니다. 그러자 지식인들이 이에 동조하여 현실적이고 실리적(實利的)인 부국강병책을 제시하면서 마침내 도덕을 부정하고 윤리를 파괴하며, 예절을 배척하는 극단적 일방주의(一方主義)를 주장하는 많은 학설이 생겼는데 이것들을 제자백가(諸子百家)라고 하였습니다.

맹자책은 이러한 제자백가(諸子百家)의 공리주의적인 학설과 사상의 맹점을 낱낱이 비판하고, 오로지 요순시대로부터 내려온 도덕과 윤리와 예절을 회복하여야만 진정한 세계평화를 보장하여 인류의 번영을 기약할 수 있다고 설파합니다.

여러분도 이미 맹자책을 읽은 분이 있겠지만 맹자책은 양혜왕(梁惠王)에게 공리주의를 추구하지 말고, 어질 인(仁) 자와 옳을 의(義) 자의 인의도덕(仁義道德)을 추구하라고 강력하게 설파하지요. 공리주의나 실리주의는 일반 서민대중이 추구해도 남에게 피해를 주게 되고 자기를 치욕스럽게 하는 것입니다. 하물며 한 나라를 다스리는 임금이 되어 가지고 오로지 이익만을 추구한다면 장사꾼과 무엇이 다르며 이웃나라에 피해를 주어서 원수를 맺으면 그 뒤끝이 좋겠습니까? 그리고 사회에 이기주의(利己主義)를 만연케 하여 분쟁과 송사가 그치지 않고 또한 비굴하게 이익을 도모하여 아첨과 모함을 일삼아 급기야 국민이 후안무치(厚顔無恥)하게 되어 폭력과 술수로 사리사욕을 채우면서 사치와 방종을 하면서도 뻔뻔하게 부끄러움을 모르고 대로를 활보한다면 나라를 어떻게 다스리겠습니까? 모름지기 맹자를 읽는 사람은 이러한 공리주의의 폐단을 간파해야 됩니다. 그래야만 시대를 관통하는 역사적 과제를 파악할 수 있게 되지요. 맹자가 처음부터 끝까지 일관되게 주장하는 인의예지(仁義禮智)의 사랑과 정의 그리고 예절과 지식은 인간의 천부적인 본성이고, 요(堯), 순(舜), 우(禹), 탕(湯), 문무(文武)와 주공(周公), 공자(孔子)로 이어지는 정치·교육의 원리로 인류문화 창조의 정체(正體)요, 하늘의 이치를 이 세상에 구현하는 천덕왕도(天德王道)의 본질입니다. 그러므로 맹자는 분연히 일어나서 인간의 정치, 사랑의 정치를 설파하여 시대를 관통하는 역사적 과제를 설파한 것입니다.

청취자 여러분! 우리 선조들이 말하기를 "삼국지 열 번 읽은 사람이 맹자책 한 번 읽은 사람을 못 당하고, 맹자책 열 번 읽은 사람이 주역책 한 번 읽은 사람을 못 당한다."고 하였지요. 우리 선조들은 삼국지를 애독하여 일상생활에서 이야기할 정도로 가까이 했는데 그것은 삼국지의 내용이 영웅호걸들의 고담준론(高談峻論)이 일반적인 식견을 뛰어넘어 생각하는 사고(思考)의 폭을 넓혀 주고 사물을 보는 안목을 한층 높여 주기 때문입니다. 그러나 삼국지의 이러한 논리는 역시 공리주의(功利主義)에 매몰되어 있는 내용이므로 맹자의 인의도덕론(仁義道德論)에 미치지 못하지요. 그래서

물질적 이익을 도모하는 일에 아무리 신묘한 방책이라도 인간의
정신적 가치를 추구하는 고귀한 논리 앞에서는 맥을 못 쓰는 것입
니다. 그리고 인간의 정신적 가치를 추구하는 웅장한 논리가 하늘
과 땅이 창조하여 변화하는 천리(天理) 앞에서는 빛을 잃게 되어
있습니다. 그래서 삼국지의 논리가 맹자의 논리를 이기지 못하고,
맹자의 논리가 주역의 논리를 이기지 못하는 것인데 우리 선조들
은 이미 옛날부터 이러한 내용을 간파해서 읽었으니 얼마나 자랑
스럽습니까? 오늘날 세태는 삼국지는 집집마다 두고 읽으면서 맹자
책은 읽은 사람이 매우 드물어서 인문학(人文學)이 쇠퇴하였다고
많은 학자들이 걱정하고 있으니 이제는 맹자책에 대하여 관심을
가져야 할 것입니다.

오늘은 맹자를 읽는 요령에 대하여 말씀드렸습니다. 여러분도 가
을 햇볕이 따뜻한 양지쪽에 앉아 책을 펼치는 여유를 가지기 바랍
니다. 감사합니다.

시경(詩經)을 읽는 요령 /2007. 10. 18(木)

청취자 여러분 안녕하십니까? 오늘은 세계의 모든 대학에서 문학
의 고전으로 가르치고 있는 시경(詩經)을 배우는 요령에 대하여 말
씀드리겠습니다.

시경은 공자가 제자들에게 문학을 교육하기 위하여 3,000여 편
의 옛날 시 가운데 300편을 뽑아서 교재로 삼은 책입니다. 따라서
시경은 문학(文學)의 시조(始祖)로 받들어 모든 사람이 반드시 읽

어서 정서를 함양하여 생각을 표현하는 능력을 길러야 하기 때문에 공자는 문학교육과정으로 시경을 가르쳤을 뿐만 아니라 일반교양과목으로 시경을 매우 중요하게 여겼으니 말씀하시기를 "시경으로 흥미를 돋우고, 예절로 몸을 세우고, 음악으로 인격을 완성하라."고 하시면서 시경공부는 사람의 마음을 순결하게 만들어 사악한 생각을 없게 한다고 강조하였습니다. 그러므로 시경의 시구를 통하여 사람이 느끼는 내면의 감정을 풍부하게 기르고 사물의 실체를 깊이 확인하여 가장 절실한 문제를 꿰뚫어 보는 실력을 기르게 하였습니다.

그래서 공자는 제자들에게 경계하시기를 "시경 300편을 암송하고도 정치 사업에 나아가 달통하지 못하고, 사방으로 다른 나라에 가서 책임 있게 대답하지 못한다면 무슨 소용이 있겠느냐."라고 하시고 또다시 시경을 읽으라고 권하면서 말씀하시기를 "어린 제자들아, 어찌하여 시경을 읽지 않느냐? 시경을 읽으면 공부에 신명이 나고, 세상을 아름답게 보며, 세상 사람들과 기쁨을 함께 노래하고 춤출 수 있으며, 억울하고 분하고 원망스러운 감정을 노래로 불러서 나타내며, 가까이는 아버지와 절실한 대화를 통하여 안락하게 모시고, 멀리는 임금과 고상한 도덕을 논하여 훌륭한 정치를 하며, 새와 짐승과 풀과 나무의 이름까지도 식별하는 많은 지식을 얻게 되느니라."라고 극찬하였습니다. 공자는 제자들에게만 시경을 읽으라고 권한 것이 아니라 또한 그 아들 이(鯉)에게도 시경을 읽으라고 권했으니 어느 날 마당에 계실 때에 아들이 지나가자 말씀하시기를 "시경을 배웠느냐? 사람이 시경을 배우지 않으면 대화를 할 수 없느니라." 하시고 또 어느 날 아들에게 이르시기를 "네가 시경의 첫머리인 주남(周南)편과 소남(召南)편을 읽었느냐? 사람이 주남편과 소남편의 시를 읽지 않으면 인간의 도리를 모르고 표현력이 없어서 마치 담장에다가 얼굴을 맞대고 서 있는 것과 같으니라."고 하시면서 반드시 시경을 읽으라고 재차 강조하셨습니다.

이래서 우리 선조들은 제자와 자손들에게 모두 시경을 가르치는 것을 어버이의 책임으로 삼아 큰 글씨로 대청에다가 시례전가(詩禮傳家)의 네 글자를 써서 걸었으니 곧 시경과 예기(禮記)를 가정교육의 기본으로 삼는다는 뜻이지요. 공자가 마당에서 아들에게 시경과 예절을 배우라고 했기 때문에 자기 자식에게 시경을 가르치고 예절을 익히게 하는 가정교육을 마당 정(庭) 자와 가르칠 훈(訓) 자를 써서 정훈(庭訓)이라고 하였으니 아들딸을 가진 아버지가 된 사람은 마땅히 이러한 자녀교육을 하는 것이 우리 유교(儒敎) 집안의 전통이고 내력이 되었던 것입니다.

세상이 아무리 각박하고 냉정하다고 하여도 가정에서 함께 사는 가족까지 서로 사랑하는 정이 메말라서야 되겠습니까? 그리고 아무리 모진 세상이라고 하여도 친구 사이까지 정이 떨어져서야 되겠습니까. 공자는 시경을 통하여 가정에는 가족애가 넘치고, 사회에는 동지애(同志愛)가 넘치게 해서 비록 춘추의 난세라고 하여도 인간미를 잃지 말고 단란하고 화목하게 정을 나누는 데가 있게 하였던 것입니다.

그래서 우리 선조들은 국가 사회가 위기에 처했을 때마다 시경의 시로 마음을 달래고 미래의 희망을 찾았는데 일찍이 임진왜란과 병자호란으로 나라의 정체성을 잃었을 때에 우리나라의 항청(抗淸)세력은 청나라를 정벌하여 복수할 계획을 세우고 북한산성, 남한산성, 수원성을 쌓고는 시경의 비풍(匪風)장과 하천(下泉)장을 노래하였지요. 이것을 풍천(風泉)의 탄식이라고 합니다. 비풍장의 노랫말은 "바람도 없이 조용히 있지만 혁명의 의지가 불타고 있다."는 내용이고 하천장의 노랫말은 "차가운 샘물처럼 빈한하게 살지만 자나 깨나 혁명의 희소식을 기다린다."는 내용입니다. 그리고 지금부터 100년 전에 있었던 을사·정미늑약으로 일본의 식민지로 전락하게 되었을 때에 우리 민족은 1907년부터 1910년까지 3년간 전국 13도에서 항일독립전쟁을 위한 의병을 일으켜 장렬하게 싸웠는데 그 당시 우리 의병들은 시경의 식미(式微)편을 노래하였으니 식미편의 내용은 "수레의 가로막대가 미약하다."는 뜻으로 곧 제국주의 열강도 믿을 수 없고, 친일내각의 역적과 일진회 매국노들도 믿을 수 없는 것을 탄식하며 고군분투하는 실상을 노래한 것입니다.

오늘은 시경을 읽는 요령에 대하여 말씀드렸습니다. 번역본 시경이 많으니 우리 민족의 경전인 시경에 대하여 관심 가지기 바랍니다. 감사합니다.

서경(書經)을 읽는 요령 /2007. 10. 19(金)

청취자 여러분 안녕하십니까? 인류 역사 이래로 가장 위대한 정치사를 기록한 서경(書經)을 읽는 요령에 대하여 말씀드리겠습니다.

서경은 상고시대에 도덕정치와 윤리교육으로 예절사회를 건설해서 대동태평성대(大同太平聖代)를 경영하여 억조만민이 융성하게 살았던 요순(堯舜)시대의 실록(實錄)과 우(禹)임금이 천하의 홍수를 다스려서 세운 하(夏)나라의 실록과 탕임금이 폭군 걸(桀)을 정벌하고 혁명을 해서 세운 은(殷)나라의 실록과 또 문왕(文王)의 덕으로 무왕(武王)이 폭군 주(紂)를 정벌하고 혁명을 해서 세운 주(周)나라 실록으로 구성되어 있습니다. 이러한 시대를 역사적으로 당우(唐虞) 3대(三代)라고 하거나 또는 2제3왕(二帝三王)이라고 하여 길이 흠모하고 높이면서 이상세계의 희망으로 받들어 왔습니다.

요임금과 순임금을 위대한 성인(聖人)으로 받들면서 우(禹)임금과 탕(湯)임금 그리고 문왕(文王)과 무왕(武王)이 천하의 어진 이를 등용하여 민생경제를 개발하고 예절사회를 건설해서 민중의 안락한 삶을 구현하여 국제평화를 보장했던 내용을 공자가 시대별로 나누고 사건별로 간추려서 엮은 책이 서경입니다. 따라서 서경을 읽는 요령은 먼저 요임금과 순임금의 위대한 도덕정치의 내용을 파악하고, 다음으로 우임금과 탕임금 그리고 문왕과 무왕이 어떻게 요순의 도덕과 사업을 계승하였는지를 더듬어 살펴야 합니다. 요임금과 순임금의 위대한 도덕정치 내용은 서경의 첫머리에서 밝혔는데 먼저 요임금의 도덕과 사업에 대하여 말하기를

"어이쿠, 옛날의 요임금을 자세히 살피건대 그 위대한 치적을 본받을 만하다고 할 것이니 경건하시며, 밝으시며, 문채 나시며, 생각하심이 자연스럽고 편안하시며 어여쁘게 공손하시고 잘 사양하사 하늘의 영광을 사방의 변두리에까지 입히시며 하늘 위와 땅속에까지 이르시느니라. 큰 덕을 잘 밝혀서 친척을 서로 친하게 하신대 모든 친척이 이미 화목하거늘 국민을 고루 반듯하고 맵시 나게 하신대 국민이 단정하고 현명하니 모든 나라가 서로 협력하고 화합하게 하신대 인류 전체가 새롭게 변화하여 이에 즐겁게 어울리느

니라."라고 찬양하였습니다. 모름지기 서경을 읽은 사람은 여기에서 거룩한 성인(聖人)의 도덕문채가 얼마나 찬란하며 또한 위대한 성왕(聖王)의 정치 사업이 얼마나 광대한 것인가를 속속들이 확인해야 됩니다. 다음으로 순임금의 도덕과 사업에 대하여 말하기를

"어이쿠, 옛날의 순임금을 자세히 살피건대 정치문화를 거듭 꽃 피움이 요임금에 합하셨나니 생각이 깊으시고 슬기로우시며, 문채 나고 밝으시며, 따뜻하고 공손하시며, 어여쁘고 착실하시어 깊숙이 감춘 덕이 위로 올라가서 하늘에 들리신대 이어 천명(天命)을 받아 임금의 자리에 오르시니라. 다섯 가지의 윤리를 신중히 밝히게 하신대 부자(父子), 형제(兄弟), 부부(夫婦)가 잘 따르며, 일백 관직에 인재를 등용하게 하신대 일백 관직이 임기를 잘 채우며, 사방의 제후를 손님으로 대우하게 하신대 사방의 제후가 그윽이 화목하며, 군대를 큰 산기슭에 들어가게 하신대 사나운 바람과 우레와 비에도 길을 잃지 아니하시다."라고 하여 순임금은 교육과 행정 그리고 외교와 국방의 모든 분야에서 탁월한 능력을 발휘하는 정치 사업의 전문가이면서도 조금도 자기의 공적을 자랑하지 않으신 겸양의 미덕을 탄복하였습니다.

인류 역사에 일찍이 요임금과 순임금처럼 거룩하고 신성한 도덕과 정치업적이 없었으므로 우임금과 탕임금 그리고 문왕과 무왕이 모두 요순의 도덕을 배우고, 요순의 정치 사업을 계승 발전하려고 있는 힘을 다했으니 서경을 읽는 사람은 마땅히 요순의 마음을 스스로 체득하고, 요순의 사업을 스스로 경영하는 자세를 가져야 되는 것이지요.

공자님도 서경을 엮으시고 감탄하여 말씀하시기를 "크도다. 요임

금이 임금노릇을 하심이여, 오직 하늘이 크거늘 오직 요임금은 하늘을 본받으시니 광대하고 왕성하여 인민이 이름을 붙일 수 없도다. 임금답도다. 순임금이여 높고 크게 천하를 경영하시되 상관하지 않으셨도다."라고 하였고 맹자는 성선설을 주장함에 반드시 요순으로 증언하였습니다. 위대한 덕망은 사람을 감화하고 감동시켜서 스스로 떨치고 일어나 분발 노력하여 새 사람이 되고 새 바람을 일으켜서 새 세상을 만들게 하는 큰 힘이 있는 것을 서경을 통하여 깨달아야 됩니다. 이것을 덕치(德治)라고 하는데 덕망이 부족하면 예절로 다스리는바 예치(禮治)라고 하며, 예치도 못 하면 법률로 다스리는데 이것을 법치(法治)라고 하고, 법치도 못 하면 힘으로 다스리는 힘 역(力)자 역치(力治)라고 하는바 역치는 패도(覇道)정치라고 합니다.

오늘은 서경을 읽는 요령에 대하여 말씀드렸습니다. 여러분도 번역된 서경을 한 번 보시고 높은 정치의식을 가졌으면 좋겠습니다. 감사합니다.

주역(周易)을 읽는 요령 /2007. 10. 20(土)

청취자 여러분, 안녕하십니까? 오늘은 동양철학의 원조로 최고의 고전인 주역(周易)을 읽는 요령에 대하여 말씀드리겠습니다.

주역은 문자가 생기기 이전인 상고시대에 인류의 경험과 지혜를 모아서 우주와 인생의 진리를 그림으로 표현한 도면이 원전입니다.

이 도면의 기본구성은 우리나라 국기인 태극기의 네 귀에 그려진 것처럼 하나로 금을 그은 하나의 획과 가운데가 끊어지게 두 개로 금을 그은 두 개의 획인데 하나의 획은 햇볕이 있는 양지(陽地)의 샘물처럼 명랑하고 굳세게 운동하면서 사랑을 베푸는 기능을 상징하여 양효(陽爻)라고 호칭하고, 가운데가 끊어진 두 개의 획은 그늘 속에 있는 음지(陰地)의 생물처럼 음침하고 나약하게 정지하여 있으면서 의리(義理)를 지키는 기능을 상징하여 음효(陰爻)라고 호칭하지요.

이러한 양효와 음효를 서로 다르게 세 번 겹쳐서 3층으로 포개면 여덟 개의 모양이 나오는데 이것을 8괘(八卦)라고 하지요. 이 8괘를 둥글게 원으로 배치하면 음과 양으로 나뉘는 태극(太極)의 모양이 됩니다. 이 태극의 모양을 자세히 연구하면 매우 신비롭고 장엄한 우주만상의 생성원리를 발견하게 되므로 오늘날은 세계적으로 거의 모든 나라 사람들이 주역책을 읽으면서 태극의 이치와 음양의 원리와 5행(五行)의 법칙을 발견해서 생활의 지혜로 활용하고 있습니다. 그리하여 서양의 학자인 칼구스타프융이라는 사람이 말하기를 "주역은 대자연과 같이 사람들 스스로가 발견할 때를 기다린다. 사람은 이 경전을 읽어야 할 아무런 의무도 없다. 그러나 자기 자신을 알기를 원하고, 지혜를 사랑하는 모든 독자들은 꼭 읽어야 할 것이다."라고 하였습니다.

무릇 주역의 진리는 상대적으로 펼쳐지면서 하나로 통일하여 발전하는 현상만물의 원리를 두루 망라하여 없는 것이 없지요. 송나라 정이천(程伊川) 선생이 역전서(易傳序)에서 주역의 이치를 네 가지로 요약해서 말하기를 "진리의 말씀을 연구한 사람은 언어의 논리체계를 숭상하고, 활동하는 사람은 그 변화의 법칙을 숭상하며, 물건을 만드는 사람은 그 자연적 형상을 숭상하며, 미래의 운명을 연구한 사람은 그 미리 점치는 신통함을 숭상하나니 길흉소장(吉凶消長)의 이치와 진퇴존망(進退存亡)의 철학이 갖추어 있다."라고 하였습니다. 대저 주역 속에는 흥망성쇠의 길이 뚜렷이 있어서 예로부터 국가의 행정을 총괄하는 정승과 국가의 운명을 걸고 전쟁을 총지휘하는 대장군은 반드시 주역에 능통해야 현실을 조절하여 성공적으로 임무를 완수할 수 있다고 하였습니다.

　일반적으로 세상 사람들은 자기의 뜻을 실현하기 위하여 의욕적으로 분발 노력하여 목적을 이루려고 애쓰지요. 그러나 자기의 뜻이 참으로 옳은 길로 가는지 또는 그른 길로 가는지는 반성하지 않는 사람이 많은 것 같습니다. 주역은 이러한 사람들에게 반성을 촉구합니다. 만사에 자기의 뜻만 앞세우지 말고, 하늘의 뜻을 확인하라는 것이지요. 자기의 뜻이 하느님의 뜻과 일치하면 참으로 옳은 길이므로 더욱 확신을 가지고 정진하여야 되지만 만일 자기의 뜻이 하느님의 뜻과 서로 어그러진 역천(逆天)의 패도(悖道)라면 즉각 뉘우쳐서 자기의 뜻을 버리고, 하늘의 뜻을 따라야만 되는 것입니다. 사사로운 욕망을 버리고 공명정대한 인생의 바른 길을 찾기 위하여 평생 주역을 읽는 것이 우리 유교인의 삶입니다. 그래서 주역책을 일컬어 마음을 씻는 세심경(洗心經)이라고 하였지요. 그러므로 주(周)나라의 예법과 음악을 지으셨던 주공(周公)은 평생을 통하여 아침마다 주역을 읽으시면서 마음을 씻었으며, 공자님도 늙도록 주역책을 즐겨 읽으셔서 가죽으로 엮은 주역책의 끈이 세 번이나 끊어졌기 때문에 위편삼절(韋編三絶)이라고 하였습니다.

　주역을 읽는 요령은 먼저 하늘의 이치를 천명하는 하늘 건(乾)

자의 건괘(乾卦)와 땅 곤(坤)자의 곤괘(坤卦)를 아는 것이 매우 중요합니다. 주역책을 펼치면 맨 앞에 양효가 6개 겹친 건괘가 나오는데, 이 건괘에 대하여 문왕이 해설하시기를 "원형리정(元亨利貞)하느니라."라고 하였습니다. 이 뜻은 하늘이 경영하는 원리가 규칙적이어서 크게 시작하고, 형통하고, 이롭고, 바르게 끝내는 생성변화의 논리적 체계가 있다는 것입니다. 그 힘은 매우 강건하고 그 경영능력은 무한하며 그 이로움은 만물을 살리고 그 생명력은 영원하므로 주공(周公)은 이러한 하늘의 운행을 신령하게 공중을 날면서 구름을 만들고 비를 내리는 용(龍)으로 표현해서 알기 쉽게 해설하였으며 공자는 말씀하시기를 "하늘의 운행이 씩씩하니 군자는 이것을 본받아 스스로 힘써 그치지 아니하느니라."라고 하였으므로 모름지기 사람은 하늘을 본받아 힘차고 즐겁게 사는 길이 여기에 있지요. 곤괘는 땅의 이치로 수동적으로 발전하기 때문에 주공이 주인을 태우고 다니는 말(馬)로 표현했지요. 말은 비록 하늘을 날지는 못하지만 땅에서는 자유롭게 달릴 수 있지요. 용과 말을 비교하여 보면 재미가 있습니다. 나는 주역이 어찌나 재미가 있었던지 20여년을 연구하여 『새시대를 위한 주역』을 역주하여 우리나라 주역연구의 길을 열었습니다.

오늘은 주역을 읽는 요령에 대하여 말씀드렸습니다. 감사합니다.

춘추(春秋)를 읽는 요령 /2007. 10. 21(日)

청취자 여러분 안녕하십니까? 오늘은 공자가 춘추시대의 혼란한 정치 사건들을 역사적으로 심판하기 위하여 엮은 춘추를 읽는 요령에 대하여 말씀드리겠습니다.

춘추는 봄 춘(春)자와 가을 추(秋)자를 써서 춘추라고 하지요. 삼라만상이 여름과 겨울에는 그 색깔을 분별할 수 없습니다. 왜냐하면 삼라만상이 무성하게 우거진 여름에는 모두 푸름을 자랑하기 때문에 산도, 들도, 강물도, 하늘까지도 파란색뿐이고, 또한 눈보라가 휘몰아친 겨울에는 잎이 모두 떨어지고 눈이 뒤덮여 얼음이 얼기 때문에 산도, 들도, 강물도, 하늘까지도 하얀 흰색뿐이므로 아무것도 구별할 수 없게 됩니다. 그러나 봄이 되면 새싹이 돋아 나와서 각각 제 모양을 펼치고, 자기의 색깔을 나타내기 때문에 그 실체를 구체적으로 판단할 수 있습니다. 그리고 가을이 되면 열매를 맺어서 자기 종자의 정체(正體)를 밝히고, 단풍의 색깔이 색색가지로 다르게 물이 들기 때문에 그 실상을 쉽게 파악할 수 있습니다. 역사는 사람이 더불어 사는 사회 속에서 사건의 진상을 구체적으로 추적하여, 시비선악의 성격을 명확하게 해명하여 누구나 쉽게 파악할 수 있도록 정리하는 작업이므로 공자는 춘추라는 노(魯)나라의 역사책을 바탕으로 춘추를 엮은 것입니다. 그래서 공자님이 말씀하시기를 "세월이 추워야만 소나무와 잣나무가 뒤에 시든 것을 안다."고 하였지요. 여름에 한창 무성할 때에는 모두 왕성하므로 사물의 본질속성을 분간하지 못하는 것입니다.

춘추를 읽음에는 배울 것이 많은데 가장 중요한 것은 첫째가 도덕으로 다스리는 왕도정치(王道政治)를 높이고, 힘과 술수로 다스리는 패도(覇道)정치를 천박하게 보는 것이니 곧 존왕천패(尊王賤覇)요. 둘째는 문화국을 중심으로 하고, 야만국(野蠻國)을 종속으로 하는 것이니 곧 내하외이(內夏外夷)요. 셋째는 착한 사람을 표창하고, 간악한 사람을 처벌하는 것이니 곧 포선폄악(褒善貶惡)입니다. 이 세 가지가 춘추대의(春秋大義)의 핵심이므로 춘추를 읽는 사람은 모름지기 자기의 생각대로 역사를 심판해서는 안 되고, 반드시 이러한 도덕정신과 문화의식 그리고 올바른 가치관을 확립해야 할 것입니다.

춘추사관(春秋史觀)은 대단히 높은 역사적 안목을 요구합니다. 왜냐하면 사람이 사람을 심판하여 포상하거나 처벌할 수 있는 권위와 능력은 본래 누구에도 없는 것이요, 오로지 천하 국가의 최고 통치자로 천명(天命)을 받고, 민심(民心)을 얻은 천자만이 할 수 있는 권능이기 때문입니다. 따라서 천자가 아닌 민간인으로서 역사를 심판하려면 사람의 눈이 아닌 하늘의 눈으로 역사를 꿰뚫어 볼 수 있는 공명정대한 역사적 안목이 있어야 되는 것이지요. 공자는 천자가 아니기 때문에 하늘의 심판으로 역사를 심판하는 도덕사관을 정립하여 춘추를 엮은 것입니다. 그래서 춘추사관은 만세정론(萬世定論)이라고 하여 천하에 그 누구도 춘추의 내용에 대하여 한 글자도 고칠 수 없다고 하는 것입니다. 만일 사람의 눈으로 역사를 보고 썼다면 이렇게 오랫동안 춘추필법(春秋筆法)의 막강한 힘을 발휘하지 못하였겠지요. 실제로 사람의 눈으로 역사를 해석했던 많은 역사책이 후세에 다시 쓰인 사례를 우리는 많이 보고 있는데 심지어 오늘날에는 학생들이 배우는 역사교과서까지 정치인과 학자의 취향에 따라 수시로 변경하고 왜곡하고 날조해서 죽은 영혼을 원한에 사무치게 하고, 세상을 기만하고, 미래를 어둡게 하는 죄악을 저지르고 있는 현실을 주변국가에서 자주 보지요. 너무나도 천박한 역사의식이고, 하늘땅과 귀신과 사람을 무시하는 교만 방자한 역천(逆天) 패도(悖道)의 죄악이라고 할 것입니다. 역사학이 이렇게 초라한 학문으로 전락한 원인은 춘추의 도덕사관을 부정하고 나타난 제국주의에 의한 식민지사관과 공산주의에 의한 유물사관(唯物史觀)과 그리고 자본주의에 의한 실증주의사관(實證主義史觀)이 등장하여 시대와 지역과 인종을 초월하는 도덕사관을 외면하며 배척하면서 오로지 야망가들의 개인욕망을 충족하는 작태를 합리화시키고 미화(美化)시켜서 황금만능사회, 물질지상주의, 능력제일주의를 숭상하는 데 이르니 누가 역사에 관심을 가지겠습니까?

여러분, 춘추의 도덕사관이 없는 세상은 무서운 세상입니다. 돈이 없으면 허망하고, 물질이 없으면 비참하고, 능력이 없으면 끝장 인생이에요. 나는 일찍이 이렇게 무서운 세상을 보고 춘추를 자세히 번역해서 『새 시대를 위한 春秋』를 출간하여 1997년도 문화관광부 선정 우량학술도서로 뽑혔습니다. 그 결과 지금은 춘추사관에 대하여 많은 학자들이 연구하고 있는 것을 보고 미래의 희망을 삼고 있는 현실입니다.

오늘은 춘추를 읽는 요령에 대하여 말씀드렸습니다. 감사합니다.

성학십도(聖學十圖) 제1 태극도(太極圖) 강의 /2007. 11. 26(月)

오늘날 정치의 이념과 인성교육의 원전으로 국내외에서 주목받고 있는 퇴계(退溪)선생의 성학십도(聖學十圖)에 대하여 강의하겠습니다. 성학십도는 우리나라 성리학자들이 가장 중요한 과제로 연구했던 우주론과 인생론 그리고 정치론과 수양론을 퇴계 선생이 68세 때에 간추려 뽑아서 열 폭의 병풍으로 만들어 17세에 임금으로 등극한 선조(宣祖)에게 올린 작품입니다.

이 성학십도는 제1도가 태극도(太極圖)이고 제2도는 서명도(西銘圖)이며, 제3도는 소학도(小學圖), 제4도는 대학도(大學圖)요, 제5도는 백록동규도(白鹿洞規圖), 제6도는 심통성정도(心統性情圖), 제7도는 인설도(仁說圖), 제8도는 심학도(心學圖), 제9도는 경재잠도(敬齋箴圖), 제10도는 숙흥야매잠도(夙興夜寐箴圖)이지요. 순서에 따라 차례차례 설명하겠습니다.

제1도인 태극도(太極圖)를 살펴보지요. 아주 간단한 그림이므로 눈을 감고도 상상할 수 있는 것입니다. 모두 다섯 부분으로 되어 있는데 맨 위에 둥근 동그라미로 된 원(圓)이 있고 그 밑에 역시 동그라미로 된 원을 반으로 나누어 음(陰)이 고요함과 양(陽)이 운동함을 표시해 놓고, 또 그 밑에 다섯 개의 작은 원을 네 방면과 중앙에 분포하여 수(水), 화(火), 목(木), 금(金), 토(土)의 5행을 그리고 또 그 밑에 둥근 원을 그려서 하늘의 도는 남자를 이루고 땅의 도는 여자를 이룬다고 하였으며 가장 아래에 또 둥근 원을 그려놓고 만물이 변화하여 생성한다고 되어 있습니다.

이 태극도는 본래 중국의 송(宋)나라 시대에 유명한 성리학자인 주렴계(周濂溪) 선생이 그린 것으로 이 도면만으로는 우주창조의 원리와 만물진화의 논리가 하나의 체계 속에 있는 연속선상의 과정임을 파악할 뿐이고, 그 구체적인 기능과 역할을 파악하기는 쉽지 않지요. 그래서 주렴계 선생은 이 그림을 해설하는 짧은 글을 짓고 태극도설(太極圖說)이라고 하였습니다. 이제 태극도설을 바탕으로 태극도를 한 부분씩 해설하여 보겠습니다.

먼저 맨 위에 있는 둥근 동그라미로 된 원은 무극(無極)이면서 태극(太極)이라고 하였습니다. 무극이란 없을 무(無)자와 다할 극(極)자인데 주자(朱子)는 형상이 없는 것이라고 풀어서 하늘땅이 태초에 개벽할 때에는 형상이 없는 태극의 이치만 있었다고 하였습니다. 따라서 이 세상에 최고절대의 근원은 오직 태극의 진리가 있을 뿐이요, 그 외의 것은 모두 태극에서 말미암아 나온 것으로 태극의 이치를 앞서는 것은 없고, 태극의 이치를 벗어나거나 이길 수 있는 것도 없음을 밝히고 있는 것입니다. 태극의 진리는 지고지상의 진실체로서 영원불변한 진리요, 만유(萬有)를 통일하여 남김없이 생성하고 변화하게 하는 원리입니다. 그래서 공자는 주역(周易)을 해설하면서 우주가 변역하는 현상 속에 태극의 이치가 있어서 전체를 하나로 통일하는 세계가 있다고 설파하였습니다. 태극이라는 말은 공자가 처음으로 밝힌 우주 창조의 근원이요, 영원히 불변하는 천지의 본체입니다.

다음으로 태극의 동그라미 밑에 역시 둥근 동그라미로 된 원을 반으로 나누어 3층의 음과 양을 서로 교차시켜서 만든 그림은 태초에 한 덩어리의 원기(元氣)로 가득 찬 우주공간을 상징합니다. 태초에 아득한 한 덩어리의 기운이 태극의 이치를 말미암아 움직이기 시작하여 양기(陽氣)가 되고 움직임이 지극하면 다시 고요하게 정지하여 음기(陰氣)가 되었으니 이것이 강력하게 발동하는 양기와 부드럽게 수축하는 음기가 화합하는 기운의 세계지요.

또 그 다음으로 다섯 개의 작은 동그라미를 네 방면과 중앙에 그려 놓고 수, 화, 목, 금, 토의 5행(五行)을 나타내는 그림을 그렸는데 이것은 만물을 구성하는 다섯 가지의 기본요소를 갖춘 원질의 세계를 상징합니다. 이것은 음양이 변화하고 화합해서 자체적으로 다섯 가지의 물질구성의 기본 원소를 생산한다는 뜻입니다. 또 그 다음에는 쟁반 같은 동그라미 두 개를 이어 그렸는데 앞에 것은 천지가 개벽하여 만유(萬有)가 창조되는 세계이고 맨 끝의 동그라미는 만물이 진화하여 발전하는 세계입니다. 이렇게 태극도는 우주가 창조 진화하는 단계를 다섯으로 나누어 태극의 이치를 바탕으로 해서 원기(元氣)를 모으고, 또한 원질(原質)을 개발해서 하늘땅을 개벽하여 만물을 진화 발전시키는 것이 우즈의 본래 면목임을 설파하고 있습니다. 그러므로 퇴계 선생은 선조(宣祖)에게 이러한 우주관을 정립하고, 진리와 원기와 물질로 빛나는 참세상을 건설하라고 당부한 것입니다. 현대 물리학으로 검증해도 과학적인 우주론입니다.

끝으로 주렴계 선생의 태극도설을 번역하면 다음과 같습니다.

"무극(無極)이면서 태극(太極)이니, 태극이 움직여서 양(陽)을 낳고, 움직임이 지극하여서는 고요하나니, 고요하면 음(陰)을 낳는다. 고요함이 지극하여서는 다시 움직이나니 한 번 움직이고, 한 번 고요함이 서로 그 뿌리가 된다. 음으로 나누고, 양으로 나누어 양의(兩儀)가 성립되나니 양이 변하고 음이 합하여 수화목금토(水火木金土)를 낳는데, 이 5행(五行)의 기질이 차례로 븐포되어 4시가 운행하느니라. 이 5행은 생성함에 각각 그 성(性)을 하나씩 하나니, 무형의 진리와 2기5행의 정기가 묘하게 합쳐 엉켜서 건도(乾道)는 남(男)을 이루고, 곤도(坤道)는 여(女)를 이루나니, 음양의 두 정기가 사귀어 감응하여 만물을 화생하므로 만물이 낳고 낳아서 변화가 끝이 없다.

오직 사람은 그 빼어난 것을 얻어서 가장 영명하나니 형체가 이미 탄생함에 정신이 지각을 발휘하고, 인의예지신(仁義禮智信)의 5성(五性)이 감동하여 선악이 나뉘며, 만사가 나오는 것이다.

성인(聖人)이 그것을 중정인의(中正仁義)로서 확정하여 정(靜)에 주장해서 인극(人極)을 확립하였노라. 그러므로 성인(聖人)은 천지와 더불어 그 덕을 합하고, 일월과 더불어 그 밝음을 합치며, 4시와 더불어 그 차례를 합하고, 귀신과 더불어 그 길흉을 합치나니, 군자는 그것을 닦아 길하고, 소인은 그것을 어그러뜨려 흉하니라. 그러므로 말하기를 하늘의 도를 정립하여 음과 양이라고 하고, 땅의 도를 정립하여 강(剛)과 유(柔)라고 하며, 사람의 도를 정립하여 인(仁)과 의(義)라고 한다. 또 말하기를 본시(本始)를 추구하면 종말(終末)에 돌아가니 그런 까닭에 죽고 사는 이치를 안다고 하나니 위대하도다. 주역(周易)이여! 이것이 그 지극함이로다."

성학십도(聖學十圖) 제2 서명도(西銘圖) 강의 /2007. 11. 27(火)

퇴계 선생의 성학십도 가운데 두 번째 그림인 서명도(西銘圖)에 대하여 강의하겠습니다. 서명(西銘)은 서녘 서(西)자에 새길 명(銘)자인데 일찍이 송(宋)나라 장횡거(張橫渠) 선생이 인생의 좌우명으로 지어서 학당의 서쪽 벽에 걸어 놓았기 때문에 서명이라고 불렀지요.

장횡거 선생의 서명은 주렴계 선생의 태극도설과 함께 한(漢), 당(唐) 이후로 가장 훌륭한 문장으로 평가하여 천하의 4대 문장의 으뜸으로 일컬어 왔는데 퇴계 선생이 성학십도를 만들면서 태극도설을 첫 번째에 놓고, 서명을 두 번째에 놓은 것입니다. 태극도설과 서명은 이미 고문진보(古文眞寶)라는 책에 수록되어 있으므로 여러분들도 혹시 집에 고문진보라는 책을 가지고 있으면 찾아보기 바랍니다. 주렴계 선생의 태극도가 태극의 진리로 충만하는 새로운 우주를 발견하는 길이라면 장횡거 선생의 서명은 인류애(人類愛)로 넘치는 새로운 인간을 발견하는 길입니다. 그러므로 우리나라의 성리학자들이 거의 모두가 태극도설로 우주론의 전형을 삼고, 서명으로 인생론의 표준을 삼았던 것입니다.

퇴계 선생은 서명의 글을 일곱 개의 단원으로 나누어 써서 알기 쉽게 묶고 간단한 공부 방법을 붙여 놓았습니다.

첫째 단원을 번역하여 읽으면 다음과 같으니 음미하여 보세요. "하늘은 아버지요 땅은 어머니다. 나의 이 조그마한 모습은 이에 혼연히 그 가운데 살고 있다. 그러므로 하늘과 땅 사이에 가득 찬 원기는 나의 실체이고, 하늘과 땅을 거느린 이치는 나의 본성이다." 여기까지가 첫째 단원입니다. 이 말은 왜소한 인간을 탈피하여 위대한 인간을 발견해서 소아(小我)에 머물지 말고, 대아(大我)를 찾아야 참사람이 된다는 뜻입니다. 나의 이 조그마한 개체는 물론 부모로부터 태어난 것이지요. 그러나 어버이가 나온 곳을 좇아 올라가면 모두 시조(始祖)로부터 자자손손 이어 나온 것이지요. 그러나 또한 시조는 어디에서 나왔습니까? 태초에 하늘과 땅에서 생겨 나왔겠지요. 그렇다면 모든 사람이 위대한 자기의 존재를 인식하여 하늘을 아버지라 부르고, 땅을 어머니라 부르는 것이 당연하고 하늘땅에 가득 찬 기운을 나의 실체로 여기고, 하늘땅이 이 세상을 거느리는 이치를 나의 본성으로 삼는 것이 당연하지 않겠습니까? 이렇게 온 세상에 충만한 기운을 내 몸 속에 간직하고, 온 세상의 이치를 나의 본성으로 길러내는 사람은 하늘땅과 똑같이 큰 사람입니다. 성리학의 인간관은 사리사욕만을 생각하는 왜소한 인간이 아닙니다. 반드시 천지의 정기를 받아 호연(浩然)한 기상을 기르고, 어질 인(仁) 자의 인덕(仁德)을 베풀어 천지만물을 두루 사랑하는 위대한 인간이에요. 그래야 천하국가를 잘 다스리는 지도자의 자질을 갖추겠지요. 결국 왜소한 인간은 하늘의 피조물에 지나지 못하지만 천지의 기운을 자기의 몸에 모으고 천지의 이치를 자기의 본성에 갖춘 위대한 사람은 우주를 경영하는 주인으로 거듭나게 됩니다.

두 번째 단원에서는 말하기를 "인민은 나의 동포형제요 만물은 나의 더부살이이며, 임금은 우리 부모의 종갓집 맏아들이고 대신은 종갓집의 도우미들이다."라고 하였습니다. 이것은 천하를 한집안으로 생각하는 천하일가(天下一家) 사상이지요. 세상을 자기의 눈으로 보는 것이 아니고 진정 하느님의 눈으로 보면 세상 사람이 모두 하느님의 아들이니 인민은 동포형제가 되고, 만물은 하늘이 창조한 것이므로 두루 살펴서 보호하여야 되지 않겠습니까? 이래서 유교의 정치는 하느님의 사업을 임금이 대신하여 집행하는 것이라고 하는 것입니다.

세 번째 단원에서는 어른을 공경하고 어린이를 사랑하는 책무와 특별히 고아와 독거노인과 홀아비와 과부 등을 돌보는 사회보장책을 강조하였고, 네 번째 단원에서는 인격을 수양하고 지식을 넓히는 구체적인 덕목을 역설하였는데 퇴계 선생은 이렇게 하는 것이 하느님의 아들로서 도리를 다해서 성왕(聖王)이 되는 길이라고 강조하였습니다.

네 번째 단원과 다섯 번째 단원에서는 인간성을 잃지 말 것과 자연법칙을 존중할 것을 말하고, 여섯 번째 단원에서는 옛날 어진 이의 어버이에 대한 효성을 열거하여 본받게 하였으며, 일곱 번째 단원에서는 죽을 때까지 하늘의 사업을 따르면 죽은 뒤에 안녕이 보장된다는 사실을 밝혔습니다. 우리나라에서는 이와 같이 위대한 인간이 되는 것을 숭상하였으니 얼마나 자랑스럽겠습니까?

끝으로 장횡거 선생의 서명을 번역하면 다음과 같습니다.

"하늘은 아버지와 같고, 땅은 어머니와 같다. 나의 이 조그마한 모습은 이에 흔연히 그 가운데에 살고 있다. 그러므로 하늘과 땅 사이에 가득한 것은 나의 그 형체요, 하늘과 땅의 거느리는 이치는 나의 그 본성이다. 인류는 나의 형제요, 만물은 나의 더부살이이다.

임금은 우리 어버이의 큰아들이요, 그 대신(大臣)들은 큰아들의 가신(家臣)들이다. 나이 많은 이를 존경하는 것은 그 어른을 어른으로 섬기는 원리요, 고아와 약자를 불쌍히 여기는 것은 그 어린이를 어린이로 대접하는 원리이다. 성인(聖人)은 그 덕(德)을 합일한 사람이요, 현인(賢人)은 그 빼어난 이이다. 무릇 세상에 불구자와 병자, 고아와 자식 없는 사람, 홀아비와 과부는 우리 형제의 쓰러져서 어려운 이들로 하소연할 데가 없는 사람이다.

항상 인간성을 간직하는 것은 하느님의 아들로서의 경건함이요, 즐거워하면서 또한 근심하지 않는 것은 효도(孝道)에 순수한 사람이다. 그 어버이에게 친하는 천륜(天倫)을 어기는 것은 패륜이요, 인덕(仁德)의 인간성을 해치는 것은 도적이다. 흉악을 가까이하는 사람은 재질이 없는 사람이요, 그 생긴 모양대로 사람답게 사는 것이 오직 본래와 똑같은 사람이다. 천도(天道)의 조화(造化)를 알면 어버이의 일을 잘 이룰 것이며, 인류의 정신을 살펴 깨달으면 어버이의 뜻을 잘 이을 것이다.

옥루(屋漏)의 은밀한 곳에서도 부끄러움이 없다면 욕(辱)됨이 없을 것이요, 양심을 간직하여 덕성을 기르면 게을러지지 아니할 것이다. 맛있는 술을 싫어하였던 것은 우(禹)임금이 어버이 봉양할 것을 돌아보심이요, 영재를 기르는 것은 영고숙(穎考叔)처럼 효심을 남에게까지 미치게 하려 함이다. 어버이 섬기는 수고로움을 게을리하지 아니하고 아버지를 기쁨에 이르게 한 것은 순(舜)임금의 그 노력이요, 도피할 곳이 없어 아버지의 삶아 죽임을 기다렸던 것은 신생(申生)의 공손(恭遜)함이다.

한 몸을 어버이에게서 받아 죽을 때까지 온전히 하여 돌아간 것은 증삼(曾參)이요, 따르는 데 용감하여 맨발로 어버이의 명령에 순종한 것은 백기(伯奇)이다. 부귀하고 복택함은 장차 나의 인생을 두텁게 할 것이요, 빈천하고 우척(憂戚)함은 나를 옥(玉)처럼 아름답게 이룰 것이다. 내가 살아서는 하늘의 뜻에 따라 어버이를 섬기고, 내가 죽어서는 마침내 조금도 부끄러움이 없이 편안할 것이다.”

성학십도(聖學十圖) 제3 소학도(小學圖) 강의 /2007. 11. 28(水)

　퇴계 선생의 성학십도 가운데 세 번째인 소학도(小學圖)에 대하여 강의하겠습니다. 소학은 이미 여러분이 알고 있듯이 주자(朱子)가 편집하여 우리나라 소학교의 교재로 어린이들의 필독서가 되었지요.

　주자가 소학을 편집하면서 국민교육의 가장 중요한 덕목으로 세 가지를 역설하였는데 첫째가 교육체계를 확립하는 것이고, 둘째가 인간의 윤리를 밝히는 것이며, 셋째가 자기 자신의 인격을 고매하게 수양하는 것이었습니다. 그리하여 이러한 아름다운 덕목을 갖춘 어진 이를 역사 속에서 찾아 현창함과 동시에 그 아리따운 말씀과 착한 행실을 모아서 본받게 하였습니다. 퇴계 선생도 주자의 이런 뜻을 존중하여 소학의 목차에 따라 입교(立敎), 명륜(明倫), 경신(敬身)의 세 가지 항목으로 분류하고 각각 힘써 공부할 조목을 밝혔는데 명륜과 경신은 기존의 목차에 있는 대로 하였으나 입교(立敎)는 기존 목차에 없는 것을 퇴계 선생이 네 개의 조목으로 정리하여 새로 만들어서 특별히 강조하였습니다.

　이제 퇴계 선생이 새로 정리하여 기록한 교육체계 확립의 네 가지 조목을 보면 교육입국(敎育立國), 즉 교육을 통해서 나라를 세우는 큰 기틀을 모두 갖추고 있습니다. 퇴계 선생은 가장 먼저 가정교육의 체제를 확립하는 입태육보양지교(立胎育保養之敎)를 제시하였습니다. 이것은 소학의 교육체제 확립은 임신 중에 태교(胎敎)로부터 시작해야 된다는 것입니다. 그리하여 아이가 태어나면 젖을 먹이면서도 육아교육(育兒敎育)을 하고, 또 걷기 시작하면 보육교육(保育敎育)을 하며, 마침내 밥을 먹으면 양육고육(養育敎育)

을 하라는 것이니 온 가족은 물론이고 주변의 사람들도 어린아이가 있으면 교육적 모범을 보여서 어린 아기의 성장에 해로운 영향을 끼치지 말도록 노력해야만 교육체제가 확립된다는 뜻입니다. 오늘날은 태교를 임산부에게만 맡기려는 풍조가 있는데 이것은 아니지요. 집안에 임산부가 있으면 온 가족과 이웃까지도 함께 협조하여 태교와 육아교육을 도와야 하는 것입니다.

퇴계 선생은 다음으로 학교교육의 체제를 확립하는 입소대시종지교(立小大始終之敎)를 제시하였습니다. 청소년을 가르침에 있어서 육체가 성장하고 지능이 발달하는 정도에 알맞게 가르쳐야만 교육의 성과를 거두는 것입니다. 그래서 일곱 살이 되면 소학교에 들어가서 공부를 시작하고, 소학교육이 성공하면 대학교에 들어가서 학문을 완성하여 교육과정을 종결하는 것이 순서입니다. 학문이란 착실하게 널리 배워야 크게 완성하는 것임을 여기에서 확인해야 됩니다.

퇴계 선생은 또한 그 다음으로 조기에 어린이의 재능을 발견하여 개발시켜 주는 입3물4술지교(立三物四術之敎)를 제시하였습니다. 사람은 각각 재능과 취향이 달라서 누구나 잘하는 것이 있고 못하는 것이 있게 마련이지요. 잘하는 것을 개발시켜 주면 재미가 나서 더욱 신바람이 나지만 못하는 것을 강요하면 힘만 들고 애만 쓰지 효과가 나타나지 않으므로 잘못하다가는 시간만 낭비하고 사람을 그르칠 위험이 있는 것입니다. 그래서 옛날에는 세 가지의 학업(學業)과 네 가지의 교과(敎科)로 나누어 가르쳤는데 세 가지의 학업은 덕성(德性)교육과 행실교육과 예능교육으로 나누었고, 네 가지의 학과는 문학, 정치, 예절, 음악이었지요.

덕성교육에서는 지식과 어진 인간성과 신숭함과 정의로움과 충직함과 화합심의 여섯 가지 덕성을 가르쳐서 후덕한 대인군자를 길렀고, 행실교육에서는 효도와 우애 종친 간에 친목함과 외척 간에 친근함과 책임감과 어려운 사람을 적극 돕는 여섯 가지 행실을 가르쳐서 떳떳하고 당당한 선비와 군자를 길렀으며, 예능교육에서는 예절과 음악과 활쏘기와 말타기와 글씨쓰기와 셈하기의 여섯 가지 재능을 가르쳐서 문과(文科)나 또는 무과(武科) 그리고 기술과 가운데 한 가지라도 달통하여 국가사회에 쓰일 수 있는 인물이 되게 하였습니다.

그리고 퇴계 선생이 마지막으로 강조한 것은 스승과 제자가 가르치고 배우는 입사제수수지교(立師弟授受之敎)를 제시하였습니다. 이것은 대단히 중요한 말씀으로 스승은 존엄한 사도(師道)를 세우고, 제자는 겸허하게 스승을 높이면서 수업을 받아야 된다는 것입니다. 그래서 우리나라는 집안에서 스승을 매우 높이 받들고, 학생은 스승의 그림자도 밟지 않게 되었지요. 퇴계 선생의 소학도에 대하여 해설하였습니다.

성학십도(聖學十圖) 제4 대학도(大學圖) 강의 /2007. 11. 29(木)

퇴계 선생의 성학십도 가운데 네 번째인 대학도(大學圖)에 대하여 강의하겠습니다. 대학은 공자의 위대한 왕도정치이념을 증자가 편집하여 후세에 전한 책이지요. 대학의 요지는 3강령과 8조목인데 이것을 최초에 그림으로 그려서 알기 쉽게 정리한 학자는 조선왕조 초기에 양촌(陽村) 권근(權近) 선생입니다. 퇴계 선생은 양촌 권근 선생이 만든 대학도를 그대로 옮겨 그려서 성학십도의 네 번째 그림으로 엮어서 임금에게 올린 것입니다.

대학도(大學圖)를 보면 맨 위에 3강령인 밝은 덕을 밝히는 명명덕(明明德)과 인민을 새롭게 진작하는 신민(親民)과 지극히 착함에 멈추는 지어지선(止於至善)을 나란히 써 놓고 이 세 가지가 대학을 연구하는 기본과제임을 강조하였습니다. 그리고 그 아래에 8조목을 배열하여 밝은 덕을 밝히는 지식적인 탐구방법은 사물에 직접 이르러 가서 물리를 연구하는 격물(格物)과 자기의 지성을 개발하는 치지(致知)가 있다고 하였고, 그리고 밝은 덕을 밝히는 행동적인 수양방법은 생각을 성실하게 하는 성의(誠意)와 마음을 바르게 가지는 정심(正心)과 몸을 닦는 수신(修身)이 있다고 하면서 그 끝에 지식적 탐구방법이나 행동적 수양방법이 모두 지극히 착함에 멈추는 지어지선(止於至善)을 깨달아서 체득하는 것이라고 재삼 강조하였습니다.

또한 인민을 새롭게 하는 방법으로도 8조목 가운데 가정을 가지런히 하는 제가(齊家)와 나라를 잘 다스리는 치국(治國)과 천하를 화평하게 하는 평천하(平天下)의 세 가지를 써 놓고, 역시 그 아래에 모두 지극히 착함에 멈추는 사업을 적극 추진하여 성공해야 된다고 하였습니다.

그리고 지극히 착함에 멈추는 방법으로는 일정한 목표를 세우고, 마음을 고요히 하고, 몸을 편안히 해서 깊이 생각하면 지극히 착한 인간의 본성을 터득할 수 있다고 하였습니다. 이상과 같이 대학도의 그림은 매우 간단한 것으로 요약하면 가장 착한 지식으로 가장 착한 행실을 닦아 가장 착한 국가세계를 건설하는 것이 위대한 사람의 학문과정이라는 말이지요.

그렇다면 대학도에서 우리가 연구해야 되는 최대과제는 곧 가장 착함에 멈추는 것인데 대학도에서는 단순히 가장 착함에 멈추는 방법만을 말했을 뿐이고 구체적으로 가장 착함의 내용에 대해서는 언급이 없습니다. 그러나 이미 가장 착함에 멈추는 방법으로 제시함에 있어 일정한 목표를 세우고, 마음을 고요히 하고, 몸을 편안히 하여 깊이 생각하면 지극히 착한 내용을 터득할 수 있다고 하였으니 이 말을 음미하면 지극히 착한 것은 스스로 자기의 내면에 있고 밖에 있는 것이 아님을 알 수 있지요. 그렇다면 자기 자신의 내면에 있는 지극히 착함은 무엇일까요? 그것은 사람이 천부적으로 타고난 착한 본성입니다. 모든 사람은 사랑과 정의 그리고 예절과 지식이라는 아름다운 인의예지(仁義禮智)의 천성(天性)을 가지고 있지요. 이것을 계발하여 기르면 밝은 덕이 되고, 이러한 덕성으로 천하국가를 다스리면 지극히 착한 세계가 되는 것입니다.

이 세상에는 인간성을 해치고, 사회정의를 부정하며, 예절을 비난해서 인간불신을 조장하는 간사하고 음란한 지식과 증오심과 경쟁심을 촉발하는 잡다한 사상이 많아서 세상을 어지럽게 합니다. 그렇게 조잡하고 불성실한 방법으로는 절대로 위대한 인간이 될 수 없는 것이고, 또한 결단코 아름다운 세계를 건설할 수도 없는 것입니다. 대학도의 가치는 지극히 착함에 멈추는 지어지선(止於至善)에 있습니다.

『주역(周易)』에서 말하기를 착함을 쌓은 집안은 반드시 남은 경사가 있고, 착하지 못함을 쌓은 집안은 반드시 남은 재앙이 있다고 하였지요. 착하게 살아야 하늘이 상서로운 복을 내려서 만사가 순조롭게 성공하므로 전체 인류가 모두 착하게 살면 억조만민이 융성하고 만물이 충실하며 산천이 빛나서 봉황이 나와 춤을 추는 태평성대가 되는 것입니다. 퇴계 선생의 성학십도 가운데 네 번째인 대학도를 해설하였습니다.

성학십도(聖學十圖) 제5 백록동규도(白鹿洞規圖) 강의 / 2007. 11. 30(金)

퇴계 선생의 성학십도 가운데 다섯 번째인 백록동규도에 대하여 강의하겠습니다. 백록동규(白鹿洞規)는 백록동서원의 학규(學規)라고 하는데 본래 주자(朱子)가 지은 글로 그 내용은 인간의 윤리를 정성스럽게 공부하고 실천하는 방법을 간결하게 요약하여 천명한 것을 퇴계 선생이 3층의 그림으로 그리고, 공부의 요점을 기록하여 백록동규도(白鹿洞規圖)라고 이름 붙였습니다.

이제 퇴계 선생이 그린 백록동규도를 살펴보면 맨 위에 인간의 다섯 가지 윤리를 밝히는 5륜(五倫)을 나란히 배열하였는데 오른쪽에서부터 차례로 부자유친(父子有親), 군신유의(君臣有義), 부부유별(夫婦有別), 장유유서(長幼有序), 붕우유신(朋友有信)이라고 써서 서원(書院)이나 서당(書堂)에서 경서(經書)를 공부하는 목적은 다른 데 있는 것이 아니라 바로 인간의 생활윤리를 배우는 데 있음을 선포하였습니다.

물론 사람은 누구나 인의예지(仁義禮智)의 천성(天性)을 타고났기 때문에 측은한 마음과 부끄러운 마음과 공경하는 마음과 옳고 그름을 따지는 시비(是非)하는 마음이 있으므로 기본적이고 기초적인 윤리 관념을 가지고 살지요. 그래서 구태여 서원이나 서당에까지 가서 인간윤리를 익힐 필요가 있겠느냐고 말할 수도 있겠습니다만 아버지와 자녀가 친하고, 임금과 신하가 정의롭고, 남편과 아내가 분별나고, 어른과 어린이가 차례를 지키고, 벗과 동지가 믿음이 있는 것은 인간의 가장 아름다운 미덕(美德)이고, 건전한 국가사회를 건설하는 기초이며, 이상세계(理想世界)를 건설하여 인류의 행복을 영원히 보장하는 천하의 대도(大道)입니다. 따라서 인간의 다섯 가지 윤리를 갖추어 잘하기는 매우 어렵기 때문에 서원이나 서당에 가서 공부를 해야 되며, 공부를 하되 건성으로 해서는 안 되고, 반드시 정성을 들여서 열심히 배워야 성공할 수 있는 것입니다.

그래서 퇴계 선생은 5륜의 바로 밑에다 역시 옆으로 나란히 공부하는 방법으로 다섯 가지를 배열하였으니 오른쪽에서부터 널리 책을 읽고 배우라는 박학(博學)과 살펴서 스승에게 물으라는 심문(審問)과 스스로 신중하게 생각하라는 신사(愼思)와 밝게 판단하여 분별하라는 명변(明辯)의 네 가지는 인간 윤리를 연구하는 중요한 방법이라고 설명하고, 가장 왼쪽으로 돈독하게 실천하라는 독행(篤行)을 배치해서 아무리 학문이 많고 사상이 깊어도 실천성이 없으면 안 되는 것임을 강조하였습니다.

어떤 사람은 알기가 어렵지 행동하기는 쉽다고 하고, 또 어떤 사람은 알기가 쉽고 행동하기가 어렵다고 하지요. 그러나 진리는 알기도 어렵고 또한 실천하기도 어려운 것입니다. 그래서 퇴계 선생은 돈독하게 실천하는 항목의 아래에 구체적인 실천조목을 배열하였는데 말은 진실하고 믿게 하고, 행실은 돈독하고 경건하게 하며,

분노심은 경계하고 욕심을 막으며, 착한 길로 옮겨서, 허물을 반성하여 고치는 것은 몸을 닦는 주요한 방법이라고 해설하였고, 다음으로 그 의리를 반듯하게 하고, 그 이익을 도모하지 않으며, 그 도리를 밝히고, 그 공명을 계산하지 않는 것은 일을 처리하는 중요한 방법이라고 해설하였으며, 마지막으로 자기가 하고 싶지 않은 바를 남에게 시키지 말며, 행동함에 뜻대로 되지 않은 것이 있거든 반성하여 자기 자신에게서 문제점을 찾는 것은 사람을 대접하는 중요한 방법이라고 하였습니다.

퇴계 선생은 이 백록동규도에 별도로 글을 써서 선조에게 당부하시기를 요순 3대의 학문이 모두 인간윤리를 밝히는 것임을 재강조하고, 제왕의 학문도 이것으로 법도를 삼았다고 하였습니다. 이로부터 우리나라는 서원에서 행사를 할 때에는 반드시 백록동서원의 학규를 읽고, 마음가짐을 새롭게 하였던 것입니다. 성학십도의 다섯 번째인 백록동규도에 대하여 해설하였습니다.

성학십도(聖學十圖) 제6 심통성정도(心統性情圖) 강의 / 2007. 12. 1(土)

퇴계 선생의 성학십도 가운데 여섯 번째인 심통성정도(心統性情圖)에 대하여 강의하겠습니다.

심통성정도란 우리 인간의 내부구조는 마음이 본성과 감정을 통일하여 주관하는 관계를 그림으로 그린 것입니다. 본래 이 그림은 원(元)나라 성리학자인 정복심(程復心)이 그린 것으로 맨 위의 둥근 동그라미 속에 심통성정(心統性情)이라는 네 글자를 써 넣고, 그 아래에 목화금수토(木火金水土)의 5행(五行)을 나란히 배열한 다음 또 그 아래에는 인의예지신(仁義禮智信)의 다섯 가지 본성을 배열하여 이것이 마음의 본체라고 밝히고 가장 아래에는 마음의 작용으로 측은한 마음, 사양하는 마음, 부끄러운 마음, 시비하는 마음, 성실한 마음의 다섯 가지 감정을 배치하였습니다.

이 그림은 단순히 사람의 마음은 빼어난 만물의 원기로서 사랑하고, 공경하고, 알맞게 하고, 분별나게 하고, 충실하게 하는 인의예지신(仁義禮智信)의 본성을 갖추어야만 마음을 써서 감정이 밖으로 나타날 때에 측은하고, 사양하고, 부끄러워하고, 옳고 그름을 따지고, 성실한 감정작용을 얻을 수 있다는 것을 상징할 뿐이었지요.

퇴계 선생은 이 그림을 취하여 성학십도에 넣으면서 마음의 구조와 기능에 대한 설명이 부족하고, 인간의 감정이 착하고 악하게 된 원인이 뚜렷하지 못하므로 스스로 두 개의 그림을 더 그려서 정복심의 그림을 상도(上圖)라고 표제하고, 그 옆에 중도(中圖)와 하도(下圖)를 추가해서 보충 해설하였습니다.

퇴계 선생이 가장 강조한 부분을 살펴보면 첫째, 순수한 사람의 마음은 구조적으로 하늘땅의 이치와 만물의 빼어난 기운을 종합하고, 인간의 본성과 감정을 통일한 실체로 한 몸의 주인이요, 일만 가지의 변화를 알맞게 조절하는 기능과 역할을 담당한 최고의 주재자임을 확실히 밝히려고 하였고,

둘째, 기질(氣質)이 순수하여 철두철미 이성(理性)적인 본연성(本然性)을 말미암아 나타나는 측은(惻隱), 사양(辭讓), 수오(羞惡), 시비(是非)의 네 가지 실마리인 4단(四端)과 희노애락애오욕(喜怒哀樂愛

惡欲)의 일곱 가지 감정인 7정(七情)은 모두 순수하게 착하다는 사실을 밝히려고 하였습니다. 그래서 이러한 인간의 마음의 순수하고 착함을 그린 것이 중도(中圖)입니다.

셋째, 사람의 타고난 기질(氣質)이 탁박(濁駁)하여 마음이 흐리멍덩해서 사리(事理)분별을 못 하고, 감정(感情)의 충동을 절제하지 못 하면 마침내 사람의 본심을 상실하여 사납고 모질게 되는 것을 밝히려고 하였으니 이러한 내용을 표상화한 그림이 하도(下圖)입니다.

퇴계 선생이 하도(下圖)에서 강조한 점은 몸과 마음을 평상시에 수양하여 혼탁한 정신을 맑게 만들고, 난잡한 기질을 순수하게 변화시켜서 마음을 비워 신령스럽게 하여 슬기로운 감각기능을 회복하는 것입니다. 이것을 허령지각(虛靈知覺)이라고 하는데 빌 허(虛) 자와 신령 령(靈)자와 알 지(知)자와 깨달을 각(覺)자이지요. 이 네 글자는 주자(朱子)가 마음의 본래 속성을 규정하는 말입니다.

사람의 마음이 허령 지각한 마음을 간직하지 못하였다면 항상 이성(理性)적으로 생각하여 감성(感性)적 욕구를 절제해야만 악한 행동을 하지 않고 착한 길로 나아가게 되는 것입니다. 퇴계 선생은 이러한 마음공부를 일컬어 이성으로 기분을 통제하라, 즉 리어기(理 御氣)라고 하였습니다. 따라서 모든 사람은 이성(理性)을 회복하여 기분(氣分)을 이기는 것이 자기의 본심을 찾는 길임을 알아야 할 것입니다. 퇴계 선생이 심혈을 기울여 제작하신 심통성정도에 대하여 해설하였습니다.

성학십도(聖學十圖) 제7 인설도(仁說圖) 강의 /2007. 12. 2(日)

퇴계 선생의 성학십도 가운데 일곱 번째인 인설도(仁說圖)에 대하여 강의하겠습니다. 어질 인(仁) 자, 즉 사람 인(人) 변에 두 이(二) 자를 쓰는 어질 인(仁) 자에 대한 말씀은 논어에 많이 나오는데 그 뜻이 너무도 크고 넓어서 파악하기가 쉽지 않습니다. 그래서 주자(朱子)가 인(仁)에 대한 학설을 요약하고, 또 그림으로 그렸는데 퇴계 선생이 이것을 그대로 성학십도에 넣어서 임금에게 올렸습니다. 인설도(仁說圖)를 보면 어질 인(仁) 자에 대하여 논리적으로 일목요연하게 해설하였으니

첫째로 하늘과 인간의 본질속성을 비교하여 하늘이 만물을 살리는 마음이 곧 사람의 본심임을 밝혔고, 둘째로 인간의 심리(心理)구조를 해부하여 고요히 발동하지 않는 미발(未發)의 심리상태는 자연적으로 온전하게 길러져서 통일하지 못하는 것이 없는 어진 덕성으로 가득하고, 이미 발동하여 나타난 이발(已發)의 심리상태는 능동적으로 두루 흘러 꿰뚫어 통하지 못한 것이 없는 측은한 감정으로 가득함을 크게 역설하였습니다.

셋째로 사람의 심리(心理)구조를 분해하여 천지만물을 살리려는 본성과 사랑의 원리는 어진 마음의 본체이고, 만물을 살리려는 본성이 이미 나타난 감정과 사랑하는 마음이 일어난 것은 어진 마음의 작용이라고 하였으며, 넷째로 어질 인(仁) 자의 개념을 분석하여 전체적인 기능을 포괄하여 종합적으로 말하면 고요히 발동하지 않는 천부적인 본성이 어진 마음의 본체적 개념이요, 이미 발하여 나타난 모든 감정이 어진 마음의 작용적 개념이며, 또한 단지 부분적

역할과 기능으로만 말한다면 어진 본성이 그 본체적 개념이고, 측은한 감정이 그 작용적 개념임을 변증하였습니다.

다섯째로 공변될 공(公) 자를 표출하여 공명정대한 가치가 어질 인(仁)의 본질임을 밝혀서 마음이 공명정대하면 어질게 되고, 어질면 사랑하게 됨을 논증하였으며, 끝으로 부모에게 효도하고 형제간에 우애함이 바로 어진 마음을 쓰는 것이요, 용서함이 그 사랑을 베푸는 것이며, 또한 지각(知覺)이 있어야 바르게 사랑할 수 있음을 밝혔습니다.

퇴계 선생이 이러한 인설도를 임금에게 올린 까닭은 모름지기 나라를 경영하는 지도자는 어진 정치, 즉 인정(仁政)을 펴야 되고, 인정을 펴기 위해서는 먼저 임금의 마음이 어질어야 되기 때문입니다. 이제 우리나라는 주권이 국민에게 있는 민주공화국으로서 대통령을 뽑는 선거가 자주 있으니 성학십도를 읽고 퇴계 선생이 소망하는 대통령이 빨리 나왔으면 좋겠습니다. 그러한 뜻에서 인설도(仁說圖)의 덕목을 간추려 요약해서 더욱 쉽게 정리하여 보면 날생(生) 자와 착할 선(善) 자와 공변될 공(公) 자와 사랑 애(愛) 자로 압축할 수 있겠습니다.

날 생(生) 자는 하늘땅이 만물을 살리듯이 정치지도자는 국민을 잘살게 해야 되지요. 민생경제를 개발하고 진흥해서 생활고에 고통받는 소외계층이 없게 하는 것이 사랑의 정치를 하는 기본입니다.

착할 선(善) 자는 사람이 천부적으로 타고난 인의예지(仁義禮智)의 본성을 길러서 도덕과 윤리와 예절을 보급하여 부모에게 효도하고 나라에 충성하며 정의를 지키면서 성년식과 혼례와 장례와 제사를 지내는 문명한 정치문화를 건설해야 됩니다.

공변될 공(公) 자는 공명정대한 사업 체제를 확립하여 민주주의를 정착하고, 공도정치(公道政治)를 실현해서 전체 국민이 명랑 쾌활하게 참여할 수 있는 열린사회를 만들어 공평한 생존권을 누리는 것입니다.

사랑 애(愛) 자는 사람을 공경하여 사랑하고, 만물을 측은하게 여기면서 이롭게 돕는 것입니다. 이 세상에 잔인하고 포악한 정치보다 무서운 것은 없으므로 맹자는 사람에게 차마 못 하는 사랑의 정치, 인간의 정치가 옛날의 도덕정치로 가는 출발점이라고 하였습니다. 이렇게 서민대중을 살리는 사업과 일만 가지의 착한 공덕을 이룩하는 사업과 문명세계를 개척하는 사업과 인정이 두터운 사회를 건설하는 사업이 나라를 다스리는 지도자의 철학적 신념이 되어야 할 것입니다. 성학십도 가운데 인설도를 해설하였습니다.

성학십도(聖學十圖) 제8 심학도(心學圖) 강의 /2008. 1. 4(金)

퇴계 선생의 성학십도 가운데 여덟 번째인 심학도(心學圖)에 대하여 강의하겠습니다. 마음 심(心) 자와 배울 학(學) 자와 그림 도(圖) 자의 세 글자로 된 심학도는 매우 간단한 그림인데 위아래로 크게 동그라미 두 개를 그려 놓고, 위에 동그라미 안에는 마음 심(心) 자를 크게 쓰고는 설명하기를 "허령(虛靈)한 지각(知覺)이 신명(神明)하게 통하는 마음은 한 몸의 주재자(主宰者)이다."라고 하였으며, 그 동그라미 밖에는 왼쪽에 본심(本心), 대인심(大人心), 도심(道心)을 배치하고 오른쪽에는 양심(良心), 적자심(赤子心), 인심(人心)을 배치하여 사람의 마음에는 두 가지의 마음이 있는 것을 뚜렷이 밝혔습니다.

그리고 그 아래에 수직으로 내려쓰기를 오직 정밀하게 살펴서 착한 마음을 선택하여, 오직 한결같이 확고하게 허령한 지각의 신명함을 지키라는 수양방법을 열거하고, 그 아래 동그라미 속에는 공경 경(敬) 자를 크게 쓰고는 "공경은 한 마음을 주재한다."라고 해설하였으며, 그 동그라미 밖으로 왼쪽에는 "경계하고 두려워하며 조심하여 간직해서 마음을 생각하여 길러서 다하면 70세에 공자님처럼 마음대로 하여도 법도에 넘어가지 않게 된다."고 하였고 오른쪽에는 "생각을 신중히 해서 사욕을 극복하고, 양심(良心)을 간직하여 흐트러진 마음을 찾아서 바르게 되면 맹자님처럼 40대에 마음이 흔들리지 않게 된다."라고 하였습니다.

이 간단명료한 그림은 본래 원(元)나라 사람인 임은(林隱) 정복심(程復心)이 만든 것입니다. 정복심은 자가 자견(子見)이고, 정주학(程朱學)을 깊이 연구하여 절의를 지켜서 결코 침략국가인 원(元)나라에 벼슬을 하지 않고 초야에 숨어 늙도록 4서5경을 깊이 연구하여 성리학(性理學)의 체계를 정립하는 일에만 몰두하였지요. 그리하여 유교사상의 핵심요령을 깊이 깨달아 알기 쉽게 그림으로 그려서 4서장도(四書章圖) 3권을 저술하여 유교발전에 크게 기여하였습니다.

퇴계 선생은 이러한 정복심의 학문적 견해를 높이 평가하여 그 심학도(心學圖)를 발췌하여 성학십도의 여덟 번째에 넣어서 선조(宣祖)임금에게 올리고 "허령한 지각이 신명(神明)하게 통하는 마음을 경건하게 간직하라."고 당부한 것입니다.

이 심학도의 본지를 파악하기 위해서는 먼저 순(舜)임금이 우(禹)임금에게 왕위와 함께 전한 인심(人心)과 도심(道心)의 차이점을 밝힌 성왕(聖王)의 전수(傳授) 심법(心法)을 알아야 합니다. 일찍이 순임금은 우임금에게 왕위를 전하여 주면서 당부하여 말씀하시기를 "사람의 개인적인 감정에서 생긴 인심(人心)은 오직 폭발하는 위험이 있고, 천부적인 본성에서 말미암은 도심(道心)은 오직 매몰되는 은미함이 있으니 오직 정밀하게 살피고, 오직 한결같이 간직하여야 어여쁘게 그 착한 중심을 잡으리라."고 하였습니다. 이것이 우리 유교에 있어서 만세에 불변하는 심학(心學)의 근본원리입니다.

따라서 도덕심은 천부적인 인간의 본성에서 나오기 때문에 본심(本心)이라고 하며 또한 도덕심은 공명정대한 대인(大人)이 간직하므로 대인심(大人心)이라고 하지요. 이러한 도덕심은 스스로 조심해서 간직하여 기르기만 하면 됩니다. 그리고 사람의 개인적인 감정에서 생긴 인심(人心) 속에서도 또한 신통한 지능을 가진 양심(良心)이 있고 천진난만한 어린아이의 순수한 적자심(赤子心)이 있으므로 항상 생각을 성실하게 하고 사리사욕을 극복하여 마음을 반듯하게 가지면 역시 허령한 지각이 신명하게 통하는 마음으로 한 몸을 주재할 수 있는 것입니다.

이렇게 간단한 마음공부의 방법은 처음에는 어렵지만 나중에는 아주 쉬워서 누구나 마음이 통하는 도통(道通)의 경지에 올라 성인(聖人)이 되는 길입니다. 사람은 마음이 크게 통해야 세상의 일이 모두 통하는 것입니다. 올해는 모두의 마음이 통하는 해가 되기 바랍니다. 퇴계 선생 성학십도 중 여덟 번째인 심학도(心學圖)를 해설하였습니다.

성학십도(聖學十圖) 제9 경재잠도(敬齋箴圖) 강의 /2008. 1. 5(土)

　퇴계 선생의 성학십도 가운데 아홉 번째인 경재잠도(敬齋箴圖)에 대하여 강의하겠습니다. 경재잠은 공경 경(敬) 자에 집 재(齋) 자와 경계 잠(箴) 자를 쓰는데 그 뜻은 경건하게 사는 집의 행동준칙을 써서 경계로 삼는다는 말입니다. 이 경재잠은 본래 주자가 지어서 서재(書齋)의 벽에 붙이고 스스로 경계로 삼았는데 중국 공주(公州) 의 상채서원(上蔡書院)에서 교수(教授)로 있었던 문헌공(文憲公) 노재(魯齋) 왕백(王柏)이 이 글을 10장으로 나누어 사방으로 주위 에 배치하여 성벽처럼 둘러놓고는 그 중앙에 둥근 동그라미를 그려 놓고 속에는 마음 심(心) 자를 쓰고, 밖으로는 상하좌우로 줄을 그어서 마치 오직 하나의 마음을 굳게 지켜서 다른 데로 가지 못하도록 호위하는 형세의 그림으로 만들었습니다.

　퇴계 선생은 이 그림이 마음을 지키는 생활 공부의 요령임을 인정하여 성학십도에 그대로 옮겨 그려서 임금에게 올리면서 다음과 같이 당부하였습니다. "이 경재잠(敬齋箴)은 경우에 따라 마음을 간직하는 방법을 배열함이 명백하고 가지런하여 경우마다 공부하는 방법의 차이가 또한 이와 같음이 있으므로 날마다 생활하면서 항상 마음으로 체득하여 즐기고 눈으로 경계하며 살피면 얻음이 있을 것입니다. 경건하게 마음을 간직하는 것은 성학(聖學)의 시발점이자 종착점이라는 학설을 어찌 믿지 않으리까."라고 간절하게 당부하였던 것입니다.

　이제 경재잠에서 밝힌 10장의 마음공부 방법을 차례로 요약하여 정리하면 첫째, 몸이 고요히 앉아 있을 때에 경건하게 마음을 간직하는 방법으로는 그 의복을 단정하게 입고, 그 보는 것을 존엄하게 해서 마음속으로 하느님을 영접하라고 하였습니다. 대단히 숭고한 마음을 간직하는 공부입니다.

둘째, 몸이 움직여 활동할 때에 경건하게 마음을 간직하는 방법으로는 손발의 모양을 공손하고 무겁게 하여 땅을 골라서 밟고, 개미집도 돌아가서 만물을 존중하고 사랑하는 마음을 잊지 말라고 하였지요. 대단히 깊은 마음을 간직하는 공부입니다.

셋째, 밖으로 생각을 표현하고 사업을 경영할 때에 경건하게 마음을 간직하는 방법으로는 손님을 대하듯이 공경하고, 제사를 지내듯이 경건한 자세로 임하여 겉으로 오만불손하거나 무시하는 일이 없도록 하라고 하였고,

넷째, 속으로 생각하면서 사업을 연구할 때에 경건하게 그 마음을 간직하는 방법으로는 입을 병 입처럼 지키고 생각을 성벽처럼 막아서 가볍게 열지 말라고 하였습니다.

다섯째, 마음이 다른 곳으로 옮겨가지 못하도록 경건하게 마음을 간직하는 방법으로는 동서남북의 세상일에 신경을 쓰지 말고, 오로지 마음을 비워서 허심(虛心)탄회(坦懷)하게 있다가 일이 닥치면 그 일에만 마음을 쓰라고 하였고,

여섯째, 오직 처음부터 끝까지 하나의 마음만을 주장하여 이랬다가 저랬다가 하는 변덕이 없게 하는 방법으로는 모름지기 번잡하게 두 가지나 세 가지의 일을 아울러서 복잡하게 만들지 말고, 오직 마음은 한 가지의 일에만 임하게 해서 그 일이 끝나면 다른 일에 임하게 하라고 하였습니다.

일곱째, 한결같이 도덕심을 간직하여 사욕(私欲)이 일어나지 않

도록 공부하는 방법으로는 항상 경건한 자세로 평상심(平常心)을 유지해서 갑자기 흥분하거나 냉정하게 배척하지 말고, 기분을 억제하라고 하였으며

여덟째, 밝은 마음으로 완벽하게 기억하고 셈하고 추리하여 판단 착오가 없게 하기 위해서는 이상에 열거한 공부를 끊임없이 계속하여 마음의 허령(虛靈)한 지각(知覺)의 신명(神明)을 항상 간직하고 3강5륜(三綱五倫)의 인륜도덕과 홍범9주(洪範九疇)의 도덕정치 헌장을 반드시 지켜야 된다고 하였습니다.

이상과 같이 경재잠의 내용은 대단히 평이하면서도 깊은 체계를 담고 있기에 마음공부의 기본요령으로 우리나라 사람이 모두 존중하였던 것입니다. 성학십도의 경재잠을 해설하였습니다.

성학십도(聖學十圖) 제10 숙흥야매잠도(夙興夜寐箴圖) 강의 / 2008. 1. 6(日)

퇴계 선생의 성학십도 가운데 열 번째인 숙흥야매잠도(夙興夜寐箴圖)에 대하여 강의하겠습니다. 숙흥야매잠은 새벽에 일찍 일어나고 저녁에 늦게 잘 때까지 하루 동안의 일과를 경건한 자세로 일관하는 방법을 제시하고 있습니다. 그래서 일찍 숙(夙) 자와 일어날 흥(興) 자 그리고 밤 야(夜) 자와 잘 매(寐) 자에 경계할 잠(箴) 자를 붙여서 숙흥야매잠이라고 합니다.

이 숙흥야매잠은 본래 남당(南塘) 진백(陳栢: 字 茂卿)이 지어서 스스로 경계로 삼았던 것을 성리학자들이 교재로 선택해서 염락풍

아(濂洛風雅)라는 책에 넣었습니다. 그런데 토계 선생은 이 숙흥야매잠을 왕노재(王魯齋)의 경재잠도(敬齋箴圖)를 모방하여 이 글을 7장으로 나누어 사방의 주위에 배치하여 성벽처럼 둘러놓고는 그 중앙에 둥근 동그라미를 그려 놓고 안에다가 공경 경(敬) 자를 쓰고 밖으로는 상하좌우로 줄을 그어서 마치 하나의 공경 경(敬) 자를 받드는 형세로 만들어서 성학십도의 끝에 붙여 임금에게 올리고 다음과 같이 간절하게 당부하였습니다.

"대저 도덕의 진리는 일상적으로 생활하는 사이에 세상에 널리 퍼져서 운행하므로 가는 데마다 있지 않은 곳이 없습니다. 그러므로 한 자리도 이치가 없는 땅은 없으니 어느 땅인들 공부를 중지할 것이며, 또한 도덕의 진리는 잠시라도 정지함이 없습니다. 그러므로 한 순간도 이치가 없는 때가 없으니 어느 때인들 공부를 하지 않으리까?"라고 언제 어디서나 도덕적 진리를 이탈하지 말라고 강조하였지요. 우리 유교의 진리는 현실생활 속에서 도덕적 진리를 실천하는 매우 실용적 학문입니다.

퇴계 선생은 숙흥야매잠의 경건한 일상생활을 시간대별로 나누어서 새벽과 아침과 낮과 저녁의 네 가지 일과로 묶었는데 그 사이에 글을 읽는 독서(讀書)와 일을 하는 응사(應事)의 두 가지 과제로 묶고 또 결론적으로 밤과 낮의 할 일을 별도로 표출하였습니다.

이제 하루 동안 경건하게 마음을 간직하는 공부를 시간대별로 해설하면 첫째, 새벽에 일찍 잠에서 깨어나 정신을 맑게 하는 방법으로는 가장 먼저 첫닭이 울면 잠에서 깨어 누워 있는 채로 담담하게 생각을 정리하여 지난날의 허물을 반성하고, 새로 얻은 지식을 모아서 말없이 기억력을 뚜렷하게 확인하는 것입니다.

둘째, 이른 아침에 잠자리에서 일어나 몸을 단정히 하는 방법으로는 세수하고 머리 빗고 옷 입고 관 쓰고 단정히 앉아서 마음을 거두어 잡아 마치 맑은 아침 해가 떠오르듯이 엄숙하고 가지런히 마음을 비워서 밝고 고요한 한 마음을 간직하는 것입니다.

셋째, 책을 펴서 글을 읽을 때에 경건한 자세를 간직하는 방법으로는 이에 경전(經傳)을 펼쳐 놓고 성현을 직접 대하듯이 공경해서 옛날 성현과 스승이 친절하게 가르친 말씀을 공경하여 들으며 더욱 연구하고 참고하여 자기의 사상을 바로잡는 것입니다.

넷째, 사물에 대응하고 일을 할 때에 경건한 정신을 간직하는 방법으로는 일이 생기면 바로 대응해서 처리하되 공명정대하게 살피고 항상 관심을 두고 연구하여 슬기롭게 능률적으로 처리하고 모든 일이 원만하게 해결되었으면 다시 본래의 상태로 돌아가서 마음이 깨끗하고 정신을 맑게 하여 생각을 그치는 것입니다.

다섯째, 낮에 씩씩하게 활동할 때에 경건한 정신을 간직하는 방법으로는 한 번 움직였으면 한 번 쉬면서 반복하여 이 마음을 살피되 고요히 쉴 때는 이 마음을 간직하고, 움직일 때는 이 마음을 살펴서 일할 때나 쉴 때나 항상 방심(放心)하지 말고, 또한 충동적으로 동심(動心)하지 말아야 하는 것입니다.

여섯째, 저녁부터 밤늦게까지 경건한 정신을 간직하는 방법으로는 해가 지면 사람이 피곤하여 흐리멍덩한 기운이 생기기 쉬운 것이므로 모름지기 정신을 차려서 두려운 생각을 가지고 더욱 장중한 자세로 정신기운을 발휘한 다음 밤이 깊으면 아무런 생각도 하지 말고 편안히 잠자리에 드는 것입니다.

이상의 내용이 경건한 자세로 밤에는 맑은 기운을 한 몸에 모으

고, 낮에는 씩씩하게 활동하는 요령입니다. 오늘로 퇴계 선생의 성
학십도를 모두 해설하였습니다. 이제 고귀한 성학십도사상으로 훌
륭한 인격을 수양한 사람이 많이 나오기 바랍니다.

송년사: 바르게 끝내는 지혜 /2007. 12. 31(月)

　여러분 안녕하십니까? 어느덧 보람차게 한 해를 보내는 서기
2007년 12월 31일이 되었습니다. 오늘은 지난 한 해를 뒤돌아보고
바르게 한 해를 마무리하는 지혜에 대하여 강의하겠습니다.
　우리 유교에는 하늘의 이치에 순응하는 생활철학이 있어서 언제
어디서나 자연의 변화에 능동적으로 경영하는 길을 가르쳐 줍니다.
일찍이 주역(周易)에서 말하기를 봄에는 사랑으로 크게 시작하고,
여름에는 예절로 길이 발전하고, 가을에는 정의로 깨끗이 다듬고,
겨울에는 지혜로 바르게 끝내라고 하였지요. 이러한 생활철학에 따
르면 바야흐로 오늘은 겨울 동안의 지혜로운 삶을 바르게 지켜서
내년의 새 봄을 사랑으로 크게 시작하도록 준비를 해야 되는 중요
한 날입니다. 이러한 연말연시의 정신자세를 옛사람들은 신중하게
끝내고 근엄하게 시작한다고 하여 근시신종(謹始愼終)이라고 하였
지요. 왜냐하면 만사가 시작과 끝이 맞물려 있어서 시작이 좋아야
끝이 좋게 되고, 또한 끝을 잘 맺어야 시작이 잘되기 때문이지요.
　따라서 우리가 2007년을 신중하게 끝내고, 2008년을 근엄하게
맞이하기 위해서는 오늘 이 순간부터 참으로 슬기로운 지혜로 우
리의 정신과 자세를 바르게 지켜야 합니다. 주역(周易)에서는 흘러

간 과거를 뒤돌아보고 올바른 정신자세를 지키는 방법으로 두 가지의 과제를 살피라고 하였는데 한 가지는 지나간 일을 뚜렷이 밝히면서 닥쳐올 일을 살피는 창왕이찰래(彰往而察來)이고, 또 한 가지는 밝은 현상세계를 희미하게 감추고, 그윽이 감추어진 정신세계를 뚜렷하게 천명하는 미현이천유(微顯而闡幽)입니다.

일반적으로 사람들은 지난 일을 소홀이 하고 오늘 일만 소중하게 생각하지요. 그러나 이것은 인생을 성실하게 사는 태도가 아닙니다. 인생이란 과거와 현재와 미래가 연속적인 고리로 연결되어 있기 때문에 과거를 밝혀야 오늘을 알고, 현재의 사명을 완수하여야 미래가 있는 것입니다. 그러므로 지나간 과거를 뚜렷이 밝혀서 유구하게 이어온 위대한 역사를 빛내야만 미래로 나아갈 길을 찾아서 확신을 가지고 용왕매진할 수 있는 것입니다.

과거를 단순히 과거로 치부하여 잊어버리는 것은 바로 나침판이 없이 항해하는 것과 같아서 오는 곳도 모르고, 가는 곳도 모르는 부평초처럼 떠돌이 인생이 됩니다. 자고로 어진 사람은 연말이 되면 지난 1년 동안의 일을 살펴서 줄 것은 주고, 받을 것은 받고, 갚을 것은 갚고, 베풀 것은 베풀어서 절도 있게 가지런히 끝내려고 노력하지요.

대체로 보통 사람들은 지나간 일을 살피되 밝은 쪽만을 보고 어두운 쪽은 보지 못합니다. 그러나 세상은 복합적으로 구성되어 있기 때문에 양지(陽地)가 있으면 그늘진 곳이 있고, 물질세계가 있으면 정신세계도 있으며, 산사람이 있으면 죽은 귀신의 혼령도 있지요. 따라서 높고 밝은 지혜로 지나간 과거를 살피는 사람은 뚜렷하게 나타나서 물질적으로 부귀공명(富貴功名)을 자랑하는 사람을 보지 않고, 반대로 그늘진 곳에서 꿋꿋한 정신을 지키는 외로운 영혼을 더욱 높이 받들어 현창하는 것입니다.

바야흐로 한 해를 바르게 끝냄에 있어서 주변에 있는 그늘진 사람이나 고달픈 정신이나 외로운 영혼을 버려두고 보살피지 않는다면 어떻게 바르게 끝냈다고 하겠습니까? 그래서 우리나라의 속담에 "경사스러운 혼인집에는 초청을 받아야만 가고, 불행한 초상집에는 바람결에 들어도 조문을 가라."고 하였지요.

이제 묵은해를 보내면서 그동안 잊어버리고 살았던 주변에 그늘진 사람이나 고달픈 정신이나 외로운 영혼을 찾아 따뜻한 마음을 베풀어서 우리 한민족 전체가 모두 바르게 한 해를 가무리하는 지혜의 등불을 밝혀야 되겠습니다. 오늘은 바르게 끝내는 지혜에 대하여 해설하였습니다. 가장 보람 있는 날이 되기 바랍니다. 감사합니다.

신년사: 크게 시작하는 사랑 /2008. 1. 1(火)

여러분 안녕하십니까? 희망찬 2008년 1월 1일의 서광이 열리고 있습니다. 새 해에 복 많이 받으시고 소원하는 일이 순조롭게 이루어지기를 진심으로 기원합니다.

우리 한민족에게는 예로부터 한 해가 바뀌는 시점을 세 가지로 분석하여 자연의 변화와 인간의 삶을 실용적으로 조절하였지요. 그래서 나이를 한 살 더 먹는 시점도 세 가지로 판단하였습니다.

천지만물의 성능은 서로 다르기 때문에 그 운행하는 속도가 동일하지 못하므로 시간차가 생기는 것입니다. 하늘은 씩씩하여 그침이 없으므로 가장 빠르게 운행해서 동지(冬至)가 되면 해가 바뀌어 짧아지던 태양이 동지를 기점으로 다시 길어지지요. 그리고 땅은 유순(柔順)하여 하늘의 운행을 뒤따라가기 때문에 입춘(立春)이 되어야 해가 바뀌어 따뜻한 땅속의 샘물이 입춘을 기점으로 다시 차가운 샘물로 바뀌지요. 또한 사람은 몸을 따뜻하게 보호하는 털이 없기 때문에 얼음이 녹는 우수(雨水)가 되어야만 해를 바꾸어 설을 쇠고 활동을 개시하지요.

이와 같이 하늘과 땅과 사람이 해를 바꾸는 시간차가 약 한 달의 간격이 있는 까닭에 주역(周易)에서는 말하기를 "하늘이 운행하는 천도(天道)는 동짓달인 자월(子月)에 열리고, 땅이 운행하는 지도(地道)는 섣달인 축월(丑月)에 열리며, 사람이 운행하는 인도(人道)는 정월(正月)인 인월(寅月)에 열린다."고 하였습니다.

이러한 동양철학에서 밝힌 우주만상의 운행법칙에 의하여 우리 한민족은 하늘이 새로 열리는 동짓날에는 시조(始祖)에게 새해를 알리는 제사를 지냈고, 일반 민중은 팥죽을 끓여서 터줏대감에게 바치면서 새로운 해가 시작되었음을 깨우쳤습니다. 그리고 우리 한민족은 땅이 다시 열리는 입춘 날이 되면 입춘대길(立春大吉), 건양다경(建陽多慶) 등의 입춘방(立春榜)을 써서 대문과 건물 기둥에 붙이고 따뜻한 새봄의 상서로운 기운을 집안에 모으려고 노력하였습니다.

이렇게 겨울의 두 달 동안 희망으로 가득 찬 새해를 준비하다가 마침내 새해의 설날이 되면 우리 한민족은 온 가족이 모여서 새 옷을 입고 새 음식을 장만하여 조상님께 차례를 지내고 어른에게 세배를 하면서 서로 사랑하여 덕담(德談)을 주고받으며 근엄하게 한 해를 새 출발하였습니다. 이와 같이 사람이 하늘땅과 더불어 새로운 한 해를 시작하는 것을 나는 크게 시작하는 사랑이라고 정의하였습니다.

우리 한민족은 크게 시작하는 사랑에 매우 익숙하지요. 그래서 서구(西歐)의 태양력을 도입하여 양력(陽曆)을 사용함에도 해가 바뀐 것을 긍정적으로 인정하였습니다. 왜냐하면 양력으로 동지는 12월 22일이 아닙니까? 그러므로 동지에 하늘이 바뀌었으므로 양력 1월 1일은 옛날 주(周)나라의 자월(子月)을 정월(正月)로 삼은 역법(曆法)과 일치하는 것입니다.

그래서 우리 한민족은 양력 1월 1일인 오늘부터 입춘을 거쳐 우리 민족의 설날인 음양력(陰陽曆)의 정월(正月) 초하루에 이르기까지를 크게 시작하는 사랑의 기간으로 설정해서 하늘과 땅과 사람과 만물을 널리 사랑하여 착한 마음으로 덕(德)을 베풀어 상서로운 기운을 집안에 가득히 모아서 장차 1년 동안 하는 일마다 뜻대로 이루어지고 또한 경사롭고 영광스러운 일만 가지의 행복이 이르도록 경영하였던 것입니다.

마침 2008년 2월 25일에는 우리나라 새로운 대통령이 취임하지요. 더욱 희망차고 약동하는 국가를 건설하여 자주, 민주, 통일의 위대한 역사가 펼쳐지도록 함께 축원하면서 우리 모두 같이 즐거운 새해를 맞이합시다. 감사합니다.

힘차게 실천하는 용기 /2008. 1. 2(水)

　여러분 안녕하십니까? 오늘은 새해의 계획을 세워서 힘차게 추진하는 용기에 대하여 강의하겠습니다. 우리 유교에서는 모든 사람이 갖추어야 할 덕목으로 지혜와 사랑과 용기를 숭상합니다. 공자가 말씀하시기를 지(智), 인(仁), 용(勇)은 3달덕(三達德)이니 예로부터 천하 사람이 갖추어야 될 공통의 덕목이라고 하였습니다. 아무리 지혜롭게 계획을 세우고 사랑으로 시작을 하였어도 힘차게 실천하는 용기가 없으면 성공하기 어렵지요. 그래서 요란하게 시작만 하고 나중에 흐지부지하는 것을 작심삼일(作心三日)이라고 비웃는 것입니다.

　우리나라는 현재 '세계 속에 한국'으로 빛나는 '새 시대'를 건설하기 위하여 불철주야 용왕매진(勇往邁進)하고 있지요. 지금 우리나라의 국력이 모든 방면에서 세계 10위권에 진입하고 있는 문화강국입니다. 장차 세계에서 가장 높은 지식기반산업을 일으키고 또한 세계에서 가장 살기 좋은 1등 국가를 만들기 위해서는 우리 한민족이 용기백배하여 민족정기를 일으켜서 힘차게 국가목표를 추진하는 용기가 필요합니다.

　우리 한민족은 자고로 여의주를 입에 물고 하늘을 날면서 구름을 일으켜 비를 내리고 바람을 불어 삼라만상을 싱싱하게 경영하는 용을 흠모합니다. 그래서 임금님의 곤룡포에도 용을 그리고 대궐의 천정에도 용을 조각하여 자유자재한 신통력으로 무궁무진하게 변화 발전하는 경영능력을 상징했지요.

　이렇게 자유자재한 신통력을 가진 용은 종자가 없다는 사실을 알아야 합니다. 용(龍)은 새끼를 낳지 않아요. 여러분, 용의 새끼를 그림에서라도 본 적이 있습니까? 없지요. 용은 새끼를 낳지 않기 때문에 화가들도 용의 새끼를 그리지 않아요. 그렇다면 무엇이 용이 될까요. 이 세상에 동물은 무엇이든지 큰 뜻을 품고 지혜와 사랑과 용기를 갈고닦으면 모두 용이 될 수 있는 것입니다.

강물에 사는 잉어도 물속의 정기를 몸속에 모아서 등용문(登龍門)을 뛰어오르면 용이 되지요. 이것을 어룡(魚龍)이라고 하여 발이 없는 용입니다. 그리고 산에 사는 닭도 산속의 정기를 몸 안에 모아서 환골탈태(換骨奪胎)하면 용이 되지요. 이것을 계룡(鷄龍)이라고 하여 발이 있는 용입니다.

그뿐만 아닙니다. 심지어 우리 속담에 "미꾸라지가 용 됐다." 하고 "개천에서 용 났다."라는 말이 있지 않습니까? 왕후장상(王侯將相)이 씨가 없는 것입니다. 옛날부터 천자(天子)나 제후(諸侯)나 장군이나 정승의 종자가 따로 있지 않았습니다. 누구나 큰 뜻을 품고 하늘땅의 원기(元氣)를 모으고, 인류의 정신을 발휘하여 초지일관(初志一貫) 있는 힘을 다해서 분발 노력하면 천하에서 가장 뛰어난 1인자가 될 수 있는 것입니다.

공자는 말씀하시기를 지혜로운 사람은 의혹하여 머뭇거리지 않고, 사랑하는 사람은 근심하여 초조하지 않고, 용기가 있는 사람은 두려워하여 좌절하지 않는다고 하였습니다.

우리 한민족에게 오늘날 가장 필요한 자세는 세계 속에 한국정신을 높이 받들고, 가장 도덕적이고 인간적인 새 시대를 건설하는 역사적 사명을 확신하면서 지혜와 사랑과 용기를 더욱 발휘하여 1등 국가를 향해 일로매진하는 것입니다.

옛말에 경계하기를 작은 것을 탐하면 큰 것을 잃고, 역시 작은 성공에 만족하여 안주하는 것은 게으른 사람의 자포자기라고 하였습니다. 이 세상에 가장 나쁜 악덕이 사사로운 욕심과 게으름과 자포자기하여 낙오자가 되는 것이지요. 이것은 모두 용기가 없는 행동으로 자존심도 수치심도 모르는 한심한 사람이에요.

우리 한민족은 일찍이 고대에는 신선국을 건설했고, 중고시대에는 군자국을 건설했으며, 근세에는 동방예의지국을 건설했습니다. 이러한 역사정신을 계승하여 이제는 세계에서 제일가는 도덕으로 빛나는 문화국을 건설해야 되겠습니다. 오늘은 힘차게 실천하는 용기에 대하여 해설하였습니다. 감사합니다.

시종일관 노력하는 정성 /2008. 1. 3(木)

여러분 안녕하십니까? 지혜와 사랑과 용기로 시종일관(始終一貫) 노력하는 정성(精誠)에 대하여 강의하겠습니다. 정성 성(誠) 자는 본래 지혜와 사랑과 용기를 아울러 종합한 진실체로서 가장 고명(高明)한 이성(理性)이고, 가장 신성한 정신입니다. 그래서 "정성이 지극하면 하늘도 감동한다."고 하지요. 지극한 정성은 천하 만물을 모두 움직이게 해서 마침내 그 목적을 달성하여 반드시 성공을 거두는 것입니다.

새해가 되면 누구나 뜻을 세워서 1년 동안의 할 일을 착수하지요. 그러나 봄이 가고, 여름이 가고, 가을이 지나서 그 결심을 살피면 어떤 사람은 목표를 성공적으로 달성했지만 혹 어떤 사람은 실패하여 성공하지 못했지요. 그 이유는 정성이 부족했기 때문입니다. 온갖 정성을 기울여 부지런히 노력한 사람은 성공하고, 애써 노력하는 정성이 모자란 사람은 실패하기 마련이에요.

그래서 중용(中庸)에서 말하기를 "정성이라는 것은 사물의 끝이요 시작이니 성실하지 않으면 사물이 없는 것이므로 군자는 정성을 고귀하게 여기느니라."라고 하였습니다. 사람이 일을 정성스럽게 시작하여 정성스럽게 끝내면 현상적으로 실용적 가치가 있는 사물을 생산하지만 이와 반대로 불성실하게 시작해서 불성실하게 끝내면 현상적으로 아무런 쓸모가 없는 물건으로 전락하게 되어 오직 현실사회에 별로 도움이 없을 뿐만 아니라 도리어 시간과 인력과 물자만 낭비하여 손해를 끼치는 것입니다.

모름지기 일을 할 때에는 정성스럽게 시작해서 정성스럽게 끝내는 정열적인 자기 자신의 노력이 있어야 됩니다. 대저 정성은 자기 자신이 진실하고 순수한 정신으로 이룩하는 것입니다. 어떤 사람들은 남의 정성으로 자기의 사업을 이루려고 하는데 이것은 착각입니다.

지극한 정성은 자기 자신이 스스로 극진히 하여야만 알지 못하는 것이 없고, 사랑하지 않은 것이 없으며, 움직이지 못하는 것이 없어서 명확한 결단력과 강력한 추진력으로 자유자재한 경영능력을 발휘하여 쉬지 않고 시종일관(始終一貫) 계속할 수 있는 것입니다.

여러분, 결단코 남의 정성으로 자기의 일을 성공하려는 생각을 조금이라도 가지지 마세요. 비록 남의 정성이 갸륵하다고 하여도 그것은 한계가 있어서 일시적이고 부분적인 것에 지나지 않으며, 또한 책임을 지울 수도 없는 것입니다. 따라서 남의 정성은 나의 일에 있어서 보조적 협조자의 역할로 만족해야지 전적으로 의지하거나 위임해서는 안 되는 것입니다.

오로지 자기 자신의 무한한 정성으로 사물에 임해야 합니다. 자기 자신의 무한한 정성은 반드시 자기 자신을 성실하게 하므로 인의예지(仁義禮智)의 착한 본성을 완성하여 기질을 순수하게 만들어서 밝은 마음과 맑은 정신을 가지게 하는 것입니다. 그래서 귀와 눈이 총명하고, 손과 발에 신바람이 나서 부지런히 자연의 법칙을 통달하고, 인생의 진리를 달관하기 때문에 도덕과 윤리와 예절을 존중하고, 효도와 우애와 충성과 신의를 실천하는 노력을 계속하므로 마침내 하늘이 돕고, 귀신이 돕고, 사람이 도울 뿐만 아니라 만물까지도 돕는 까닭에 모든 일이 아름답게 성공을 거두게 되는 것입니다.

인생의 길은 자기의 힘으로 자기의 인생을 사는 것이지 남의 힘을 빌려서 대신으로 살게 할 수는 없는 것입니다. 모든 사람은 각각 자기가 살아가야 되는 자기의 길이 있는 것이므로 남의 인생을 방해하여 나의 인생에만 평생 종사하라고 요구할 수는 없지요. 사람의 인생은 모두 똑같이 고귀하고, 각자의 인생은 스스로 경영해야만 보람이 큰 것입니다.

외롭고 홀로 노력해서 만난을 극복하여 역경을 이겨내고 자수성가(自手成家)하여 국가사회에 크게 이바지하고 인류세계 발전에 많은 기여를 한 사람을 우리는 성현(聖賢)이나 영웅으로 길이 받들지요. 오늘은 지혜와 용기로 일관하는 정성에 대하여 해설하였습니다. 여러분 올해에 크게 성공하시기를 기원합니다.

격몽요결(擊蒙要訣) 입지장(立志章) 해설 /2008. 2. 11(月)

청취자 여러분 희망찬 무자(戊子)년 새해 설명절을 즐겁게 보냈습니까? 오늘은 연휴를 끝내고 새로운 마음으로 일을 시작하는 월요일입니다. 사람이 세월과 더불어 새롭게 발전하는 길은 옛사람의 글을 읽고 배우는 것보다 좋은 방법이 없지요. 그래서 이번 주에는 율곡(栗谷) 선생의 격몽요결(擊蒙要訣)을 살펴보겠습니다. 격몽요결은 율곡 이이(李珥) 선생이 42세 때인 선조 10년, 즉 서기 1577년에 대단히 충격적인 논리로 학문의 바른길을 요약하여 한문(漢文)으로 엮은 책입니다.

율곡 선생은 그 서문에서 학문의 중요성을 역설하였는데 이르기를 "사람이 이 세상에 태어나서 학문이 아니면 사람이 되지 못하니 소위 학문이라는 것은 또한 이상하고 특별한 것이 아니고 다만 일상생활에서 사물을 합리적 처리하는 진리를 탐구하는 것이다."라고 하여 일상생활 속에서 보편적 가치를 탐구하는 실용적 학문을 고취하였습니다. 그리하여 초학자가 뜻을 세우고, 낡은 습관을 바꾸고, 몸을 깨끗하게 간직하고, 글을 읽고, 어버이를 섬기고, 상복(喪服)을 입고, 제사를 지내고, 가정을 유지하고, 사람을 대접하고, 세상을 경영하는 방법까지 10장으로 간략하게 편집하였는데 어린이 교육에는 물론 일반인의 인격수양방법으로도 매우 유익하므로 인조(仁祖)가 조정에 명하여 국가에서 간행하고 전국 향교에 배포해서 가르치게 하므로 초학자가 가장 소중하게 여기는 책이 되어 아름다운 학풍을 조성하는 기초가 되었습니다.

오늘은 격몽요결의 제일 첫 장인 입지(立志)에 대하여 살펴보겠습니다. 입지는 세울 입(立) 자에 뜻 지(志)인데 공부를 하는 목표를 세우는 것이지요. 율곡 선생은 공부를 하는 목표를 훌륭한 성인(聖人)을 본받기로 스스로 기약하라고 강력히 설파합니다. 왜냐하면 천부적인 인간의 본성은 모두 동일하게 착하므로 비록 기질(氣質)의 차이가 있다고 하여도 분발 노력하여 탁박한 기질을 바꾸어 맑고 순수하게 만들기만 하면 일만 가지의 착한 본성을 모두 갖추어서 위대한 인격을 구비한 성인(聖人)이 될 수 있기 때문입니다. 율곡 선생은 이와 같이 누구나 위대한 인격을 갖추어 시대와 국가를 초월하여 존경받는 성인(聖人)이 될 수 있다는 근거로 맹자(孟子)가 말한 "사람은 누구나 모두 요(堯)임금과 순(舜)임금 같은 성인(聖人)이 될 수 있다."는 성선설(性善說)의 논리를 인용하였지요. 다음으로 뜻을 세웠으면 마땅히 그 목적을 달성하기 위하여 분발 노력해서 지성을 밝히고 행실을 독실하게 하여야 된다고 하였습니다. 사람이 뜻만 높이 세우고 실천하는 노력이 따르지 않으면 목적지만 정해 놓고 가지 않은 것과 무엇이 다르겠습니까? 모름지기 뜻을 세웠으면 일심정력으로 불철주야 노력을 경주해야 성공할 수 있지요.

그래서 율곡 선생은 뜻을 세우고 분발 노력하는 모범으로 공자의 수제자인 안연(顏淵)을 제시하였습니다. 안연은 일찍이 말하기를 "순(舜)임금은 어떤 사람이며, 나는 어떤 사람인가."라고 하면서 똑같은 사람으로 태어났으니 나도 노력하면 순임금과 같이 온 세상 사람의 존경을 받는 성인이 될 수 있다는 뜻을 보였습니다.

그리고 사람에게 있어서 용모(容貌)나 체력이나 키 같은 것은 한계가 있지만 마음과 뜻은 한계가 없음을 천명하였습니다. 사람은 타고난 자질이 있어서 갑자기 천하미인이 되거나 힘이 가장 센 장사(壯士)가 되거나 키가 큰 사람이 되기는 거의 불가능하지요. 그러나 천하에서 마음이 가장 어질고, 뜻이 가장 높은 사람이 되기는 아주 쉬운 것이라고 역설하고 있어요. 왜냐하면 어진 마음과 높은 뜻은 자기 스스로 마음먹고 실천하면 되기 때문이지요. 그래서 율곡 선생은 뜻을 견고하게 세워 불퇴전의 용맹심으로 용왕매진하라고 하였습니다.

끝으로 성실하게 자기 자신을 개발하는 노력을 계속하여 결코 중단하지 말라고 경계하였습니다. 거룩한 성인(聖人)이 되는 공부는 결국 다른 사람에게서 찾는 것이 아니고 천부적으로 타고난 천성(天性)을 말미암아 자기 자신을 완성하는 데 있는 것입니다. 그러므로 스스로 사랑하고 스스로 공경해서 높은 뜻과 깨끗한 몸을 지키는 것이 기본입니다. 오늘은 율곡 선생의 격몽요결 가운데 입지장을 해설하였습니다. 새봄을 맞이하여 큰 뜻을 세우고 더욱 새롭게 발전하는 계기가 되기 바랍니다. 감사합니다.

격몽요결의 제2 혁구습장(革舊習章) 해설 /2008. 2. 12(火)

청취자 여러분 안녕하십니까? 오늘은 율곡 선생의 격몽요결 가운데 두 번째로 혁구습장(革舊習章)의 말씀을 살펴보겠습니다. 혁구습이란 바꿀 혁(革) 자와 옛적 구(舊) 자에 익힐 습(習) 자입니다. 옛적에 익힌 낡은 습관을 바꾸어서 새 사람이 되어 새 바람을 일으켜 새 시대를 창조하는 주역이 되라는 뜻입니다.

사람이 뜻을 세웠으면 정신자세와 생활철학도 따라서 새롭게 바꾸어 용감하게 떨치고 일어나는 변화가 있어야겠지요. 그래서 율곡 선생은 "사람이 비록 학문에 뜻이 있지만 용감하게 곧장 앞으로 나아가서 성취한 바가 있지 못한 까닭은 낡은 습관이 막아서 실패하게 함이 있기 때문이라."고 하였습니다. 이 세상에 학문을 하는 사람은 대단히 많지요. 그러나 성공하는 사람은 매우 드문데 그렇게 많은 사람이 학문에 실패한 이유가 낡은 버릇을 버리지 못하는 우유부단한 자세에 있다는 말씀은 대단한 탁견입니다. 가슴을 울리게 하는 말씀이지요. 두고두고 생각해도 옳은 말씀입니다. 율곡 선생은 혁구습장에서 통상적인 낡은 습관을 여덟 가지로 분류하여 제시하면서 이러한 낡은 습관을 통렬하게 끊어버려야만 인격을 향상할 수 있다고 선언하였습니다.

이제 율곡 선생이 제시한 여덟 가지의 낡은 습관을 차례로 번역하여 살펴보지요. 첫째는 그 마음과 뜻을 게을리하고, 그 몸가짐의 모양을 단속하지 않고, 다만 한가롭고 편안함만을 생각하며, 도덕에 얽매어 자유롭지 못함을 매우 싫어하는 것이라고 하였습니다. 이렇게 게으르고 방종에 사로잡힌 사람이 어떻게 도덕을 지키고, 윤리를 밝혀, 예절을 실천하여, 고매한 인격을 기르겠습니까? 반드시 부지런히 수고롭게 움직이며 실천하는 사람으로 바꾸어야만 새사람으로 거듭나게 될 것입니다.

둘째는 항상 움직이는 행동만을 생각하여 고요한 상태를 지키지 못하고, 부산하고 소란스럽게 출입하여 신세타령이나 세상이야기를 하면서 세월을 보내는 것이라고 하였습니다. 쓸데없는 잡담으로 아까운 세월을 낭비하면서 고요히 앉아 사색을 하지 않는다면 어떻게 지식을 넓히고 마음을 바르게 길러서 인격을 수양하겠습니까? 홀로 고요히 앉아서 반성하고 착한 양심을 간직하는 공부를 해야 됩니다.

셋째는 같은 것을 기뻐하고 다른 것을 싫어하여 유행하는 습속에 빠져서 조금 수식하려고 해도 무리에게 어그러지는 것을 두려워하는 것이라고 하였습니다. 뜻이 높으면 우뚝하게 독립하여 새로운 바람을 일으켜야지 낡은 세속을 추종하면서 어떻게 새 사람으로 거듭나겠습니까? 우리 민족은 일제 식민지시대와 6 · 25 동란으로 얼룩진 눈치 보기와 줄서기 같은 낡은 습관을 이제는 버리고 당당하게 홀로서는 씩씩한 기풍을 일으켜야 1등국민이 될 것입니다.

넷째는 글쓰기와 강연으로 당시에 이름 내기를 좋아하여 경전의 문구를 표절해서 말솜씨만 번지르르하게 기교를 부리는 것이라고 하였습니다. 인격을 수양하는 공부는 겉으로 나타난 화려함에 있지 않고 내면의 충실성에 있는 것입니다.

다섯째는 글씨 쓰기에만 공을 들이고, 노래와 술을 즐기면서 편안하고 한가롭게 평생 살며 스스로 깨끗한 운치라고 말하는 것이라고 하였습니다. 현실을 외면한 취미생활로 어떻게 타락한 세속적 인간군상을 면할 수 있겠습니까?

여섯째는 한가한 사람들을 모아놓고 바둑이나 놀이를 하면서 하루 종일 배불리 먹으며 경쟁심이나 조장하는 것이라고 하였습니다.

일곱째는 부귀(富貴)를 부러워하고 가난하고 천함을 싫어하여 떨어진 옷과 거친 음식을 매우 부끄럽게 생각하는 것이라고 하였습니다.

그리고 여덟째는 즐김과 욕구에 대한 절제가 없어 단호하게 끊어서 절제하지 못하고, 재물과 이익과 노래와 여색의 맛이 꿀처럼 달콤한 것이라고 하였습니다.

위에 세 가지는 모두 세속적 가치에 빠져서 경쟁심을 부추기고 부귀를 탐하고 물질의 노예가 되어 타락한 몰골이지요. 율곡 선생은 끝으로 낡은 습관을 고치기가 쉽지 않음을 지적하고 모름지기 크게 용맹한 기상을 드날려서 한 칼로 통쾌하게 뿌리를 잘라 버려야 그 마음과 뜻을 깨끗하게 씻을 수 있다고 강조하였습니다. 새 해에는 새 정부가 들어서니 율곡 선생의 가르침에 따라 낡은 폐습을 일소하는 계기가 되면 좋겠습니다. 오늘은 율곡 선생의 격몽요결 가운데 낡은 관습을 바꾸는 혁구습장을 해설하였습니다. 감사합니다.

격몽요결의 지신장(持身章) 해설 /2008. 2. 13(水)

청취자 여러분 안녕하십니까? 오늘은 율곡 선생이 격몽요결에서 가장 강조하신 지신장(持身章)에 대하여 해설하겠습니다.

지신(持身)이란 가질 지(持) 자와 몸 신(身) 자로 몸가짐을 단정히 하여 체신을 지키라는 뜻이지요. 인격을 수양하는 학문은 몸가짐이 근본입니다. 사람이 아무리 지식이 많고, 벼슬이 높고, 돈이 많아도 그 몸가짐이 형편없으면 모두 꼴불견이라고 손가락질하지요. 그래서 우리 유교에서는 몸가짐에 특별히 조심하고 신분에 맞는 체신을 지키려고 평생 노력합니다. 율곡 선생은 몸가짐의 기본 자세로 성심향도(誠心向道)를 제시하였는데 성심향도(誠心向道)란 성실한 마음으로 도덕에 뜻을 두고 그 길로 나아가는 것입니다. 이 것은 정성을 들여서 자기의 인격을 완성하여 도덕에 뜻을 두고 오로지 자기가 가야 할 길로만 일로매진하라는 뜻입니다. 모름지기 사람이 자기 자신에 대하여 이러한 정성과 열의가 있어야만 진리의 주체가 되고 도덕의 실체가 되어 인간정신을 드날리고, 도덕적 가치를 창조하여, 몸을 세우고 이름을 빛내는 입신양명(立身揚名)을 할 수 있는 것입니다.

율곡 선생은 몸가짐의 기초과정으로 "항상 반드시 일찍 일어나고 밤에 자되 의관을 반드시 단정하게 바로잡고, 얼굴색을 엄숙하게 하고, 손을 마주잡고, 무릎 꿇고 앉으며, 걸음걸이는 편안하고 자상하고, 말을 신중하게 하여 일동일정(一動一靜)을 경박하거나 소홀히 하여 구차하게 버려두지 말라."고 하시면서 몸과 마음을 단속하는 방법으로 9용(九容)과 9사(九思)를 좌우명으로 삼으라고 하였습니다. 9용(九容)은 아홉 가지의 용모로 무거운 발, 공손한 손, 단정한 눈, 멈춘 입, 고요한 음성, 곧은 머리, 엄숙한 기상, 듬직하게 서고, 장엄한 얼굴색을 가지는 것입니다.

그리고 9사(九思)는 아홉 가지의 생각으로 밝은 눈, 밝은 귀, 따뜻한 얼굴색, 공손한 모양, 진실한 말, 경건하게 일하고, 의심나면 질문할 것, 분노하면 어려울 것, 이득을 보면 정의를 생각하라는 것입니다.

다음으로 율곡 선생은 몸가짐 공부에 방해가 되는 사항을 자상하게 열거하면서 먼저 공자가 안연(顔淵)에게 일러 말씀하신 "예절이 아니면 보지도 말고, 듣지도 말며, 말하지도 말고, 움직이지 말라."는 것이 몸을 닦는 요체라고 밝히고, 사사로운 욕망을 이겨내는 극기(克己) 공부를 강조하였습니다. 그리하여 먼저 일상생활에서부터 화려하고 사치한 의복을 입지 말고, 달고 아름다운 음식을 먹지 말고, 편안하고 큰 집에 살지 말고, 더욱 나아가 가끔이라도 여색을 좋아하거나, 이익을 좋아하거나, 명예를 좋아하거나, 벼슬을 좋아하거나, 안일을 좋아하거나, 연회나 음악을 좋아하거나, 진귀한 노리개를 좋아해서는 절대로 안 된다고 경고하였습니다. 그리고 특별히 말이 많고, 생각이 많은 것이 마음공부에 가장 해롭다고 하면서 마땅히 고요히 앉아 본심을 간직하면서 꼭 필요한 말만 해야 된다고 당부하였습니다.

율곡 선생은 마지막 단원에서 몸가짐 공부의 극치를 논하였는데 내면의 순수하고 정직하고 경건한 마음을 천하 사람이 모두 알게 하여 확고부동하고, 광명정대하며, 정성스럽게 행동하는 상징적 존재가 되는 데까지 이르러 가야 된다고 하였습니다. 그리하여 율곡 선생은 말하기를 "이 마음을 고요하고 고요한 속에서 번쩍번쩍 빛나게 하는 방법은 경건한 자세로 내면을 곧게 하는 경이직내(敬而直內)"의 공부를 강조하고 다음으로 "몸과 마음을 바르게 하여 겉과 속이 한결같고 시작과 끝이 똑같아서 이 마음을 푸른 하늘에 태양처럼 뚜렷이 밝혀 모든 사람이 보아서 알 수 있게 하라."고 하였지요. 그리고 부정(不正) 불의(不義)하고 불인(不仁) 무도(無道)한 행동은 천하를 얻어도 하지 않을 생각을 가슴에 품고 "경건하게 살면서 그 근본을 확립하고, 이치를 연구하여 착한 일에 밝으며, 힘써 노력하여 실천하라."고 하였습니다. 격몽요결의 몸가짐공부는 우리나라의 학문을 숭상하는 학풍확립과 학자를 존중하는 풍속교화에 지극히 큰 영향을 끼치게 하였습니다. 이 격몽요결은 역대로 학교교육과 가정교육에서 기본교재로 채택하였는데 이 책을 읽은 사람은 큰 감명을 받고 결연히 말하기를 "대저 사람이 이와 같지 않으면 사람이 아니다."라고 대부분 말하였던 것입니다. 그래서 우리 민족이 근세에 동방예의지국을 건설했던 거지요. 이제 우리 민족이 세계만방에 왕래하면서 문화교류를 하는바 몸가짐을 각별히 조심하여 세계적인 모범을 보일 때입니다.

격몽요결의 지신장(持身章)이 세계인의 미래상이 되었으면 좋겠다는 간절한 마음으로 자상하게 해설하였습니다. 감사합니다.

격몽요결 독서장(讀書章) 해설 /2008. 2. 14(木)

청취자 여러분 안녕하십니까? 오늘은 율곡 선생의 격몽요결 넷째 장인 독서장(讀書章)에 대하여 해설하겠습니다. 독서는 글을 읽는 것이지요. 책을 읽는 것은 마음속에 지혜의 등불을 켜는 일입니다. 인류는 오랫동안 인생을 경영하면서 몸소 체득한 진리와 경험을 책 속에 담아 전해 왔습니다. 그래서 책은 진리의 보고(寶庫)이고 지혜의 샘이라고 할 수 있지요. 그러므로 우리 유교에서는 글을 읽으면서 몸을 닦는 독서수신법(讀書修身法)을 학자의 기본과정으로 인정하여 학교와 가정에서 글공부하는 것을 장려하고, 글자를 아는 식자인(識字人)을 존중하였습니다.

율곡 선생도 독서장의 첫째 단원에서 밝히기를 "도덕세계로 들어가려면 가장 먼저 궁리(窮理)하여 사물의 이치를 모두 통달해야 되고, 사물의 이치를 모두 통달하려면 가장 먼저 독서(讀書)를 하여야 되나니 왜냐하면 거룩하고 훌륭한 성현(聖賢)들의 마음 쓰는 자취에서 착한 마음을 본받고 악한 생각을 징계할 사항이 모두 책 속에 갖추어 있기 때문이라."고 하였습니다. 따라서 글을 읽어 세상이치를 달통하고 또한 성현의 마음 씀씀이를 본받아야만 도덕세계로 들어가는 문이 열리게 됩니다.

율곡 선생은 둘째 단원에서 또한 글 읽는 자세를 교시하였는데 "반드시 단정하게 손을 마주잡고 무릎 꿇고 앉아서 책을 공경스럽게 대하여 마음을 오로지 하고, 뜻을 지극히 해서 정밀하게 오래 생각하여 내용을 깊이 이해하고, 매 구절마다 반드시 실천방안을 탐구하라."고 강조하였습니다.

보통사람들은 정신을 집중하여 글을 읽고, 그 내용만 파악하면 그치는데 율곡 선생은 그 실천방안까지 탐구하라고 하였으니 우리나라의 독서풍토가 대단히 심오하게 되었지요.

율곡 선생은 셋째 단원부터 인격을 수양하는 사람이 반드시 읽어야 될 책을 차례로 열거하고 그 책에서 파악한 내용을 간결하게 서술하였습니다. 이것은 우리나라 학자들이 글을 읽는 순서와 지식 탐구의 진도로 삼았던 중요한 길잡이 역할을 했으므로 차례로 약술하면 다음과 같습니다.

먼저 소학(小學)을 읽어서 어버이를 섬기고, 형을 공경하며, 나라에 충성하고, 어른에게 공손하며, 스승을 높이고, 벗과 사귀는 도리를 자세히 음미하고 힘써 실천하라고 하였습니다.

다음은 대학(大學)을 읽어서 사물의 이치를 연구하고 마음을 바르게 하여 몸을 닦고 사람을 다스리는 도리를 알아 실천하라고 하였습니다.

다음은 논어(論語)를 읽어 공자의 가르침인 착하고 공명정대하고, 사랑하고, 살리는 어질 인(仁) 자의 덕을 탐구하여 자기 자신의 인간성을 함양하는 공부를 정밀하게 연구하여 깊이 체득하라고 하였습니다.

다음은 맹자(孟子)를 읽어 정의로운 양심과 이익을 추구하는 사리사욕(私利私慾)을 밝게 분별해서 인간의 사사로운 욕망을 뿌리 뽑고, 하늘의 이치를 간직하여 대동사회주의(大同社會主義)와 개인이기주의(個人利己主義)를 분명하게 살펴서 착한 본성을 확충하라고 하였습니다. 사람이 제 욕심만 채우는 개인이기주의를 추구하면 절대로 고매한 인격자가 될 수 없기 때문입니다.

다음은 중용(中庸)을 읽어 사람의 덕성(德性)과 애정(愛情)을 극진히 넓혀서 하늘땅이 바로 서고, 만물이 생육하는 지도자의 오묘한 감화력에 대하여 깊이 사색해서 체험하라고 하였습니다.

그 다음은 시경(詩經)을 읽어 사람의 본성과 감정의 사악하고 바름과 착하고 악함에 따라서 세상 사람이 흠모하여 찬양하거나 비난하여 욕하는 반응을 살펴 정직하고 착한 마음을 일으키고, 사악한 마음을 징계하라고 하였습니다.

그 다음은 예기(禮記)를 읽어 천리(天理)자연의 절도 있는 문채와 의례절차의 도수에 대하여 하나하나 강론하고 연구해서 인격을 확립하라고 하였습니다.

그 다음은 서경(書經)을 읽어 요임금과 순임금 그리고 우임금과 탕임금과 문왕 무왕이 천하를 잘 다스렸던 대경대법(大經大法)에 대하여 강령과 요체의 근본을 파악하라고 하였습니다.

그 다음은 역경(易經), 즉 주역(周易)을 읽어 인생만사에 있어서 길흉소장(吉凶消長)의 이치와 진퇴존망(進退存亡)의 법칙을 관찰해서 연구하라고 하였습니다.

그 다음은 춘추(春秋)를 읽어 공자가 역사를 심판하는 기준과 사건을 처리하는 안목을 정밀하게 연구하여 깨달으라고 하였습니다.

끝으로 율곡 선생은 이상의 5서5경(五書五經)을 돌아가면서 반복하여 익숙하게 읽으면 의리(義理)가 날로 밝아져서 인격이 크게 향상되어 세계적으로 존경받는 사람이 될 뿐만 아니라 또한 위대한 성현이 될 것이라고 하였습니다. 오늘은 독서장을 해설하였습니다. 감사합니다.

격몽요결 사친장(事親章) 해설 /2008. 2. 15(金)

청취자 여러분, 안녕하십니까? 오늘은 율곡 선생의 격몽요결 중에 다섯 번째인 어버이를 섬기는 사친장(事親章)에 대하여 말씀드리겠습니다. 어버이를 섬기는 것은 인격자의 기본행실입니다. 그래서 우리 유교에서는 어버이를 잘 섬기는 효도(孝道)가 일백 가지 행실의 근본이 되므로 정치와 교육의 이념으로 삼을 뿐만 아니라 또한 인류의 안녕을 길이 보장하는 복지사회건설의 강령으로 여기는 것입니다. 그래서 율곡 선생은 격몽요결을 엮으면서 먼저 뜻을 세우고, 낡은 습관을 바꾸며, 몸가짐을 단정히 하여, 글을 읽은 다음에는 바로 어버이를 잘 섬겨서 효도에 힘을 쓰라고 하였으니 그 뜻이 대단히 깊은 것입니다.

사친장(事親章)을 살펴보면 매우 간결하고 평이하면서도 은혜로운 정분(情分)이 가득하여 저절로 마음을 감동시킵니다. 그 첫 단원을 번역하여 읽으면 다음과 같습니다. "모든 사람들이 어버이에게 마땅히 효도해야 됨을 알지 못함이 없지만은 효도하는 사람이 매우 드문 까닭은 부모의 은덕을 깊이 알지 못하기 때문이다. 시경(詩經)에서 말하기를 '아버지는 나를 낳으시고 어머니는 나를 기르시니 그 은덕을 갚고자 할진대 넓은 하늘도 다함이 없다.'고 하지 않았는가? 사람의 자식이 생명을 받음에 성명(性命)과 혈육(血肉)이 모두 어버이가 남겨 주신 것이므로 헐떡이고 숨을 쉼에 혈기와 맥박이 서로 통하나니 나의 사유물이 아니고 너희 부모가 남겨 주신 혈기이다."라고 하시고 또 이어서 말하기를 "그러므로 '불쌍하고 가련한 아버지 어머니여, 나를 낳아서 고생만 하셨네.'라고 시경에서 노래하였으니 부모의 은덕을 내가 어찌 잊으리오. 어찌 감히 스스로 그 몸을 두어 부모에게 효도를 다하지 않으리오. 사람이 능히 항상 이런 마음을 간직하면 어버이를 생각하는 정성이 저절로 생기느니라."고 하였습니다. 사람이 어려서는 부모의 은덕에 감격하지 않은 사람이 누가 있겠습니까? 그러나 성장하여 사회활동을 하게 되면 늙은 부모의 은공을 잊어버리고 섬길 줄을 모르는 사람이 많게 되지요. 그래서 우리 유교에서는 늙은 부모에게 효도하는 것을 더욱 중요한 가치로 평가하여 칭찬하는 것입니다.

인간에게 있어서 생로병사(生老病死)는 누구도 피할 수 없는 자연 순환의 이치입니다. 사람이 늙어서 노쇠하면 어린아이처럼 자기 몸도 가누지 못하게 되지요. 그래서 어린아이를 부모가 돌보듯이 늙은 부모를 자손이 보살피는 것은 당연한 도리인데도 세상에는 부모의 은공을 망각하고 어버이 섬기는 일을 귀찮게 생각할 뿐만 아니라 심지어 배은망덕하게도 늙고 병든 부모를 방치하는 패륜아가 있으니 한심한 일입니다. 어버이를 모시는 일은 유별나게 어려운 것이 아니고 단지 어버이의 뜻을 받들어 형편대로 옷과 음식과 거처하는 방을 마련하여 함께 살면 되는 것입니다. 그러므로 율곡 선생은 사친장(事親章)의 제2단원에서 크고 작은 집안 행사에 부모의 뜻을 물어서 받들라고 하였고 제3단원에서는 아침저녁으로 어버이 방에 들어가서 어여쁜 얼굴빛으로 방바닥이 따뜻하고 서늘함을 살피라고 하였으며 제7단원에서는 부모에게 질병이 있으면 근심하고 두려워하여 다른 일을 버려두고 의원을 찾고 약을 구하여 간호하라고 하였으며 마지막 단원에서는 일상생활을 하는 사이에도 부모를 잊지 말고 항상 몸조심하고 말을 삼가며 특히 오락으로 세월을 보내지 말라고 하였습니다. 이러한 행실은 어버이를 섬기는 천하 사람의 공통적인 예절이고 고금에 효자가 모두 실천해 온 범절입니다. 어떤 사람은 옛날 농경시대에나 할 수 있고, 오늘날 산업사회에서는 하기 어려운 생활윤리라고 하는데 세상만사는 마음먹기에 달린 것입니다. 공자가 말씀하시기를 마음이 있으면 천 리도 지척이고, 마음이 없으면 지척도 천 리라고 하였지요. 요즈음은 자동차가 있고 휴대전화가 있고 고대광실 같은 아파트가 있는데 곁에 모시고 보살피는 즐거움에 무슨 어려움이 있단 말입니까.

오늘은 부모의 은덕은 평생을 갚아도 부족한 사친장(事親章)을 말씀드렸습니다. 감사합니다.

격몽요결 거가장(居家章) 해설 /2008. 2. 16(土)

청취자 여러분 안녕하십니까? 격몽요결의 제6장과 제7장은 상례(喪禮)와 제례(祭禮)인데 생략하고 오늘은 율곡 선생의 격몽요결 가운데 제8장인 늘 집에만 있으면서 집안일만 하는 거가장(居家章)에 대하여 말씀드리겠습니다.

거가(居家)는 살 거(居) 자와 집 가(家) 자로 오로지 집에만 머물러 살면서 몸을 고결하게 수양하여 인생을 즐겁게 사는 방법입니다. 대체로 어려서 청운의 뜻을 품고 학문을 전공하여 글을 많이 읽어 인격을 수양하였으면 마땅히 국가사회에 진출하여 벼슬을 하거나 스승이 되어 학생을 가르치거나 또는 여러 가지 공직을 맡아서 입신출세(立身出世)를 해야 되겠지요. 그러나 또한 뜻을 얻지 못하면 초야에 숨어 살면서 깨끗한 영혼으로 늙어 죽는 길도 있습니다.

모름지기 고상한 뜻을 숭상하는 선비는 부정부패한 정권이나 타락한 세태에 결코 동참하지 않고, 집에 머무르며 홀로 지조를 지키는 것이며, 또한 도덕을 실천하는 군자는 어지러운 나라에 들어가지 않고, 위태로운 지방에 살지 않으면서 명철하게 깨끗한 몸을 보존하는 것입니다. 따라서 진정한 유학자(儒學者)에게는 출세하여 벼슬하는 길은 매우 제한되어 있고, 집에 머물러 사는 길은 활짝 열려 있는 것입니다. 율곡 선생은 유교인의 이러한 처지를 십분 이해하여 격몽요결에 특별히 거가(居家)장을 만들어서 가난하고 천한 신분으로 고독하게 살아도 절대로 뜻을 굽혀서 현실에 타협하지 말라고 당부하였습니다.

공자가 말씀하시기를 "나라에 도덕이 없는데 큰 부자가 되고 높은 벼슬을 하는 것이 부끄러운 일이요, 반대로 나라에 도덕이 있는데도 가난하고 천한 것이 부끄러운 일이라."고 하였습니다. 따라서 천하가 크게 어지러운 난세에 사는 선비는 평생 초야에 숨어 늘 집에만 있으면서도 집안에 윤리를 밝혀 즐겁게 사는 방법을 스스로 찾아야 됩니다.

율곡 선생은 거가장(居家章)의 셋째 단원에서 형제간에 우애하여 음식과 의복을 함께 나누면서 정답게 살면 고독감을 느끼지 못할 것이라고 역설하였습니다. 형제는 동기간(同氣間)이라고 하지요. 동기간은 기분과 취향이 같다는 뜻이므로 형제들이 우애하여 기분과 취향이 서로 통하면 저절로 고독감이 사라지겠지요.

여덟 단원에서는 가난하고 천하여 궁색한 삶을 하늘의 뜻으로 받아들여서 더욱 강인한 정신으로 극복하고 낙천적(樂天的)인 사상을 길러 자연과 더불어 쾌활하게 살라고 하였습니다. 그리하여 우리나라에는 자고로 청빈(淸貧)한 생활신조로 안빈낙도(安貧樂道)했던 학자가 많이 나와서 옛날에 수양산에서 고사리를 캐먹다가 굶어 죽은 백이(伯夷) 숙제(叔齊)처럼 청풍고절(淸風高節)을 높이 숭상하였습니다.

가난하고 천한 사람이 평생 집에만 있으면서 청풍고절을 지키기 위해서는 마음이 깨끗하여 세간의 하찮고 시시한 일에 대하여 관심을 가지지 말아야 합니다. 그래서 율곡 선생은 옛사람이 손수 신을 삼아서 팔고, 물고기를 잡아서 팔고, 또 농사를 지어 먹고살면서도 그 고결한 지조를 지켰다고 하면서 비록 먹고살기 위하여 직접 공업이나 상업이나 농업에 종사하여도 되지만 절대로 비루하게 타락한 생활을 해서는 안 된다고 경계하였습니다.

우리나라는 병자호란 이후로 산림에 숨어 학자생활로 일관하는 산림학자양반세력을 형성하였으니 이렇게 안빈낙도(安貧樂道)하는 즐거움을 노래한 것이 시경(詩經)에 두 편이 있는데 하나는 형문(衡門)으로 "비록 오두막집에 살지라도 편안한 삶을 경영할 수 있나니 졸졸 흐르는 샘물로도 주린 배를 채우며 즐길 수 있다."고 하였고, 또 하나는 고반(考槃)으로 초야에 숨어 살면서도 맑은 공기와 깨끗한 물 그리고 푸른 구름과 흰 돌 사이를 산책하며 시를 읊는 여유 만만한 즐거운 자유인을 노래하였습니다. 주변에서 출세못 하고 집에만 처박혀 있다고 지탄을 받은 사람은 시경의 위풍(衛風) 고반(考槃)편과 진풍(陳風) 형문(衡門)편을 읽어서 스스로를 위로하기 바랍니다.

끝으로 수신제가(修身齊家)할 때의 제가(齊家)와 거가(居家)를 구별해야 됩니다. 제가(齊家)는 입신출세하여 부귀한 사람이 가정을 가지런히 다스리는 것이고, 거가(居家)는 뜻을 얻지 못하여 초야에 숨어 집에만 있으면서 고상한 뜻을 지키고 몸을 깨끗하게 보존하는 것입니다. 출세 못 하고 실의에 빠진 사람이 율곡 선생의 거가장을 읽으면 용기를 얻게 됩니다.

오늘은 격몽요결의 거가장을 살펴보았습니다. 감사합니다.

격몽요결 접인장(接人章) 해설 /2008. 2. 17(日)

청취자 여러분 안녕하십니까? 오늘은 율곡 선생의 격몽요결 가운데 마지막장인 제9 접인장(接人章)을 해설하겠습니다.

접인(接人)은 사귈 접(接) 자와 사람 인(人) 자인데 사람을 집으로 초청하여 잘 접대해서 가까이 사귀는 것입니다. 사람이 비록 어지러운 시대를 만나 뜻을 펴지 못하고, 가난하고 천한 신세를 면치못하여 초야에서 궁박하게 평생을 살더라도 인간의 사회적 신뢰까지 저버려서는 안 되는 것입니다. 사람은 어떠한 경우에도 사람과 함께 더불어 살아야지 새나 짐승과 같이 살 수는 없지요. 사람은 사회현실에 관심을 가지고 사회문제를 공동으로 해결하는 협조관계를 맺어야 합니다. 그래서 율곡 선생은 접인장의 첫 단원에서 "사람을 접대함에 마땅히 힘써 화합하고 공경하라."고 하면서 "나이가 배가 많으면 아버지뻘로 섬기고, 열 살이 많으면 형뻘로 섬기고, 다섯 살이 많으면 벗으로 사귀되 또한 조금 더 공경할지니 가장 옳지 못한 행동은 학문을 믿고 자기 자신을 높이며 호기를 부리면서 사람을 능멸하는 것이다."라고 엄중히 경고하였습니다.

우리 유교의 진리는 변화의 철학이기 때문에 상황의 구조에 따라서 가치관이 바뀌는 것입니다. 그래서 맹자(孟子)가 말하기를 "고향마을의 민간사회에서는 나이가 최고요, 조정(朝廷)의 관청에서는 벼슬이 최고요, 세상을 북돋우고 민중을 성장시키는 일에는 공덕이 최고이다."라고 하였습니다. 그러므로 유학자는 고향마을에 살면서는 학문이나 지식을 내세우지 않고, 어른을 공경하고 동무들과 친하면서 조용히 함께 더불어 지내는데 일찍이 공자는 마을사람들이 모인 데서 별로 말씀을 하시지 않았기 때문에 당시의 마을사람들이 벙어리인 줄로 알았다고 하였지요.

다음으로 제2 단원에서는 "벗을 골라서 사귀되 반드시 학문을 좋아하고, 착한 일을 좋아하며, 방정하고 엄숙하며, 정직하고 어진 사람을 취하라."고 하여 철학을 공유하는 인간관계를 맺어 정보와 지식을 넓히되 겸허하게 충고를 받아들여서 나의 부족한 점을 다듬을지니 만약 게으르거나 놀기를 좋아하거나 변덕이 많고 말만 번지르르하게 꾸민 사람이나 정직하지 못한 사람과는 멀리하여 교제하지 말라고 경계하였습니다.

제3 단원에서는 마을사람 가운데 착한 사람과는 반드시 친절하고 가까이하여 정답게 지내고 마을에 착하지 못한 사람이라도 또한 악한 말로 그 비루한 행동을 꾸짖지 말고 단지 범연하게 대접하여 서로 왕래하지 않으면 자연히 사이가 멀어질 것이라고 하였습니다.

제4 단원에서는 학문하는 선비는 또한 반드시 찾아가서 벗으로 사귀되 이름만 유명하고 그 집에 잡객(雜客)만 많이 모여 떠들면서 세월만 보내면 사이비학자이므로 끊어버리라고 하였습니다.

제6 단원에서는 "혹시라도 나를 헐뜯으며 비방하는 사람이 있으면 반드시 스스로 반성하여 만약 나에게 실지로 헐뜯을 만한 행동이 있거든 스스로 잘못을 인정하고 허물을 고칠 것이며, 만약 나의 과실이 매우 작은데도 보태고 과장했다면 저 사람의 말이 비록 지나치지만 그래도 내가 비방을 받을 원인을 제공했으므로 또한 마땅히 지난날의 허물을 깨끗이 바로잡을 것이며, 만약 나에게 본래 허물이 없는데도 거짓말로 날조했다면 이것은 망령된 사람에 지나지 못하니 망령된 사람과 어떻게 진실과 허위를 가리겠는가? 또한 저 사람의 허위로 꾸민 비방을 마치 바람이 지나가듯이 구름이 흘러가듯이 대하면 나에게 무슨 상관이 있겠느냐."고 하였습니다.

그리고 마지막으로 제7단원에서는 "선생이나 어른을 모시면 마땅히 의리(義理)의 어려운 대목을 질문하고, 마을의 노인을 모시면 마땅히 조심하고 삼가여 공손히 따르며, 착한 말로 이끌어 공부를 하도록 권하며, 어린이가 있는 곳에서는 거듭 일러 친절하게 효도와 우애와 충성과 신의를 말하여 하여금 착한 마음이 일어나게 하라."고 하였습니다.

이러한 율곡 선생의 가르침으로 우리나라는 방방곡곡에 어진 마을의 인정이 넘치는 풍속을 이루어서 마침내 동방예의지국을 창조하였던 것입니다. 끝으로 율곡 선생의 격몽요결 가운데 마지막 처세장(處世章)은 생략하고 해설하였습니다. 이러한 아름다운 전통이 길이 이어지기를 간절히 바랍니다. 감사합니다.

계녀서(戒女書)의 아버지 어머니, 남편, 시부모 섬기는 도리 / 2008. 3. 24(月)

청취자 여러분 그동안 안녕하셨습니까? 이제 꽃 피고 새 우는 새봄이 돌아왔습니다. 자고로 봄에는 장가들고 시집가는 혼인철이지요. 오늘부터 1주일간은 우암(尤庵) 송시열(宋時烈) 선생이 그 따님을 시집보내면서 한글로 20가지 항목에 걸쳐 당부하신 "시집가는 딸에게 주는 글"을 차례로 살펴보겠습니다. 이 글은 사랑하는 딸이 시집을 가서 아내로서 며느리로서 또 어머니로서 마땅히 해야 될 도리와 가정살림을 하면서 두루 조심할 사항을 기술했기 때문에 모든 신부가 익숙히 알아 두어야 하는 내용이므로 후세에 책으로 출간하여 여자들의 가정교육에 기본 자료가 되었던 것입니다.

그리하여 퇴계 선생의 성학십도는 임금을 비롯한 정치인의 필독서가 되었고, 율곡 선생의 격몽요결은 어린이를 비롯한 학자들의 필독서가 되었으며, 우암 선생의 계녀서(戒女書)는 처녀들을 비롯한 여자들의 필독서가 되었으니 성학십도와 격몽요결과 계녀서의 세 가지 책은 우리의 정치문화와 교육문화 그리고 가정문화 건설에 그 원동력이 되었던 귀중한 문화유산입니다.

우암 선생은 시집가는 딸에게 주는 글의 첫머리에서 당부하기를 본래 아들은 아버지가 가르치고 딸은 어머니가 가르치는 것이지만 네가 시집을 가니 아버지로서 걱정이 되어 마지못해 대강 적어 주거니와 늙은 아비의 말이므로 힘써 실행하라고 당부하면서 다음과 같이 차례로 엮었습니다.

첫째는 아버지와 어머니 섬기는 도리입니다. 비록 시집을 가더라도 부모와 자식의 관계는 천륜(天倫)이므로 끊을 수 없는 것이지요. 그래서 자기를 낳아서 길러 주신 어버이의 은혜는 평생 보답해도 다함이 없는 것이라고 역설하면서 약간의 음식이나 의복을 만들어 드리고 잘한 척하지 말라고 하였습니다. 따라서 친정부모를 항상 생각하고, 친정부모가 질병을 앓으면 근심을 하며, 친정의 형제친척도 따뜻하게 대할 뿐만 아니라, 행실을 떳떳하게 해서 다른 사람으로부터 사랑과 존경을 받아야 효녀(孝女)가 된다고 하였습니다.

우암 선생은 아버지와 어머니를 섬기는 도리의 끝에 붙이기를 "옛사람이 말하되 자식을 길러 보아야 어버이의 은혜를 안다고 하였으니 네가 오래지 아니하여 알 것이므로 대강 쓰노라."고 하였습니다. 우리 유교에서는 효도(孝道)를 일백 가지 행실의 으뜸으로 여기는 것이지요. 그래서 시집가는 딸에게 첫째의 행실로 친정부모님께 도리를 다하라고 하는 것입니다. 사람이 부모를 생각하면 행동이 저절로 신중하게 되지요. 행동을 신중하게 하는 사람은 가볍게 다투고 함부로 대하여 안타깝고 후회할 일을 못 하는 것입니다. 그래서 인내력이 생기고 고난을 극복할 수 있는 용기를 내서 마침내 즐거운 인생을 경영하는 지혜와 힘을 얻게 되는 것입니다.

둘째는 남편을 섬기는 도리입니다. 우암 선생은 딸에게 당부하시기를 "여자의 한평생 희망이 오직 남편이므로 남편 섬기는 뜻을 어기지 않는 일밖에 없으니 남편이 대단히 그른 일을 하여 세상에 용납지 못할 일만 빼놓고 그 뜻을 존중하라."고 하였습니다. 그리고 "부부 사이에 극진하고 친밀하도록 공경하여 말할 때나 활동할 때에 마음을 놓지 말고, 높은 손님을 대하듯이 하여라. 그렇게 하면 남편도 너를 한결같이 대접하여 줄 것이니 부디부디 뜻을 어기지 마라."라고 간절히 당부하여 부부가 화합해서 서로 친절하고 공경하며 떳떳하게 사는 것이 부부생활의 정도임을 깨우쳤습니다.

셋째는 시부모님을 섬기는 도리입니다. 우암 선생은 먼저 세속의 여자들이 그 남편에 대한 사랑은 매우 지극하면서도 그 남편을 낳아 길러 주신 시부모가 소중한 줄을 모르니 한심한 일이라고 꾸짖으면서 딸에게 친정부모와 똑같이 시부모를 극진히 섬기라고 당부하였습니다. 그리하여 시부모를 나의 부모처럼 섬기면 시부모도 며느리를 딸처럼 여길 것이니 집안을 불평하지 말고, 비록 꾸중을 들어도 반성하여 섭섭하게 여기지 말며, 친정에서 보낸 물건이 있으면 봉하여 묶은 대로 시부모 앞에 펼쳐 드리고, 자기가 쓸 물건이 있거든 시부모에게 다시 말씀드리고 쓰라고 하였지요. 그리고 가장 경계할 일은 세속에 여자들이 자기는 시부모에게 박하였으면서 늙어서는 자기의 며느리까지 흉보는 것이라고 하였습니다. 오늘은 우암 선생의 계녀서 가운데 친정부모와 남편과 시부모를 섬기는 도리를 밝혔습니다. 감사합니다.

계녀서(戒女書)의 형제와 친척이 화목하고 자식을 가르치는 도리 /2008. 3. 25(火)

청취자 여러분 안녕하십니까? 오늘은 우암 송시열 선생이 시집가는 딸에게 주는 계녀서(戒女書) 가운데 형제와 친척이 화목하고 자식을 가르치는 도리에 대하여 살펴보겠습니다.

우암 선생은 형제 사이에 화목하는 도리를 네 번째로 서술하면서 먼저 형제는 한 부모에게서 피와 살을 나누어 젖을 같이 먹고, 한집에서 자라나 옷도 함께 입고, 밥도 함께 먹고, 놀 때도 같이 놀고, 아프면 서로 근심하고, 주리고 추우면 서로 안타까워하였는데 각각 혼인하여 살림을 차린 뒤에는 마음이 변해서 마침내 미워하고 헐뜯게 되는 사람이 많으니 얼마나 참혹한 일이냐고 개탄하면서 절대로 아이들이나 주변 사람의 이간하는 달을 듣지 말고 공손하게 화합하라고 하였습니다.

그리고 특별히 재물에 대한 욕심을 경계하라고 당부하기를 "재물을 다투어 인연을 끊은 이가 많고, 욕심은 갈수록 늘어, 지극한 형제의 정분을 잊은 이가 많으니 부디 삼가라. 재물이나 논밭은 없다가도 있거니와 형제는 한 번 잃으면 다시 얻지 못하니, 어릴 때부터 함께 자라던 일을 생각하면, 싸우고 불화할 마음이 어찌 나오겠느냐." 하고 친정집의 형제나 시집의 형제가 모두 똑같으니 어렵거나 기쁘거나 크고 작은 일에 한결같이 살펴서 조심하고 오직 화목하기를 주장하라고 하였습니다.

다섯째는 친척이 화목하는 도리입니다. 친척이 화목하게 사는 것은 유교인의 기본생활철학이지요. 그래서 몸을 닦아 가정을 가지런 하게 하라는 수신제가(修身齊家)를 근본으로 가르쳤기 때문에 우리 나라는 오랫동안 크고 작은 일에 친척이 함께 모여서 서로 돕는 아름다운 풍속이 크게 일어났습니다. 친척(親戚)이라고 할 때에 친 (親)은 성씨가 같은 본가(本家)의 겨레이고, 척(戚)은 성씨가 다른 겨레이니 곧 외가(外家)와 처가(妻家)를 지칭하지요. 그래서 본가 (本家)와 외가와 처가가 화목하면 또한 그 촌수와 항렬에 따라 멀고 가까운 많은 겨레붙이가 있어서 벌족한 집안이 되는 것입니다. 우암 선생은 나의 마음을 선조의 마음과 같이 하여 친척이 가난하고 천하거든 불쌍히 여기며 어여쁘게 반기고, 부귀하거든 기뻐하며, 질병을 앓거든 걱정하고, 특히 혼인이나 초상 및 제사에는 힘 있는 대로 도와주어서 더불어 살라고 당부하였습니다. 끝으로 친척 관계에서는 모든 일을 참아야 된다고 하면서 말하기를 "옛사람이 아홉 대가 한 집에 살되 화목하는 방법이 참을 인(忍) 자 백 개를 써 붙였다고 하니 화목하는 방법은 참는 것만 한 것이 없느니라." 고 하였습니다.

여섯째는 자식을 가르치는 도리입니다. 우암 선생은 자식을 가르치는 도리에 대하여 자상하게 경계하였는데 절대로 과잉보호하지 말고, 다부지게 가르치라고 다음과 같이 경계합니다.

"딸은 어머니가 가르치고, 아들은 아버지가 가르친다고 하거니와 아들도 글을 배우기 전에는 어미에게 있으니 어릴 때부터 속이지 말고, 지나치게 때리지 말고, 글을 배울 때는 차례 없이 권하지 말고, 하루에 세 번씩 권하여 읽히고, 난잡한 놀이를 못 하게 하고, 보는 데서 드러눕지 말게 하고, 세수를 일찍 하게 하고, 벗과 약속하였다고 하거든 하게 하여 신용을 잃지 말게 하며, 난잡한 사람과 사귀지 못하게 하고, 일가의 제사에 참여하게 하라. 온갖 행실을 옛사람의 일에서 배우도록 하고, 열다섯 살이 된 뒤에는 남편에게 전하여 잘 가르치라고 하여서 일백 가지 일을 오로지 한결같이 가르치면 자연히 단정하고 어진 선비 되느니라.

어려서 가르치지 못하고, 늦게야 가르치려고 하면 되지 아니하나니 일찍 가르쳐야 집안을 보존하고, 내 몸에 욕이 아니 되느니라. 이런 일은 어미에게 달렸으니, 아비에게 책망 말라. 자식을 잉태하였을 때에도 잡된 음식 먹지 말고, 기울어진 자리에 눕지 말고, 몸을 단정히 가지면, 자식을 낳음에 자연히 단정하니라. 자식이 어미를 닮은 이 많으니 열 달을 어미의 배에 들어 있었으니 어미를 닮게 되고, 열 살 이전에는 어미의 말을 들었으니 어미를 또 닮나니, 어찌 아니 가르치고 착한 자식 있으리오. 딸자식도 가르치는 도리는 같으니 대개 아들딸을 다부지게 하여 가르치고, 행여나 병이 날까 하여 놀게 하고 편안케 함은 자식을 속이는 짓이니 부디 잘 가르쳐라." 이상입니다. 참으로 감동적인 말씀이지요. 오늘은 형제와 친척이 화목하고, 자식을 가르치는 도리에 대하여 살폈습니다. 감사합니다.

계녀서의 제사 지내고 손님 대접하고 투기하지 아니하는 도리 / 2008. 3. 26(水)

청취자 여러분 안녕하십니까? 오늘은 우암 송시열 선생이 시집가는 딸에게 주는 계녀서 가운데 제사 지내고, 손님 대접하고 투기하지 아니하는 도리에 대하여 살펴보겠습니다.

우암 선생은 제사 받드는 도리를 일곱 번째로 서술하면서 다음과 같이 간곡하게 당부하였습니다.

"제사는 정성으로 정결하며 조심함이 으뜸이니 제수를 장만할 때 걱정하지 말고, 일하는 사람도 꾸짖지 말고, 하하 소리 내서 웃지 말고, 말과 얼굴에 나타내서 근심하지 말고, 없는 것을 구차하게 얻어서 하지 말며, 제물에 먼지가 들어가게 하지 말며, 먼저 먹지 말고, 어린아이가 보채도 주지 말고, 많이 장만하면 자연히 깨끗하지 못하니 쓸 만치만 장만하고, 다음번 제사에 부족할 것 같으면 1년 동안 쓸 제수를 생각하여 다음번 제사에 제수를 빠뜨리지 않도록 많고 적음을 너무 차이가 나게 하지 말라. 그리고 정성스럽게 머리 빗고 목욕하되 겨울이라도 그만두지 말고 손톱 발톱 깎고 정결하게 하면 귀신이 와서 잡수시고 자손에게 복이 있는데 그렇게 아니하면 재앙이 있는 것이다." 이상과 같이 구체적인 실천사항을 조목조목 말씀하였습니다. 제사는 지극한 정성으로 정결하게 장만하되 가정의 형편에 따라서 알맞게 차리라는 말씀은 모든 사람이 명심할 사항입니다. 오늘날 많은 주부들이 명절과 제사에 부담을 느끼고 고민을 하는데 우암 선생의 말씀을 들으면 제수(祭需)를 걱정하지 말고, 일하는 사람 꾸짖지 말고, 말과 얼굴에 나타내서 근심하지 말고, 없는 것을 구차하게 얻어서 하지 말라고 하였으니 그러한 부담이나 고민에서 해방하여 오로지 정성스럽고 정결하게 지내면 복을 받는다는 사실을 깨달아야 합니다.

여덟째는 손님을 대접하는 도리입니다. 우리 유교에서는 평소의 생활은 검소 질박하게 살면서도, 제사와 손님접대는 대단히 정성을 들여서 볼품 있게 차리지요. 왜냐하면 인생은 혼자 사는 것이 아니고, 더불어 살아야 하는데 친척이 더불어 살기 위해서는 조상의 제사를 잘 지내야 되고, 또한 집에 찾아온 손님을 잘 대접해야 좋은 관계를 유지하여서 조상의 복(福)을 받고, 친척과 친구의 도움을 받아, 가문이 창성할 수 있기 때문입니다.

우암 선생은 손님을 대접하는 도리에서 말씀하기를 "내 집에 오는 손님은 먼 친척이 아니면, 남편의 벗이요, 시집식구의 벗이라, 음식을 잘 만들어 대접하고, 과일이나 술이 있는 대로 대접하되, 손님이 잘 먹지 못하여도 박대요, 남편이 나갔을 때는 다른 사람을 시켜서 붙잡지 아니하여도 박대니, 일가를 청하여 주인노릇을 하게 하고, 일가사람이 없으면 마을에 집주인을 잡아주고, 잘 대접하여 보내라."고 엄숙히 경계하였습니다. 우리나라는 이렇게 손님을 극진히 대접하는 풍속이 있어서 교통이 불편하고, 여관이 없는 옛날에도, 멀리 친척과 친구를 찾아 자주 왕래하면서 서로 돕는 인정(人情)사회를 건설하였던 것입니다.

우암 선생은 끝으로 손님을 대접함에 있어서 늙은이와 젊은이를 분간하여 대접하려니와, 절대로 부귀한 사람과 빈천한 사람을 차별하지 말라고 경계하였습니다.

아홉 번째는 투기하지 말라는 도리입니다. 투기는 질투하고 시기하는 것으로 이것이 심하면 결국 부부생활을 파경으로 몰아넣을 뿐만 아니라, 정신이 쇠약하게 되어 몸까지 병들게 하는 무서운 결과를 초래하기 때문에 우리 유교에서는 투기를 악덕으로 규정하여 엄금합니다. 그래서 우암 선생은 말씀하기를 "투기하지 말라는 말은 남편 섬기는 도리에서 이미 말하였으되, 투기란 것은 부인에게 제일 나쁜 행실이므로 다시 쓰노라. 투기를 하면 친밀하던 부부 사이라도 서로 미워하고, 속이고, 질병까지도 상관하지 않고, 분한 마음과 미워하는 감정을 내게 되고, 시부모 섬기는 마음이 떨어지고, 자연히 사랑하는 마음이 시들하여, 아랫사람을 부질없이 때리고, 집안일도 잘 처리하지 못하고, 늘 사나운 감정으로 말하고, 얼굴색을 늘 슬프게 하여 남을 대하기도 싫어하니 그런 한심한 일이 어디에 있으리오. 나의 몸을 버리며, 집안이 망하고, 자손이 버려지는 것이 투기를 말미암음이니 늙은 아비의 말을 허술하게 여기지 말고 경계하라."고 하였습니다.

오늘은 제사 지내고, 손님 대접하며, 투기하지 말라는 경계를 살펴보았습니다. 감사합니다.

계녀서의 말씀을 조심하고, 재물을 절약하고, 일을 부지런히 하는 도리 /2008. 3. 27(木)

청취자 여러분 안녕하십니까? 오늘은 우암 송시열 선생이 시집가는 딸에게 경계한 계녀서(戒女書) 가운데 말을 조심하고, 재물(財物)을 절약하며, 일을 부지런히 하는 도리에 대하여 살펴보겠습니다.

우암 선생은 말씀을 조심하는 도리를 열 번째로 서술하였습니다.

우리 유교에서는 말을 아주 조심하도록 가르치지요. 왜냐하면 말이 많으면 수다스럽고, 말이 험하면 싸우고, 말이 지나치면 후회하고, 말을 함부로 하면 책임이 따르기 때문이지요. 그래서 예로부터 새로 시집가는 딸에게 반드시 말조심을 당부하여 말로 인한 상처를 받지 않게 하였던 것입니다. 우암 선생도 말조심을 거듭 경계하였으니 다음과 같습니다.

"속담에 이르되 신부가 시집가서 눈멀어 3년이요, 귀먹어 3년이요, 말 못 하여 3년이라 하거니, 눈멀다는 말은 보고도 말하지 말라는 말이요, 귀먹었다는 말은 듣고도 들은 체하지 말라는 말이요, 말 못 한다는 말은 긴요하지 않은 말은 하지 말라는 말이니, 말을 삼감이 으뜸이라. 삼가지 아니하면 옳은 말이라도 시비와 싸움이 그칠 때가 없을 것이어든 하물며 그른 말을 할까 보냐? 남의 흉을 말하면 자연히 원망도 생기고, 싸움도 나고, 욕도 먹으며, 부모친척까지 짐승으로 보고, 주위 사람들도 업신여기니, 나의 혀를 가지고 도리어 나의 몸을 해롭게 하나니 그런 애달프고 한심한 일이 어디에 있으리오. 일백 가지 행실 가운데 말을 삼감이 제일공부이니, 부디부디 삼가서 뉘우침이 없게 하라."고 신신당부하였습니다.

열한 번째는 재물을 절약하는 도리입니다. 우리 유교 집안은 검소 질박하게 사는 것을 숭상하고, 분수를 넘어 사치하거나 낭비하는 것을 엄금하지요. 우암 선생도 이러한 성현의 가르침에 따라서 재물을 절약하는 도리를 다음과 같이 서술하였습니다. "재물이라고 하는 것은 한도가 있고, 쓰기는 끝이 없으니, 알아서 쓰지 못하면, 나중에 견디지 못하고, 자녀의 교육도, 혼인도 시키지 못하여, 가난한 사람이 되는 이가 많으니 두려운 일이다. 만승천자(萬乘天子)라도 재물을 절약하지 않으면 그 나라가 망하거든, 하물며 일반사람의 집이야 절약하여 쓰지 아니하고, 재물이 어디에서 생기리요?"라고 하여 모든 사람에게 있어서 재물을 절약하는 것은 미덕임을 강조하고 또한 가을에 거두어들일 곡식의 수량을 헤아려서, 제사비용과 생계비를 적절히 지출하되 아낄 데는 아끼고, 쓸데는 써야 하나니, 사치와 낭비를 일절 아니하여, 항상 나머지를 저축해서 질병이나 초상에 대비하고, 쓸 일이 없거든 잘 길러서 자손을 위하여, 논밭을 장만해서 집안을 일으키라고 하였습니다.

열두 번째는 부지런히 일하는 도리입니다. 우리 유교 집안에서는 부지런히 일하는 근로정신을 매우 숭상하여, 새벽부터 저녁까지 열심히 일하는 것을 당연한 것으로 생각하고, 만일 게으르거나 한가롭게 놀기를 좋아하면, 매우 타락한 인간으로 보았지요. 일찍이 주자(朱子)도 아들에게 유언하기를 "아들아, 부지런하고 삼가라. 사람이 부지런하고 삼가면 무한히 좋은 일이 생기고, 만일 부지런하고 삼가지 않으면, 무한히 좋지 않은 일이 생기니라."고 했습니다. 우암 선생도 일을 부지런히 하는 도리에서 다음과 같이 서술하였습니다.

"천자(天子)의 황후(皇后)도 놀지 아니하시고, 부지런히 길쌈하신다는 사실을 맹자께서 말씀하시었으니, 선비의 아내가 일을 부지런히 아니하고, 아버지 어머니를 어찌 섬기며, 자손을 어찌 기르리요? 잠을 아니 자고, 밥을 아니 먹으며, 지나치게 하여서, 병이 나는 부인도 있거니와, 그렇게 떠들썩하게 할 것은 아니나, 마음속으로 놀지 아니하려고 한다면, 소설이나 읽고, 이야기나 하는 짓을, 어느 겨를에 할 수 있겠는가?"라고 하였습니다. 이것은 부지런히 일하는 근로의 기준을 밝힌 것으로 사회의 보편적인 생활규범에 따라, 잠도 자고, 밥도 먹고, 건강을 유지하면서 일을 해야지, 너무 지나치게 일하여 몸을 해쳐서, 병이 나도록 무리하면 안 되는 것임을 경계한 내용입니다. 부인이 건강한 몸으로 건전하게 살면서 부지런히 일하는 모습은 우리나라의 아름다운 가풍(家風)이 되었고, 또한 가정행복의 원천이 되었습니다. 오늘은 말씀을 조심하고, 재물을 절약하며, 일을 부지런히 하는 도리에 대하여 살펴보았습니다. 여러분의 가정에 행복이 충만하기를 기원합니다. 감사합니다.

계녀서의 병환에 모시고, 의복과 음식 하고, 일꾼을 부리는 도리 /2008. 3. 28(金)

청취자 여러분 안녕하십니까? 오늘은 우암 송시열 선생이 시집가는 딸에게 경계한 계녀서(戒女書) 가운데 병환에 모시고, 의복과 음식을 만들며, 일꾼을 부리는 도리에 대하여 살펴보겠습니다.

우암 선생은 병환에 모시는 도리를 열세 번째로 서술하였습니다. 인간의 생로병사(生老病死)는 누구에게나 피할 수 없는 일이지요, 그래서 우리 유교에서는 질병을 앓을 때에 특별히 간호하는 도리가 있습니다. 일찍이 공자님께서도 제사와 전쟁과 질병을 가장 신중히 하셨다고 논어에 나와 있지요. 우암 선생은 병환에 모시는 도리를 다음과 같이 서술하였습니다.

"사람이 죽고 사는 것이 질병에 있나니 병환은 지극히 걱정스럽고 두려운 일이라. 나의 부모나, 시부모나, 남편에게 병환이 있거든 머리를 단장하지 말고, 말을 크게 하지 말고, 소리 내어 허허 웃지 말고, 게으르게 걸음 걷지 말고, 일찍 자지 말고, 잘지라도 늦도록 자지 말고, 다른 사람으로 모실 이가 없거든 곁을 떠나지 말고, 약을 달이며, 죽을 끓이기를 손수 하여, 남에게 시키지 말고, 아니 잡수실지라도, 음식을 자주 드리고, 일마다 지극한 정성을 한 때라도 잊지 말고, 간호하는 사람과 의사도 부디 잘 대접하여라."고 당부하였습니다. 가족애는 어려울 때에 더욱 뜨겁게 나타나지요. 우리 민족의 효심과 부부애는 가장 어려울 때에 나타나서 가족신뢰를 두텁게 하였습니다.

열넷 째는 의복과 음식 하는 요리입니다. 우리 유교인은 검소 질박한 생활로 성실하고 착한 인생을 경영하기 때문에 자기 자신이 먹고 입는 것은 지극히 소박하지만 그러나 부모를 공양하고, 제사를 지내며, 손님을 대접하고, 출입을 할 때에는 의관(衣冠)을 갖추고, 음식을 정결하게 차려야 되지요. 그래서 우암 선생은 의복과 음식을 요리하는 장에서 다음과 같이 경계하였습니다.

"성인이 가르치시되 검소 질박하라고 하였으니, 의복 치레하고, 음식 요리를 사치하게 가르칠 일이 아니로되, 부인의 책임이 의복과 음식밖에 없으니, 의복과 음식이 보잘것없으면, 부인네를 업신여기나니, 옛글에 말하기를 부인은 방 안에 있으나 알 수 있는 방법이 있나니 '손님이 옴에 음식을 보고, 남편이 나아감에 의복을 본다.'고 하였거늘 어찌 살피지 아니하랴!" 이렇게 의복과 음식에 대하여 관심을 가지고 배워서 한 가지 음식이나, 한 가지 의복을 만들어도, 정밀하고, 깨끗하여, 볼품이 있게 해서 남이 비웃지 않게 하라고 하였습니다. 그리고 끝으로 당부하기를 "네가 미처 배운 것이 없으나 너의 시집이 보통 다른 집과 달라, 예의와 법도가 떳떳할 것이니, 자상한 이야기를 모두 쓰지 않거니와 부디 한순간에도 마음을 놓지 말고 조심하여 매우 경계하면 자연히 잘하리라. 옛 부인은 나물을 일정한 치수로 자른다는 말이 지금까지 전하여 오니, 깨끗한 것밖에 없느니라. 너의 시집에 가서 온갖 예법을 큰동서에게 물어서, 정밀하게 배워, 정결하게 하여라."고 시집의 전통을 받들라고 하였습니다.

열다섯 번째는 일꾼을 부리는 도리입니다. 우암 선생은 자기의 일을 해 주는 일꾼에게 특별히 감사해야 될 뿐만 아니라 인간적인 대우를 하여, 절대로 학대하지 말라고, 다음과 같이 엄중히 경계하였습니다.

"자식이 부모를 섬길 때에 손수 밭을 갈고, 밥을 짓고, 반찬을 장만하고, 제 손으로 나무를 베어 어버이가 주무시는 방에 불을 때고, 바람과 비를 가리지 아니하고, 어버이의 수고를 대신하면, 만고에 효자라고 하나니, 요사이는 그러한 자식이 있다는 말을 듣지 못하니, 자식이 못하는 일을 일꾼이 하여, 농사를 짓고, 밥과 반찬을 장만하고, 멀고 가까운데 심부름을 해 주니, 아무리 나라의 신분제도가 그러하지만 일꾼밖에 고귀한 것이 없느니라."고 하면서 이렇게 고귀한 일을 하는 일꾼을 학대하면, 하느님이 그 소행을 괘씸하게 여기어, 그런 사람의 자손이 온전히 남지 못하고, 일꾼이 떠나가 버리므로 일꾼도 똑같은 사람의 아들딸로서 잘 대접하라고 엄중히 경계하였습니다. 우암 선생은 평등한 인간 사랑의 은혜를 베풀라고 당부하기를 "부디 어여뻐하고, 꾸짖지 말고, 사람의 재주는 모두 각각 다르니, 그 사람이 못 할 일은 아예 시키지 말고, 이 일꾼에게 저 일꾼의 말을 하지 말고, 똑같이 대접하여 차별하지 말고, 일꾼이 온갖 말을 하거나 음란한 말을 하거든 아는 체하지 말고, 자주 나무라지 말고, 헛되이 칭찬하지 말고, 수고하는 날이거든 음식을 생각하여 주고, 어린 자식이라도 어여뻐해 주고, 일꾼이 병이 들거든 죽 끓일 쌀을 주고, 친척이 없는 일꾼은 집에서 간호하여 주고, 중세를 각별히 유의하여 물어서 고쳐 주고, 은혜를 베풀어라."고 하였습니다. 오늘은 병환에 모시고, 의복과 음식을 요리하고, 일꾼을 부리는 도리에 대하여 감동적인 말씀을 살펴보았습니다. 감사합니다.

계녀서의 꾸어 주고 받으며, 팔고 사며, 점치고 굿하는 도리 / 2008. 3. 29(土)

청취자 여러분 안녕하십니까? 오늘은 우암 송시열 선생이 시집간 딸에게 경계한 계녀서 가운데 꾸어 주고 받는 도리와 팔고 사는 도리, 그리고 점치고 굿하는 도리에 대하여 살펴보겠습니다.

우암 선생은 꾸어 주고 받는 도리를 열여섯 번째로 서술하였습니다. 우리 유교에서는 깨끗하고, 절도 있게 사는 것을 숭상하므로 주고받는 것을 분명히 하라고 하였지요.

사람이 돈이나, 물건을 꾸어 쓰고, 갚지 않으면 신용을 잃어서 다시는 상종 못 할 사람으로 전락하는 것입니다. 그러므로 우암 선생은 남의 것을 꾸었으면, 즉시 갚되, 가급적 꾸지 말라고 하면서 다음과 같이 경계하였습니다.

"부질없이 꾸기와 빚내기를 즐기다가, 갚을 때는 공것 같고, 집이 자연 가난해지느니라. 남이 나에게 꾸어 달라고 하거나, 빚 달라고 하거든, 없으면 못 주고, 다행이 있거든 성내지 말고, 기쁜 듯이 주어서 보내고, 갚기를 재촉 말고, 쓰기가 아쉽거든 그 형세를 보아 가며, 재촉하되, 보기 싫게 하지 마라."고 하였습니다. 부질없이 꾸기와 빚내기를 즐기면 안 된다는 경계는 누구나 명심할 일이지요. 사람이 갚을 생각을 아니하고, 능력도 없으면서 꾸거나 빚내는 것은 남을 속이는 사기죄에 해당하여, 처벌까지 받는 것입니다.

우암 선생은 혹시라도 끝내 갚지 않으면 잊어버리고, 다시는 주지 말라고 하면서, 대개 꾸이기는 하려니와 빚 주기는 부디 하지 말라고 하였지요. 돈이나 물건을 그냥 꾸어 주는 것과는 달리 이자를 받는 빚 주기는 자연히 원망이 생기고 재앙이 있는 것이라고 특별히 경계하였습니다.

열일곱 째는 팔고 사는 도리입니다. 우리 유교 집안에서는 정의를 숭상하고 이익을 도모하지 않습니다. 팔고 사는 것은 상업거래지요. 가정을 경영함에 있어서 남는 것은 팔고, 부족한 것은 사서 쓰는데, 항상 시세에 따라 공정한 가격으로 해야 되는 것입니다. 우암 선생은 공정가격으로 사고팔기를 당부하면서 다음과 같이 경계하였습니다.

"사람이 온갖 것을 다 만들지 못하므로 사고팔기를 아니할 수 없거니와 사람의 마음이 살 때는 적게 주고, 팔 때는 많이 받고자 하나니, 남에게 속지는 아니하려니와 너무 이롭고자 하지 말며, 물건을 살 때 마음속으로 생각하여, 내가 팔면 얼마를 받겠는가를 생각하여 보고, 팔 때는 생각하되 내가 사면 얼마를 주겠는가 하여 값을 짐작하여 사고팔면, 자연히 마땅한 값대로 되느니라."고 하였습니다. 그리고 우암 선생은 남의 절박한 상황을 이용하여 싼값에 사지 말라고 하였으니 "남의 질병이나, 배고픔이나, 절박하여 반값 주고 사라고 하거든, 값은 값대로 주고서 사거라. 이롭게 사면 오래지 아니하여 잃어버리거나, 깨지거나, 자손이 도로 팔거나 하느니라. 혹시 제 생각이 값을 헤아리지 못하고, 지나치게 주었어도 잘못이니, 남에게 물어서 공론대로 하면 이해 간에 나의 마음과 복에 해가 없느니라. 부디 이롭고자 마라.”고 거듭 당부하였습니다. 이렇게 공정하게 사고파는 도리가 있었기 때문에 우리나라의 시장 경제가 매우 두터운 신뢰 속에 물가가 안정하여 외상거래가 발달했던 것입니다.

열여덟 번째는 점치고 굿하는 도리입니다. 우리 유교의 가르침은 도덕과 윤리와 예절을 밝히고, 미신(迷信)을 배척하며 하늘의 이치에 순응하고, 요행을 바라지는 아니합니다. 그러므로 우리 유교 집안에서는 점치고 굿하는 것을 엄금하고, 조선왕조에서도 정책적으로 미신을 타파하기 위하여 계속 단속하였던 것입니다. 우암 선생은 점치고 굿하는 도리에서 다음과 같이 경계하였습니다.

“무당이나 점쟁이 말을 듣고, 기도하지 말고, 산에 가서 빌거나, 물에 가서 빌거나, 부모의 병환에 기도하는 것은 집안의 의논이 있거든 분명 헛된 일로 알고 있을지라도 집안의 의논대로 하여, 어기지 말고 하려니와, 그 밖의 질병에 어쩔 수 없이 하는 것은 그르니, 아니하는 것이 지극히 옳으니라. 소경을 불러서 하는 기도는 그래도 마지못하지만, 무녀와 화랑이를 들여서 징 치고, 장구 치고, 큰 굿 하는 집은 미신을 믿는 집이니 그 자손도 오래지 않아 미신을 믿게 되느니라.”고 하였습니다. 또한 우암 선생은 엄중히 경계하기를 “가끔 마을에서 굿을 하면, 부인들이 굿을 보려고 가는 사람이 있으니, 그런 한심하고 서운한 일이 어디 있으리오. 나의 자손 가운데 그런 사람이 있을까 두렵고, 또 두려워하니라.”고 하였습니다. 오늘은 덕성스럽게 꾸어 주고 받으며, 정의롭게 사고팔며, 점치고 굿하여 요행을 바라지 말고, 합리적으로 사는 도리를 살펴보았습니다. 감사합니다.

계녀서의 중요한 경계와 옛사람의 착한 행실 /2008. 3. 30(日)

청취자 여러분 안녕하십니까? 오늘은 우암 송시열 선생이 시집간 딸에게 주는 글 가운데 마지막으로 중요한 경계와 옛사람의 착한 행실에 대하여 살펴보겠습니다.

우암 선생은 인생에 있어서 중요한 경계를 열아홉 번째로 서술하였는데, 제일 먼저 인간이 가장 고귀한 존재임을 깨달아, 마음 편하게 살라고, 다음과 같이 강조하였습니다.

"사람이 귀하고 천하며, 가난하고 부하는 것은 모두 정해진 분수에 달렸으니, 남이 귀하게 되어 벼슬이 높으며 집이 넉넉하거든 보고서 부러워하지를 말고, 이 세상에 사람이 가장 고귀한 것임을 알면, 마음이 저절로 편안하리라. 추워도 나보다 못한 사람을 생각하고, 배고파도 나보다 못 먹은 사람을 생각하면, 저절로 부족한 근심이 없으리라."고 하였습니다. 다음으로는 교만하게 사람을 업신여기지 말라고 인간존중정신을 역설하였습니다.

"사람이 대체로 교만하지 아니함이 큰 덕이니, 미천한 사람을 보아도 업신여기지 말고, 춥고 굶주린 사람을 보아도 업신여기지 말고 불쌍히 여기고, 남의 것을 나무라지 말고, 내 것을 자랑하지 아니하면, 저절로 시비가 없느니라."고 하였습니다. 다음으로는 어려운 사람을 적극 도우라고 다음과 같이 당부하였습니다. "사람이 너무 지나치게 할 일은 아니로되, 남이 절박하여 찾는 일이 있거든, 그 사람의 말을 들어 보아 늙은 어버이를 위한다거나, 제사를 차리거나, 질병을 간호하거나, 손님을 위하거나, 가장 마지못할 일이 있거든 힘 있는 대로 돌보아 주되 나도 쓸데가 있는데도 못 쓰고 주는 것은 지나친 선심이니 온갖 일을 알맞게 하여라.”고 하였습니다. 다음으로는 남에게 속을지언정 남을 속이지 말고, 정직하게 살라고 하면서 구차하게 변명하지 말라고 당부하였습니다.

　“남이 나를 꾸짖어도 내가 한 일이 그르면, 저 사람이 꾸짖는 게 옳고, 내가 한 일이 옳으면 저 사람이 그르니, 구차하게 해명하지 말고 들은 척만 하고, 도리어 꾸짖지 마라. 시부모와 남편이 혹시 잘못 아시고 꾸중하시거든, 시시한 이야기를 하여 어지러이 밝히지 말고, 잠잠히 있다가 오래된 다음에, 조용히 그렇지 아니한 사연을 말하거나, 끝내 아니 말씀드려도, 알게 될 날이 자연히 있으니, 부디 당장에 섭섭하게 해명하지 말고, 내가 그릇된 일이 있거든 즉시 말씀드리고, 미처 말씀드리지 못하여 알지 못하시거든, 꾸미지 말고 사실대로 말씀드려라. 일마다 이와 같이 하면 저절로 그릇하는 일이 없으리라.”고 하였습니다. 다음에는 시집살이의 섭섭한 점을 친정부모에게 말하지 말라고 경계하였습니다. “친정에나 시집에나 혹시 섭섭한 일이 있어도 말하지 마라. 친정 어버이에게 시집식구의 말을 하지 말고, 편지에도 쓰지 마라. 부인은 시집이 으뜸이요, 친정은 시집만 못 하니, 그런 줄을 알면, 섭섭한 일이 있어도 알까 두려워할 것이니, 어찌 친정식구에게 듣게 하리오. 그러나 아름다운 일은 자세히 전하여 옮겨서, 배우게 함이 옳으니라.”고 하여 단점은 깊이 감추고 장점은 널리 전하는 것이 미덕임을 깨우쳤습니다.

다음으로는 건강에 유의하여 몸이 아프거든 약을 먹어 빨리 치료할 것을 당부하였습니다.

"병이 들어 음식이나 약을 아니 먹으면, 시부모와 남편이 근심을 하리니, 억지로라도 먹고, 병이 날 것 같거든 미리 말씀드려 고치도록 하고, 만일 참고 숨기다가 병이 위태롭고, 무거워진 다음에 근심스럽게 만들면, 지극한 불효요, 불행한 일이니 미리 고치게 하여라."고 경계하였습니다. 그리고 몸을 깨끗하게 하여, 씩씩하게 살라고 하였으며, 마지막으로 성질을 참으라고 하면서 부부싸움을 하지 말라고 경계하였습니다. "남편이 어떤 일에 잘못 알고서 분한 김에 지나치게 말을 할지라도, 같이 성을 내어 대답을 과격하게 하지 말고, 마음을 가라앉히고, 비록 성이 날지라도 깊이 참고 있다가, 옳은 일이나 그른 일이나 바른대로 조용히 대답하여 부디 덕을 닦아서, 뉘우치거나 부끄러움이 없도록 하여라."고 하였습니다.

스무 번째는 옛사람의 착한 행실입니다. 우암 선생은 정성이 지극한 효자로 왕상(王祥)과 맹종(孟宗)을 예로 들고, 단정한 부인으로 육손의 어머니와 각결의 아내를 예로 들며, 정직한 어머니로는 맹자의 어머니를 예로 들어서 본받으라고 하였습니다. 그리고 끝으로 이 글을 곁에 두고, 한 달에 두세 번씩 보아 비록 아버지의 곁을 떠나지만 나의 슬하에 있으면서 나의 말을 듣는 듯이 하라고 하였습니다.

이상으로 우암 선생의 계녀서(戒女書)를 모두 살펴보았습니다. 우암 송시열 선생은 서기 1607년 11월 12일 충북 옥천군 구룡촌에서 탄생하셨으니 지난해 겨울이 탄신 400주년이었습니다. 선생의 말씀은 몇백 년이 흘렀어도 따뜻한 아버지의 사랑이 넘쳐서 구구

절절 가슴을 울리지요. 이러한 가정교육이 다시 일어나기를 간절히 바랍니다. 감사합니다.

어린이날의 참뜻 /2008. 5. 5(月)

청취자 여러분! 그동안 안녕하셨습니까? 신록이 우거진 5월 5일 오늘은 어린이날입니다. 파릇파릇하게 돋아나는 새싹처럼 귀여운 어린이를 보면 희망이 넘치지요. 그리고 올망졸망 뛰어노는 병아리처럼 사랑스러운 어린이를 보면 즐거움이 넘치지요. 국가사회에 있어서 어린이는 미래의 희망이고 현재의 기쁨입니다. 그래서 우리는 5월 5일을 어린이날로 제정하여 어린이에 대한 특별한 관심을 가지고 무럭무럭 잘 자라는 길을 온 국민이 함께 찾으려고 하는 것입니다.

어린이는 육체적으로나 정신적으로나 아직 미약하기 때문에 온 국민이 나서서 보호해야 됩니다. 그래서 맹자님은 우리 집 어린이를 보호하듯이 남의 집에 어린이도 보호해야만 어질고 착한 사람이라고 하였고, 또 주자(朱子)는 남의 어린이를 보호하는 것이 곧 자기의 어린이를 보호하는 방법이라고 하였습니다. 그럼에도 세상 사람들은 자기 집안의 어린이는 너무 지나치게 과잉보호하여 왕자처럼 사랑하면서도 남의 집에 어린이에 대해서는 관심을 가지지 못할 뿐만 아니라 심지어 함부로 대하는 경우도 있으니 대단히 한심한 일이지요.

현재 우리 사회는 산업사회로 진입하면서 다양한 기계문명과 복합적 사회구조 속에 어린이에게 위험하기 짝이 없는 시대가 되었습니다. 집안에 있는 어린이는 핵가정의 맞벌이 부모 밑에 거의 빈 집에서 방치된 상태에 있기도 하고, 대문을 나아가면 낯선 사람으로 가득한 군중 속에 섞여 버리는 현실에 있으며, 길을 가면 어지럽게 질주하는 자동차의 위험에 노출되어 있지요. 이것뿐만이 아닙니다. 어떤 부모는 학교공부로 만족하지 못하고, 사설학원에 보내서 밤늦게까지 공부만 시키고 심지어 이국 만 킥에 유학까지 보내서 어린이가 지쳐서 감당하지 못하는 경우도 있다고 합니다.

이것은 모두 어른들이 세상을 어지럽게 경영하여 적자생존(適者生存), 우승열패(優勝劣敗)의 경쟁사회를 만든 결과입니다. 만일 어른들이 세상을 슬기롭게 경영하였다면 어린아이가 태어나자마자 요람에서부터 생존경쟁에 뛰어들게 하는 각박한 세태가 되었겠습니까? 우리 유교(儒敎)에서는 어린이의 천국을 단들기 위하여 대동(大同) 세계를 건설하는 길을 일찍이 열었습니다. 대동 세계는 도덕과 윤리와 예절이 있는 사회입니다. 천하에 도덕이 있으므로 인간을 존중하여 사람을 해치는 일이 없고, 집안에 윤리가 있으므로 어린 자식을 버리는 일이 없으며, 사회에 예절이 있으므로 남의 집 어린이를 납치하거나 폭행하는 일이 없는 것입니다.

태교(胎敎)로부터 시작하는 우리 유교(儒敎)의 어린이 교육은 관대하고 인정이 많은 대인(大人) 군자(君子)로 기르려고 노력합니다. 그래서 친절하고 공손한 사람이 되도록 어려서부터 인간의 다섯 가지 윤리를 기본으로 가르치는 것입니다. 아버지와 아들은 친근하게 사랑하고, 국민과 공무원은 정의롭게 충성하그, 남편과 아내는 분별 있게 화합하고, 어른과 어린이는 차례를 지키고, 벗과 동무는 믿음으로 사귀는 법을 반복하여 거듭 가르쳐서 인생의 지표로 삼게 하였습니다.

집에서는 엄격한 아버지와 자애로운 어머니의 가정교육을 받고, 학교에서는 어진 스승과 진실한 벗의 학교교육을 받아 훌륭한 성품을 기르고, 밝은 지혜를 개발함에 가장 이상적인 인격으로는 정직하면서도 따뜻하고, 너그러우면서도 치밀하며, 굳세면서도 포학함이 없으며, 간결하면서도 오만함이 없는 성품이라고 하였습니다. 이렇게 원만한 인격을 갖추게 하는 것이 어린이 자신을 위해서나 가정의 미래를 위해서나 나아가 국가의 장래를 위하여 가장 시급한 과제라고 할 것입니다.

오늘 어린이날을 맞이하여 우리 모두 어린이의 맑은 눈동자를 보고, 그 앞날을 길이 축복함에 있어서 우리 조상들이 그토록 진지하게 자녀교육에 힘썼던 과제들을 돌이켜 생각하면서 엄숙하게 자세를 가다듬어야 하겠습니다. 감사합니다.

가정의 달에 가족의 의미 /2008. 5. 6(火)

청취자 여러분 안녕하십니까? 5월은 가정의 달입니다. 어제 5일은 어린이날이고, 모레 8일은 어버이날이며, 15일은 스승의 날이요, 19일은 성년(成年)의 날이며, 21일은 부부(夫婦)의 날이지요. 5월에는 이렇게 가족의 의미를 새기는 날이 많기 때문에 가정의 달이라고 하였습니다. 따라서 오늘은 가정의 달을 뜻깊게 맞이하기 위하여 가족의 의미를 살펴보겠습니다. 자고로 가정은 혈연(血緣)으로 맺어진 가족의 운명(運命)공동체이었습니다. 따라서 가족관계는 일반사회의 인간관계와는 본질적으로 다른 것입니다. 우리 유교(儒敎)에서는 부모와 자녀 그리고 형제와 누이와 그 배우자로 구성되는 가족관계는 하늘이 맺어 준 관계라고 해서 천륜(天倫)이라고 하며 영원히 불변하는 운명공동체임을 천명합니다. 그리고 임금과 신하, 스승과 제자, 벗과 동무로 구성하는 인간관계는 사람이 선택하여 맺은 관계라고 해서 인륜(人倫)이라고 하며 서로 자유롭게 선택할 수 있는 생활공동체임을 강조하는 것입니다.

하늘이 맺어 준 가족관계는 영원히 불변하는 운명의 공동체이기 때문에 가족구성원에게 무한한 안정과 행복을 보장하는 안식처가 되는 것입니다. 그래서 가정생활의 덕목(德目)은 질서와 화합과 평화가 기본이지요. 이것은 보수적 가치로써 어버이를 섬기고, 조상을 숭배하며, 부부가 화합하여, 평화로운 가정을 길이 보존하는 것을 이상적인 삶의 형식으로 여기는 것입니다.

그러나 사람이 스스로 선택하여 맺어진 인간관계는 때를 따라서 바뀌고 변화하는 생활의 공동체이기 때문에 사회구성원에게 보다 많은 희망과 발전을 기약하는 활동처가 되는 것입니다. 그래서 사회생활의 덕목은 자유와 평등과 해방이 기본이지요. 이것은 진보적 가치로써 국가를 위하고 인민을 사랑하며, 인류문명을 창조하여 안락태평한 시대를 건설하는 것을 이상적인 형식으로 여기는 것입니다.

이와 같이 가정의 보수적 가치와 일반사회의 진보적 가치를 피상적으로 보면 모순되는 것 같지만 사실은 서로 돕는 협조의 관계에 있는 것입니다. 왜냐하면 가정이 안정해야 사회가 발전하는 것이고, 또한 사회가 발전해야 가정이 안정하기 때문이지요. 만일 가정에 질서가 없어서 어지럽고, 가정이 불화하여 다투며, 가정이 불안하다면 어떻게 사회에 나아가서 열심히 발전을 도모할 수 있겠습니까? 그래서 자고로 가정이 화합해야 만사가 이루어진다고 하여 가화만사성(家和萬事成)이라고 하였지요. 그러나 우리 유교에서는 가정의 보수적 가치를 높이 받들면서도 오로지 질서, 화합, 평화라는 보수적 가치에 매몰되는 것을 크게 경계합니다. 왜냐하면 몸을 닦아 가정을 안정하였으면 더욱 나아가 나라를 다스리고 천하를 평화롭게 건설하는 책임감을 가지라고 하여 수신제가(修身齊家) 치국평천하(治國平天下)라고 하였습니다.

나라를 문명하게 다스리고 천하를 화평하게 건설하려면 자유, 평등, 해방의 진보적 가치를 구현해야 되겠지요. 이와 같이 가정에서는 질서, 화합, 평화를 숭상하고, 일반사회에 나아가서는 자유, 평등, 해방을 숭상하므로 집안에서도 사랑을 받고, 사회에 나아가서도 존경을 받는 훌륭한 모범인이 되는 것입니다. 보수주의와 진보주의는 이와 같이 때와 장소와 사람에 따라서 각각 쓰일 데가 있으므로 일률적으로 논해서는 안 됩니다. 오늘날 진보주의자는 가정에서도 자유, 평등, 해방을 주장하여 가정을 해체하는 데 이르고, 한편 보수주의자는 일반사회에서도 질서, 화합, 평화를 주장하여 사회를 정체시키는 데 이르니 안타깝기 그지없습니다. 가정은 영원하지만 국가사회는 시대마다 변화하지요.

오늘은 가족관계의 영원히 변하지 않는 천륜(天倫)에 대하여 말씀드렸습니다. 감사합니다.

부부의 날에 즈음하여 부부의 참뜻 /2008. 5. 7(水)

청취자 여러분, 안녕하십니까? 다가오는 5월 21일은 부부(夫婦)의 날이지요. 오늘은 부부의 날에 즈음하여 부부의 참뜻을 살펴보겠습니다.

자고로 남편과 아내는 가족관계로 인정하였습니다. 현실적으로 보면 남편감과 아내감을 고르는 것은 인간이 선택하여 배필로 맞이하므로 인간관계처럼 보이지만 우리 유교(儒敎)에서는 결코 인간관계로 맺어진 인륜(人倫)으로 보지 않고 하늘이 맺어 준 천륜(天倫)으로 인식하였습니다. 그러한 까닭은 혼인을 통해서 성씨(姓氏)가 다른 두 집안이 결합되기 때문입니다.

대저 인간관계는 개인과 개인의 결합일 뿐이고 집안과 집안 결합이 아닙니다. 임금과 신하, 스승과 제자, 벗과 동무는 인간관계로써 개인과 개인의 결합일 뿐입니다. 그러나 아버지와 아들, 형제와 자매(姉妹), 남편과 아내는 혈연으로 맺어지는 까닭에 집안과 집안이 결합하므로 천륜(天倫)관계라고 하였습니다. 그래서 예로부터 한 쌍의 부부를 하늘이 정해 준 배필이라고 하여 천정배필(天定配匹) 또는 천생연분(天生緣分)이라 하였고 또한 두 집안에서 상대방을 사돈집으로 높이고 외가(外家)와 처가(妻家)를 인척으로 친근하게 지내며 대대로 교류하였던 것입니다.

부부생활에서 갖추어야 되는 덕목은 물론 가족관계의 덕목인 질서, 화합, 평화입니다. 어떤 젊은이는 부부관계를 인간관계로 착각하여 자유, 평등, 해방을 주장하는데 그런 사고방식으로 혼인을 하면 오래가지 못하고 파탄이 나고 말지요. 부부관계는 절대로 인간관계가 아니고 가족관계이기 때문에 처음부터 끝까지 질서, 화합, 평화의 보수적 가치를 숭상해야 됩니다. 이와 같은 보수적 가치를 실천함에 있어서 우리 유교에서는 혼인에 3가지의 기본정신을 반드시 갖추도록 강조합니다.

첫째는 남편이 기러기 정신을 가지는 것이고,

둘째는 아내가 미나리 정신을 가지는 것이며,

셋째는 남편과 아내의 두 성씨(姓氏)가 결합하여 일만 가지의 행복을 창출하는 것입니다.

우리 유교의 전통혼례식에서는 신랑이 기러기를 가지고 가서 신부의 아버지에게 바치고 절을 하는 전안례(奠雁禮)가 있지요. 그것은 신랑이 장인 될 분에게 기러기처럼 가족을 행복하게 보호하는 책임을 다하겠다고 서약하는 예절입니다. 하늘로 높이 나는 기러기는 가족을 질서 있게 거느리고, 짝을 바꾸지 않고, 정절을 지키며, 화합하고, 춥지도 덥지도 않은 안전지로 옮겨가며 가족을 보호하는 책무를 다하는 것입니다. 그리고 기러기의 수컷은 그 털빛이 매우 아름답지요. 남편은 스스로 아름다운 인격을 갖추겠다는 뜻입니다.

다음으로 우리 유교의 전통혼례에서는 신부가 시집가면 시집의 사당에 보이는 예식이 있는데 신부가 시집의 조상을 처음 뵐 때는 반드시 미나리나물 한 접시를 직접 들고 가서 사당에 올리는 것입니다. 미나리는 음지의 식물이지요. 험한 땅에서도 잘 살고 번식력이 대단할 뿐만 아니라 추우나 더우나 4시4철에 싱싱하며, 특히 홀로 있을 때보다 더불어 무리 지어 살면 더욱 높이 무성하게 자라는 협동심이 있습니다. 신부는 시집조상님께 이러한 미나리 정신을 받들어 이 집안을 영원히 화합 발전시키겠다는 뜻을 다짐했던 것입니다.

끝으로 우리 유교의 전통혼례식에 신부가 손에 드는 수건에는 반드시 두 성씨의 결합이 일만 가지 행복의 원천이라는 2성지합 만복지원(二姓之合 萬福之源)의 8글자를 써서 수를 놓지요. 신랑집과 신부집이 결합하여 서로 협력하면 사회적인 활동영역이 넓어질 뿐만 아니라 집안이 벌족하고, 가세가 흥성하여 가운(家運)이 창성하게 되는 것입니다. 따라서 두 성씨의 집안이 결합하기 위해서는 서로서로 도덕과 윤리와 예절을 지켜야 되겠지요. 특히 5륜(五倫: 父子有親, 君臣有義, 夫婦有別, 長幼有序, 朋友有信)을 지켜서 효도하고 충성하며, 사랑하고 공경하며, 신의가 있어야 원만하게 결합해서 일만 가지의 행복을 누리게 되는 것입니다. 오늘은 백년해로하는 부부의 참뜻을 살펴보았습니다. 기러기 정신과 미나리 정신으로 두 집안이 세계에서 가장 행복하기를 기원합니다. 감사합니다.

어버이날의 효심(孝心) /2008. 5. 8(木)

청취자 여러분 안녕하십니까? 오늘은 5월 8일 어버이날이지요. 아버지와 어머니는 우리를 낳아서 길러 주신 거룩한 분입니다. 그 은혜를 갚으려면 평생을 섬겨도 다하지 못하지만 1년에 하루만이라도 효심(孝心)을 되찾아 어버이의 은혜를 생각하기 위하여 어버이날을 제정한 것입니다. 따라서 오늘은 모든 사람이 다 같이 함께 어버이를 섬기고 만분의 일이라도 은혜에 보답하는 즐거운 날입니다.

사람은 누구나 어버이로부터 피와 살을 나누어 받고, 본성과 생명을 이어받아 이 세상에 태어나고 또 3년 동안 어머니의 품 안에서 젖을 먹으며 사람의 형태를 갖추어서 장성할 때까지 장장 20여 년을 밥 먹이고 옷을 입혀 기를 뿐만이 아니라 또한 가정교육과 학교교육을 시켰으며 이미 성년이 되면 혼인까지 시키므로 이 세상에 그보다 큰 은혜는 없는 것입니다. 그래서 예로부터 어버이의 은혜는 산보다 높고, 바다보다 깊어, 저 넓고 넓은 하늘과 같다고 하였지요. 그러므로 공자님은 효경(孝經)에서 말씀하시기를 "하늘땅의 본성에 인간성(人間性)이 가장 고귀하니 인간의 행실은 효도보다 큰 것은 없고, 효도는 아버지를 존엄하게 섬기는 것보다 큰 것은 없으며, 아버지를 존엄하게 섬기는 것은 하느님과 똑같이 섬기는 것보다 큰 것은 없다."고 하였습니다.

공자님은 이와 같이 자기의 아버지를 하느님과 똑같이 존엄하게 여기라고 가르치면서 이어 말씀하시기를 "부모와 자녀가 친밀하게 사랑하고 공경하는 진리는 천부적인 자연의 본성이며, 사회의 정의로운 책무이니 그 어버이를 사랑하지 않고, 다른 사람을 사랑하는 것을 인간성을 해치는 패덕자(悖德者)라고 하며, 그 어버이를 공경하지 않고, 다른 사람을 공경하는 것을 사회적 규범을 해치는 패례자(悖禮者)라고 한다."고 꾸짖었습니다.

그리고 맹자(孟子)님은 말씀하시기를 "군자(君子)에게 세 가지의 즐거움이 있는데 부모가 모두 살아 계시고 형제가 무고한 것이 첫째로 즐거운 일이다."고 하면서 "군자는 천하(天下)로써 어버이를 섬기느니라."고 하여 천하의 모든 것을 총동원하여 어버이를 섬겨도 오히려 그 은혜를 다 갚지 못하는 것이라고 역설하였습니다.

따라서 군자가 어버이를 섬기는 정신은 대단히 극진하여 어버이가 머물러 계심에는 그 공경을 다하고, 음식을 공양함에는 그 즐거움을 다하며, 어버이가 질병을 앓으시면 그 근심을 다하고, 마침내 어버이가 돌아가시면 그 슬픔을 다하며, 제사를 지냄에는 그 엄숙함을 다하는 것입니다.

우리 유교에서는 어질 인(仁) 자의 인간성이 나타나는 최초의 실마리를 효도 효(孝) 자에서 찾고 있지요. 그러므로 효도는 일백 가지 행실의 근본이라고 하는데 효도의 실천 강령을 요약하면 친할 친(親) 자와 순할 순(順) 자와 즐거울 낙(樂) 자와 목숨 수(壽) 자의 네 가지입니다. 어버이와 친근하고, 어버이에게 온순하며, 어버이를 즐겁게 하고, 어버이를 오래오래 장수하게 하는 것이 효자의 사업입니다.

우리나라는 조선왕조시대에 유교를 국시(國是)로 정하고 효도사상을 널리 보급하여 세계에서 효자의 사업이 가장 발달하여 동방예의지국을 건설하였지요. 전국 방방곡곡에 효자비(孝子碑)가 없는 곳이 없고, 효자, 효부(孝婦)를 크게 현창하여 나라에서 정려문(旌閭門)을 세웠지요. 얼마나 아름다운 풍속입니까? 자고로 효도는 내림이라고 하였습니다. 효자는 효자를 낳고, 불효자는 불효자를 낳게 된다는 말이지요. 사람이란 부모가 하는 대로 따라서 배우기 때문에 부모가 효도하면 자녀도 효도하는 법이지요. 오늘 어버이날을 맞이하여 자녀들이 효도하도록 잘 가르쳐서 행복한 어버이날이 되기를 간절히 바랍니다. 감사합니다.

가정의 달에 생각해 보는 죽은 가족 /2008. 5. 9(金)

청취자 여러분 안녕하십니까? 오늘은 가정의 달을 맞이하여 가족을 잃은 슬픔에 대하여 살펴보겠습니다. 대체로 살아 있는 가족이 모두 모여서 행복하고 영광스러운 날을 맞이하면 무한히 즐거우면서도 한편으로 이미 세상을 떠나서 다시는 볼 수 없는 가족을 더욱 간절히 생각하면서 눈물을 흘리게 됩니다. 이렇게 가족 사랑은 끝이 없어서 이미 죽어서 없는데도 즐거울 때나 슬플 때나 항상 그리워하기 때문에 가족관계는 하늘이 맺어 준 가장 진실하고, 가장 착하며, 가장 아름다운 관계라고 하지요. 그래서 우리 유교(儒敎)에서는 가족을 잃음에 슬프게 초상 치르고, 엄숙하게 장사 지내는 예절을 만들어서 한집에 사는 직계가족은 물론이고, 일가친척의 방계가족까지 모두 모여서 장엄하게 저세상으로 보내는 상례(喪禮)가 있습니다.

사람에게 있어서 가장 큰 충격은 직계가족을 잃은 슬픔과 고통이라고 합니다. 너무도 큰 충격으로 정신을 잃고, 몸을 가누지 못하기도 하며, 슬픔이 너무나 커서 눈물과 콧물을 줄줄 흘리며 목을 놓아 통곡하기도 하고, 고통이 너무 심해서 가슴을 두드리고 발로 뛰다가 숨이 차서 호흡을 멈추기도 하지요. 그토록 애달프고 안타깝고 처절한 감정을 어찌 홀로 감당하겠습니까? 그래서 집안이나 마을에 초상이 나면 즉시 달려가서 위로하고 달래며 초상 치르는 일을 물심양면으로 돕는 것이 우리나라의 풍속입니다.

직계가족을 잃은 사람은 아무리 슬프고 고통스러워도 친척과 친구 및 이웃사람의 성의를 생각하여 슬픈 감정을 억누르고, 정신을 차려서 사회의 보편적인 상례(喪禮) 절차에 따라 초상범절(初喪凡節)과 장례범절(葬禮凡節)과 거상범절(居喪凡節)을 지켜야 옳은 것입니다. 일찍이 공자님은 예법을 지키면서 슬픈 감정을 절제한 사람으로 옛날 동방에 살았던 소련(少連)과 대련(大連)을 예로 들어 다음과 같이 칭찬하였습니다.

"소련과 대련은 어버이가 죽었을 때에 슬퍼하는 절도를 잘 지켰으니 어버이가 돌아가신 지 3일 동안은 밥도 먹지 않고 잠도 자지 않으면서 시신을 지키며 울었고, 빈소(殯所)를 설치하자 3개월 동안은 죽을 먹으면서 아침저녁으로 통곡하였으며 장사 지낸 다음에는 1년 동안을 초하룻날과 보름날 아침에 울었으며, 삼년상을 마칠 때까지는 어버이를 몹시 그리워하여 몸이 초췌하고 파리하게 되었으니 동이(東夷)나라의 아들이니라."(禮記: 雜記 下)라고 하였습니다. 직계가족을 잃은 사람이 이 말씀을 들으면 누군들 흠모하여 눈물을 흘리지 않겠습니까!

그래서 상복을 입은 사람은 관공서에 출입도 아니 하고, 사업도 아니 하면서 사람들과 토론이나 질문을 아니 하며, 노래 부르고 춤추며 노는 데도 가지 않을 뿐만 아니라 스스로 근신하면서 고기와 술도 먹지 않고, 배우자와 한 방에서 자지도 않는 것입니다. 이렇게 3년을 애도한 다음에야 직계가족을 잃은 슬픔을 다해서 산 사람이나 죽은 사람이나 모두 여한이 없게 되므로 뜨거운 가족애를 길이 확인하여 털끝만큼도 서로의 애정을 의심하지 않게 되는 것입니다.

대저 죽은 사람을 죽지 않았다고 생각하는 것은 지혜롭지 못하고, 죽은 사람을 죽었다고 인정하는 것은 사랑스럽지 못하지요. 그러므로 우리 유교에서는 생명 과학적으로는 이미 죽은 사람임을 인정하면서도 가족 윤리적으로는 결코 죽은 사람으로 인정할 수 없기 때문에 공자님은 "죽은 가족이라도 살아 있는 가족처럼 섬기고, 없는 가족이라도 있는 가족처럼 섬기라."고 하였고 증자(曾子)는 "초상 치르고 장사 지내는 일에 신중하고, 먼 조상을 추모하면 사회의 도덕심이 두터워진다."고 하였습니다. 오늘은 가정의 달에 참으로 가족 사랑을 두텁게 하는 길을 살펴보았습니다. 감사합니다.

가정의 달에 생각해 보는 제사 풍속 /2008. 5. 10(土)

청취자 여러분 안녕하십니까? 오늘은 가정의 달을 맞이하여 잃어버린 가족을 해마다 회상하는 제사에 대하여 살펴보겠습니다. 세월은 무심하여 속절없이 흘러가도 절기가 바뀌면 문득문득 잃어버린 가족이 생각나서 못 견디게 그리워 저 멀리 하늘을 쳐다보고 탄식하거나 산과 들을 헤매면서 안타까워 몸부림칠 때가 있지요?

사람의 삶이 고달파서 어찌할 수 없을 때에는 별다른 방법이 없으므로 그런대로 잊어야 하겠지만 만일 삶이 행복하고 여유가 있다면 어찌 죽은 가족과 함께 즐거움을 나누는 제사를 지내지 않으리까? 그래서 우리 유교(儒敎)에서는 철이 바뀔 때마다 조상님께 제사를 지내는 4시정제(四時正祭)의 예법이 있어서 가정에서 거행하는 가장 큰 제사로 삼았습니다. 4시정제(四時正祭)는 시제(時祭)라고도 하는데 제사 지내는 시기와 대상이 모두 똑같은 것입니다. 먼저 동지(冬至)에는 한겨울에 해가 바뀌어 새해가 시작되므로 종묘나 사당이 있는 종가에서는 시조(始祖) 할아버지와 시조 할머니를 제사 지내고, 사대부(士大夫)와 일반 서민들은 고조할아버지와 고조할머니를 안방에서 합동으로 제사 지냅니다. 그리고 만물이 소생하는 절기로 바뀌어 밤과 낮의 길이가 똑같은 춘분(春分)이 되면 증조할아버지와 증조할머니를 합동으로 제사 지내고, 다음에 한여름으로 절기가 바뀌어 낮의 길이가 가장 길어지는 하지(夏至)가 되면 할아버지와 할머니를 합동으로 제사 지내며, 마침내 서늘한 바람이 불어 5곡백과(五穀百果)가 풍성한 추분(秋分)이 되면 아버지와 어머니를 합동으로 안방에서 제사 지냅니다. 이러한 4시정제(四時正祭)는 길할 길(吉) 자의 길제(吉祭)이기 때문에 국가 사회적으로 안락 태평한 시대에만 지내는 제사이고, 만일 국가사회가 어지럽고 불행한 시대에는 지내지 못하는 것이 예절입니다.

그래서 나라에 천재지변(天災地變)이 있거나, 전쟁이 일어나거나, 유행병이 돌거나, 흉년이 들거나, 나라가 망하거나, 집에 불이 났거나, 초상이 나거나, 제주(祭主)가 형벌을 받거나 집안이 파산하면 네 철의 정식 제사는 지내지 못하는 것입니다.

우리나라는 조선왕조시대부터 4시정제를 성대하게 지내는 아름다운 풍속이 있었지만 임진왜란으로 국토가 황폐화하고, 이어 병자호란으로 청(淸)나라에 항복하는 치욕을 씻지 못함으로써 오랫동안 네 철의 정식 제사는 지내지 못하고, 겨우 돌아가신 날을 슬프게 회상하며 추모하는 기제사(忌祭祀)만을 지내게 되었던 것입니다.

그러다가 19세기 말 대한제국(大韓帝國)이 독립하여 삼전도(三田渡)에 세웠던 청(淸)나라에 대한 항복비(抗服碑)를 땅에 묻어 버리고, 서대문 밖에 영은문을 헐고 독립문을 세웠으나 곧 일본의 침략으로 40년간 식민지로 전락했고, 드디어 을유광복(乙酉光復)을 맞이하였으나, 미·소가 38선을 그어 국토를 분단했을 뿐만 아니라 6·25 동란으로 민족상잔의 비극을 겪은 뒤에 또 군사독재가 등장하여 권력찬탈을 거듭하므로 이제까지 즐겁고 영광스러운 4시정제를 지낼 형편이 되지 못하였던 것입니다.

그러나 이제는 자유, 평등, 해방을 누리는 인권을 되찾았고, 자주, 민주, 통일의 국가체제도 어느 정도 갖추었으므로 나는 결연히 일어나 이제는 당당하게 4시정제를 지내서 가정의 행복과 영광을 죽은 가족과 함께 누리고, 조상의 덕을 기리며, 그 은혜에 보답해야 된다고 주장하는 바입니다. 그래서 4시정제의 축문을 한글로 번역 보급하였습니다. 과거처럼 기제사(忌祭祀)를 지내면 고조까지 1년에 여덟 번을 지내지만 이제 4시정제를 지내면 1년에 네 번만 지내면 되므로 부담도 덜고, 가문의 영광과 나라의 영광도 다시 찾아 새 시대의 풍속과 새 나라의 기풍을 크게 일으켜 활기와 긍지가 가득 차게 될 것입니다.

청취자 여러분! 민족의 불행이 너무 길었습니다. 이제는 죽은 가족과 더불어 가족의 안락과 국가번영을 노래하는 영광스러운 미래를 창조합시다. 감사합니다.

가정의 달에 생각해 보는 스승 /2008. 5. 11(日)

청취자 여러분 안녕하십니까? 이제 4일만 있으면 5월 15일 스승의 날입니다. 가정의 달에 스승의 날이 있는 것은 참으로 의미가 깊다고 하겠습니다.

우리나라는 자고로 학문을 숭상하여 스승을 대단히 높였을 뿐만 아니라 가정행사에 반드시 스승을 초청하여 그 가르침에 따라 거행해서 번듯하게 법도를 세워 아름다운 가풍(家風)을 일으켰습니다. 자녀가 자라서 7세가 되면 반드시 스승을 찾아가서 공부하게 하였고, 이미 성년(成年)이 되면 스승을 집으로 초빙하여 관례(冠禮)를 거행하여 남자는 관을 씌우고, 여자는 비녀를 꽂으면서 미래의 성공을 축복함과 동시에 애칭으로 부른 자(字)를 지어 주지요. 그리고 혼인할 때에 신부가 시집감에 반드시 여선생이 보호하고, 또한 집에 초상이 나면 선생을 호상(護喪)으로 위촉하여 엄숙한 예절을 갖추게 할 뿐만 아니라 집안의 제사에도 스승으로 손님을 삼아 성대한 향연을 베풀어 경건한 제사 법도를 갖추게 하였던 것입니다.

우리나라는 이와 같이 가정행사에 반드시 스승을 모시고 거행하기 때문에 스승을 아버지와 임금처럼 높여서 군사부일체(君師父一體)라고 하였습니다. 왜냐하면 아버지는 나를 낳으셨으니 이 몸이 아버지로 인하여 있는 것이요, 임금은 나를 먹이셨으니 이 몸이 임금의 정치로 인하여 사는 것이며, 스승은 나를 가르쳤으니 이 몸이 스승의 가르침으로 인하여 인격자가 된 것입니다. 그래서 우리 유교(儒敎)에서는 스승을 높이 섬겨서 스승의 그림자도 밟지 않을 뿐만 아니라 심지어 스승이 돌아가시면 마음으로 애도(哀悼)하는 예절까지 있으니 아버지가 돌아가시면 상복을 입고 아무 일도 하지 않으면서 3년상을 치르고, 임금이 돌아가시면 3년 동안 상복을 입되 관청의 업무는 집행하며, 스승이 돌아가시면 상복도 입지 않고, 일도 하지만 마음속으로 3년 동안 슬퍼하며 애도한다고 하였습니다. 스승은 먼저 알고, 먼저 깨닫는 선지자(先知者)요, 선각자(先覺者)입니다. 사람이 인생을 경영하고, 가정을 경영하고, 국가를 경영하고, 천하를 경영함에 도덕적으로 지극히 착한 길을 찾고, 사업적으로 지극히 아름다운 가치를 찾고, 기술적으로 지극히 진실한 방법을 찾는다면 얼마나 값지고 보람 있는 성공을 보장하겠습니까? 그래서 크고 작은 일에 어진 스승이 필요한 것입니다. 따라서 모든 사람에게 스승이 필요하기 때문에 개인으로부터 천자(天子)에 이르기까지 모두 스승이 있었으니 천자에게는 왕사(王師)가 있고, 나라에는 국사(國師)가 있었다는 사실을 여러분도 알고 있는 역사적 사실입니다.

스승의 가르침에는 여러 가지 교육방법이 있습니다. 일찍이 맹자(孟子)님이 말씀하시기를 "때맞추어 봄비가 내리듯이 자연스럽게 감화시키는 방법이 있고, 인간성을 개발하여 인격을 완성시키거나, 재능을 개발하여 기술을 통달하게 하는 방법도 있으며, 제자의 물음에 밝게 대답하여 깨우쳐 주는 방법도 있고, 착한 행실과 책을 남겨서 후세의 사람이 스스로 읽고 배우게 하는 방법도 있다."고 하였습니다. 그러므로 스승이란 학교에서 가르치는 교사(教師)와 교수(教授)가 있고, 또한 4서5경(四書五經)을 가르치는 경전선생, 즉 경사(經師)가 있으며, 그리고 어진 인격으로 감화시키는 인류의 스승, 즉 인사(人師)가 있는 것입니다. 우리나라의 조선시대 유교 집안에서는 인류의 스승이신 공자님을 자손만대의 스승으로 받들고 배우면서 공자님의 어진 제자들까지도 자손백대의 스승으로 받들고 배웠던 것입니다. 이렇게 성현을 스승으로 모시고 책으로 배우며 사숙(私淑)하였기 때문에 우리나라는 방방곡곡에 모든 성씨의 집안마다 행사가 번듯하므로 선비가풍이니 또는 양반가풍이니 해서 흠모하였지요. 대대로 본받을 만한 모범가정이 많았습니다. 오늘은 스승을 받드는 가정문화에 대하여 살펴보았습니다. 뜻깊은 스승의 날이 되기 바랍니다. 감사합니다.

하느님의 지상명령(至上命令) /2008. 6. 16(月)

청취자 여러분 그동안 안녕하셨습니까? 길고 긴 여름날에 초목이 무럭무럭 자라서 짙푸르게 우거진 산천을 보면 생명력이 넘칩니다. 이렇게 장엄한 세계를 볼 때마다 우리 유교인(儒敎人)은 하늘의 이치에 탄복하고, 귀신의 신통력에 감격하며, 인간의 지혜에 감탄하고, 만물의 성능(性能)에 신비감(神秘感)을 느끼지요. 왜냐하면 이 세상의 진실하고, 착하고, 아름다운 생성변화는 하늘의 이치와 귀신의 공능(功能)과 인간의 노력과 만물의 성능이 복합적으로 이루어 낸 산물이기 때문입니다. 만일 하늘의 이치가 없다면 이 세상이 어떻게 영원무궁한 발전을 보장할 것이며, 또한 귀신의 신통한 작용력이 없다면 어떻게 삼라만상을 일시에 번영하게 만들겠습니까? 그리고 인간의 노력이 없다면 어떻게 산천과 논밭을 가꿀 것이며 역시 만물의 생명력이 없다면 어떻게 충실하고 풍성한 물건을 얻을 수 있겠습니까?

그래서 우리 유교(儒敎)에서는 상고시대로부터 현상의 세계를 관찰하여 가장 위에는 하늘의 세계, 즉 천계(天界)가 있고, 그 다음에는 귀신의 세계, 즉 신계(神界)가 있으며, 또 그 다음에는 인간의 세계, 즉 인계(人界)가 있고, 맨 아래에 물질의 세계, 즉 물계(物界)가 있어서 이 네 가지의 세계가 모두 공명정대하게 밝혀져서 각각의 가치를 실현하여야 빛나고 성대한 세계가 된다고 보았습니다. 오늘은 하느님의 지상명령에 대하여 말씀드리겠습니다. 하늘의 세계에는 여덟 분의 하느님이 계십니다. 가장 높은 황천상제(皇天上帝)님이 시간을 관장하는 천종제(天宗帝)와 먹이를 관장하는 신농제(神農帝), 그리고 다섯 방면의 하느님인 동천제(東天帝), 남천제(南天帝), 중천제(中天帝), 서천제(西天帝), 북천제(北天帝)를 거느리고 만물을 창조하여 주재하는 것입니다. 황천상제가 하늘의 세계에서 천지만물을 창조함에 세 가지의 명령을 내립니다. 그 세 가지의 명령은 첫째, 만물에 모두 하늘이 명령하여 분부하신 명분(命分)을 부여하여 종류로서의 성분(性分)과 개체로서의 직분(職分)이 있게 하는 것이고 둘째, 만물은 각각 일정한 수명(壽命)을 주어서 생존하는 기간과 사망하는 때가 있게 하는 것이며, 셋째, 만물은 각각 서로 다른 먹을거리가 있어서 더불어 성장하도록 하는 것입니다. 이상의 세 가지 명령은 결코 어길 수 없는 것이므로 지상명령(至上命令)이라고 하는 것이지요.

일찍이 맹자(孟子)님은 말씀하시기를 순천자(順天者)는 존(存)하고, 역천자(逆天者)는 망(亡)한다고 경계하였지요. 하늘이 준 운명(運命)을 순리적으로 따르면 존재하고, 만일 하늘이 경영하는 자연과 인간과 사회를 거스르면 소멸하여 없어지게 될 뿐입니다. 따라서 맹자님은 또 말씀하시기를 바른 마음씨를 간직하고 천부적인 본성을 기르는 존심양성(存心養性)이 하느님을 섬기는 원리라고 하였습니다.

그리고 하늘의 피조물은 어떤 것도 영원불변한 것이 없지요. 만물이 모두 각각 하늘로부터 수명(壽命)을 타고났기 때문에 생성변화의 주기가 있습니다. 이러한 하늘의 자연법칙을 주역(周易)에서는 원형리정(元亨利貞)이라고 하였지요. 원(元)은 으뜸 원 자로 크게 시작하는 길이고, 형(亨)은 형통할 형 자로 크게 번영하여 한때를 누리는 길이며, 이(利)는 이로운 이 자로 정의로운 결실을 얻어서 세상에 이바지하는 길이고, 정(貞)은 곧을 정 자로 바르게 지켜서 새로운 발전의 기틀을 남기고 끝내는 길입니다. 따라서 이 세상에는 영원히 사는 길은 없고 또한 이 세상이 없어지는 종말도 없는 것입니다. 바야흐로 천수(天壽)를 다하면 죽는 것이고, 죽으면 새로운 것이 탄생하여 무궁하게 순환 발전하지요. 그래서 우리 유교에서는 사람의 수명은 하늘에 있다고 하여 인명(人命)은 재천(在天)이라고 하였으니 일찍이 맹자님은 말씀하시기를 오래 살고 일찍 죽는 것이 하늘의 명령이 아님이 없나니 오로지 순리적으로 그 바르게 받아들일 따름이라고 하였지요.

　끝으로 하늘의 피조물(被造物)은 하느님이 먹으라고 정해 준 것만 먹어야 됩니다. 만일 하느님이 먹지 말라고 하는 것을 먹으면 병들거나, 미치거나, 죽게 되지요. 하느님은 봄, 여름, 가을, 겨울에 철따라 나오는 제철음식물을 먹으라고 하였고, 또 너무 적게 먹거나 너무 많이 먹으면 도리어 해롭게 하였습니다. 오늘은 하늘의 지상명령에 대하여 말씀드렸습니다. 우리 모두 하늘의 명령을 높이 받들어 건강하고 떳떳하게 살면서 인격을 높이고 직분을 완수하여 일만 가지 행복을 누립시다. 감사합니다.

귀신의 신통력 /2008. 6. 17(火)

청취자 여러분 안녕하십니까? 오늘은 하느님의 지상명령을 받들어 삼라만상을 오묘하게 공작하여 성대하게 발양하는 귀신의 신통력에 대하여 말씀드리겠습니다.

우리 유교(儒敎)에서 말하는 귀신이란 음양(陰陽)의 조화(造化)를 지칭합니다. 우주의 대자연을 깊이 살펴보면 온 세상의 만물을 낳고 죽이고 하는 자연의 오묘한 작용이 있는데 이러한 현상이 일어나는 원인을 분석한 결과 성인(聖人)은 두 가지의 힘이 작용한다는 사실을 발견하였지요. 이 두 가지의 힘은 상대적으로 작용하면서 만물을 생성 변화하는 원초적 추동력인데 하나는 발동하여 확산하는 원동력이고, 또 하나는 수축하여 응결하는 원동력입니다.

일찍이 성인(聖人)은 발동하여 확산하는 원동력을 볕 양 자와 기운 기 자를 써서 양기(陽氣)라고 일컫고, 수축하여 응결하는 원동력을 그늘 음 자와 기운 기 자를 써서 음기(陰氣)라고 일컬었습니다. 이러한 양기(陽氣)와 음기(陰氣)의 관계는 매우 복잡한 구조 속에서 다양한 기능을 하기 때문에 인간의 지혜로는 도저히 헤아려 측량할 수 없는 한계가 있는 까닭에 마침내 귀신의 작용이라고 정의(定義)하였던 것입니다. 따라서 귀신은 하느님의 명령을 받들어 만물을 창조하는 기능공(技能工)입니다.

귀신의 대단한 작용과 기능을 더욱 자세히 분석하면 양기(陽氣)가 발동하여 확산하는 무궁한 원동력의 근원자를 신(神)이라고 부르며, 음기(陰氣)가 수축하여 응결하는 무한한 원동력의 근원자를 귀(鬼)라고 호칭해서 인간의 힘으로는 도저히 어찌할 수 없는 귀신의 세계로 단정하고, 하염없이 대우주의 성대하고 장엄한 활동과 만물개체의 섬세하고 오묘한 존재를 바라보면서 신비로움으로 가득한 귀신의 신통력에 감격할 수밖에 없었던 것입니다.

이제 신비로운 현상사물의 존재구조와 생성변화를 과학적으로 연구 분석한 결론을 통해서 음양(陰陽)의 신통한 기능을 정리하면 첫째로 음기(陰氣)가 극성하면 양기(陽氣)를 낳고, 또 양기가 극성하면 음기를 낳아서 음기와 양기는 자체적으로 서로 낳는 상생(相生)관계에 있기 때문에 영원무궁하게 순환 발전하는 자체 동력을 가지고 있다는 사실입니다.

둘째로 양기는 강건하고 씩씩하며 음기를 거느리고, 음기는 유순하고 부드럽게 양기를 따르므로 양기와 음기는 자체적으로 위상을 정립하여 주종(主從)관계가 있기 때문에 영원무궁하게 안정하는 자체 권능을 가지고 있다는 사실입니다.

셋째로 양기는 음기와 짝을 짓고, 음기는 양기와 짝을 지어 양기와 음기는 자체적으로 서로 교류하며 배합(配合)하는 관계에 있기 때문에 영원무궁하게 화합하는 자체 성능을 가지고 있다는 사실입니다.

넷째로 양기는 민첩하여 음기에 앞서고, 음기는 느려서 양기를 뒤따르므로 양기와 음기는 자체적으로 질서를 세워서 선후(先後)관계가 있기 때문에 영원무궁하게 차례를 지키는 자체 본질을 가지고 있다는 사실입니다.

다섯째로 양기는 양기와 함께 더불으고, 음기는 음기와 함께 더불으므로 양기는 양기를 가까이하고 음기를 멀리하며, 음기는 음기를 가까이하여 양기를 멀리해서 같은 것이 모여서 다른 것을 견제하는 상극(相剋)관계가 있어 영원무궁하게 동질끼리 결합하여 이질을 견제하는 자체 본능을 가지고 있다는 사실입니다.

그리하여 이상과 같이 영원무궁한 힘의 실체와 작용의 신비로운 체계가 너무나도 거대하고 오묘하기 때문에 신성한 귀신의 세계로 인정하여 귀신을 만물의 수호신(守護神)으로 받들고 있는 것입니다.

하늘에는 하느님을 도와서 하늘을 지키는 구망신(句芒神)과 축융신(祝融神)과 후토신(后土神)과 욕수신(蓐收神)과 현명신(玄冥神)을 비롯하여 해, 달, 별의 신이 있고, 땅에는 국토신과 산천의 신이 있으며, 사람은 죽어서 조상신이 되고, 만물도 크고 오래되면 신령한 물건이 되어 신통력을 발휘하는 것입니다. 그리하여 옛날에는 귀신에게 깨끗한 제사를 지내서 안녕과 행복을 기원하였습니다. 심지어 방문과 부엌과 마당과 대문과 길에 있는 신령에게도 1년에 한 번씩 깨끗이 청소하고 제사를 지냈으니 귀신의 세계가 편안해야 사람의 세계가 편안했기 때문입니다.

오늘은 귀신의 신통력에 대하여 말씀드렸습니다. 감사합니다.

성인(聖人)의 위대한 정치력 /2008. 6. 18(水)

청취자 여러분 안녕하십니까? 오늘은 인간의 세계를 고금의 역사를 통해 살펴보면서 성인(聖人)의 위대한 정치력에 대하여 말씀드리겠습니다. 인간은 물론 하늘의 피조물이지요. 그러나 하느님이 인간을 만들 때에 음양(陰陽)의 원기(元氣)와 5행(五行)의 원질(原質)을 고루 배합하여 가장 맑고 순수한 기질로 인의예지(仁義禮智)

의 본성을 온전히 갖춘 만물의 영장(靈長)이 되게 하였습니다. 그리하여 하느님은 인간으로 하여금 형이상(形而上)의 도덕을 밝혀 형이하(形而下)의 세계를 경영해서 하느님의 뜻이 이 땅에서 이루어지게 하였던 것입니다. 따라서 인간은 하늘의 피조물이지만 이세상을 경영하는 주인입니다. 하느님이나 귀신은 형체가 없지요. 형체가 없으므로 보이지도 않고, 들리지도 아니하여 세상만사를 직접 경영할 수 없는 것입니다. 그래서 형체가 있는 온전한 사람을 만들어 하늘을 대신하여 말하고 지도하며 직접 경영하도록 사람에게 위탁하신 것입니다.

태고 시절에는 사람의 기질이 맑고 순수하여 착한 본성을 따라 살면서 가족사회, 씨족사회, 부족사회를 경영하다가 인종(人種)이 점점 번창하고 사람의 지혜와 솜씨가 차츰 개활하자 국가사회와 천하사회로 발전하게 되었지요. 그리하여 상고시대에 요(堯)임금이 하늘과 같은 높은 도덕으로 정치력(政治力)을 발휘하니 전체 인류가 어버이처럼 우러러 받들면서 각각 분발하여 하늘이 명령한 명분(命分)과 성분(性分)과 직분(職分)을 다하므로 가침내 태평성대를 건설하여 길이 인류의 이상세계로 삼게 되었지요.

그리고 요(堯)임금의 뒤를 이은 순(舜)임금은 천체를 관찰하여 하늘이 땅을 덮고 있다는 개천설(蓋天說)의 오류를 발견하고, 하늘은 달걀의 흰자위처럼 둥글게 땅을 감싸고 있고, 땅은 달걀의 노른자위같이 흰자위 속에 떠 있다는 혼천설(渾天說)을 천명하여 상대세계의 균형과 조화(調和)만이 하늘의 원리원칙임을 설파하고 정치제도와 법률을 정비하여 권력을 분립(分立)해서 직분(職分)을 나누고 어진 이를 등용하며 유능한 사람에게 사업을 맡겨 조직적으로 협력하고 화합하는 정치 사업의 체제를 갖추어 봉황이 노래하고 기린이 춤추는 낙원을 건설하였습니다.

요(堯)임금과 순(舜)임금은 천부적인 본성을 온전히 간직하여 천덕(天德)으로 억조만민의 착한 본성을 드날리게 하였으며, 하늘이 준 수명(壽命)을 다하여 120세에 가까운 인생을 누리면서 만백성을 모두 장수(長壽)하게 하였으며, 하늘이 낸 먹을거리를 모두 먹으면서 인민대중이 배불리 먹게 하여 배를 두드리면서 행복을 노래하게 하였으므로 후세 사람이 모두 위대한 성인(聖人)으로 흠모하면서 그 대동(大同) 세계를 건설하는 놀라운 정치력에 탄복하여 마지 않았던 것입니다.

그리하여 하(夏)나라를 세운 우(禹)임금과 은(殷)나라를 세운 탕(湯)임금 그리고 주(周)나라를 세운 문왕(文王)과 무왕(武王)이 계속하여 요임금의 도덕정치와 순임금의 중용(中庸)정치제도를 본받아 3대(三代)의 소강(小康)사회를 건설하여 인간의 도덕과 윤리와 예절을 밝혀 사람마다 오래 살고, 부자가 되고, 건강하고 편안하며, 착하다는 칭찬을 들으면서 직분을 다하고 죽는 다섯 가지의 행복, 즉 5복(五福)을 누리도록 천하국가를 경영하니 역시 후세의 사람이 성왕(聖王)으로 추앙하였던 것입니다.

하느님의 명령을 받드는 길이 이러함에도 춘추(春秋)시대에 대혼란이 일어나서 약육강식(弱肉强食)하고, 적자생존(適者生存)하는 살벌한 공포사회가 된 것은 모두 천명(天命)을 받들지 않고, 자기의 사사로운 욕망을 채우기 위하여 혈안(血眼)이 된 정상 모리배들이 권력을 인간세계에 봉사하는 기회로 삼지 않고, 욕망충족의 도구로 착각한 결과 마침내 하늘이 재앙을 내리고 귀신이 저주하며 인민이 타도하는 대상으로 전락하였으니 개인의 불행일 뿐만 아니라 억조창생의 불행이었고, 나아가 인간세계의 불행이었습니다.

이 세상은 하늘의 피조물이지만 사람이 경영하는 주인입니다. 하늘의 명령을 받들어 위대한 성인의 정치력을 개발하여 아름다운 인간세계를 건설해서 우리 다 같이 인간성을 회복하여 오래 살고 부자가 됩시다. 감사합니다.

만물의 소중한 가치 /2008. 6. 19(木)

청취자 여러분 안녕하십니까? 오늘은 만물의 소중한 가치로 가득한 물질의 세계에 대하여 말씀드리겠습니다. 하느님이 창조하시고, 귀신이 공작(工作)하며, 인간이 경영하는 물질의 세계는 가장 낮은 현상의 세계입니다. 현상세계의 만물은 그 형체와 본질과 색깔과 맛을 가지고 있어서 구체적인 실물(實物)로 생성 소멸하면서 순환 교대하는 확실한 세계입니다.

하늘의 세계는 지극히 성실한 이치의 세계이고, 귀신의 세계는 지극히 신통한 기운(氣運)의 세계이기 때문에 모두 형이상(形而上)의 세계로서 소리도 냄새도 없으므로 그 형상이나 실정을 파악하기가 대단히 어렵지요. 그러나 인간세계와 물질세계는 모두 형이하(形而下)의 세계로서 각각 특정한 모양과 성질과 색깔과 맛과 소리와 냄새를 가지고 있는 구체적 실물이기 때문에 감각기관으로 직접 살펴서 확인할 수 있고, 비교하여 분류해서 증명할 수 있는 명확한 현실세계입니다.

그렇다면 인간의 세계와 물질의 세계의 차이점은 무엇일까요? 우리 유교(儒敎)에서는 태극(太極)과 음양(陰陽), 5행(五行)의 논리로 해석하여 왔습니다. 하느님이 만물을 창조하실 때에 태극의 온전한 이치를 모두 고르게 부여(賦與)하였지만 오직 인간에게는 음양(陰陽)과 5행(五行)의 가장 빼어난 기질을 주고 인간 이외의 사물에는 한쪽으로 치우치거나, 한 가지가 빠지거나, 뒤죽박죽으로 섞기거나, 흐리거나 메마른 기질을 주었기 때문에 인간은 인의예지신(仁義禮智信)의 다섯 가지 성품을 고루 갖춘 만물의 영장(靈長)이 되고, 물질은 생물(生物)과 무생물(無生物)이 있는데 생물계(生物界)에도 동물과 식물이 있고, 또한 무생물계에도 광물(鑛物)과 토석(土石)이 있어서 그 종류를 헤아릴 수 없으므로 이를 총칭하여 만물이라고 하는 것입니다.

만물의 세계는 비록 인간의 세계처럼 영특하고 지혜롭지는 못하지만 그래도 물질이 있으면 반드시 법칙이 있고, 역시 종족보존의 생리(生理)가 있기 때문에 자연법칙에 따라 만물을 개발하여 그 소중한 가치를 이용하면 자연의 성대한 변화발전을 도울 수가 있는 것입니다.

그리하여 요(堯)임금과 순(舜)임금은 양지(陽地) 쪽에는 나무와 쇠와 흙과 돌로 집을 지어 불을 때서 솥에 물을 부어 밥을 지어 먹게 하고, 들에는 농지를 개간하여 5곡을 심으며 산과 물을 다스리는 치산치수(治山治水)를 국가사업으로 추진하여 자연을 보호하면서 날짐승과 들짐승 및 어족자원을 보호할 뿐만 아니라 나아가 짐승을 길들여서 가축으로 번식하였습니다. 그리고 흙을 섞어 불에 구워서 오지와 사기그릇을 만들고, 광석을 캐서 용광로에 녹여 거푸집에 부어 농기구와 생활도구를 생산하고, 금은보화까지 채굴하여 인류문화를 찬란하게 빛냈습니다. 무릇 물질은 유한하지만 그 소중한 가치는 무한합니다. 그리고 인간의 정치력으로 산업을 진흥함에 있어서 하느님이 창조하신 원리와 귀신이 진화(進化)하는 원리를 통달하면 유한한 물질도 무한한 물질로 개발할 수 있는 것입니다.

이 세상에 물질은 두 가지 방법으로 생성하지요. 한 가지 방법은 세상에 없는 것을 새로 만드는 방법인데 이것을 기운 기 자와 될 화 자를 써서 기화(氣化)라고 하였고, 또 한 가지 방법은 세상에 있는 것을 더욱 발전시키는 방법으로 모양 형 자와 될 화 자를 써서 형화(形化)라고 하였습니다. 없는 것을 새로 만드는 기화(氣化)는 하늘같은 덕화(德化)가 있어야 가능하고, 있는 것을 더욱 발전시키는 형화(形化)는 귀신같이 능통한 재주가 있어야 가능합니다. 만일 하늘의 명령을 받드는 거룩한 성왕(聖王)이 나와서 어진 사람을 발탁하여 지극한 정치력으로 인민을 교화(敎化)하여 모두 착하게 하고, 만물을 개발 이용하여 복지낙원을 건설해서 하늘땅이 평화롭고, 귀신이 영광스럽고, 인간이 안락하고, 만물이 충실한 지선(至善)의 세계를 건설하면 좋은 물질이 새로 생기고 또 더욱 좋게 진화 발전하여 마침내 5색찬연한 봉황새와 외뿔 달린 짐승인 린(麟)과 여의주(如意珠)를 입에 물고 하늘을 자유자재로 날면서 구름을 일어 비를 내리는 용(龍)과 천 년을 사는 신비로운 거북이 나와서 태평성대를 인증하는 것입니다. 옛날에 요순(堯舜)시대와 3대(三代)에는 성왕의 덕화(德化)로 이러한 네 가지 영물(靈物)이 나왔다고 경전에 기록이 있습니다.

오늘은 만물의 소중한 가치에 대하여 말씀드렸습니다. 우리 모두 지혜롭게 물질을 개발하여 풍요로운 세상을 만듭시다. 감사합니다.

도(道)는 자연과학적 합리주의이다 /2008. 6. 20(金)

청취자 여러분 안녕하십니까? 오늘은 하늘의 명령을 받드는 길에 대하여 말씀드리겠습니다. 우리 유교(儒敎)에 있어서 하늘의 명령을 받드는 길은 도덕(道德)과 예절(禮節)을 지키는 것으로 요약할 수 있지요. 풀어서 알기 쉽게 말하면 길 도 자의 도(道)를 닦아서 큰 덕 자의 덕(德)을 밝혀 예절을 실천하는 것이 곧 천명(天命)을 받드는 길이라는 뜻입니다.

도(道)를 닦고 덕(德)을 밝혀 예절을 실천하는 것이 하늘의 명령이라는 사실을 어떻게 알 수 있을까요? 그것을 증명하기는 어렵지 않지요. 아주 간단하게 확인할 수 있습니다. 진실로 사람이 도(道)를 닦고 덕(德)을 밝혀 예절을 실천하면 하늘과 귀신이 도울 뿐만 아니라 사람이 믿고 따르며 또한 만물도 충실하여 그 사업이 번창해서 천복(天福)을 누리는 것은 오랜 인류역사가 증명합니다. 그러므로 하늘에 순응하면 복(福)을 받고 하늘을 거역하면 벌(罰)을 받는다고 하였지요.

만일 사람이 도덕을 어기고 예절을 배척하면 무도(無道)한 패덕자(悖德者)가 되고, 불의한 아첨배가 되어 심하면 천인공노(天人共怒)하여 죽임을 당하게 되는 것입니다. 따라서 도(道)를 닦고 덕(德)을 밝히고 예절을 실천하는 것이 천명(天命)이라는 사실은 의심할 여지가 없는 뚜렷한 철칙인 것입니다.

그렇다면 도(道)를 닦고 덕(德)을 밝히며 예절을 실천하는 구체적인 학문과정과 연구방법은 무엇일까요? 그것은 이미 우리 유교경전에 모두 갖추어 있습니다. 대학(大學)과 중용(中庸)은 도덕(道德) 정치의 이념서이고, 예운(禮運)은 예악(禮樂) 정치의 지침서입니다. 이제 내가 유교의 경전을 총정리하여 도를 닦는 구체적인 과정과 덕을 밝히는 구체적인 방법 그리고 예절을 실천하는 구체적인 순서를 체계적으로 제시하겠습니다.

먼저 도를 닦는 구체적 과정은 하느님이 일체 만물에게 공통적으로 명령한 원리를 받들어 자연과학적 합리주의를 철저하게 연구하여 순리적으로 따르는 것입니다. 현상의 자연세계를 과학적으로 깊이 연구하면 천리(天理)와 물리(物理)와 사리(事理)가 있습니다. 이것을 모두 일컬어 자연법칙이라고 하는데 천리(天理)는 하늘이 일체 만물을 대통일하여 영원히 생성변화를 순환 반복하게 하는 이치로 주역(周易)에서는 원형리정(元亨利貞)이라고 하였는데 원(元)은 으뜸 원 자로 크게 시작하는 원리이고, 형(亨)은 형통할 형 자로 크게 발전하여 성장하는 이치이며, 이(利)는 이로울 이 자로 자기 자신뿐만 아니라 남에게도 이바지하여 더불어 공공의 이익을 추구하는 이치이며, 정(貞)은 곧을 정 자로 새로운 발전의 토대를 남기고 바르게 끝내는 이치입니다. 삼라만상의 생성변화는 이러한 원형리정(元亨利貞)의 천리(天理)에 따라 반드시 지켜야 되는 명분(命分: 운명적 한계)이 있으므로 현상세계는 태극(太極)의 진리로 충만한 진실세계임을 인식하여 영원무궁한 우주관을 정립하였으니 시종일관 천리에 순응하는 자세를 갖추는 것이 도를 닦는 첫째 관문(關門)입니다.

물리(物理)는 하늘이 만물의 종류와 개체마다 각각 명령한 원리로 만물 개체의 고유한 본질속성인데 이것을 과학적으로 직접 분석하고 비교하고 종합해서 그 기능성을 발견하여 가장 가치 있게 개발하되 그 해로운 것은 제거하고 이로운 것만을 쓰는 것이 도를 닦는 두 번째 관문입니다.

사리(事理)는 하느님이 만물에게 명령한 일반적인 원리와 구체적인 원리를 아울러 받들어 물질을 이용하여 사업을 추진하는 조리와 체계로서 순리적으로 간단하고 쉽게 성공하는 응용과학입니다. 사람이 일을 함에 있어서 자연과학에 정통해야 때를 알고, 형세를 알고, 사람을 알고, 만물을 알아서 목적하는 소득을 얻는 것이 도를 닦는 세 번째 관문입니다.

그러므로 도를 닦는 사람은 천리를 체득하여 물리에 정통하고, 사리에 능통하여 진리의 세계에 살면서 만물을 이용하여 아름다운 문명세계를 창조하는데 이것을 하늘의 명령을 충실히 받드는 자연과학적 합리주의라고 나는 명명하였습니다.

이와 반대로 자연과학적 합리주의에 철저하지 못한 사람은 망상(妄想)의 세계에 빠져 물질의 해독까지도 악용하며 억지로 사업을 강행해서 막대한 손실을 무릅쓰면서도 오직 요행만을 바라니 참으로 한심하고 어리석기 그지없지요. 도를 닦는 사람은 먼저 자연과학 합리주의에 철저해야 됩니다. 그래서 대학(大學)의 8조목 가운데 사물을 직접 연구하여 지식을 넓히는 격물(格物)과 치지(致知)가 학문의 첫 번째 과정이라고 설파한 것입니다.

오늘은 도를 닦는 길은 자연과학적 합리주의에 철저한 것임을 말씀드렸습니다. 감사합니다.

덕(德)은 인문과학적 합리주의이다 /2008. 6. 21(土)

청취자 여러분 안녕하십니까? 오늘은 하늘의 명령을 받드는 길 가운데서 오직 인간에게만 내린 명령을 받드는 인간의 성분(性分)에 대하여 말씀드리겠습니다. 하느님은 인간을 특별히 사랑하십니다. 그래서 하느님은 일체 만물에게 공통적으로 명령한 천리(天理)와 물리(物理)와 사리(事理)가 있음에도 또한 만물의 영장(靈長)인 인간에게는 특별히 빼어난 음양5행(陰陽五行)의 기질과 건순5상(健順五常)의 덕성을 주어서 하늘의 뜻을 받들어 천하국가를 경영하게 하였습니다.

따라서 모든 사람은 오직 인간에게만 특별히 내린 하느님의 명령이 있다는 사실을 자각하여 존엄한 인생관을 확립하고 만인 공통의 고유한 인간성을 스스로 개발하여 순리적으로 따라야 합니다. 인간의 내부구조를 과학적으로 깊이 연구하면 성리(性理)와 심리(心理)와 정리(情理)가 있습니다.

먼저 성리(性理)는 사람이 하늘로부터 받은 품성(稟性)입니다. 중용(中庸)의 첫머리에서 말하기를 "하늘이 명령하는 것을 본성이라 일컫고, 본성을 따르는 것을 도(道)라고 일컬으며, 도를 닦는 것을 교육이라고 일컫느니라."고 하였지요. 원문으로 읽으면 '천명지위성(天命之謂性)이요 솔성지위도(率性之謂道)요 수도지위교(修道之謂敎)니라.'입니다. 이것은 하늘이 인간에게 명령한 원리가 인간의 본성이고, 하늘의 명령을 받들어 인간의 천부적인 본성을 스스로 따르는 것이 사람이 사는 바른길이며, 사람이 사는 바른길을 닦는 것이 교육이라는 뜻입니다.

따라서 맹자(孟子)님은 사랑과 정의, 그리고 예절과 지식으로 충만한 인의예지(仁義禮智)를 인간의 통성으로 정의하고 성선설(性善說)을 주창하였습니다. 물론 맹자의 성선설에 반대하는 학자도 있었지요. 당시에 고자(告子)는 말하기를 사람의 본성에는 애당초 착함이나 악함이 없다는 성무선악설(性無善惡說)을 주장하였고, 또 순자(荀子)는 말하기를 사람의 본성은 악하다는 성악설(性惡說)을 주장하면서 춘추전국시대의 인간타락상을 지적하였습니다. 그러나 맹자님은 어린아이의 순진무구한 마음[적자지심(赤子之心)]을 보라고 하면서 사람이 저절로 느끼는 측은한 마음과 부끄럽고 미워하는 마음과 공경하고 사양하는 마음과 옳고 그름을 가리는 마음이 누구에게나 있으므로 사람의 본성은 착하다는 사실을 변증하였던 것입니다.

　　맹자의 성선설은 인간의 존엄성을 크게 선양하여 신성불가침의 인권(人權)사상을 더욱 높이게 되었으니 정자(程子)와 주자(朱子)에 이르러 성리학(性理學)으로 발전해서 거대한 학문체계를 확립하여 위대한 인물을 많이 배출하였습니다.

　　다음으로 심리(心理)는 생각을 성실하게 해서 마음을 경건하고 바르게 간직하는 원리입니다. 마음이란 한 몸의 주재자(主宰者)로서 기억하고 셈하고 추리하고 판단하여 자기 자신의 뜻을 결정하는 정신적, 감각적 작용을 총칭하는 것입니다. 따라서 사람은 말하거나 행동하기 전에 마음속으로 먼저 이치를 헤아리는 법인데 이때에 마음바탕이 경건하여 바르면 옳게 판단하여 그 행실에 반듯한 논리체계가 있으므로 이러한 공명정대한 도덕심을 심리(心理)라고 하며, 이렇게 반듯하고 떳떳한 양심(良心)은 푸른 하늘에 태양처럼 밝고 투명합니다. 그러나 음흉하고 간사한 마음은 욕심이 발동하고 물질에 현혹되어 본심을 상실할 뿐만 아니라 불성실한 생각으로 방심(放心)하거나 동심(動心)하여 옳지 못한 생각으로 판단을 하게 되지요. 그렇게 감각적, 충동적인 마음을 심술(心術)이라고 하여 나쁜 마음으로 치부합니다.

끝으로 정리(情理)는 사람이 사물에 감응(感應)할 때에 본성(本性)을 말미암아 저절로 나타나는 일곱 가지의 감정의 조리체계입니다. 일곱 가지의 감정은 기쁨과 노여움과 슬픔과 즐거움과 사랑스러움과 미움과 하고 싶은 것인데 이것을 희노애락애오욕(喜怒哀樂愛惡欲)의 7정(七情)이라고 하지요. 이러한 일곱 가지 감정이 감응함에 있어서 순수한 느낌을 곧게 나타내면 이것은 인간의 진정(眞情)으로서 믿음을 주지만 만일 간교하게 꾸며서 굽혀가지고 나타내면 그것은 거짓으로 포장한 속임수로서 금방 탄로 나게 되어 인간불신을 자초하는 것입니다.

따라서 정(情)이란 진실한 감정의 작용으로 두텁게 엉기는 든든하고 믿음직하고 편안한 심리적 정서입니다. 인간의 내부구조를 이렇게 분해하여 성리(性理)의 착함과 심리(心理)의 바름과 정리(情理)의 곧음을 총칭하여 덕(德)이라고 하였으며 덕(德)은 인간 본연의 순리적인 논리체계가 있으므로 이것을 인문과학적 합리주의라고 나는 정의하였습니다. 인간의 착한 덕(德)은 하늘이 복을 주기 때문에 주역(周易)에서 말하기를 착한 덕을 쌓은 집안에는 반드시 자손에게 경사가 있고, 착하지 못함을 쌓은 집안에는 반드시 자손에게 재앙이 있다고 하였습니다.

오늘은 하늘이 인간에게 내린 명령을 받들어 덕을 닦는 길은 오로지 인문과학적 합리주의에 투철한 것임을 말씀드렸습니다. 감사합니다.

예(禮)는 사회과학적 합리주의이다 /2008. 6. 22(日)

청취자 여러분 안녕하십니까? 오늘은 하늘의 명령을 받드는 길 가운데 오로지 나에게만 내린 명령을 받드는 개인의 직분(職分)에 대하여 말씀드리겠습니다.

하느님은 모든 사람에게 개별적으로 구체적인 직분을 명령하였으므로 사람과 함께 더불어 사는 처세관(處世觀)을 수립하여 자기의 직분을 수행함에 천하의 모범적인 행동강령인 예절을 따라야 됩니다. 하느님이 오로지 나에게만 명령하신 구체적인 직분은 첫째, 부자(父子)는 천륜(天倫)관계이므로 나의 부모에게 효도하여 나를 나아 길러 주신 은혜에 보답하는 직분이 있는 것입니다. 물론 하느님이 나를 점지하여 이 세상에 태어나게 하셨지만 실제적으로는 나의 부모의 몸을 빌려서 그 피와 살을 나누고, 그 수고로움을 빌렸으니 하느님이 어찌 공짜로 사람을 부려먹고 허무한 노력을 시키겠습니까. 반드시 노력하고 애쓴 만큼 보람을 누리도록 모든 사람은 어버이의 지극한 은공을 되갚아서 늙은 부모를 공양하고, 돌아가시면 초상 치르고, 제사 지내는 효도를 직분으로 삼게 하였습니다.

둘째, 천하국가는 천명(天命)을 받은 천자(天子)가 다스리므로 자기의 나라에 충성하여 세계평화에 이바지해서 자유, 평등, 해방의 인권을 보장하고, 자주, 민주, 통일의 국가체제를 확립하여 안전한 삶을 누리게 하는 직분입니다. 따라서 국민은 국민의 의무를 완수하고, 행정공무원은 법률에 정한 직무를 완수하며, 정치가는 시대적 사명을 완수하고, 나라의 최고지도자는 도덕적 책임을 완수하는 것으로 현재 위치에서 각각 책임을 지고 성실하게 복무하는 충성을 직분으로 삼게 하였습니다.

셋째, 부부(夫婦)는 하늘이 정한 배필(配匹)이므로 자기의 아내를 사랑하고, 자기의 남편을 공경하여 화목한 부부생활을 하면서 아들딸을 낳아 인류번창에 기여하는 직분입니다. 하느님은 이 세상을 창조하여 주재하면서 일정한 원리원칙을 세웠으니 그것은 상대적인 음양(陰陽)의 두 가지 기운이 서로 짝을 지어 교대하면서 태극(太極)의 통일적인 이념을 구현하되 반드시 5행(五行)의 자연법칙에 따라 순리적으로 경영하는 것입니다. 따라서 아내와 남편도 하늘의 이러한 경원원칙을 본받아 각각 맡은 바의 직분을 충실히 이행하면 아주 쉽고 간단하게 성공하므로 즐거운 가정을 만드는 직분이 부부에게 있습니다.

넷째, 나이를 먹는 세월(歲月)은 하늘이 운행(運行)한 것이므로 나이가 높은 어른을 공경하고, 나이가 어린 젊은이를 보호하여 사회질서의 기강을 세우는 직분이 어른과 어린이에게 있습니다.

다섯째, 벗과 동지는 하늘의 이치를 연구하는 학문을 강습하고 토론하므로 서로 믿어 신의를 지키는 직분이 벗과 동무에게 있습니다.

이상의 다섯 가지의 직분을 성인(聖人)은 5품(五品), 5전(五典)이라고도 하였는데 맹자(孟子)님은 5륜(五倫)으로 규정하여 인간사회에 있어서 기본적인 생활예절로 삼았지요. 따라서 개별적인 인간이 일반사회에서 구체적인 직분을 간추려 요약하면 아버지와 아들은 친함이 있고, 국민과 정부는 정의가 있으며, 아내와 남편은 분별이 있고, 어른과 어린이는 차례가 있고, 벗과 동지는 신의가 있는 것입니다. 이러한 다섯 가지의 관계가 원만하게 갖추어진 것을 아름다운 윤리(倫理)라고 하고, 만일 불효, 불충하면서 위화감을 조성하고 사회혼란과 인간불신을 증폭하면 추악한 패륜(悖倫)으로 처벌하였던 것입니다. 그리하여 자고로 형법이 3,000조목이라도 불효와 불충보다 큰 죄는 없다고 하였지요.

다섯 가지 윤리를 아름답게 실천함에 있어서 어떠한 조건이나 한계가 없이 일방적으로라도 무한책임을 지고 끝까지 힘써 노력하는 직분을 도리(道理)라고 하며, 일정한 조건이나 한계를 두고 쌍무적(雙務的)으로 유한책임(有限責任)이 있어서 그 조건과 한계를 벗어나면 관계를 끊어버릴 수 있는 것을 의리(義理)라고 합니다. 대체로 가족관계의 천륜(天倫)에는 도리가 있고, 인간관계의 인륜(人倫)에는 의리가 있는바 도리는 공명정대하게 떳떳한 방법으로 해야지 사사롭게 비열한 방법으로 해서는 안 되며, 또한 의리는 당당하게 옳은 방법으로 해야지 사특하게 그른 방법으로 해서는 안 되는 것입니다.

이렇게 나의 사회적 직분을 구체적으로 분석하여 윤리의 아름다움과 도리의 공변됨과 의리의 옳은 방법을 총칭하여 예절이라고 하였으며, 예절에는 하느님의 명분(命分)과 인간의 성분(性分)과 개인의 직분(職分)에 의한 사회관계를 밝히는 순리적 논리체계가 있으므로 이것을 사회과학적 합리주의라고 내가 정의하였습니다.

성왕이 하늘의 질서체계를 본받아 제정한 예절을 숭상하면 천연의 화합질서가 정착되고 예절을 어기면 사회혼란이 파생하기 때문에 시경(詩經) 상서(相鼠) 편에 보면 예절을 잃은 사람은 죽고, 예절을 지킨 사람은 산다고 크게 경고하였습니다. 그리고 우리 속담에도 죄는 짓는 데로 돌아간다고 하였지요.

오늘은 자기 자신의 현재 위치에서 예절을 실천하는 사회과학적 합리주의에 대하여 말씀드렸습니다. 도덕과 예절로 여러분의 일생에 행복이 충만하시기를 진심으로 기원합니다. 감사합니다.

요산요수(樂山樂水) /2008. 7. 28(月)

청취자 여러분 후덥지근한 여름철에 건강하십니까? 이제 장마도 거의 끝나고 길고 긴 여름날에 태양이 작열하는 한여름이 되었습니다. 사람이 더위에 지치면 맥을 못 추기 때문에 예로부터 한여름의 3복에는 영양식을 먹어서 기력을 보충하고 시원한 그늘나무 밑에서 쉬도록 하였지요. 그래서 학교에서는 여름방학을 하여 어린이들을 지치지 않게 하고, 직장에서는 여름휴가를 주어서 한가하게 쉬도록 배려하고 있습니다.

이렇게 더위를 피하는 피서철에는 사람들이 시원한 산과 바다를 찾아서 등산을 하고 해수욕을 즐기는 것이 오늘날의 세시풍속입니다. 오늘은 이러한 피서철을 맞이하여 산과 물을 즐기는 요산요수(樂山樂水)에 대하여 말씀드리겠습니다. 요산요수는 좋아할 요(樂) 자에 뫼 산(山) 자와 물 수(水) 자를 쓰지요. 좋아할 요 자는 즐거울 낙(樂) 자 또는 음악 악(樂) 자인데 글자는 똑같지만 그 뜻에 따라 음(音)이 다른 것입니다.

공자는 일찍이 말씀하시기를 "지혜로운 사람은 물을 좋아하고 어진 사람을 산을 좋아하나니 지혜로운 사람은 움직이고, 어진 사람은 고요하며, 지혜로운 사람은 즐겁게 살고, 어진 사람은 오래 사니라."고 하였습니다. 공자의 이 말씀은 대단히 유명해서 이미 청취자 여러분도 알고 있을 줄 압니다만 논어(論語)책에 있는 원문을 읽으면 '子曰 知者는 樂水하고 仁者는 樂山하니 知者는 動하고 仁者는 靜하며 知者는 樂하고 仁者는 壽하니라.'입니다. 공자는 산과 물을 즐기되 명산대천(名山大川)의 경이로운 형상과 신비로운 정경에 심취하여 감탄만 하지 말고, 거기에서 만물의 본질적 속성을 살펴 어진 지혜를 배워서 자기 자신도 그렇게 경이롭고 신비로운 인격체를 확립해야만 진정으로 좋아하는 것이 된다는 사실을 설파하신 것입니다.

그러므로 공자는 말씀하시기를 "아는 것은 좋아하는 것만 같지 못하고, 좋아하는 것은 즐기는 것만 같지 못하다(知之者는 不如好之者요 好之者는 不如樂之者也)."라고 하였지요. 어떤 물건을 알았으면 겉으로 나타난 형상만 보지 말고 그 물건의 본질속성을 파악하여 그 이치를 연구하는 것이 진정으로 좋아하는 것입니다. 그리고 그 지극한 이치를 본받아 나의 것으로 삼아 더불어 누리는 것이 참으로 즐기는 것입니다.

따라서 명산대천(名山大川)을 구경하였으면 우뚝하게 서 있는 산의 형상과 도도하게 흘러서 바다에 이르는 물의 흐름만 아는 것에 그치지 말고, 산과 물의 본질을 파악하는 것이 한층 높은 안목을 가진 사람이지요.

먼저 산의 본질은 무엇입니까? 모든 산은 가장 낮은 땅 위에 넓은 기초를 만들어 놓고 높이 솟아서 조금도 움직임이 없이 천년만년을 정지하여 언제나 그 자리에 그대로 확고부동의 자세를 견지하면서도 광물과 식물과 동물을 모두 포용하여 네 철의 변화를 자연스럽게 순응하며 아름다운 경치를 장엄하게 연출합니다. 산의 이러한 본질적인 아름다운 풍채를 공자는 어진 사람의 장엄한 인격을 수양하는 본보기로 제시한 것입니다.

다음으로 물의 본질은 무엇입니까? 모든 강물은 깊은 산기슭에 졸졸 흐르는 원천이 있어서 계곡을 따라 아래로 흐르며, 주변에 흐르는 모든 물을 빠짐없이 전부 받아들이고, 웅덩이를 채운 다음에 넘쳐흘러 굽이굽이 천 리를 돌고 돌아 마침내 큰 강이 되어 바다로 들어가는 것입니다. 물의 이러한 속성을 본받아 자기의 천부적인 본성에 근원하는 지혜의 샘을 찾아서 끊임없이 지식을 넓히고 착실하게 수양하면 마침내 학문의 바다에 도달하는 길을 공자는 역설하신 것입니다.

오늘은 요산요수(樂山樂水)의 바른 뜻을 해설하였습니다. 올여름에 시원한 산과 물을 찾아 피서하면서 산처럼 듬직한 인격을 세우고, 물처럼 끊임없이 깊어지는 지혜를 발굴하기 바랍니다. 감사합니다.

더위를 이기는 법 /2008. 7. 29(火)

청취자 여러분 안녕하십니까? 오늘은 중복(中伏)입니다. 낮에는 말할 것도 없고 밤에도 열대야가 되어 잠을 자는 것도 고통스러운 까닭에 집에 노인과 어린이 그리고 환자가 있으면 피서도 갈 수 없지요. 그리고 들에 나아가 농사를 짓는 농부와 공장에서 작업을 하는 직공과 노동자는 쉴 틈도 없이 바쁘게 더위와 싸우며 일을 해야 되지요. 이렇게 직업현장에서 열심히 근로하는 사람은 불철주야 고열(苦熱)에 체력을 소진하고 있습니다.

그래서 오늘은 우리 민족이 더위를 이기는 법을 소개하겠습니다. 대체로 우리 민족이 더위를 이기는 방법은 이열치열(以熱治熱)이라고 하여 뜨거운 음식으로 땀을 빼서 몸을 식히는 체온조절방법을 많이 썼습니다.

『예기(禮記)』의 월령(月令) 편에 보면 여름에 좋은 음식으로는 콩과 날짐승이 좋다고 하였지요. 그래서 복날이 돌아오면 콩국수를 해 먹거나 약병아리에 마늘이나 인삼을 넣어 푹 삶아서 먹는 것이 우리나라 세시 풍속이었습니다.

이러한 영양섭취방법은 대단히 지혜로운 생활문화로 음양(陰陽)이 순환 변화하는 자연법칙을 응용한 철학체계에 따른 것이지요. 대체로 우주가 운행하는 변화체계는 양기(陽氣)가 극성하면 음기(陰氣)가 생기고, 또 음기가 극성하면 양기가 생기는 것입니다. 따라서 더위가 극성하면 찬바람이 생기고 추위가 극성하면 따뜻한 봄이 오듯이 고통이 다하면 기쁨이 오는 고진감래(苦盡甘來)와 흥이 다하면 슬픔이 오는 흥진비래(興盡悲來) 그리고 즐거움이 다하면 슬픔이 생기는 낙극애생(樂極哀生) 등의 돌고 도는 순환이치에 통달하여 더위가 막바지에 이르면 열량이 많은 뜨거운 음식을 먹거나, 일에만 몰두하거나, 운동을 하여 몸을 덥게 하여 땀을 많이 흘리게 하였으니 적극적으로 더위를 이겨내는 방법입니다.

더운 여름에 땀을 많이 흘리면 몸에 염분이 부족하게 되므로 옛날에는 밖에서 땀을 흘리고 돌아오면 어머니나 할머니가 시원한 샘물 한 사발에다가 간장을 한 숟갈을 타서 주시면 그처럼 시원하고 맛있는 음료가 없었습니다. 마시고 나면 몸이 가뿐하고 기분이 상쾌하였지요. 오늘날의 음료는 설탕을 넣었기 때문에 마실 때만 달콤하고 마시고 나면 갈증만 더할 뿐만 아니라 입맛까지 떨어져서 밥맛을 잃으니 삼갈 일입니다.

그리고 우리 전통문화는 복날에 어른이 아랫사람에게 멋진 부채를 나누어 주어서 바람은 스스로 일으키는 것임을 가르쳤습니다. 바람은 주변의 공기를 흔들어서 침체된 기운을 발산하여 경쾌한 기분을 느끼게 하지요. 이렇게 청량(淸凉)하고 상쾌한 기풍은 스스로 자기 자신이 솔선수범하여 일으켜야 집안에 새 바람이 일어나고 나라에 기강이 새롭게 변혁하는 것입니다. 오늘날은 선풍기와 냉방기가 있어서 부채가 사라지는 현실을 보면서 아쉬운 감을 금할 수 없습니다.

끝으로 복날에는 어른에게 고기를 선물하고 일꾼에게 고깃국을 먹이며 하루를 쉬게 하는 것이 우리 민족의 아름다운 풍속이었습니다. 고깃국을 배불리 먹고 삼베 중의 적삼이나 모시옷에 풀을 빳빳하게 먹여 다리미로 곱게 다려서 입고 어른이 주신 부채를 들고 마을의 정자나무 아래에 둘러앉아 시조를 읊거나 삼국지 같은 옛날이야기를 들었던 고상한 풍류를 이제는 거의 찾아보기 어렵게 되었습니다.

그러나 오늘 중복을 맞이하여 옛날의 우리 마을 풍속을 회상하며 빙그레 웃는 것만으로도 가슴속에 시원한 바람이 가득 차게 될 것이니 즐거웠던 추억을 회상하는 것도 더위를 이기는 한 가지 방법이 될 것입니다. 오늘은 중복에 더위를 이기는 법을 말씀드렸습니다. 감사합니다.

대장부의 호연지기(浩然之氣) /2008. 7. 30(水)

청취자 여러분 안녕하십니까? 오늘은 아무리 날씨가 더워도 스스로 더위를 제압할 수 있는 대장부(大丈夫)의 호연지기(浩然之氣)에 대하여 말씀드리겠습니다.

맹자(孟子)가 말씀하시기를 "천하의 넓은 집에 살며, 천하의 바른 자리에 서며, 천하의 큰 길을 가면서 뜻을 얻으면 민중과 더불어 말미암고, 뜻을 얻지 못하면 홀로 그 길을 가면서 부귀(富貴)가 능히 유혹할 수 없으며, 빈천(貧賤)이 능히 옮길 수 없으며, 위엄과 무력이 능히 굴복할 수 없나니 이런 사람을 일컬어 대장부(大丈夫)라고 하니라."고 하였습니다.

이 말을 분해하면 천하의 넓은 집에 산다는 것은 곧 사람이 천하를 한 집안으로 생각하고 전체 인류를 형제처럼 생각하는 인애(仁愛)사상을 가지고 사는 것입니다. 그리고 천하의 바른 자리에 서는 것은 곧 하늘땅의 자연 질서와 인간의 성분(性分)과 직분(職分)에 알맞은 예절을 지켜서 자기의 사명을 다하는 것입니다. 또한 천하의 큰 길을 가는 것은 곧 하늘이 이 세상을 창조한 이념과 목적에 철저하고 인류의 평화와 안전을 보장하는 사업을 개발하여 사회정의를 실현하는 지극히 착한 길로 나아가는 것입니다.

이와 같이 천하를 일가(一家)로 생각하는 인류애로 자연과 인간을 화합하는 예절을 지키며 하늘이 운행하는 계절에 따라 사람이 착하게 경영하는 길로 묵묵히 나아가는 사람은 가장 진실하고 착하고 아름다운 인생을 경영하는 사람입니다.

이렇게 가치 있고 보람찬 인생을 경영함에 뜻을 얻으면 민중과 더불어 경영하고 만일 뜻을 얻지 못하면 홀로라도 그 길을 떳떳하게 가면서 비록 많은 돈과 높은 벼슬로 유혹해도 절대로 타협하지 않고, 아무리 가난하고 천하게 살아도 절대로 변절하지 않으며, 아무리 무서운 위엄과 무력으로 협박해도 절대로 굴복하지 않는 초인적인 독립정신이 있어야만 바로 사나이 대장부라는 뜻입니다. 이렇게 당당하고 떳떳한 사나이 대장부의 독립정신을 기르기 위해서는 공부를 해야 됩니다. 맹자(孟子)는 사나이 대장부가 씩씩하게 살면서 조금도 흔들리거나 막히거나 굽힘이 없는 당당한 기상을 호연지기(浩然之氣)라고 하였습니다. 호연지기는 우주에 가득 찬 맑은 기운으로 밖이 없이 크고, 안이 없이 작아서, 포용하지 못하는 것이 없고, 장벽을 뚫지 못하는 것이 없으며, 영원히 변질하지 않는 하늘땅의 원기입니다. 그래서 맹자(孟子)는 말씀하시기를 "호연지기의 기운 됨은 지극히 크고, 지극히 굳세니, 정직하게 길러서 해치지 않으면, 하늘과 땅 사이에 가득 차니라. 그 기운은 사회정의와 하늘땅의 도덕을 배합하여야 되나니 정의와 도덕이 없으면 쭈그러지느니라."고 하였습니다.

결국 사나이 대장부의 호연지기는 추호도 의혹이 없는 밝은 지혜와 조금도 근심이 없는 넓은 사랑과 조금도 두려움이 없는 힘찬 용기가 있어야 된다는 뜻입니다. 따라서 맹자는 호연지기를 기르는 방법으로 세 가지를 가슴속에서 함께 길러야 된다고 하였지요. 그것은 인간의 의지력(意志力)과 용기(勇氣)와 정의감(正義感)입니다. 사람이 푸른 하늘에 태양처럼 선명한 양심(良心)에 따르는 강인한 의지력은 그 누구도 결코 빼앗지 못하는 것입니다. 그리고 하늘의 정기(正氣)에 바탕을 둔 씩씩한 용기(勇氣)는 그 누구도 결코 꺾지 못하는 것이지요. 또한 인간의 윤리에 근거한 공명정대한 정의감은 그 누구도 막을 수 없는 것입니다.

사나이 대장부가 강인한 의지력과 씩씩한 용기와 공명정대한 정의감이 가슴속에 넘친다면 무엇을 의심하며 무엇을 근심하며 무엇을 두려워하겠습니까? 이러한 호연지기를 기르면서 산에 올라가 하늘땅에 가득 찬 정기를 한 몸에 모으고, 바다에 가서 일망무제(一望無際)의 바다와 하늘을 보면서 넓은 허공을 가슴속에 담으며, 우주의 진실세계에 들어가서 가장 넓은 사랑의 집을 지어 자기의 주제를 살피고 자기의 분수를 지킨다면 머리가 맑고 가슴이 시원하여 몸이 살찌는 여름이 될 것입니다. 오늘은 대장부의 호연지기에 대하여 말씀드렸습니다. 감사합니다.

군자(君子)의 삼락(三樂) /2008. 7. 31(木)

청취자 여러분 안녕하십니까? 사람이 즐겁게 살면 춥고 더운 줄도 모르고 가난하고 천한 것도 모르지만 사람이 억울하고 분하고 짜증이 나면 가슴에서 불이 나고 이마에서 땀이 나지요. 오늘은 더위를 잊는 방법으로 군자(君子)의 세 가지 즐거움, 즉 삼락(三樂)에 대하여 말씀드리겠습니다.

맹자는 말씀하시기를 "군자에게는 세 가지의 즐거움이 있는데 천하에 왕 노릇 하는 것은 더불어 들어 있지 아니하나니 아버지와 어머니가 모두 살아계시고, 형제가 무고한 것이 첫째의 즐거움이요, 우러러 하늘에 부끄럽지 아니하며, 구부려 사람에게 부끄럽지 아니함이 두 번째 즐거움이며, 천하의 영재(英才)를 얻어서 교육하는 것이 세 번째 즐거움이니라."고 하였습니다.

우리 유교에서 말하는 군자는 두 가지가 있습니다. 하나는 고급 관료를 지칭하는 말로 선비보다 높은 직위에 있는 사람이고, 또 하나는 벼슬은 없지만 학문이 깊고, 도덕이 높은 초야의 대학자를 지칭합니다. 여기에서 맹자가 말하는 군자는 학문이 깊고, 도덕이 높은 초야의 위대한 학자를 지칭하고 있습니다. 사람이 평생 공부를 하여 학문이 깊고, 도덕이 높아도 알아주는 사람이 없어서 초야에 살면 하늘을 원망하고, 사람을 허물하면서 불평객이 되기 쉬운데 무슨 즐거움이 있을까요?

일찍이 공자는 제자들에게 도덕군자가 되는 길을 가르치면서 말씀하시기를 "배우고 늘 익히면 또한 기쁘지 아니한가? 벗이 있어 멀리서 찾아오면 또한 즐겁지 아니한가? 남이 알아주지 아니하여도 성내지 아니하면 또한 군자가 아닌가?"라고 하였지요. 그래서 이 말씀이 공자의 교육철학을 웅변하므로 제자들이 『논어(論語)』를 편집할 때에 첫머리에 놓았습니다.

공자는 군자를 말할 때에는 반드시 소인(小人)과 대비하여 차별화하였는데 말씀하시기를 "군자는 덕(德)에 밝고, 소인은 이익에 밝다."고 하였으며 또 "군자의 마음은 평탄하고 넓으며, 소인의 마음은 길이 근심만 하며 슬퍼한다."고 했지요. 이 말씀을 요약하면 군자는 도의적(道義的)으로 인생을 경영하면서 남이 알아주지 않아도 평생토록 학문의 기쁨 속에 벗과 동지들과 즐거운 인생을 살지만 소인배들은 이익을 도모하여 말을 교묘하게 꾸며서 지식인인 체하다가 끝내 남이 알아주지 않으면 실망하여 원망하거나 배신하여 비난하며 불평과 불만 속에 마침내 자포자기하는 것임을 말합니다. 군자는 비록 평생 공부만 하면서 부지런히 자기개발을 계속하지만 그래도 먼저 자기의 직분(職分)을 수행하고 또한 인간의 성분(性分)에 충실해야 되며 역시 시대적 사명을 완수하는 보편적 책무를 다해야 되는 것입니다.

따라서 맹자가 말씀하신 군자의 세 가지 즐거움은

첫째는 자기의 가정적인 직분을 수행하여 부모에게 효도하고, 형제와 우애하며, 처자와 화목하게 사는 행복한 가정을 만들어 온 식구가 건강하고 명랑하게 오래 사는 것이 가장 즐거운 인생으로 인식하는 것입니다.

둘째는 만물의 영장(靈長)인 인간의 착한 본성을 타고난 사람으로서 사랑과 정의 그리고 예절과 지식을 함양하여 존엄한 인간성을 발휘해서 자연법칙을 따르고 사회규범을 지키며, 성실 정직하고 공명정대하여 당당하고 떳떳하게 사는 것을 두 번째의 즐거운 인생으로 인식하는 것입니다.

셋째는 하늘이 위대한 학자에게 내린 시대적 사명을 완수할 뿐만 아니라 인류가 개척한 위대한 학문이 단절되지 않도록 천하의 영재를 얻어서 교육하여 인류문명이 대대로 길이 후세에 전하도록 강구하는 교육 사업이 세 번째의 즐거운 인생으로 인식하는 것입니다. 이렇게 평생 초야에 묻혀 살면서도 자기의 직분과 성분과 사명을 완수하는 즐거운 길이 있다는 사실을 알던 화를 내고 불평 불만할 틈이 어디에 있겠습니까.

오늘은 군자의 세 가지 즐거움에 대하여 말씀드렸습니다. 감사합니다.

성인(聖人)의 낙천열명(樂天悅命) /2008. 8. 1(金)

청취자 여러분 안녕하십니까? 오늘이 8월 1일입니다. 불볕더위 속에서 얼마나 고통이 많고 또 궂은 날씨에 얼마나 걱정이 많으십니까. 인생이란 스스로 경영해야 되기 때문에 있으면 있는 대로 없으면 없는 대로 누구나 항상 고통과 근심이 따르기 마련입니다.

오늘은 인생의 즐거움으로 고통과 근심을 잊어버리는 성인(聖人)의 낙천열명(樂天悅命)에 대하여 말씀드리겠습니다. 여러분도 익히 알고 있듯이 공자는 춘추의 난세에 도덕과 윤리와 예절이 없어지는 어지러운 세상을 크게 걱정하여 천하를 두루 돌아다니시면서 도덕을 주장하고 윤리를 밝히며 예절을 가르쳤습니다. 그러나 당시의 천하제후들은 모두 이기주의와 부귀권력에 도취하여 공자의 도덕을 배척하였습니다.

이토록 공자는 오래도록 뜻을 얻지 못하고 방황했음에도 공자는 말씀하시기를 "거친 밥을 먹고 물을 마시고 팔을 굽혀 베고 누웠어도 즐거움이 또한 그 가운데 있으니 정의롭지 못한 부귀는 나에게 뜬구름과 같으니라."고 설파하였습니다. 공자가 천하에 유세를 다니던 그 시대에는 지금처럼 교통도 편하지 못하고, 여관이나 식당도 없기 때문에 멀고 험한 고행길이었는데 공자는 56세에 노(魯)나라를 떠나서 14년간 천하유세를 하였으니 그 고통이 얼마나 많았으며 그 근심이 얼마나 컸겠습니까? 역사적 사실 기록을 보면 죽을 고비도 두 번이나 겪었고, 황야에서 양식이 떨어져서 7일간이나 굶었다고 하였습니다. 그럼에도 "거친 밥을 먹고 물을 마시고 팔을 굽혀 베고 누웠어도 즐거움이 그 가운데 있나니 정의롭지 못한 부귀는 나에게 뜬구름과 같다."고 하였으니 그 즐거움은 무슨 즐거움일까요? 물론 거친 밥이나 물을 마시고 팔을 베고 누워 있는 것은 누구에게나 고통스럽고 근심스러운 일입니다. 나그네에게 있어서 먹을거리가 없고 잘 곳이 없다면 그 고통과 근심은 말할 필요가 없는 것입니다. 그러나 공자는 그러한 고통과 근심 속에 즐거움이 있을 뿐만 아니라 정의롭지 못한 방법으로 이러한 고통을 벗어나는 길이 있다고 하여도 결코 옳지 못한 길로는 가지 않겠다고 단호히 선언하였습니다.

공자의 즐거움은 하늘의 명령, 즉 천명(天命)을 받드는 즐거움입니다. 하늘은 이 세상에 천재(天才)를 보내서 인류를 바른 길로 인도하여 행복한 낙원을 건설하는 사명을 주는 것입니다. 공자는 이러한 하늘의 명령을 받들어 이 세상에 도덕을 천명하고 윤리를 부식(扶植)하여 예절을 보급하는 사명을 완수하려고 불철주야 풍찬노숙을 하며 천하에 경종을 울리고 목탁을 쳤던 것입니다. 따라서 하늘의 사명을 다하는 즐거움에 먹을거리나 잠자리 같은 문제 따위는 별로 두려워할 것도 없었던 것이지요.

사람은 누구나 중대한 직분을 성실하게 수행하면 가슴속에 넘치는 즐거움이 생겨서 사소한 고통이나 근심을 스스로 극복하는 것입니다. 이러한 즐거움을 낙천열명(樂天悅命)이라고 하는데 그 즐거움은 마침내 나이도 잊어버린다고 공자가 말씀하였습니다. 공자가 초(楚)나라에 가셨을 때에 섭(葉)나라 임금이 자로(子路: 공자의 제자)에게 공자에 대하여 물었으나 자로가 대답하지 못하고 돌아오니 공자가 말씀하시기를 "너는 어찌하여 그 사람됨이 도덕을 천명하고 윤리를 밝히고 예절을 보급하는 일에 분발 노력하여 밥 먹는 것도 잊어버리고, 즐거워서 근심도 잊어버리면서 늙음이 장차 이르는 것도 알지 못할 뿐이라고 말하지 않았느냐?"고 하였습니다. 공자는 여기에서 진정한 낙천열명(樂天悅命)의 경지를 설파하신 것입니다. 사람이 진정으로 하늘이 준 사명을 완수하기 위하여 일심전력으로 한 몸을 던져서 초지일관 분발 노력하면 마침내 밥 먹는 것도 잊어버리고, 근심걱정도 잊어버리고, 심지어 나이를 먹어서 늙어 가는 것도 깨닫지 못할 만큼 정열적이고 역동적으로 추진하는 경지에 이르게 됨을 스스로 밝히셨습니다.

오늘은 성인(聖人)의 낙천주의(樂天主義)는 자기의 사명을 완수하기 위하여 신명(身命)을 바치는 정열적인 낙천주의이고, 될 대로되라고 방임하는 세속적인 낙천주의가 아님을 말씀드렸습니다. 감사합니다.

현인(賢人)의 안빈낙도(安貧樂道) /2008. 8. 2(土)

청취자 여러분 안녕하십니까? 하느님은 인간을 사랑하십니다. 남쪽 하늘의 염제(炎帝)가 불의 신(神)인 축융(祝融)신으로 하여금 붉은 태양을 작열하게 하여 햇볕을 쨍쨍 내리쪼이면 대지가 뜨겁게 달아올라서 더운 바람에 숨이 턱턱 막히고 삼라만상도 빛을 잃고 초목이 시들지요. 그렇게 고통스러울 때면 어디선가 뭉게구름이 피어나서 하늘을 뒤덮으면서 갑자기 뇌성벽력이 번쩍하고 꽝꽝하는 소리와 함께 질펀히 쏟아지는 소나기가 내려서 대지를 시원하게 적시고 초목이 꼿꼿하게 되살아나게 합니다.

오늘은 인류사회를 맑고 깨끗하고 시원하게 하는 어진 사람의 가난해도 편안하게 도덕을 즐기는 현인(賢人)의 안빈낙도(安貧樂道)에 대하여 말씀드리겠습니다.

성인(聖人)의 낙천열명(樂天悅命)은 천하의 도덕을 자임(自任)하여 스스로 천하 인류를 구원하는 일에 앞장서서 분발 노력하는 것이므로 완전한 인격자가 아니면 감히 나서지 못하는 것입니다. 그러므로 아직 성인(聖人)의 경지에 이르지 못한 현인(賢人)은 자기자신만이라도 깨끗하게 살면서 도덕을 닦아야 장차 성인처럼 완전한 인격을 모두 갖추게 됩니다. 그래서 현인은 비록 가난해도 편안한 자세로 도덕을 닦는 즐거움이 있어야 계속 정진할 수 있는 것입니다.

공자는 일찍이 말씀하시기를 "어질도다, 안회여, 한 대바구니의 밥과 한 바가지의 물로 누추한 거리에 사는 것을 사람들은 그 근심을 견디지 못하거늘 안회는 그 즐거움을 바꾸지 않으니 어질도다, 안회여."라고 칭찬하였습니다.

안회(顔回)는 공자의 제자 이름이고 안회의 자(字)가 연(淵)이기 때문에 여러분은 안연(顔淵) 또는 안자(顔子)로 알고 있을 것입니다. 안연의 아버지는 안로(顔路)인데 부자가 함께 공자의 문하에서 공부만 하면서 벼슬을 하지 않았기 때문에 매우 가난하게 살았습니다. 그래서 살림이 매우 궁색하여 변변한 그릇도 없이 시장거리의 저습한 곳에 움막을 치고 살면서 쌀이나 고기는 구경도 못 하고 단지 거친 밥을 대바구니에 담아 먹고, 국을 끓일 채소도 없어서 물만 바가지로 마시고 살았으니 보통사람들은 그 고통과 근심을 견디지 못하여 학업을 중단하고, 벼슬을 하거나 돈을 벌어서 그곳을 떠날 것입니다. 그러나 안연은 이러한 곤경 속에서도 오히려 가슴속에 즐거움이 가득히 넘쳤으니 그 즐거움은 이 세상에 그 무엇과도 바꿀 수 없는 아주 소중한 것이었습니다.

여러분! 안연의 즐거움은 무슨 즐거움이었을까요? 그것은 자기가 타고난 분수에 만족하면서 부지런히 하늘의 진리와 인간의 착한 본성과 사회의 아름다운 윤리로 수양하여 학문에 대한 조예가 깊고, 도덕에 대한 품격이 높아짐으로써 그 인격이 뚜렷하게 확립되어 가는 것을 즐거워했던 것입니다. 따라서 안연의 공부는 배우기를 좋아하고, 허물을 두 번 저지르지 아니하며, 노여움을 옮기지 아니하는 인격수양의 덕행(德行) 공부였습니다. 위대한 스승을 본받아 열심히 지혜와 사랑과 용기를 길러 위대한 인격자가 된다면 얼마나 즐겁겠습니까. 그리고 천하에 도덕을 펴지는 못해도 좋은 젊은이들이나 착한 어린이들과 더불어 깨끗하고 고상한 풍류(風流)를 즐기면 얼마나 즐겁겠습니까?

증자(曾子)의 아버지는 증점(曾點)인데 증점도 역시 공자의 제자입니다. 일찍이 공자가 증점에게 그 뜻을 물으니 증점이 일어나서 대답하기를 "늦봄에 봄옷이 이미 완성되거든 젊은이 5~6명과 어린이 6~7명을 데리고 기수(沂水)에 가서 목욕하고, 무우(舞雩)에 가서 바람 쐬며 시를 읊고 돌아오리다."라고 하니 공자가 크게 감탄하고 말씀하시기를 "나는 증점과 함께 가겠다."고 하였습니다.

현인(賢人)의 사명은 자기 한 사람의 고결한 인격으로 인생을 마쳐서는 안 되고, 반드시 주변의 젊은이와 어린이들을 바른길로 이끌어 가르칠 책무가 있는 것입니다. 이러한 도덕을 후세에 전하는 책무를 실천할 때에 그 즐거움이 있으므로 맹자는 군자의 삼락(三樂)에서 천하의 영재를 얻어서 교육하는 것이 세 번째 즐거움이라고 했던 것입니다.

오늘은 현인이 현재의 가난을 무릅쓰고 태연히 도덕을 즐기는 안빈낙도에 대하여 말씀드렸습니다. 감사합니다.

선비의 인고낙지(忍苦樂志) /2008. 8. 3(日)

청취자 여러분 안녕하십니까? 오늘은 선비가 어려운 고통을 참으면서 고상한 뜻을 즐기는 인고낙지(忍苦樂志)에 대하여 말씀드리겠습니다.

선비는 학문에 뜻을 두고 열심히 인격을 수양하는 사람입니다. 따라서 밤낮으로 글을 읽고 진리를 탐구하기 때문에 현실 문제를 생각할 틈이 없지요. 사람이 의식주(衣食住)를 해결하는 일도 쉽지 아니해서 거기에 매달리다 보면 황금 같은 시간을 대부분 빼앗기고 공부를 뒤로하게 되는 까닭에 선비는 시간을 아끼기 위하여 차라리 배고픔을 참고 밤낮으로 열심히 책을 읽는 것입니다.

그래서 공자는 말씀하시기를 "선비가 도(道)에 뜻을 두고 거친 밥과 낡은 옷을 부끄럽게 여기면 족히 더불어 의논할 수 없다."고 꾸짖었고, 맹자는 선비가 공부할 때의 고생은 오히려 인간의 의지력과 지혜를 개발하여 크게 발전하는 밑거름이 된다고 다음과 같이 역설하였습니다.

"하늘이 장차 이 사람에게 큰 임무를 내리실 때에는 반드시 먼저 그 마음과 뜻을 괴롭게 하며, 그 힘줄과 뼈를 수고롭게 하며, 그 육체와 피부를 굶주리게 하며, 그 몸을 가난하게 하며, 하는 일마다 그 목적하는 바와 어긋나서 실패하게 하느니 그 마음을 격동해서 강인한 인간성을 길러 그 잘하지 못하는 능력을 개발하여 더욱더 잘하게 하려는 까닭이니라."고 하여 선비는 고통을 하늘의 시험(試驗)으로 인식하여 더욱 분발 노력해서 단련의 기회로 삼아야 됨을 설파하였습니다.

또한 맹자(孟子)는 말씀하시기를 "선비는 뜻을 숭상하나니 고상한 뜻으로 깨끗한 지조를 지킨다."고 하였지요. 사람은 누구나 뜻을 세우면 고통을 달게 받아들여야 즐거움을 맛볼 수 있습니다. 그래서 사람이 살아가는 길에는 고통과 즐거움이 모두 있는 것입니다. 입학시험이나 취직시험 또는 고시공부 하는 사람은 합격하여 목적을 이루면 즐겁지만, 떨어지면 걱정하지요. 운동하는 선수들은 올림픽이나 월드컵대회 같은 데 나아가서 우승하면 즐겁지만 탈락하면 걱정하지요. 정치가는 정책이 성공하면 즐겁지만 실패하면 걱정하지요. 농업, 공업, 상업도 마찬가지입니다. 증사하는 사업에서 이득이 있으면 즐겁지만 손해를 보면 걱정스러운 것이지요.

이와 같이 즐거움에는 고통이 따르고 또한 고통 속에 실패하기도 합니다. 그래서 선비는 실패로 끝나지 않기 위하여 처음부터 자기의 능력 밖에 있는 물질에다가 뜻을 세우지 않고, 자기의 내면에 있는 정신에다가 뜻을 세우는 것입니다. 밖에서 얻는 것은 벼슬과 돈과 명예와 인기 같은 것이고, 안에서 얻는 것은 사랑과 정의와 예절과 지혜 같은 것이지요. 그런데 밖에서 얻는 벼슬과 돈과 명예와 인기는 그것을 얻음에 정당한 길이 있고, 또한 그것을 얻음에 한계가 있어서 만일 억지로 추구하거나 한도를 벗어나면 재앙이 되는 것입니다.

그런데 자기 자신의 내면에서 얻은 사랑과 정의와 예절과 지식은 언제 어디서든지 그리고 얼마든지 자기가 하고자 하면 얻고 버리면 잃어버리는 것입니다. 그래서 맹자는 말씀하시기를 "찾으면 얻고 버리면 잃어버리는 인의예지(仁義禮智)의 인간 본성은 나에게 있으므로 끝까지 모두 찾아서 얻는 것이 유익하고, 찾는 데 정당한 길이 있고 얻는 데 한계가 있는 벼슬과 돈과 명예와 인기는 밖에 있는 것이므로 억지로 많이 얻어도 아무런 보탬이 없을 뿐만 아니라 오히려 고통과 재앙이 따를 뿐이라."고 경계하였습니다. 따라서 선비는 밖에서 구하여도 얻지 못하는 것은 운명으로 돌리고, 비록 천하고 가난하고 이름도 없이 고행의 길을 걸으면서도 자기의 내면에서 찾는 사랑과 정의와 예절과 지식을 가장 아름답게 갈고닦는 즐거움이 넘치는 것입니다.

오늘은 선비가 고통스러운 현실을 운명으로 받아들이며 고상한 뜻을 즐기는 인고낙지(忍苦樂志)에 대하여 말씀드렸습니다. 감사합니다.

가을은 사색(思索)의 계절 /2008. 9. 8(月)

청취자 여러분 그동안 안녕하셨습니까? 어느덧 철이 바뀌어 오곡 백과가 익어 가는 결실의 계절이 되었습니다. 우리나라는 가을이 되면 서쪽 하늘에서 서늘한 바람이 불어와서 맑은 기운이 천지에 가득하여 저녁에는 별이 빛나고 아침에는 찬 이슬이 영롱하게 아롱지지요. 그리고 높은 산에는 단풍이 곱게 물들고, 시내에는 맑은 물이 흐릅니다.

이렇게 맑고 깨끗한 가을에는 사람의 정신도 저절로 맑고 깨끗하기 때문에 우리 유교에서는 맑은 정신으로 생각을 잘하면 성인(聖人)이 된다는 극념작성(克念作聖)의 공부를 설파하였습니다.

일찍이 맹자(孟子)는 말씀하시기를 "이 세상에서 가장 깨끗한 마음은 맑은 강물에 씻어서 가을 햇볕에 널어 하얗게 바랜 흰 비단결처럼 고운 마음이라."고 하였습니다. 그래서 예로부터 마음공부를 하는 사람은 가을이 되어 맑게 흐르는 시냇물을 보거나 뜰에 쏟아지는 가을 햇살이 눈부시면 먼저 자기의 마음을 깨끗하게 씻을 것을 생각하였습니다.

왜냐하면 사람이 더러운 물에 빨래를 하면 아무리 깨끗하게 빨려고 하여도 힘만 들지 더러운 때가 빠지지 않을뿐더러 오히려 더욱 이상한 빛깔로 변질되기 쉽지요. 그리고 흐린 날에 빨래를 널어 말리면 습기가 남아 곰팡이가 끼어서 얼룩이 생길 수 있는 것입니다. 그러므로 지혜로운 부인은 물이 더럽고 날씨가 흐리면 빨래를 하지 않고 기다렸다가 물이 맑아지고 햇볕이 쏟아지면 빨래를 몰아서 하는 것처럼 어진 선비도 마음을 씻을 때에 깨끗한 장소와 좋은 철을 골라서 정진(精進)하는 것입니다.

본래 이 세상은 맑은 한 덩어리의 깨끗한 공기(空氣)로 가득하였습니다. 이러한 기운(氣運)을 고전(古典)에서는 맑을 담(湛) 자와 한 일(一) 자와 맑을 청(淸) 자와 빌 허(虛) 자와 기운 기(氣) 자를 써서 담일청허지기(湛一淸虛之氣)라고 하였지요. 이렇게 맑은 한 덩어리의 깨끗한 공기가 선천(先天)세계를 구성한 대우주의 영원무궁한 본바탕으로 시작도 끝도 없고, 낳음도 죽음도 없고, 막힘도 의지함도 없고, 더함도 덜함도 없으며 지극히 굳세고 지극히 커서 자유롭게 두루 흘러 다녀도 안과 밖이 없으므로 막힐 것이 없으며, 홀로 독립하여도 앞과 뒤가 없으므로 두려울 것이 없으며, 모두 더불어 나란히 평등하여 위아래가 없으므로 걱정할 것이 없지요.

따라서 사람이 가장 깨끗한 마음을 간직하기 위해서는 모름지기 선천(先天)세계를 구성하고 있는 맑은 한 덩어리의 깨끗한 공기를 마시면서 가슴속을 깨끗하게 채우고, 또한 5장6부를 깨끗하게 씻어야 되겠지요. 우리가 살고 있는 후천(後天)세계는 물론 선천(先天)세계의 담일청허(湛一淸虛)한 기운이 움직여서 음기(陰氣)와 양기(陽氣)로 나누어지고 하늘과 땅이 쪼개져서 삼라만상이 생성되었기 때문에 처음에는 후천(後天)세계도 매우 깨끗하고 신성한 세상이었습니다. 그러나 만물의 생성변화가 오래되어서 혼탁한 말세로 전락하여 본래의 모습을 상실한 험악한 몰골을 많이 보는 세상이 된 것입니다.

이렇게 혼탁한 후천세계지만 그래도 가을 햇볕은 1년 중에 가장 깨끗하고 맑은 시냇물이 흐르는 계절이므로 우리는 이렇게 좋은 철에 선천세계의 맑은 한 덩어리의 깨끗한 공기를 맛보며, 몸과 마음을 씻을 것을 생각하여야 되는 것입니다. 그리하여 가을하늘처럼 높은 이상과 푸른 하늘처럼 명랑하고 쾌활함과 따사로운 바람과 상서로운 구름처럼 시원시원하고 여유 만만함과 빛나는 풍경과 쟁반같이 둥근 달처럼 충실하고 원만한 도인(道人)의 기상을 갖추도록 노력해야 되는 것입니다.

사람이 1년 가운데 가장 풍요로운 가을에 천지창조의 본래 모습을 찾지 않으면 언제 찾겠습니까. 이번 가을에 깊이 사색하여 신성한 자기의 본래 모습을 찾는 뜻깊은 시간이 되기를 간절히 바랍니다. 감사합니다.

요(堯)임금의 천덕(天德) /2008. 9. 9(火)

청취자 여러분 안녕하십니까? 오늘은 생각을 깊이 하여 거룩한 성인이 되어 하느님을 닮으신 분으로 받들고 있는 요(堯)임금의 도덕에 대하여 말씀드리겠습니다. 일찍이 공자는 요임금을 우러러 탄복하시며 말씀하시기를 "크도다. 요임금이 정치를 하심이여, 높고 크고 웅장함은 오로지 하늘이 크거늘 오직 요임금이 하늘을 본받으시니 넓고도 크기 때문에 인민이 이름을 지을 수 없도다."라고 하였습니다.

요임금이 천하를 다스리는 정치지도력은 마치 하늘이 만물을 창조하여 주재하듯이 세상에 나타나서 군림하지도 않고, 앞장서서 의욕적으로 계획하여 경영하지도 않고, 함께 모여서 토론하여 결의를 다짐하는 일이 없어도 만물이 각각 흩어져서 개체의 본질속성을 완성하고, 끊임없이 흘러 흘러 전체가 하나로 돌아가는 질서와 조화(調和)를 이룩하는 것이었습니다.

하느님은 이 세상에 나오시지도 않고, 일찍이 한 말씀도 하신 일이 없지만 사람은 모두 하늘의 이치에 순응하여 진실하고 착하고 아름답게 살려고 노력하지요. 오직 사람뿐만이 아니지요. 날짐승과 들짐승 그리고 물고기와 파충류들도 스스로 자연법칙에 순응하여 진화하지요. 다만 동물세계만 그런 것 아닙니다. 한 그루의 나무와 한 포기의 풀까지도 자연법칙에 순응하면서 꽃 피고 열매를 맺으며, 번영을 누리는 것입니다.

그러므로 공자가 일찍이 말씀하시기를 "하늘이 무슨 말을 하는가? 네 철은 돌아가고, 모든 사물은 이루어지거늘 하늘이 무슨 말을 하는가?"라고 하여 하늘이 세상을 다스리는 원리는 현상의 세계를 경영하는 것이 아니라, 본체계(本體界)의 이치(理致)로 만물의 속성과 기능을 부여해서 주재할 뿐이고, 현실세계에서는 그 순기능과 역기능을 조절만 하는 것이지요.

요임금은 이러한 하늘이 다스리는 원리를 본받아 인민 앞에 군림하여 나타나지도 않고, 의욕적으로 사업을 추진하지도 않고, 회의를 소집하여 토론하고 결의한 일이 없었기 때문에 이러한 정치를 임금의 옷만 입고 있었다고 해서 의상지치(衣裳之治)라고 하고, 또 용상에만 앉아 있었다고 해서 남면지치(南面之治)라고 하며, 그리고 아무 일함이 없다고 해서 무위자연지치(無爲自然之治)라고 하며, 역시 말을 하지 않았기 때문에 불언지치(不言至治)라고 하였습니다. 그렇다면 요임금은 단지 임금의 옷만 입고, 용상에 앉아서 하는 일도 없고, 말도 하지 않았는데도 어떻게 모든 겨레가 친목하고, 국민은 문명하며, 세계만방이 협력하고 화합해서, 재위 70년 동안 모든 정치업적이 크게 빛나게 되었으며, 후세에 태평성대로까지 칭송받는 복지낙원을 건설하였을까요? 그것은 요임금이 하늘과 같은 크고 높은 덕(德)을 밝혔기 때문이라고 『서경(書經)』에서 변증하고 있습니다.

공자가 편집하신 『서경』을 보면 요임금은 탁월하고 신성한 인격으로 문무(文武)를 겸전하시면서도 항상 공경하시고 밝으시며, 문채 나시고 생각이 깊으면서도 편안하여 자연스러우며, 진실로 공손하고 잘 양보하시므로 인민대중이 우러러 흠모할 뿐만 아니라 하느님도 굽어보고, 천명을 주었다고 하였습니다.

요임금의 정치철학은 하늘땅의 도덕을 구현하여 지극히 착한 지선(至善)의 세계를 건설하는 것이었으니, 요임금의 교육철학은 부모를 잘 섬기는 효도(孝道)를 국민윤리의 기본으로 삼았으며, 또한 그 정치 사업은 하늘을 공경하고 순종하여 달력을 만들어, 봄, 여름, 가을, 겨울의 절기를 이용하여 시간표를 정해서, 사업을 경영하게 하였습니다. 특히 어진 이를 등용하시어 아름다운 말이 숨어 있지 않게 하고, 초야에 어진 이가 버려지지 않게 하였으며, 하소연할 데가 없는 사람이나, 곤궁한 사람을 두루 보살펴 안심하고 살게 하였습니다.

요임금은 이와 같이 인간의 정치, 사랑의 정치를 인민이 스스로 깨달아 떨치고 일어나도록 다스렸으니, 그 덕(德)이 하늘과 같다고 길이 칭송하는 것입니다. 감사합니다.

순(舜)임금의 대지(大知) /2008. 9. 10(水)

청취자 여러분 안녕하십니까? 오늘은 요(堯)임금을 보필하여 선사(先史)시대를 마감하고, 유사(有史)시대를 개척하여, 인류문명을 찬란하게 창조했던, 순(舜)임금의 크게 뛰어난 지능, 즉 대지(大知)에 대하여 말씀드리겠습니다.

순(舜)임금은 어려서 어머니를 여의고, 계모(繼母) 밑에서 자랐기 때문에, 일찍이 스승을 찾아가서 배우거나 한가롭게 사색할 틈이 없었는데도, 마침내 위대한 지식인(知識人)이 되어, 요(堯)임금의 뒤를 이어, 임금의 자리에 올라, 봉황이 춤추는 태평성대를 건설하였습니다. 순임금은 어려서 구박만 받는 천덕꾸러기로 자랐지요. 그 아버지는 앞을 못 보는 시각장애인으로 이름이 고수(瞽瞍)입니다.

그리고 순임금의 계모는 성질이 매우 완악했는데, 아들 상(象)을 낳으니 곧 순임금의 이복동생으로 대단히 욕심이 많고 교활했다고 합니다. 이러한 가족구성으로 인하여 계모는 전실 자식을 박대하고 모함하며, 이복동생은 형을 시기하고 질투하니, 앞을 못 보는 고수는 매일 시도 때도 없이 어린 아들 순을 때리고, 굶기고, 힘든 일만 시키는 것이었답니다. 그래도 어린 순(舜)은 부모를 원망하지 않고, 아우를 미워하지 않으면서, 효도와 우애를 다하며, 만일 아버지가 회초리를 들고 오라고 하면, 공손히 가서 때리는 대로 매를 맞아 주고, 몽둥이를 들고 부르시면, 도망을 가서 피해 버렸으니, 아버지를 살인자로 만들지 않기 위해서 그랬던 것입니다. 고수는 몽둥이로 때려죽이지 못하게 되자 이번에는 어린 순에게 창고 지붕을 수리하라고 지붕에 올라가게 한 다음, 창고 주변에 섶을 쌓아 놓고 불을 질렀답니다. 그러나 어린 순은 미리 삿갓을 두 개 준비해 두었기 때문에, 그것을 옆구리에 끼고 뛰어내려 화를 면했습니다.

급기야 고수는 아들 순(舜)에게 우물을 파라고 시켰답니다. 그러나 순은 옆에 빠져나올 구멍을 만들어 놓고, 우굴을 파니 갑자기 위에서 흙이 쏟아져 내리자, 순은 옆에 구멍으로 빠져나와서 화를 면했습니다. 집에서 부모와 아우가 세 번이나 순을 죽이려고 하였지만, 그때마다 잘 피해서 어버이를 살인범으로 만들지 않았을 뿐만 아니라, 변함없이 더욱더 효도를 하였으니 얼마나 깊은 지혜입니까?

그렇게 씩씩하게 성장하여 20세가 되자, 가정의 평화를 위하여 청년 순(舜)은 집을 떠나, 역산(歷山)땅으로 가서, 땅을 개간하여 농사를 지었는데, 농사가 잘되니 3년 만에 도시로 발전하므로, 소문이 나서 아버지가 빼앗으려고 찾아오자, 모두 주고는, 하빈(河濱)땅으로 가서, 흙을 섞어 질그릇을 구웠는데 질그릇이 반듯하고 튼튼하니, 또 3년 만에 도시로 발전하여, 소문이 나므로 아버지가 빼앗으려고 찾아오자, 모두 주고는 뇌택(雷澤)땅으로 가서, 그물을 엮어 물고기를 잡으니, 물고기가 그물에 가득하므로, 3년 만에 역시 도시로 발전하였습니다.

청년창업가인 순(舜)은 일찍이 농업이나, 요업(窯業)이나, 어업(漁業)을 전공으로 공부했던 학력이 전혀 없음에도 농업을 경영하여 크게 성공하였고, 요업공장을 경영하여 크게 성공하였으며, 또 어업을 경영하여 크게 성공하였으니 얼마나 탁월한 지능이고, 얼마나 위대한 지식인입니까?

그러므로 맹자는 말씀하시기를 "순(舜)은 여러 가지 사물에 밝으시며, 인간의 윤리에서 살피시니, 인간의 천부적인 본성인 사랑과 정의심을 말미암아서 행한 것이요, 사랑과 정의를 억지로 실천한 것이 아니다."라고 하였고 또한 말씀하시기를 "위대한 순(舜)은 큰 덕(德)을 가지셨으니, 착한 일을 남과 더불어 하면서, 자기를 버리고 남을 따르시고, 남의 장점을 취하여 함께 착한 일을 하기를 즐기셨으니, 농사짓고, 질그릇을 굽고, 물고기를 잡을 때로부터, 임금이 되는 데 이르기까지, 남에게서 취하지 않은 것이 없는 것이다."라고 하였습니다.

청소년 시대의 순(舜)은 깊은 산골이나 황량한 벌판에서 나무와 돌과 더불고, 사슴과 멧돼지와 더불어 놀았으니 시골 청소년과 다른 점이 거의 없었습니다. 그러나 일상적인 평범한 생활 속에서 열심히 연구하고 깊이 사색하여 마침내 위대한 성인(聖人)이 되셨으니, 참으로 위대한 지식인이라고 할 것입니다.

오늘은 순임금의 탁월한 지능에 대하여 살펴보았습니다. 감사합니다.

순(舜)임금의 넓고 깊은 생각 /2008. 9. 11(木)

청취자 여러분 안녕하십니까? 오늘은 순(舜)임금이 위대하고 탁월한 지능으로 인류역사에 찬연히 빛나는 문명사회를 창조한 업적을 구체적으로 살펴보겠습니다. 공자가 편집하신 『서경(書經)』은 순임금의 실록(實錄)으로부터 시작하는데 말하기를 "어이쿠 지난날 순임금을 자세히 살피건대 거듭 빛남이 요(堯)임금과 합하도다. 생각이 깊으시고 슬기로우시며, 문채 나시고, 밝으시며, 따뜻하시고,

공손하시며, 어여쁘시고, 착실하시어 깊숙이 감추고 나타내지 않은 덕이 위로 올라가서 하늘에 들리신대 이에 천명(天命)을 받아 임금의 자리에 오르시니라."고 하였습니다. 이러한 경전의 기록으로 보면 순임금의 큰 덕(德)은 바로 요임금의 하늘같이 높고도 큰 천덕(天德)에 버금가는 것을 알 수 있지요.

요임금은 일찍이 뇌택(雷澤)에서 물고기 잡고 있던, 청년 순(舜)의 효행(孝行)을 듣고, 후계자로 발탁하여, 먼저 자기의 두 딸을 아내로 삼게 해서, 그 인간성을 시험했고, 또 아홉 명의 아들을 일꾼으로 주어서, 가정경영의 솜씨를 인정한 다음에 곧 조정에 등용하여, 먼저 교육부 장관을 시키니 오륜(五倫)의 드덕이 크게 일어나서, 윤리에 밝은 사회를 만들었습니다. 그러자 요임금은 순(舜)을 내무부 장관으로 옮기게 하니, 순(舜)은 일백 관리의 직제를 만들어 임기를 정하고, 승진과 좌천의 기강을 세우니, 전체 관료사회가 역동적으로 국가를 경영하는 기풍이 크게 일어났습니다. 그러자 요임금은 순(舜)을 외무부 장관으로 옮기게 하였는데, 이에 사방의 제후(諸侯)를 손님으로 대우하면서, 친절하게 보살피니, 사방의 제후들이 중앙정부에 협조하여, 만방이 화합하는 평화세계를 건설하였습니다.

요임금은 이에 마지막으로, 순(舜)을 국방 장관으로 옮기게 하여, 용감한 군대를 양성하라고 하니, 순은 탁월한 전략전술과 무기와 장비를 개발하여, 태풍이 불고 우레가 치며 비가 쏟아지는 가운데, 험한 산악훈련에서, 낙오자가 하나도 없는 군대를 만들었다고 합니다. 이렇게 교육, 내무, 외무, 국방 등의 여러 정책을 모두 성공하자, 요임금은 80세가 되어 순(舜)에게 임금의 정치실무를 넘겨주고, 통치를 대행하는 섭정왕(攝政王)의 자리에 오르게 하였습니다.

순임금은 임금의 권한을 대행하자, 위로 천체(天體)를 살펴서 하늘이 땅을 덮고 있다는 개천설(蓋天說)을 물리치고, 하늘이 계란의 흰자위처럼 땅을 감싸고 있고, 땅은 달걀의 노른자위처럼 하늘 가운데에 떠 있다는 혼천설(渾天說)을 발명하여, 과학적 우주론을 정립하고, 균형과 조화를 얻어야 안정적 발전을 도모할 수 있음을 확인하시고, 정부의 조직체계를 정비하였으며, 또한 아래로 인물을 살펴 천하에서 가장 어질고, 유능한 인재를 발탁하여, 내각을 구성하였습니다.

그리하여 치산치수(治山治水)의 전문가인 우(禹)를 건설부 장관에 임명하고, 후직(后稷)으로 이름난 기(棄)를 농업 장관에 임명하며, 너그러운 설(契)을 교육부 장관에 임명하고, 사물의 이치에 밝은 고요(皐陶)를 법무부 장관에 임명하였으니, 이들은 모두 인류 역사에서 가장 빛나는 공적을 세운 인물로 평가받고 있는 것입니다.

이 밖에도 축산부 장관에는 동물에 정통한 익(益)을 등용하고, 예절부 장관에는 자연 질서에 밝은 백이(伯夷)를 발탁하며, 음악부 장관에는 음악에 정통한 기(夔)를 발탁하고, 또한 공보부 장관에는 진실하고 정직한 용(龍)을 발탁하였으니 모두 후세에 그 분야의 학문을 개척한 선각자로, 높이 받드는 신령(神靈)이 되었으니 순임금이 인재를 발탁하는 탁월한 지혜는 천고에 놀라운 지혜라고 할 것입니다.

더욱이 순임금은 양쪽 극단을 모두 수용하여, 가까운 말을 살피고 사실내용을 헤아려서, 때와 장소와 사람에게 알맞은 중용(中庸)의 정책을 인민에게 쓰도록 하니 사회에 부지런히 서로 권하는 풍속이 일어나서 중앙으로부터 지방의 변두리 나라에 이르기까지 모두 함께 떨치고 일어나서 자율자치(自律自治)하는 문화정치를 하였기 때문에 공자(孔子)는 말씀하시기를 "하는 일이 없이 다스리는 사람은 그 순임금인저, 대저 무엇을 하시리오 자기 몸을 공손히 하여 남쪽을 향하여 임금의 자리에 앉아 있었을 뿐이로다."라고 하였습니다.

순임금의 위대한 덕은 임금의 자리에 앉아 있기만 해도 천하가 태평하고 안락하였으니 얼마나 거룩한 덕입니까? 오늘은 순임금의 넓고 깊은 생각에 대하여 살펴보았습니다. 감사합니다.

착한 민중의 일생 /2008. 9. 12(金)

청취자 여러분 안녕하십니까? 가을은 만물의 가치를 평가하는 계절입니다. 여름에는 삼라만상이 모두 푸르게 우거지고, 또한 안개와 구름이 뒤덮여서 사물의 실상을 분간할 수 없지요. 그러나 가을이 되어 찬 서리를 맞아 단풍이 들고, 하늘이 높아 해와 달이 밝으면, 삼라만상이 모두 각각 그 실상을 뚜렷이 드러내게 됩니다. 이에 우리들은 그 열매와 뿌리와 가지와 잎을 보고, 만물의 종류를 파악하여, 그 이용가치를 정확하게 평가합니다. 이러한 자연의 사물을 종류별로 구별하듯이, 우리 유교(儒敎)에서는 인간의 성장등급을 분류하여, 사회질서의 기강으로 삼아 왔습니다. 그리하여 일반사회생활을 함에는 나이로 등급을 삼고, 정치행정기관에서는 벼슬로 계급을 삼고, 세계인류문화발전에 종사하는 기능사회에서는 공덕(功德)으로 등급을 삼았던 것입니다.

우리나라는 자고로 이러한 인간분류법을 숭상하여 생활화하였는데, 민간사회에서는 사람의 나이를 보고 어린이, 청소년, 장년, 노년을 가려서 대접하지요. 또한 정치행정기관에서는 지도자와 책임자와 담당자를 살펴서 만나지요. 그리고 세계인류문화발전에 종사하는 기능사회에서는 가장 거룩한 공덕을 베풀어 인류세계의 영원한 발전에 크게 기여하신 신성(神聖)한 영걸과 부분적으로 기여하신 현인(賢人)군자(君子)와, 조금이라도 봉사하려고 노력하는 선비와 민중을 식별하여 존경합니다. 그리하여 늙은 노인과 젊은 소년을 구별하지 못하는 것을 철이 없다고 외면하고, 높은 지도자와 낮은 책임자를 분별하지 못하는 것을 어리석다고 꾸짖으며, 성현군자와 서민대중을 식별하지 못하는 것을 같잖은 사람이라고 비웃었습니다.

오늘은 나름대로 열심히 세계인류문화발전에 종사하는 기능사회에서 거룩한 공덕(功德)을 베푸는 인간등급에 대하여 말씀드리겠습니다. 나는 20년 전에 민중유교(民衆儒敎)를 제창하면서 맹자(孟子)의 논리에 기초하여 착한 사람을 민중(民衆)으로 규정하였습니다. 착한 사람이란 세계인류문화발전에 조금이라도 이바지하려고 노력하는 보통사람입니다.

비록 학식이나 재능이 뛰어나지 못하더라도 가정에서 효도하고 나라에 충성하려고 애쓰며, 인류평화에 마음을 써서, 의식주(衣食住)를 자급자족하도록 경영하고, 관혼상제(冠婚喪祭)의 예절풍속을 지키면서, 부지런히 평생 배우며, 남으로부터 비난받거나 욕 얻어먹을 짓을 삼가며, 주변 사람이 부러워하고 가까이 지내려고 호감을 가지는 사람입니다. 전통사회에서는 이렇게 착한 사람을 어진 백성 또는 양민(良民)이나 공민(公民)이라고 하였는데 나는 민중으

로 규정하여 이렇게 착한 인민이 정치의 중심세력이 되어야 나라
가 바로 설 수 있는 까닭에 나는 공민민주주의(公民民主主義)를
천명하고 대도정치(大道政治)를 역설하였습니다.

일찍이 맹자(孟子)는 인간의 등급을 규정하여 말씀하시기를 "함
직한 것을 착함이라 이르고, 자기에게 있는 것을 믿음이라 이르고,
충실한 것을 아름다움이라 이르고, 충실하고 빛나는 것을 크다고
이르고, 크고도 감화력이 있는 것을 성(聖)이라고 이르고, 성(聖)스
러우면서도 사람이 알 수 없는 것을 신령(神靈)이라고 이르느라."
(盡心下)고 하였습니다.

사람은 본래 천부적인 착한 본성을 타고났기 때문에 누구나 떳
떳한 양심(良心)을 가지고 있으므로, 가슴에 손을 얹고 정직하게
생각하면, 반드시 착함을 좋아하고, 사람을 해치는 악(惡)함을 싫어
하지요. 그래서 비록 배움이 없고 재능이 부족하여도 자기 자신의
양심(良心)적인 욕망에 따라서 착하게 살고, 사악한 것을 멀리하면,
마침내 세계인류문화발전에 커다란 발자취는 남기지 못할망정, 세
계인류문화발전에 동참하여 함께 즐기는 착한 민중은 될 수 있는
것입니다.

하느님은 착한 민중을 사랑하십니다. 왜냐하면 민중은 나라의 근
본이므로 근본이 튼튼해야 나라가 번영하기 때문이지요. 맑은 가을
볕에 착한 인간성을 회복하여, 국가발전과 세계평화에 기여하는 기
쁨을 함께 누리기 바랍니다. 오늘은 착한 민중의 일생에 대하여 말
씀드렸습니다. 감사합니다.

선비와 군자(君子), 현인(賢人), 성인(聖人), 신인(神人) /2008. 9. 13(土)

청취자 여러분 안녕하십니까? 오늘은 세계인류문화발전에 크게 기여하신 선비와 군자(君子), 그리고 현인(賢人), 성인(聖人) 및 신인(神人)에 대하여 말씀드리겠습니다.

이러한 인격등급을 알기 쉽게 높고 낮은 산악의 지형으로 비교 분류하면 평지는 민중이고, 산기슭은 선비이며, 산마루는 군자(君子)이고, 산봉우리는 현인(賢人)이요, 그리고 산봉우리 위에 솟은 뫼 뿌리의 악(岳)은 성인(聖人)으로 비교할 수 있을 것입니다.

그리고 넓고 좁은 생활의 영역을 날짐승으로 비교하여 분류하면 민중은 울안에서 10년을 사는 닭과 같고, 선비는 야산(野山)에 30년 사는 텃새인 꿩과 같으며, 군자는 집단적으로 철 따라 옮겨 다니며 100년을 사는 기러기와 같고, 현인(賢人)은 고결하면서도 가장 높이 날아 대륙과 대양을 넘나들며 1,000년을 사는 학(鶴)과 같으며, 성인(聖人)은 천하가 태평하면 나타나서 극락(極樂)세상임을 인증하고, 천하가 어지러우면 깊이 숨어서 10,000년을 사는 봉황(鳳凰)과 같다고 설명할 수 있을 것입니다.

또한 크고 작은 공덕(功德)을 현상사물의 기능으로 비교 분류하면 성인(聖人)은 온 세상에 빠짐없이 내리지만 그 받은 쪽은 있어도 주는 쪽은 없는 이슬처럼, 소리도 냄새도 없이 덕화(德化)를 두루 입히는 것이요, 현인(賢人)은 온 세상을 널리 비추지만, 반드시 햇볕을 받는 양지(陽地)와 그늘지는 음지(陰地)가 있으며, 또한 그 받는 쪽과 주는 쪽이 선명하게 나타나는 태양(太陽) 같은 공적(功績)을 세우는 것이며, 군자(君子)는 일부의 지역만이라도 고르게 가뭄을 해소하고, 강물이 흐르게 하여, 초목강산을 번성하게 하면서, 주는 쪽과 받는 쪽이 분명한 비(雨)처럼 혜택(惠澤)을 베푸는 것이고, 선비는 특정 지역과 그 근방에만 물을 공급하되, 그 받은 쪽이 주는 쪽을 찾아가서 얻어먹는 샘물같이 달라고 요청한 쪽에만 은택(恩澤)을 베푸는 것입니다. 그리고 민중은 고단하여 가진 것도 없고 책임도 없으므로 베풀 것이 없지만, 그래도 자기가 은혜와 공덕을 입었다면 먹자마자 취하는 술처럼 즉각 보답해야 되는 것이지요.

이상의 논리를 요약하여 종합적으로 평가하면 인간의 지혜로 도저히 헤아릴 수 없는 신인(神人)은 말이나 글로 표현할 수 없는 신령한 대상이라고 하겠습니다. 그리고 성인(聖人)은 세계인류문화발전에 크게 기여하여, 하늘같은 사랑의 덕(德)을 베풀되 공명정대하고 자연스럽게 시행하여, 만물이 저절로 새롭기 변화해서 떨치고 일어나 약동하게 하면서도 그윽이 자기의 덕을 감추고, 나타내지 않은 거룩한 인격자로, 인류의 사표(師表)요, 천하 만세의 모범이라고 하겠습니다.

다음으로 현인(賢人)은 세계인류문화발전에 크게 봉사하여, 태양과 같이 정의로운 공적(功績)을 세우되 광명정대하고 역동적으로 솔선수범하면서 성대하고 훌륭하게 목적사업을 성공하여, 길이 잊을 수 없는 역사적인 신화(神話)를 남긴 인물입니다. 그 다음으로 군자(君子)는 세계인류문화발전에 부분적으로 협조하여, 비(雨)와 같이 순서와 절도를 갖추어, 일부 지역에 혜택을 베풀되 자연의 도덕에 철저하고, 사회의 윤리에 투철하며, 반드시 인본주의(人本主義)에 바탕을 두어 가지런히 화합해서, 충실하고 엄정하게 추진하여, 사람으로 하여금 우러러 사모하여 잊을 수 없게 하는 인물입니다.

끝으로 선비는 세계인류문화발전에 조금이라도 협력하여, 샘물과 같이 지혜롭게 현재의 위치에서 능력이 미치는 곳에는 있는 힘을 다하여 봉사하되 반드시 법도를 지키고, 분수를 헤아려 스스로 떳떳한 방법으로 실천해서 보는 사람마다 그 번듯함을 칭찬하고, 그 활달함을 부러워하는 인물입니다. 그러므로 착한 민중은 번듯한 선비를 배우고, 선비는 엄숙한 군자를 배우며, 군자는 빛나는 현인을 본받고, 현인은 거룩한 성인(聖人)을 본받아서 마침내 불가사의한 신인(神人)이 되는 것입니다.

오늘은 세계인류문화사회에 크게 기여하는 인격의 등급을 말씀 드렸습니다. 옛사람의 말에 처음부터 천자(天子)가 되려고 노력해야 마침내 지방자치단체장이라도 잘한다고 하였습니다. 그러므로 사람은 누구나 성인(聖人)이 되기로 뜻을 세워야만 마침내 번듯한 선비나 착한 민중이라도 되는 것임을 알아야 합니다. 감사합니다.

한가위의 보답정신 /2008. 9. 14(日)

청취자 여러분 안녕하십니까? 오늘은 민족명절인 한가윗날입니다. 5곡백과가 풍성하게 익은 결실의 계절에 온 가족이 모여서 조상님께 차례를 올리는 것은 대단히 아름다운 미풍양속(美風良俗)입니다.

사람이 만물의 영장(靈長)으로서 사람의 대접을 받는 것은 은혜에 감사하고 보답하는 정신이 있기 때문이지요. 사람은 누구나 어려운 역경에서는 다른 사람의 구원을 받아서 활로를 개척하기 마련입니다. 그리하여 생활형편이 조금이라도 나아졌다면 즉시 그 은혜에 감사를 표하고, 보답할 길을 생각하여야 되며, 만일 생활형편이 아주 좋아져서 풍요롭게 되었다면 성대하게 보답하는 것이 인간의 떳떳한 행실입니다. 그러므로 우리 민족은 해마다 음양력 8월 15일을 한가윗날로 정하여, 새로 수확한 곡식으로 술과 밥과 송편을 만들고 또 닭과 양과 돼지를 잡아 성대하게 조상님께 바치며 은혜에 보답하였던 것입니다. 사람이란 형편이 어려우면 마음만 간절할 뿐이지 성의를 표할 방법이 없지요. 그래서 우리 민족은 가장 풍요롭고 즐거운 추석을 맞이하여, 보답하는 정신을 드날리게 하였으니, 얼마나 지혜로운 생활문화입니까? 세계에 자랑할 만한 명절 풍속입니다.

우리나라의 중추가절은 풍요로운 수확의 계절일 뿐만 아니라, 하늘이 높고 해와 달이 밝아서, 밤하늘의 뭇별이 총총하게 반짝이고, 서늘한 바람과 찬 이슬에 물든 고운 단풍이 5색영롱하게 산야를 물들인 금수강산(錦繡江山)의 아름다운 경치가 가을의 색깔이지요. 그리고 제비는 남쪽나라로 떠나가고, 기러기가 북쪽에서 울며 날아오자, 귀뚜라미가 마루 밑에서 울고, 온갖 풀벌레가 겨울잠을 자기 위하여 땅속으로 들어가며 고추잠자리와 반딧불이가 처마 끝에서 춤을 추노라면, 아기 우는 소리와 글 읽는 소리와 다듬이 소리가 멀리 퍼지는 것이 우리나라 가을의 소리입니다. 더욱이 한가로운 구름은 맑은 연못 속에서 놀고, 그윽한 국화향기는 깨끗한 뜰에서 머물러, 가을의 흥취가 온 세상에 널리 퍼지는 이렇게 좋은 시절에, 뿌리에 보답하는 정신을 드날리는 것은, 숭고한 하늘의 이치요, 인간의 본의(本義)입니다.

이 세상에 모든 만물은 해마다 가을이 되면 생경체의 영화(榮華)

를 누린 만큼 보답하는 것이 자연법칙입니다. 하늘이 내린 햇볕과 비와 이슬과 바람의 덕(德)을 입고, 땅이 준 산과 들과 강물과 바다의 덕(德)을 입어, 봄여름에 생성하여 번영을 누렸던, 모든 식물은 그 알찬 열매를 맺어서 보답하고, 또한 모든 동물은 새끼를 낳아서 보답하는 것입니다. 그러므로 누리기만 하고 보답하지 못하는 것은 이 세상에 존재할 가치가 없는 까닭에 스스로 멸망하게 되지요.

우리 민족은 이러한 하늘의 이치와 인간의 본의(本義)를 일찍이 깨달아 결실의 가을에 뿌리에 보답하는 전 국민의 보답정신을 고취했던 것입니다. 그럼에도 근래에는 한가위 추석명절을 한가롭게 놀기만 하는 휴일(休日)로 착각하여, 수고로움을 원망하고, 휴일증후군의 질병을 호소하는 사람이 가끔 있다고 하는데, 남자들이 반성할 일입니다.

추석명절이나 설명절은 절대로 노는 날이 아닙니다. 우리가 새해를 맞이하는 설날 차례는 장엄하고, 엄숙하게 1년을 새 출발하는 것을 조상님께 알리는 성스러운 행사이고, 한가윗날 차례는 우리가 5곡백과를 수확한 기쁨을 조상과 함께 나누는 즐거운 행사입니다. 이렇게 성스럽고 즐거운 차례 행사를 거행함에 나약한 여자에게만 그 힘든 일을 맡겨 놓고 남자는 먹고 놀기만 할 수 있겠습니까?

우리 유교(儒敎)에서는 부모와 조상을 섬기는 일은 몸소 직접 해야지 남에게 맡기지 않았습니다. 효자는 직접 장보기하고 몸소 소, 돼지, 양을 잡고 친히 음식을 장만하여 직접 상을 들고 가서 어버이를 공양하고 조상님께 차례를 지내는 것이 예법입니다.

오늘 한가위는 남자들이 먼저 정성을 다하여 조상님과 모든 자손이 함께 즐거운 날이 되기 바랍니다.

효경(孝經)의 지덕요도(至德要道) /2008. 1○. 20(月)

청취자 여러분, 안녕하십니까? 오늘부터 1주일간은 일백 가지 행실의 근본이고, 일만 가지 착함의 바탕이 되는 효도(孝道)에 대하여 말씀드리겠습니다.

효도는 우리 유교(儒敎)사상의 핵심이지요. 우교의 경전을 분야별로 서술한 책을 모두 합쳐 13경(經)이라고 하는데, 이 13경 중에 처음부터 책의 이름에 경서 경(經) 자를 붙인 것은 孝經이 유일합니다. 효경은 공자가 그 제자인 증삼(曾參)에게 효도사상의 전체적 본의와 구체적 실천사항에 대하여 간결하게 설파하신 내용으로 그 말씀이 평이하고 간결하여 옛날에는 학교교육의 기본 교과목으로 삼았습니다.

우리나라도 백제시대에 왕인(王仁) 박사가 논어와 천자문과 함께 효경을 일본에 전수했다는 기록이 있고, 신라시대에는 국학에서 가르치는 교과목 중에 논어와 함께 효경이 필수 과목이었음을 볼 때에 효경이 대단히 중시되었음을 알 수 있지요. 더욱이 인재등용을 위하여 설치했던 독서삼품과(讀書三品科)에서 상·중·하의 3품에 모두 효경이 논어와 함께 필수 과목이었습니다.

그리고 고려의 국자감(國子監)에서도 경학(經學)에 효경과 논어가 필수 과목이었다는 사실은 우리나라 교육사에 있어서 효경의 비중이 얼마나 컸는가를 알 수 있는 것입니다. 조선왕조에 이르러서는 효도사상을 더욱 고취하여 효경을 국민교육의 헌장으로 받들었던 것입니다.

일찍이 주자는 효경의 내용을 독자적으로 분류하여 경(經) 1장과 전(傳) 14장으로 나누고, 경 1장은 공자와 증자가 묻고 대답한 것을 증자의 문인이 기록한 총론이요, 전 14장은 어떤 사람이 전기(傳記)를 이끌어 경문(經文)을 해설한 각론이라고 하였으니, 마치 대학(大學)을 경 1장과 전 10장으로 분류한 것과 유사하지요.

먼저 효경의 첫머리를 읽으면 다음과 같습니다.

"중니(仲尼)가 한가롭게 앉아 계시거늘 증자가 곁에서 뫼시고 앉았더니, 공자가 말씀하시기를 삼아, 옛날에 훌륭하신 임금이 지극히 착한 덕과 중요한 도(道)가 있으시어 천하를 순리로 따르게 하시니 인민이 화목하여 위아래에 원망이 없었나니 너는 알고 있느냐?"라고 하였습니다. 이 말씀은 효도사상의 기본 강령으로 어버이를 섬기는 일의 중요성을 밝히고 있는 것이지요.

보통 사람은 효도를 개인적인 일로 여기거나, 대수롭지 않은 시시한 일로 여기는 사람이 있지요. 그러나 효경의 첫 대목을 자세히 음미하면, 효도야말로 사람에게 있어서 가장 크고 보람 있는 것임을 깨닫게 됩니다.

공자는 효도사상의 보급은 옛날에 위대한 임금으로 추앙했던 요(堯)임금과 순(舜)임금이 인간의 도덕심을 개발하여 어버이를 잘 섬기는 효도사상으로 천하를 다스리어 마침내 태평성대를 건설한 때로부터 비롯하였음을 천명하였습니다.

그리고 효심(孝心)은 이 세상에서 가장 착하고 아름다운 덕, 즉 지덕(至德)이고, 또한 효도(孝道)는 이 세상의 모든 관계에서 가장 절실하고 긴요한 요도(要道)임을 설파하였습니다. 인간의 본성과 마음과 감정을 살피면 어질게 사랑하는 인간성이 모든 사람에게 있습니다. 효심은 이 사랑하는 마음을 크게 발양하는 것이므로 지극한 덕이지요.

그리고 이 세상에 부모가 없는 사람은 없고. 또한 하늘 아래에 사람의 자식이 아닌 사람도 없지요. 그래서 모든 사람이 제 부모에게 효도하라고 하면 천하 사람이 모두 유순하게 따르게 될 뿐만 아니라, 모든 사람이 부모에게 효도하면 가정이 화목하고, 사회가 친목하여, 어버이는 자식을 원망하지 않고, 자녀는 부모를 원망하지 않게 되는 것이지요.

효도사상을 이처럼 역사적 관점이나, 철학적 의미나, 정치사회적인 관점에서 보면 결코 개인적인 일로 치부할 수 없는 문제라고 할 것입니다. 그렇기 때문에 우(禹)임금과 탕(湯)임금과 문왕 무왕이 모두 효도사상으로 나라를 일으키고 위대한 인류문명을 창조하였던 것입니다.

오늘은 효경에서 밝힌 효도사상의 출현 배경과 발전에 대하여 말씀드렸습니다. 감사합니다.

효경(孝經)의 덕교(德敎) /2008. 10. 21(火)

청취자 여러분, 안녕하십니까? 오늘은 공자가 효경에서 설파하신 효도사상의 교육적 기능에 대하여 살펴보겠습니다.

효경의 첫머리에서 밝힌 효도사상은 최고의 도덕정치 이념으로서 인류 역사에서 가장 거룩한 요(堯)임금과 순(舜)임금이 개발하였는데 지극히 착한 인격 주체를 완성하고, 가장 중요한 부모와 자녀 사이의 가족관계의 기강을 확립하여, 천하 사람으로 하여금 순리적

질서와 조화를 따르게 하니 인민이 화목하고 위아래가 원망이 없는 복지낙원을 건설하게 되었음을 밝히면서 증자에게 이러한 진리를 알고 있느냐고 물었던 것입니다.

이에 증자가 자리에서 일어나 뒤로 피하며 말하기를 "제가 영민하지 못하온데 어찌 족히 알겠나이까?" 하니 공자가 말씀하시기를 "대저 효도는 덕의 근본이므로 교육이 말미암아 생기는 바이니라." 라고 하여 효도사상은 왕도정치의 이념일 뿐만 아니라 또한 인격교육의 이념임을 설파하였습니다. 사람의 본성은 사랑과 정의, 그리고 예절과 지식을 갖춘 인의예지(仁義禮智)인데 사랑은 어버이를 사랑하는 것이 가장 착한 마음이며, 정의는 어버이를 옳게 섬기는 것이 가장 바른 마음이며, 예절은 어버이를 공경하는 것이 가장 진실한 마음이며, 지식은 어버이를 아는 것이 가장 슬기로운 마음이지요. 그러므로 효도(孝道)는 착한 덕성의 근본입니다. 따라서 사람을 가르치는 본의는 사람다운 사람을 길러 내는 것이지요. 예로부터 사람다운 사람을 기르기 위하여 교육함에는 반드시 지식과 덕성과 체력을 배양했습니다. 이것을 지(知), 덕(德), 체(體)의 세 가지 교육이라고 하였지요.

사람이 효도사상의 본질적 가치를 확실하게 깨닫고, 자기 자신의 뿌리를 찾아서 자기의 정통성과 주체성을 뚜렷이 확립하여, 하느님이 이 세상에 보낸 사명을 완수하려면, 지식이 많고, 덕성이 높고, 체력이 강해야 됩니다. 그래서 효도정신은 곧 교육의 이념이 되기 때문에 모든 교육은 효자를 만드는 일이고, 결코 불효자를 만들어서는 안 되는 것이지요.

우리 유교에서는 사회생활의 기본 강령으로 다섯 가지의 윤리를 밝혀 일상생활의 신조로 삼게 하였으니 곧 5륜(五倫)입니다. 아버지와 자식은 친함이 있고, 국민과 정부는 정의가 있고, 남편과 아내는 분별이 있고, 어른과 어린이는 차례가 있고, 벗과 동무 사이에는 믿음이 있는 것이지요. 이것이 모두 효도하는 길입니다. 우리 유교에서는 효도가 가장 고귀한 가치라고 교육하지만 그 효도하는 마음은 도덕적 양심으로 섬겨야 되고 털끝만치라도 사사로운 욕심으로 섬겨서는 진정한 효도가 아닙니다. 그래서 공자가 효도는 착한 덕성의 근본이라고 역설한 것입니다. 효도는 비록 어버이와 자녀 사이에 사사로운 가정윤리지만 아버지와 어머니는 착한 도덕심으로 아들딸의 효도를 받아야 되고, 그 아들딸도 역시 착한 도덕심으로 당당하고 떳떳하게 어버이를 섬겨야 되는 것입니다.

그리고 교육의 원리는 모든 사람이 다 같이 할 수 있는 보편적 논리이며 과학적 진리여야 되기 때문에 사람으로서 불가능하거나 또는 한계 상황에 처하는 어려운 일을 요구하거나 강요해서도 안 되는 것입니다. 그래서 우리 유교의 효도는 대단히 평범하고 일상적인 수준에 그치게 하였습니다. 그리하여 사랑하고 공경하는 간절한 마음은 집안에 가득히 넘치게 하면서도, 먹고 입고 자는 물질적인 것은 가정형편에 따라 알맞게 변통하여, 두루 화목하고 원망이 없게 하였지요.

오늘날은 학교에서 효도하는 예절을 철저하게 가르치지 아니하여, 어린이들이 효도가 인간의 본의인 줄을 알지 못하고, 간혹 보면 하는 듯 마는 듯 넘어가는데, 이렇게 가다가는 우리 민족의 자랑인 효도사상까지 단절될까 걱정입니다.

오늘날 세계가 부러워하는 한류(韓流)문화는 바로 우리 가정문화의 효도사상을 그토록 부러워한 것이지요. 이제는 효도의 교육이념을 더욱 뚜렷이 밝혀서 효도사상에 투철한 학생을 길러서 행복한 가정을 경영해야 되겠습니다. 감사합니다.

효경(孝經)의 효도(孝道)의 길 /2008. 10. 22(水)

청취자 여러분, 안녕하십니까? 오늘은 공자가 효경에서 설파하신 진정한 효도의 길에 대하여 살펴보겠습니다. 공자는 효경의 첫머리에서 효도사상은 인류가 개발한 최고의 정치이념으로서 인간의 정체를 뚜렷이 밝혀서 천연의 진설과 조화를 이루어, 모든 인민이 화목하게 살며, 위아래에 원망이 없도록 하는, 지극히 착한 덕이요, 가장 절실하고 긴요한 진리라고 천명하시고, 두 번째로는 효도야말로 인간의 착한 덕성의 근본으로 교육이 말미암아 나오는 최고의 교육이념임을 설파하셨습니다.

그리고 세 번째로 증자에게 다시 말씀하시기를 "다시 앉거라. 내가 너에게 말을 하리라. 신체와 머리털과 피부색은 부모에게서 받았으니, 감히 훼손하거나 상처를 내지 않는 것이 효도의 시작이요, 몸을 세워서 도리를 실행하여, 이름을 후세에 드날려, 부모의 이름을 뚜렷이 하는 것이 효도의 끝이니, 무릇 효도는 어버이를 섬기는 데서 시작하고, 임금을 섬기는 데서 중간이요, 몸을 세우는 데서 마치느니라."라고 하였습니다.

이 말씀은 우리 조상들이 자손의 교육에 가장 많이 인용하여 강조했던 말씀으로, 우리 민족은 누구나 익히 들어 알고 있어서, 아마 모르는 사람이 없을 것입니다.

사람은 누구나 신체발부(身體髮膚)를 부모에게서 받았지요. 몸 신(身) 자는 몸통과 머리이고 몸 체(體) 자는 두 손과 두 발을 지적합니다. 그리고 터럭 발(髮) 자는 머리털과 수염이요, 살 부(膚) 자는 피부의 살결과 색깔입니다. 사람은 누구나 신체와 수염과 피부를 부모에게서 받았기 때문에, 부모와 자녀는 그 몸집과 체형과 모발형태와 피부색이 비슷하게 닮기 마련입니다. 따라서 부모를 섬기는 가장 기본자세는 먼저 부모로부터 받은 자기 몸을 소중히 생각하여, 훼손하거나 상처를 내지 않고, 깨끗하고, 건강하고, 번듯하게 간직하는 것입니다.

사람은 누구나 먼저 자기 몸이 충실하고 튼튼해야 부모도 섬기고, 사회참여를 할 수 있기 때문에 건전한 육체를 기르고, 건전한 정신을 배양하는 것은, 인생행로의 필수 조건인 것입니다. 따라서 자녀들이 건강하고, 씩씩하게 자라 주는 것만 보아도 부모들은 기쁘지 그지없는 것이지요. 왜냐하면 사람이 이 서상에 와서 아들딸을 낳아 건강하게 길러서 가족을 창성하게 하고, 민족을 번영하게 하고, 나아가 인류를 번창하게 하는 것은 대단한 긍지와 보람을 느끼게 하므로, 대부분의 부모는 건강한 자녀가 있는 것만으로도 든든한 믿음과 미래의 희망을 가지게 되지요. 우리 유교에서 말하는 효도는 이와 같이 서로 간에 부담감을 주지 않고, 자기의 삶을 바르게 경영하는 것으로 만족합니다.

그리하여 자손이 건전하게 성장해서 20세가 넘어 독립인격을 확립하여, 영원 불후한 공덕을 세워, 이름이 역사에 올라, 후세에까지 드날리는 사람이 되면 마침내 그 부모의 이름까지 뚜렷이 세상에 알려지겠지요. 자녀의 덕분에 그 부모의 이름이 세상에 뚜렷이 알려진다면 얼마나 영광스럽겠습니까? 후세의 빛나는 자손으로 인하여 그 조상까지 공경받고 대우받게 되는 것은 가문의 영광이고, 민족의 영광이며, 나아가 인류의 영광이라고 할 것입니다. 세상에 이러한 일보다 거룩하고 아름다운 일은 없는 것입니다.

우리 민족은 이러한 영광스러운 인생을 꿈꾸면서 자손을 바르고 떳떳하게 가르치려고 노력해서, 어린이에게는 절대로 거짓말을 안 했고, 어린이 보는 앞에서 귓속말도 안 했습니다. 이렇게 자손이 바르게 살고 스스로 빛나는 공덕을 세워서 성공적인 인생을 경영하도록 간절하게 소망할 뿐입니다. 따라서 효도는 어버이를 섬기는 가정생활에서 시작하여, 정치사회에 나아가 임금을 섬겨 나라에 공을 세우는 중간 과정을 거쳐, 위대한 독립인격을 세우는 데서 끝나는 것입니다.

입신(立身)이라는 것은 대단히 큰 뜻이 있습니다. 몸을 세우는 것은 독립인격을 세우는 것인데, 자기 자신의 천성(天性)을 모두 발휘하여, 인류의 역사상 가장 위대한 인격을 확립하는 성현(聖賢)이 되는 경지입니다. 이것은 전지전능한 인간으로 성장하는 것이 곧 효도의 종극이라는 뜻이니, 효도는 정말 끝이 없다고 할 것입니다.

오늘은 효도의 길에 대하여 말씀드렸습니다. 감사합니다.

효경(孝經)의 효도사업과 천자(天子)의 효도사업 /2008. 10. 23(木)

청취자 여러분, 안녕하십니까? 오늘은 공자가 효경에서 설파하신 직분(職分)에 걸맞은 효도사업에 대하여 살펴보겠습니다.

우리 유교의 효도가 단순히 어버이를 잘 섬기는 것에 그치지 않고, 인격을 완성하여, 도리를 실천하고, 마침내 이름이 후세에 빛나는 역사적 인물이 되어, 부모의 이름을 뚜렷이 알리는 데까지 이르러 가야 하기 때문에, 사회적 신분에 따라 효도사업의 차원이 달라야 하는 것입니다. 왜냐하면 사람의 사회적 신분이 높을수록 공덕도 크고 높아야지 사람이 우러러보는 까닭이지요. 만일 사회적 신분은 높은데도 그 공덕이 보잘것없다면, 어떻게 역사적 인물이 되어서 인류의 존경을 받겠습니까?

그러므로 모든 사람은 자기의 현재 직분에 충실할 뿐만 아니라, 다른 사람과 비교하여 더욱 성실하고, 정직하고, 열심히 노력해서 특출한 점을 보여야 더욱 존경받는 인물이 되는 것입니다. 그리하여 공자는 천자의 효도사업과, 제후(諸侯)의 효도사업과, 경대부(卿大夫)의 효도사업과, 선비의 효도사업과, 서민의 효도사업을 나누어서 차례로 설명하셨는데, 먼저 천자(天子)의 효도사업에 대하여 다음과 같이 천명하셨습니다.

"어버이를 사랑하는 사람은 감히 인간을 미워하지 아니하고, 어버이를 공경하는 사람은 감히 인간을 업신여기지 아니하나니 사랑과 공경을 어버이 섬김에 극진히 하면 도덕교육이 백성에게 미쳐서 4해 인류에게 모범이 되나니 대개 천자의 효도니라."라고 하였습니다.

이 말씀은 천자의 효도사업은 스스로 어버이를 섬김에 사랑과 공경을 다하여 감히 사람을 미워하지 않고, 또한 사람을 업신여기지 아니하여, 전체 인류를 고루 사랑하고 공경해서, 공명정대한 정치를 베풀고 성실하고 정직한 교육을 실시하여, 천자(天子)가 정치의 모범이 되고 교육의 사표(師表)가 되어야만 도덕적 교화(敎化)가 일반 백성에게까지 영향을 미쳐서 4해(四海)의 인류가 모두 효도의 거울로 삼는 데 이르러야 된다는 것입니다.

우리 유교에서는 천하를 다스리는 중앙정부의 최고 지도자인 천자(天子)는 정치의 모범일 뿐만 아니라 또한 교육의 사표(師表)가 되어야 함을 역설합니다.

왜냐하면 사람은 윗사람을 보고 따르며 배우는 까닭에 윗물이 맑아야 아랫물이 맑은 법이지요. 윗사람이 하지 않은 것을 아랫사람이 어떻게 학생에게 가르치겠습니까? 따라서 천자가 나라에 효도를 일으키고자 하면 먼저 스스로 효도하는 모범을 보이면서 학교를 통해 각각 직분에 따라 바르게 실천하는 효도의 예절을 가르쳐야 됩니다.

천자의 효도는 도덕교육이 말미암아 나오는 바탕으로 대단히 중요할 뿐만 아니라 그 사랑하고 공경하는 효도정신은 남녀와 노소와 빈부와 귀천이 없이 인간을 널리 사랑하고 공경해서 감히 사람에게 미워하는 바가 있지 않고, 감히 사람에게 업수이 대하는 바가 있지 아니하여야 모든 사람이 천자의 덕화에 감화되어 효도사상이 크게 일어나서 널리 유행하게 되는 것입니다. 그러므로 공자는 효경의 다음 장에서 천자의 효도사업을 세 번에 걸쳐 반복하여 밝혔는데

첫째, 천자는 제후(諸侯)들을 사랑하고 공경하여 세계만방의 환심(歡心)을 얻어서 선왕(先王)을 섬기라고 하였고,

둘째, 하느님의 천명(天命)을 받들어 억조 만민이 융성하고, 만물이 신선한 세계를 건설하여 천재지변과 질병과 변란이 없는 빛나

는 시대를 건설하라고 하였으며,

셋째, 종묘에서 아버지를 제사 지낼 때에 하느님과 짝하여 아버지를 거룩한 하느님처럼 우러러 존경하는 것이라고 하였습니다.

결국 천자의 효도사업은 단순히 어버이만을 섬기는 것이 아니고, 천자의 고유한 직분을 충실히 완성하여, 인류가 행복을 노래하며, 천자를 찬양하고, 더욱 나아가 천자의 아버지를 높이 우러러 사모하는 데 이르는 것이 진정한 천자의 효도사업이라고 역설하였습니다. 효도가 여기에 이르면 인간 완성에 그치지 않고, 인류세계의 완성이고, 천지만물의 완성이라고 하겠습니다. 감사합니다.

제후(諸侯)의 효도사업(孝道事業) /2008. 10. 24(金)

청취자 여러분, 안녕하십니까? 오늘은 공자가 효경에서 설파하신 제후(諸侯)의 효도사업에 대하여 살펴보겠습니다.

제후(諸侯)는 지방국가의 임금이지요? 오늘날에는 지방의 자치단체장이라고 하겠습니다. 공자는 제후의 효도사업에 대하여 다음과 같이 말씀하셨습니다.

"높은 자리에 있어도 교만하지 않으면, 높아도 위태롭지 아니하고, 알맞게 조절하여 법도를 지키면, 가득해도 넘치지 아니하나니, 높아도 위태롭지 아니함은 높은 벼슬을 오래오래 지키는 방법이고, 가득해도 넘치지 아니함은 재물을 오래오래 지키는 방법이니, 재물과 벼슬이 그 몸에서 떠나가지 아니한 다음에 능히 국가를 보호하며, 그 인민을 화합하게 하리니, 대개 제후의 효도사업이니라."고 하였습니다.

지방국가의 임금은 국가의 안전을 보장하고, 인민의 생명과 재산을 보호하여, 안락한 삶을 누리게 하는 것이 그 책무입니다. 따라서 제후의 효도사업은 임금의 막중한 책무를 완수하며, 빛나는 정치업적을 세우는 것이 급선무라는 것입니다. 만일 그렇지 못하고, 권력을 야욕충족의 도구로 착각하여, 교만 방자하게 날뛰거나, 호화 사치하여 방탕하다면, 그 자리가 위태로워져서 인민이 성토하여 탄핵하고, 마침내 천자(天子)가 처벌하고 축출하여 쫓겨날 뿐만 아니라, 형벌을 받아 유배 가거나, 심하면 처형되어 역사에 더러운 오명(汚名)을 남기게 되겠지요.

사람이 지방국가의 임금이라는 높은 자리에 올라가서, 도덕을 숭상하고, 공업(功業)을 이루면, 꽃다운 이름이 만세(萬世)에 전하고, 영원 불후(不朽)한 자취가 천추(千秋)에 남는 것이므로, 이미 그 자체로 그 어버이의 이름을 뚜렷이 하는 효도를 한 것입니다. 그래서 공자는 효경의 다음 장에서 두 번에 걸쳐 다음과 같이 말씀하셨습니다.

"인민에게 친근히 사랑하도록 가르치는 길은 효도보다도 좋은 진리는 없고, 인민에게 예절을 따르도록 가르치는 길은 공경보다도 좋은 진리는 없다."고 하시면서 사직을 보호하고, 인민을 화합시키기 위하여, 어버이에게 효도하고, 형제간에 우애하는 도덕과 예절을 일으켜서, 나라의 풍속을 아름답게 만들라고 하였습니다. 그리고 마지막으로 경계하여 말씀하시기를 "나라를 다스리는 사람은 감히 홀아비와 과부에게도 깔보고 잘난 체하지 아니하나니, 하물며 선비와 민중에게 깔보고 자기만 잘난 체할 것인가? 그러므로 백성의 기뻐하는 환심(歡心)을 얻어서, 그 선군(先君: 돌아가신 아버지

임금)을 섬기느니라."고 하였습니다.

지방국가의 임금의 효도사업은 임금이 사랑과 공경을 먼저 실천하여 솔선수범해서 지방의 선비는 말할 것도 없고 농민과 공업인과 상업인을 모두 사랑하고 공경하며, 더욱 나아가서 늙은 홀아비와 과부, 그리고 불구자와 환자까지도 빠짐없이 보살펴서 안락한 인생을 누리게 하여야, 이에 나라의 지도자를 신임하고 따르면서, 그 은덕을 죽을 때까지 잊지 못하고, 또한 임듬에 대한 열렬한 환심(歡心)을 가지게 됩니다.

어떤 독재자는 전체 국민에게 어떤 특정 대상만을 오로지 존경하도록 강요하고 있습니다. 그러나 우리 유교에서는 모든 국민이 각각 자기의 부모를 최고로 사랑하고 공경해야 된다고 가르칩니다. 공자는 효경에서 이 점을 경계하여 말씀하시기를 "아버지와 아들의 도리는 천성(天性)이며 임금과 신하의 의리다. 아버지와 어머니는 낳으셨으니 생명을 이음이 이보다 큰 것이 없고, 임금은 친히 임하시니 두터운 은혜가 이보다 무거운 것은 없다. 그러므로 그 어버이를 사랑하지 않고, 다른 사람을 사랑하는 것을 일컬어 패덕(悖德)자라고 하고, 그 어버이를 공경하지 않고, 다른 사람을 공경하는 것을 일컬어 패례(悖禮)라고 하니라."고 하셨습니다.

우리 유교에서는 자기를 낳아서 길러 주신 어버이의 하늘같은 은혜를 망각하고, 다른 사람을 더 많이 사랑하고 공경하도록 가르치거나, 강요하거나, 주장하지 않습니다. 왜냐하면 그것은 인간의 천성(天性)을 어기고 인격을 해치며, 사회윤리에 어긋나기 때문입니다.

오늘은 벼슬이 높고 재물이 많은 제후의 효도사업에 대하여 말씀드렸습니다. 감사합니다.

경대부(卿大夫)의 효도사업 /2008. 10. 25(土)

청취자 여러분, 안녕하십니까? 오늘은 공자가 효경에서 설파하신 경대부(卿大夫)의 효도사업에 대하여 살펴보겠습니다.

경대부는 옛날로 치면 정승판서이고 오늘날로 말하면 국무총리와 각부 장관으로 정부의 고급관료입니다. 정부의 고급관료인 경대부의 효도사업도 관직에 따른 직분완수가 먼저이고, 직분을 완수하되, 가장 공명정대하고, 신성 정확하게 수행하여, 역사적인 모범을 보여서, 후세의 존경을 받을 정도가 되어야 합니다.

공자는 경대부의 효도사업에 대하여 말씀하시기를 "옛날의 훌륭한 임금의 법복(法服)이 아니거든 감히 입지 아니하며, 옛날의 훌륭한 임금의 법언(法言)이 아니거든 감히 말하지 아니하며, 옛날의 훌륭한 임금의 덕행(德行)이 아니거든 감히 행하지 아니하나니 이런 까닭으로 법(法)이 아니면 말하지 아니하며, 길이 아니면 가지 아니하여, 입에는 말을 가릴 것이 없고, 몸에는 행동을 가릴 것이 없어서, 말이 천하에 가득해도 입에 허물이 없고, 행실이 천하에 가득해도 원망과 미움이 없나니, 이러한 세 가지가 갖추어진 다음에 능히 그 조상의 사당을 지키리니, 대개 경대부의 효도사업이니라."고 하였습니다.

만일 나라의 고급관료가 되어 가지고, 아무것도 우러러보고 배울 점이 없다면 그 누가 존경하겠습니까? 그래서 옛날로부터 높은 관료가 된 사람은 사회적으로 주목의 대상이기 때문에 외부로 나타난 일에 아주 조심하였던 것입니다. 항상 법도에 맞는 옷을 단정히 입어서 위엄을 갖추고, 대인군자(大人君子)의 법도에 맞는 말을 당당하게 해서 사리에 분명한 논리를 세우며, 성현(聖賢)의 공명정대한 덕행(德行)을 본받아 힘차게 실천하여 두루 혜택(惠澤)이 미치도록 정치사업을 펼쳐야 되는 것입니다. 특히 고급관료에게 있어서 말과 행실은 천하를 감동시키는 도구입니다.

그 말이 천하를 감동시키려면 말에 허물이 없어야 되겠지요. 그리고 그 행동이 천하를 감동시키려면 행동에 원망이나 미움이 없어야 되겠지요. 나라의 고급관료가 말을 실수하고, 또 행동을 모질게 하면 이것은 비단 개인적인 인격의 실추일 뿐만 아니라, 또한 국가의 위상까지 훼손하고, 더 나아가 상서롭지 못한 재난을 초래할 위험까지 있는 것입니다.

공자는 경대부의 효도사업은 바로 효도사상을 고취하여 사회에 널리 보급하는 것임을 다음과 같이 말하였습니다. "군자가 효도하라고 가르치는 방법은 집집마다 찾아가서 날로 보는 것이 아니라, 효도사상으로 국민을 교육하여, 누구나 천하에 남의 아버지 된 사람을 공경하도록 하고, 또한 형을 공경하도록 국민을 교육하여, 누구나 천하에 남의 형 된 사람을 공경하도록 하며, 역시 신하들을 교육하여 천하에 사람의 임금 된 사람을 모두 동경하도록 하는 것이니라."고 하였습니다. 이와 같이 나라의 고급관료는 오직 자기의 부모만을 공경해서는 안 되고, 반드시 천하의 모든 부모가 공경받는 풍토를 만들어야 된다고 하였으니 얼마나 훌륭한 일입니까?

공자는 또 효경에서 말씀하시기를 "무릇 효도는 하늘의 자연법칙이고, 대지의 본의(本義)이며, 인민의 행실이니, 하늘땅의 대원칙을 인민이 본받나니, 자연의 생성 변화하는 법칙을 본받아야, 천하가 유순하게 따르느니라."고 하여 효도는 만물의 뿌리를 보존하고,

개체의 본래 정체를 뚜렷이 정립하여, 그 존재가치를 찾는 것임을 밝혔습니다.

이어서 공자는 경대부의 효도사업을 요약하여 말씀하시기를 "가정을 다스리는 사람은 감히 가신이나 첩에게도 잃지 아니하나니, 하물며 아내와 자식에게일까 보냐? 그러므로 사람의 기뻐하는 환심(歡心)을 얻어서 그 어버이를 섬기느니라."라고 하여 경대부는 집안의 모든 사람의 존경하고 사랑하는 마음을 얻어서 그 어버이를 섬겨야 됨을 역설하였습니다.

사람이 잘나서 높은 벼슬자리에 있으면, 나라에 큰일을 하여, 그 부모를 영광스럽게 섬겨야지, 한갓 큰 집이나 좋은 옷이나 맛있는 음식만을 갖추어 드리는 것은 경대부의 효도가 아님을 알아야 합니다. 오늘은 경대부의 효도사업에 대하여 말씀드렸습니다. 감사합니다.

선비와 서민의 효도사업 /2008. 10. 26(日)

청취자 여러분, 안녕하십니까? 오늘은 공자가 효경에서 설파하신 선비와 서민의 효도사업에 대하여 살펴보겠습니다.

선비는 초급지식인으로 도덕을 숭상하고, 윤리를 밝히면서, 학문에 뜻을 세우고, 인격을 수양하는 사람입니다. 그리하여 벼슬을 하면 하급관료가 되고, 초야에 숨어 살면 서민대중과 같이 더불어 사는 민중이 되는 것입니다. 그러므로 선비는 벼슬하는 선비의 효도사업과, 초야에 숨어 사는 선비의 효도사업이 다르게 됩니다. 따라서 효경에서 공자가 말씀하신 선비의 효도사업은 벼슬을 하는 하급관료서의 선비의 도리이고, 또한 서민의 효도사업은 벼슬을 하지 않은 선비와 일반 서민의 도리입니다.

먼저 벼슬한 선비의 효도사업에 대한 말씀을 살펴보면 공자는 말씀하시기를 "아버지 섬김에 기초하여 어머니를 섬기되, 그 사랑함이 한가지로 동일하며, 아버지 섬김에 기초하여 임금을 섬기되, 그 공경함이 한가지로 동일하니라. 그러므로 어머니는 그 사랑을 받고, 임금은 그 공경을 받으니, 사랑과 공경을 아울러 받는 사람은 아버지이니라. 그러므로 효심으로 임금을 섬기면 충성이요, 공경으로 어른을 섬기면 온순함이니, 충성과 온순함을 잃지 아니해서 그 상관을 섬긴 다음에 능히 그 작록(爵祿)을 보존하며, 그 제사를 지키게 되리니, 대개 선비의 효도사업이니라."라고 하였습니다.

벼슬을 하는 선비는 관직의 충실한 직무수행을 통하여 맡은 바 책임을 바르고 정확하게 완수해서 임금에게 충성하고, 상관에게 신임을 얻어서 그 관직을 오래 보존하며, 명예롭게 조상에게 제사를 지내는 것이 바른 효도임을 역설하였습니다. 그리고 사랑과 공경을 지극히 하되 반드시 아버지를 기준으로 삼아 사랑은 아버지와 어머니를 똑같이 사랑하고, 공경은 아버지와 임금을 똑같이 공경하여, 아버지는 최고로 사랑하고 최고로 공경하여야 되고, 어머니는 최고로 사랑하되, 공경은 아버지 다음으로 하며, 임금은 최고로 공경하되, 사랑은 아버지 다음으로 하여서, 아버지에 대한 효도가 최고로 극진한 도리요, 임금에 대한 충성이 그 다음으로 중요한 도리임을 설파하였습니다.

어떤 사람은 말하기를 사랑은 아버지를 많이 사랑하되, 공경은 임금을 더욱 공경하여야 된다고 하지만 우리 유교에서는 단호히 배격합니다. 왜냐하면 아버지를 공경하지 않는 것은 결국 자기 자신을 무시한 행위이고, 자기를 모독하는 자존심이 없는 사람은 끝내 자포자기하여, 아무것도 공경할 수 없게 되기 때문입니다. 따라서 우리 유교에서는 누구나 제 아버지를 최고로 공경하게 함으로써 마침내 자존심을 가지고, 자기의 몸가짐을 단정히 하여 스스로 어버이가 주신 신체와 머리털과 피부색까지도 고이 간직하는 것으로 효도의 시작을 삼은 것입니다.

다음으로 공자는 서민의 효도사업에 대하여 다음과 같이 말씀하셨습니다. "하늘의 자연법칙을 이용하고, 땅의 부존자원을 개발하여 몸을 삼가며, 씀씀이를 절약하여, 부모를 공양하나니, 이것은 서민의 효도사업이니라."라고 하였습니다.

서민대중은 농업과 공업과 상업에 종사하는 직업인이지요. 몸소 부지런히 가정을 경영하여 절약과 저축을 생활화해서, 어버이의 의식주(衣食住)를 공급하여야 되는 것입니다. 왜냐하면 자식으로서 어버이를 헐벗고 굶주리고 거처할 곳이 없게 한다면, 그 참담한 고뇌와 불행을 어찌하겠습니까.

이에 공자는 말씀하시기를 "그러므로 천자로부터 아래로 서민에 이르기까지 효도로써 일관하지 않고, 근심이 미치지 않은 사람이 있지 않느니라."고 경계하였습니다.

벼슬을 하지 않은 선비나 일반 서민대중은 부모를 모시는 일로 평생 일관하되 공자는 다음과 같이 다섯 가지를 잘해야 된다고 하였으니 "효자가 어버이를 섬김에 살아 계심에는 그 공경을 다하고, 음식을 공양함에는 그 즐거움을 다하며, 병을 앓음에는 그 걱정을 다하고, 돌아가심에 그 슬픔을 다하며, 제사 지냄에는 그 엄숙함을 다하나니, 이 다섯 가지를 갖춘 다음에야 어버이를 잘 섬겼다고 하느니라."고 하였습니다. 벼슬을 하지 않은 선비와 일반 서민대중은 자기자신이 직접 효도를 평생 하는 것입니다. 그래서 어버이가 잘못하신 일은 은근히 간하여 말리기도 하면서, 살아서 효도를 다하는 방법으로 공자는 다음과 같은 말씀으로 효경의 끝을 맺었습니다.

"살아 계실 때에는 사랑과 공경으로 섬기고, 죽어서 돌아가시면 슬픔과 서러움으로 섬김이 민중의 본분을 다하고, 죽고 사는 의리를 갖추나니, 효자가 어버이를 섬김이 끝나는 것이니라."고 하였습니다.

진정한 효도는 어버이가 살아 계시면 즐겁고 돌아가시면 슬퍼하는 것임을 알 수 있습니다. 감사합니다.

12월은 생명력을 뿌리에 저장하는 달 /2008. 12. 1(月)

청취자 여러분, 안녕하십니까? 오늘은 올해의 마지막 달을 시작하는 12월 1일입니다. 세월은 참 빠르지요. 희망의 2008년 새해를 맞이한 지가 엊그제 같은데 벌써 봄, 여름, 가을이 다 지나가고 만물이 생명력을 뿌리에 저장하는 12월이 되었습니다.

우리나라의 겨울은 매우 추워서 겨울나기가 매우 힘들지요. 특히 올해는 미국의 금융위기로 파생한 국제경기 악화로 민생경제뿐만 아니라, 국가경제도 위기상황에 봉착하여 서민대중이 겨울나기를 두려워하는 형편입니다.

그러나 자연환경이 아무리 고통스럽고, 사회경제가 아무리 어렵다고 하여도, 인간의 지혜는 만난을 극복하고, 끈질긴 생명력을 이어 왔습니다.

하느님은 인간을 사랑하시기 때문에 인간에게 무한한 지혜를 주셨지요. 그래서 인간의 삶이 어려우면 어려울수록, 인간의 지혜는 더욱 빛을 발하여 슬기롭게 극복하고 마침내 위대한 인류의 역사를 창조하여 왔던 것입니다. 인간의 생명은 고귀합니다. 어떠한 경우에도 포기하거나, 학대하거나, 좌절해서는 안 됩니다. 왜냐하면 인간의 생명은 하늘이 점지한 고귀한 생명이기 때문입니다.

자고로 우리 유교(儒敎)는 일체 만물의 생명을 하늘이 점지한 신비로운 창조물로 인식하여, 대단히 존중할 뿐만 아니라, 또한 지극히 고귀한 절대적 가치를 스스로 간직하고 있는 것으로 인정하였습니다. 그래서 하늘은 이름 없는 사람을 내지 않고, 땅은 쓸모없는 물건을 기르지 않는다고 하였으니 원문으로 읽으면 天不生無名之人이요 地不長無用之物이라고 하였습니다.

하늘땅이 만물을 생성하는 원리는 공자가 『주역(周易)』에서 밝혔는데, 말씀하시기를 "우주만상을 대통일하는 태극(太極)의 이치로, 양기(陽氣)와 음정(陰精)을 배합하고, 또한 물과 불, 쇠와 나무 및 흙이라는 수(水), 화(火), 목(木), 금(金), 토(土)의 5행(五行)의 본질 속성을 응집해서, 생명체를 만들어, 생기(生氣)를 불어넣어, 마침내 이 세상에 장엄한 생명이 탄생한 것입니다.

따라서 이 세상의 모든 생명은 하느님이 만든 하느님의 것이고, 절대로 생명체의 사유물이 아니며, 각각의 생명체는 하느님의 뜻에 따라, 생명의 존엄한 가치를 실현할 책무가 있는 것입니다. 그러므로 겨울이 아무리 추워도, 하느님은 반드시 따뜻한 새봄이 오게 하여, 반드시 만물을 다시 소생시켜서 번창하게 합니다.

그렇다면 하느님이 추운 겨울로 한 해를 끝내는 깊은 뜻을 헤아릴 수 있겠지요. 절도가 없이 지나치게 뻗어나가는 것은 끝내 걷잡을 수 없는 혼란에 빠지는 위험이 따릅니다. 그래서 하느님이 해마다 겨울철을 만들어, 사람으로 하여금 극기(克己)의 시련을 통하여 지혜를 개발함으로써, 강인한 생명력을 길러 무궁하게 발전하는 길을 열어 주신 것입니다.

이에 하느님의 뜻을 구현하는 존엄한 생명의 가치를 요약하면 첫째, 생명 자체를 건실하게 완성하는 것이고, 둘째, 생명체가 유기적 관계를 형성하여 집단적으로 발전하는 것이며, 셋째, 생명체의 아름다운 결실을 맺어 사회에 환원하여 크게 이바지하는 것이요, 넷째, 종자를 남겨서 혈통을 대대로 계계승승 이어 가도록 재생의 생명력을 남기는 것입니다. 이것을 『주역(周易)』에서는 원형리정(元亨利貞)이라고 하였는데, 하늘의 생명 창조력인 건원(乾元)은 만물의 생명이 비롯하는 바탕이고, 땅의 생명 창조력인 곤원(坤元)은 만물의 생명이 비롯하는 바탕임을 밝히고 있습니다.

이 말을 쉽게 해설하면 아버지의 양기(陽氣)는 생명이 비롯하는 바탕이요, 어머니의 음정(陰精)은 생명이 탄생하는 바탕이니 곧 아버지는 하늘과 같고 어머니는 땅과 같은 생명의 시원이므로 생명을 부모처럼 소중하게 생각하고, 하늘땅처럼 존엄하게 간직해야 된다는 뜻입니다. 오늘은 생명을 보존하는 지혜에 대하여 말했습니다. 감사합니다.

옛날 생각하는 예절정신 /2008. 12. 2(火)

청취자 여러분, 안녕하십니까? 인생을 살다가 보면 봄과 여름처럼 희망의 노래를 부르면서 양양하게 발전하는 시절도 있고, 가을과 겨울처럼 쓸쓸하고 냉혹한 고통을 겪으면서 암담한 현실에 부딪힐 때도 있습니다.

그래서 우리 유교(儒敎)의 예절은 옛것을 매우 숭상하여, 편안하고 즐거운 행사를 거행함에, 반드시 옛날의 어려운 시절에 겪었던 역사적 경험을 되새기게 하였지요. 그러므로 술은 맛있고, 향기로운 청주(淸酒)보다는 막걸리를 제주(祭酒)로 조상님께 바치고, 막걸리보다는 샘물을 더욱 고귀하게 여기어, 제사상 아래에 갖추는 것입니다.

우리 인류의 먼 조상들은 원시시대에 자연 상태에서 토굴에서 살았고, 불도 없어서 생식(生食)을 하였으며, 겨울의 혹독한 추위에는 나뭇잎과 풀 더미를 깔고 덮고 살면서도 마침내 자연의 역경을 극복하고, 인류의 문명을 창조하였기 때문에 우리 유교의 예절은 그러한 끈질긴 삶의 정신을 높이 받들어 질박한 고풍(古風)을 지극히 본받으려고 노력하는 것입니다.

오늘날은 삶의 여건이 매우 좋아져서 옛날 사람이 본다면 놀랄 정도로 문화생활을 누리고 있으면서도 옛날 사람보다 더욱 근심걱정이 많고, 불평불만이 많은 까닭은 지나온 역사를 잊어버리고, 눈앞의 세상에 현혹되었기 때문이라고 할 수 있지요. 선사시대의 우리 조상의 삶은 너무 옛날이야기이므로 다시 말할 것이 없지만 지난 세기만 보아도 우리 겨레는 제국주의의 침략을 받아 일본의 식민지로 전락해서 집도 절도 없이 유랑생활을 하며, 망국노의 설움을 온몸으로 겪다가 남의 땅에서 죽은 동포가 얼마이며, 비록 고향 땅에서 산다고 하여도 부역이니, 공출이니, 징용이니 하여, 악랄하게 착취와 학대를 당하면서도 숨도 제대로 쉬지 못한 삶이 한 세대를 넘었던 것입니다.

우리가 그 분노의 시대, 통곡의 세월을 생각한다면, 오늘의 삶을 절망하거나 포기할 수 없는 것입니다. 우리 유교에서 조상을 숭배하는 것은 조상이 부귀공명(富貴功名)을 이룩하여 가문발전에 이바지한 업적을 기리는 뜻만 있는 것이 아니고, 또한 험난한 시련과 고통에 끝까지 자포자기하지 않고 용감하게 도전하여 만단 고통을 극복하는 끈질긴 의지력에 대하여 만강의 외경심(畏敬心)을 나타내서 표현하기 위한 뜻도 있는 것입니다. 그렇다면 삶의 가치는 행복에만 있는 것이 아니고, 모름지기 극도의 인생역경 속에서도 고귀한 생명의 가치는 영원함을 알 수 있을 것입니다.

일찍이 송(宋)나라의 대학자 장횡거(張橫渠) 선생은 서명(西銘)이라는 천하명문을 지었는데 그 글 속에서 말하기를 "만약 부유(富裕)하고, 고귀하고, 행복하고, 윤택하게 살면 장차 우리네 인생의 보람을 두텁게 누리고, 만일 가난하고 천하고 근심하고 슬프게 살면 장차 옥처럼 갈고닦은 아름다운 인간의 빛이 되리라."고 하였습니다. 넓은 바다를 건너가는 배가 순풍(順風)을 만나면 안전하고 즐겁게 운행을 하고, 역풍(逆風)을 만나면 악전고투하며 근심 속에 운행하지요.

인생도 순조롭게 풀릴 때 있고, 역경 속에 고생하는 때도 있는 것입니다. 따라서 장횡거 선생의 말처럼 집안이 부유하고 사회적

지위가 고귀하며, 하는 일마다 성공하여 행복을 누리고, 생활이 윤택하면 인격을 높이고, 덕(德)을 쌓아서 우리 모두의 인생을 보람 있게 경영해야 마땅한 것입니다. 그러나 이와 반대로 집안이 가난하고, 사회적 지위가 천하며, 하는 일마다 실패하여 걱정 속에 생활이 쪼들려 슬프면 더욱 강인한 정신력과 씩씩한 의지력으로 지혜를 개발하고, 힘을 길러서, 백절불굴하는 투지를 보여야 마침내 인간 승리를 노래할 수 있는 것입니다.

오늘은 강인한 인류의 정신력에 대하여 말씀드렸습니다. 감사합니다.

사람의 목숨은 하늘에 있다 /2008. 12. 3(水)

청취자 여러분, 안녕하십니까? 오늘은 사람의 목숨은 하늘에 있다는 것을 살펴보겠습니다. 우리 인생의 길에는 노력하여 되는 것이 있고, 아무리 노력해도 되지 않는 것이 있습니다. 사물의 이치를 연구하여 자연자원을 이용해서 생활을 풍요롭게 개척하고, 인격을 수양하여 덕성을 높이고, 지능을 개발하여 인격을 아름답게 기르는 것은 대체로 사람이 노력한 만큼 성취하는 것입니다.

그러나 건강하게 오래오래 살면서 장수(長壽)를 누리고, 큰 부자(富者)가 되고, 높은 벼슬자리에 오르고, 자녀를 많이 두고, 위대한 공덕을 세워 이름이 드날리는 것은 많은 사람이 추구하는 희망사항이지만 그러나 뜻한다고 되는 일이 아니지요. 그래서 우리 유교(儒敎)에서는 인생에 있어서 노력도 중요하지만 천운(天運)도 타고 나야 된다고 합니다.

하늘의 이치는 일정한 조리체계가 있어서 순리(順理)대로 하면 무한한 생성번영을 보장하는데 이것을 만물의 성능(性能)이라고 하지요. 그러나 만일 하늘의 이치를 어기는 역리(逆理)로 하면 도저히 감당할 수 없는 한계에 부닥쳐서 자연적으로 소멸하여 사라지는데 이것을 운명(運命)이라고 합니다. 따라서 사람이 바르게 사는 길은 첫째, 만물의 이치를 연구하여, 그 조리체계를 정확히 밝혀내서 자연과학적 지식에 철저해야 되고, 둘째, 인간의 본성과 지능을 고도로 개발하여, 만물의 영장에 걸맞은 슬기로운 지혜로 인문과학적 지식을 갖추어야 되며, 셋째, 현실사회의 화합질서를 찾아서 시대적 운명을 개척하는 사회과학적 책임을 다해야 됩니다.

그러므로 송(宋)나라 대철학자인 소강절(邵康節) 선생은 일찍이 말하기를 "만물의 이치는 연구한 다음에야 알게 되고, 사람의 본성은 극진히 한 다음에야 알게 되며, 하늘의 운명은 이른 뒤에야 알게 된다."고 하였습니다. 인간의 한계는 마지막에 가서야 알게 되기 때문에 일찍이 퇴계(退溪) 선생도 시를 지어 노래하기를 "인생은 말로(末路)가 어려우니 인생이란 관 뚜껑을 덮어야 끝난다."고 하였지요. 그러므로 사람들이 말하기를 99%의 노력에 1%의 운명이 따라야 성공한다고 믿는 것입니다.

사람에게는 마지막에 헤아려 측량할 수 없는 하늘의 운명이 기다리고 있기 때문에 삶에 있어 경건한 자세가 항상 필요하지요. 그래서 인간의 수명장수와 부귀공명(富貴功名)은 하느님이 주신 것으로 믿어 의심치 않으면서 인명재천(人命在天)이요, 부귀재천(富貴在天)이라고 하여, 수명과 부귀공명은 오로지 하느님께 맡겨 놓고,

안빈낙도(安貧樂道)하거나 호례락천(好禮樂天)하였던 것입니다.

안빈낙도(安貧樂道)는 현실적으로 가난하고, 천한 사람이 절개를 지키면서 편안한 마음으로 도덕을 즐기는 것입니다. 그래서 이러한 삶을 지족안분(知足安分)이라고도 하는데, 현실에 만족하여 주어진 분수(分數)에 편안하게 산다는 뜻입니다. 그리고 호례락천(好禮樂天)은 부유하고 고귀한 신분에 오른 사람이 아름답고, 성대한 예절 문화를 좋아하고, 세상과 인생을 즐겁게 생각하여 널리 은혜를 베풀어 더불어 살면서 명랑하고 쾌활한 인생관을 가진 인물이라는 뜻입니다. 대체로 하늘의 운명을 두려워하여 근심걱정으로 한평생을 보내는 것보다는 차라리 나의 운명을 하느님께 맡기고, 하늘의 뜻에 순응하여 사는 것이 보다 슬기로운 것이므로 무릇 대인군자(大人君子)는 죽고 사는 문제에 초연하였던 것입니다.

일찍이 우암(尤庵) 송시열(宋時烈) 선생은 말하기를 "생로병사(生老病死)에 부도첩행(符到輒行)이라."고 하여 저승사자가 호출장을 가지고 찾아오면 문득 저승길로 떠나는 것이니 늙으면 죽고 사는 문제를 달관하라고 하였습니다.

오늘은 사람의 목숨은 하늘에 있으니 태평하고 초연히 사는 삶을 살펴보았습니다. 감사합니다.

정명(正命)과 비명(非命) /2008. 12. 4(木)

청취자 여러분, 안녕하십니까? 오늘은 하늘로부터 받은 수명을 바르게 사는 정명(正命)과 옳지 못하게 사는 비명(非命)에 대하여 살펴보겠습니다.

맹자(孟子)가 말씀하시기를 "마음을 극진히 쓰는 사람은 그 본성을 아는 것이니, 그 인간의 본성을 알면 하늘의 뜻을 아는 것이니라. 따라서 그 바른 마음을 간직하여 착한 본성을 기르는 것이 하늘의 뜻을 받들어 섬기는 방법이다. 그리하여 일찍 죽고 오래 사는 문제에 흔들리지 아니하고, 번듯하게 한 몸을 닦아 죽음을 기다리는 것이 하늘의 명령을 좇아 마음을 편안히 간직하는 방법이니라."<盡心上>고 하여, 사람의 목숨은 하느님의 것이므로 하늘의 뜻을 받들어 죽고 사는 문제에 신경을 쓰지 말고, 당당하고 떳떳하게 사람의 일을 하고, 자기의 직분을 완수하는 것이 곧 하늘이 부여한 사명이요, 생명이 살아 있는 목숨 값을 하는 것이라고 역설하였습니다.

그리고 맹자(孟子)는 이어서 또 말씀하시기를 "운명이 아닌 것이 없는 것이나, 그 바른길을 따라서 받을지니라. 이런 까닭으로 운명을 아는 사람은 위태로운 담장 밑에 서지 아니하나니, 그 도리를 다하다가 죽은 것은 정당한 수명이요, 도리를 어겨서 형벌을 받아 죽은 것은 정당한 수명이 아니니라."고 하여, 정당한 수명과, 정당한 수명이 아닌 것이 있음을 밝혔습니다. 정당한 수명은 정명(正命)이라고 하는데, 도덕적으로 가치 있게 살고, 정의롭게 죽어서 하늘의 이치를 순리적으로 따르는 것입니다. 그리고 정당한 수명이 아닌 비정명(非正命)은 부질없이 살다가 허무하게 죽어서, 하늘의 이치를 거역하는 것입니다.

따라서 유교인(儒敎人)은 충효절의(忠孝節義)를 숭상하여 가치 있게 살다가, 죽을 자리에서 조용히 죽어서 만인의 존경을 받고,

천추만세에 이름이 빛나는 길을 추구합니다. 그리고 가치 없이 살다가 허무하게 죽는 것을 매우 싫어하며, 모험이나, 투기나, 요행을 노리지 않고, 가장 합리적이고 상식적인 안전한 길로 나아가면서 항상 위험에 대비하여 불조심, 물조심을 생활화하며, 특히 위험한 절벽이나, 높은 나무에 오르지 아니하여, 돌다리도 두드려 보고 건넙니다. 안으로 욕심을 줄이고, 밖으로 악(惡)을 멀리하며, 분노하여 싸우고 다툼을 경계하고, 원수를 맺어 공포분위기를 만드는 것을 두려워합니다.

사람의 목숨은 하늘에 있는 것이지만 그 가치를 창조하는 것은 사람에게 있습니다. 사람이 부지런하고, 총명하여, 부모에게 효도하고, 나라에 충성하며, 가족에게 은혜를 베풀고, 사회에 공덕(功德)을 세워 크게 이바지하다가 정의롭게 죽거나 또는 늙어서 죽으면 이러한 사람의 생명은 지극히 고귀하게 받들어 마땅히 집에서 초상 치르며, 친지의 조문을 받고, 선영(先塋)의 묘역에 장사 지내고, 조상의 사당에 신주(神主)를 모시고, 길이 제사를 지내며 그 정신을 기리는 것입니다.

그러나 사람이 게으르고, 어리석어서 부모에게 불효하고, 나라에 불충하며, 가족을 멀리하여 돌보지 않고, 사회에 해독을 끼쳐서 어지럽게 하다가 비명횡사(非命橫死)하거나, 천벌(天罰)을 받아 죽거나 혹은 스스로 자살하여 목숨을 끊으면 이러한 사람의 생명은 아주 천하게 여겨서 가족도 외면하여 집 밖에서 초상 치르고, 친지도 조문하지 않으며, 그 시신이 선영에 못 들어가고, 그 혼백이 조상의 사당에 못 들어가며, 제사도 지내지 않는 것입니다.

따라서 예절에서는 그 죽음의 호칭을 구별하여 달리 표현하며,

존귀하고 가치 있는 생명이 죽음에는 '돌아가셨다.'고 하고, 천하고 가치 없는 인간이 죽음에는 '숨이 끊어졌다.'고 하는 것입니다.

오늘은 정명(正命)과 비정명(非正命)에 대하여 살펴보았습니다. 감사합니다.

고귀하게 사는 생명의 가치 /2008. 12. 5(金)

청취자 여러분, 안녕하십니까? 오늘은 고귀하게 사는 생명의 가치에 대하여 살펴보겠습니다. 하늘이 낸 생명은 그 존재만으로도 신비롭기 그지없지만 또한 인간의 고귀한 삶은 생명의 가치를 더욱 빛내는 것입니다.

인간이 고귀하게 사는 길은 윤리(倫理)와 도덕(道德)을 지키고, 자기의 직분(職分)과 사업을 완수하여 자기 자신의 생명에 대한 성실성과 사회에 보탬이 되는 기능성이 있어야 되는 것입니다.

사람의 생명이 하느님의 창조물 가운데서 가장 존엄하고, 가장 명확하며, 가장 신성하고, 가장 진실한 지선(至善)의 결정체임을 깨달았을 때에 사람은 자기 자신의 생명에 대하여 성실하게 되는 것입니다. 그리하여 자기 자신의 생명에 대하여 스스로 성실한 사람은 반드시 어버이의 은혜를 잊지 않고, 항상 갚으려고 노력하면서 어버이를 잘 섬기는 사람이 되지요.

일찍이 맹자는 말씀하시기를 "섬김은 누구를 섬김이 큰가? 어버이를 섬김이 크니라. 지킴은 누구를 지킴이 큰가? 자기의 몸을 지킴이 크니라. 그 몸을 단정하게 지키면서 그 어버이를 잘 섬기는 사람을 나는 들었거니와, 그 몸을 더럽혀 타락시키면서 그 어버이를 잘 섬기는 사람을 나는 듣지 못하였노라.”<孟子: 離婁章句上>고 설파하시며, 생명에 대한 성실성과 어버이에 대한 기능성을 강조하고, 이어서 말씀하시기를 “누군들 섬기지 않으리오만 어버이를 섬김이 섬김의 근본이고, 누군들 지키지 않으리오만 몸을 지킴이 지킴의 근본이니라.”고 하여 고귀하게 사는 생명의 가치는 근본적으로 자기의 몸이 불의에 빠지지 않도록 윤리를 밝히고, 도덕을 지키는 일에 성실하여야 되며, 또한 부모에게 불효하지 않도록 예절을 배우고, 음악을 익혀, 부양하는 직분과 맡은 바 사업에 능통해야 됨을 밝혔습니다.

더욱이 맹자는 인간의 본래적 기능이 효도와 우애임을 역설하여 말씀하시기를 “사랑하는 인간본성의 실천은 어버이를 섬기는 것이 이것이요, 정의로운 인간본성의 실천은 형을 따르는 것이 이것이며, 지혜로운 인간본성의 실천은 효도와 우애를 알아서 버리지 않는 것이 이것이요, 예절의 인간본성을 실천함은 효도와 우애를 절도 있게 문채 내는 것이 이것이며, 음악의 실천은 효도와 우애를 즐겁게 하는 것이니, 즐거우면 생기(生氣)가 나고, 생기가 나면 저절로 신명이 나서, ‘어찌 그만두리오.’ 하리니, 신바람이 나서 ‘어찌 그만두리오.’ 하면 발이 뛰고 손이 춤추는 것을 알지 못하느니라.”고 하였습니다.

성실하고 부지런한 사람은 몸가짐이 단정하면서도, 효도를 하거늘 불성실하고 게으른 사람은, 이와 반대로 그 부모조상을 돌보지 않을 뿐만 아니라, 자포자기(自暴自棄)하여 자기 인생을 포기하고 나아가 방종까지 서슴지 않으면서 예의 도덕을 비난하며, 착한 인간성을 잃어버리는 한심한 인생의 낙오자로 전락하게 될 것입니다.

이미 공자는 『효경(孝經)』에서 말씀하시기를 "효도는 일백 가지 행실의 근본이고, 일만 가지 착함의 근원이라."고 하면서, "무릇 효도의 시작은 부모로부터 받은 신체와 머리털과 피부색을 감히 훼손하거나 상처 내지 아니하는 것이요, 효도의 종극은 독립적인 인격을 확립하여, 도덕윤리를 실천하여, 후세에 이름을 드날려 부모를 뚜렷하게 빛내는 것이라."고 천명하였지요. 이것은 불의에 빠지지 않도록, 자기의 몸을 고결하게 지키는 수신(守身)이 효도의 시작이요, 사회에 나아가, 맡은 바 일정한 직분을 수행하고, 자기의 몸과 이름을 세우는 입신(立身)이 효도의 종극이라는 뜻이니, 요약하면 자기의 몸을 깨끗하게 지키고, 떳떳하게 세우는 것이 생명의 가장 고귀한 가치이고, 인생의 궁극적 최고 명제이며 하느님의 뜻을 받들어 따르는 위대한 사명인 것입니다.

하느님은 인간을 사랑하시므로 인생의 고통을 생명의 광채로 보상해 줍니다. 오늘은 고귀하게 사는 생명의 가치를 살펴보았습니다. 감사합니다.

고결한 인생 /2008. 12. 6(土)

청취자 여러분, 안녕하십니까? 오늘은 고결하게 사는 인생의 길에 대하여 살펴보겠습니다.

우리 유교(儒敎)에서는 고결한 인생을 대단히 흠모하여, 청풍고절(淸風高節)과 광풍제월(光風霽月)의 현판을 써서, 대청에 높이 걸고 살아왔습니다. 여러분도 이미 알고 있듯이, '청풍고절'은 맑고 깨끗한 바람을 일으키는 높은 절개라는 뜻으로 곧 수양산에서 고사리를 캐어 먹다가 굶어 죽은 백이(伯夷)와 숙제(叔齊)의 고결한 지조를 일컫는 말이고, '광풍제월'은 비 갠 뒤의 맑은 바람과 밝은 달이란 뜻으로, 중국 송(宋)나라 시대에 황정견(黃庭堅)이 주렴계(周濂溪) 선생의 높은 인품을 평한 말로, 도량이 넓어서 사소한 것에 구애되지 않고, 쾌활하고 쇄락(灑落)한 인품을 비유합니다.

백이와 숙제는 본래 고죽국(孤竹國)의 왕자(王子)로, 백이는 큰아들이었고, 숙제는 셋째 아들이었는데, 그 아버지가 임종(臨終)에 유언하기를 왕위를 셋째인 숙제에게 넘긴다고 하였습니다. 이에 아버지가 돌아가시자 숙제는 왕위란 본래 장자가 상속하는 윤리가 있으므로 마땅히 아버지의 유언을 들을 수 없다고 하면서, 왕위를 큰형인 백이에게 사양하였습니다. 그러나 백이는 자식이 어떻게 아버지의 유언을 어길 수 있느냐고 하면서, 셋째 동생 숙제에게 아버지의 유언대로 임금의 자리에 오르라고 강요하였습니다.

그렇게 서로 사양하다가 백이는 생각하기를 자기가 이 나라에 있으면 아우 숙제가 임금의 자리에 오르지 않을 것이니, 마침내 자기가 찾을 수 없는 데로 떠나서 없어져야만 아버지의 유언을 지키게 되리라고 생각하고 밤중에 북해(北海)로 도망하였습니다. 그러나 또한 숙제도 생각하기를 자기가 이 나라에 있으면 큰형 백이가 임금의 자리에 오르지 않을 것이므로 마침내 자기가 찾을 수 없는 데로 떠나서 없어져야만 장자(長子) 승계(承繼)의 가정윤리를 지키게 되리라고 믿고 밤중에 북해로 도망하였습니다.

그리하여 고죽국에서는 가운데 아들로 임금을 세우고, 몇십 년이 흐른 다음에 늙은 노인이 되어서야 백이와 숙제가 북해에서 서로 만나 형제간에 우애를 나누며 서쪽으로 주(周)나라 문왕(文王)을 찾아가서 말년을 의탁하였던 것입니다. 그러다가 문왕이 승하하시고 무왕(武王)이 즉위하여, 포악한 은(殷)나라 주(紂)를 정벌하고, 인민을 해방하는 혁명을 성공하여, 주(周)나라를 천자국(天子國)으로 세우는 데 이르자, 백이와 숙제는 폭력으로 포악을 갈아치우는 것은 옛날 성왕이 왕위를 서로 전해 주는 선양(禪讓)의 전통처럼 아름답지 아니함을 지적하고, 수양산(首陽山)에 올라가서 고사리를 캐 먹고 살면서 깨끗하지 못한 주(周)나라 곡식은 먹지 않았던 것입니다.

백이와 숙제의 깨끗한 정신과 높은 지조는 춘추의 난세에 이르러 공자가 도덕과 윤리의 표상으로 현창하여 돈과 권세 앞에 인륜을 저버리는 패륜아들에게 부끄러움을 알게 하였고, 또한 일곱 강대국이 다투는 전국(戰國)시대에 맹자는 백이와 숙제를 깨끗한 성인(聖人)으로 현창하여 부정부패한 탐관오리들에게 수치심을 깨닫게 하였던 것입니다.

그리고 송(宋)나라의 대학자이고 성리학의 우주론으로 받들어 온 태극도설(太極圖說)을 지은 주렴계(周濂溪) 선생은 창밖에 자라나는 잡초도 뽑지 않고 두면서 한 마음을 우주의 대통일 원리인 태극(太極)과 똑같은 하나로 세워서 가슴속에 천지의 원기(元氣)를 모으고, 하늘의 음양(陰陽)이 변화하는 절도와 봄, 여름, 가을, 겨울이 돌아가는 5행(五行)의 운행법칙에 혼연히 합쳐서 하늘과 사람이 하나가 되는 천인합일(天人合一)의 경지에 이른 도인(道人)이었습니다.

'청풍고절'과 '광풍제월'의 기상을 가진 고결한 인생을 생각하면 세속적 문제에 지나치게 집착하는 것도 삼가야지요. 오늘은 고결한 인생에 대하여 살펴보았습니다. 감사합니다.

어려울 때 서로 돕는 풍속 /2008. 12. 7(日)

청취자 여러분, 안녕하십니까? 오늘은 추운 겨울에 어려운 이웃을 돕는 이웃 사랑의 미덕(美德)에 대하여 살펴보겠습니다.

어려운 사람을 보고, 측은한 마음이 일어나서 그냥 지나치지 못하는 것은 인류의 통성이지요. 그래서 공자는 사람을 어질게 사랑하는 마음을 인간의 가장 고귀한 덕성(德性)이라고 천명하였고, 맹자(孟子)는 측은(惻隱)한 마음은 어질게 사랑하는 착한 인간성의 발단으로 모든 사람에게 있다고 하였습니다.

인간애(人間愛)와 동정심은 인정이 넘치는 아름다운 사회를 건설하는 기초가 되기 때문에, 옛날로부터 하늘처럼 만물을 살리는 덕치(德治)와 사람을 사랑하는 인정(仁政)을 최고의 정치이념으로 삼아 왔던 것입니다. 그러므로 봄에는 씨앗이 부족한 집에 씨앗을 나누어 주고, 가을에는 수확이 부족한 집에 먹을 양식을 나누어 주되 나라에서는 외롭게 사는 홀아비와 과부와 고아와 독거노인의 생활 보장을 위하여 정책적으로 구제(救濟)하였습니다. 그러나 공동체 사회에서 어려운 사람을 구제하는 일을 나라에만 책임을 떠넘기고, 일가친척과 이웃이 수수방관하는 것도 인정이 메말라 각박한 사회가 되는 것이지요.

그래서 우리 유교에서는 가장 먼저 일가친척이 일어나서 서로 도와서 집안이 가지런히 잘살게 하였습니다. 이러한 일가친척의 어려운 형편 돕기를 제가(齊家)라고 합니다. 일가친척은 뿌리가 같은 한 그루의 나무처럼 꽃이 피어도 같이 활짝 피고, 열매를 맺어도 같이 주렁주렁 매달여야지 튼튼한 나무입니다. 만일 한 그루의 나무가 한쪽 가지만 무성하고, 다른 한쪽 가지는 앙상하게 시들었다면 어찌 온전한 상태라고 말할 수 있겠습니까?

그리고 일가친척이 없거나 있어도 힘이 모자라면 이웃이 협력해서 도와야 되지요. 우리나라는 자고로 마을공동체의 아름다운 풍속이 있어서 '두레'니, '품앗이'니, '계(契)'니, '접(接)'이니 하여 이웃 사이에 매우 다정하게 의지하며 서로 돕고 살았기 때문에 '이웃사촌이라'고 하여 '먼 친척보다 가까운 이웃이 낫다.'고 여기는 데 이르렀습니다.

더욱이 조선왕조에 이르러서는 마을마다 서당(書堂)이 있어서 어린이 교육을 함께하고 또한 율곡(栗谷) 선생이 여씨향약(呂氏鄕約)을 수입하여 여러 지방에 보급한 결과 근세에는 방방곡곡에서 산림학자양반(山林學者兩班)이 서원(書院)을 세우고, 사창(社倉)을 만들고, 향약의 덕목을 가르쳐서 이웃이 서로 사랑하며 돕고 사는 풍속을 대대적으로 일으켰던 것입니다. 대체로 향약의 덕목은 도덕과 사업을 서로 권하고, 과오와 실수를 서로 지적하여 고쳐 주며, 집안의 예식과 명절에 서로 왕래 교류하며, 어려운 일에 서로 돕는 네 가지 협동사항이 있습니다.

이 네 가지 협동사항 가운데 어려운 일에 서로 돕는 환난상휼(患難相恤)이 향약의 가치를 더욱 빛내지요. 그 실천내용을 보면

첫째는 홍수나 화재인즉 작으면 사람을 보내서 구해 주고, 크면 친히 많은 사람을 데리고 가서 구해 주고 위로한다.

둘째는 도적이니 가까우면 힘을 합쳐서 쫓아가 잡고, 힘 있는 사람은 관청에 알린다.

셋째는 질병이니 적으면 사람을 보내서 문병하고, 심하면 의원이나 약방에 데리고 가며, 가난하면 회의를 열어서 그 비용을 돕는다. 만약 문을 닫고 드러누워서 농사를 폐할 지경이면 마을 사람이 각자 힘을 내어 농사를 지어 준다.

넷째는 죽거나 초상이 나면 그 장례비용을 넉넉히 돕고, 만일 너무 가난하여 장례를 치르지 못할 지경이면 회의를 열어 부의금 이외에 더 거두어 재정을 돕는다.

다섯째는 고독하고 쇠약하거나 고아가 의지할 데가 없어 스스로 살길이 없는 사람은 함께 도와서 떠돌아다니지 않게 하여야 된다.

여섯째 억울한 일을 당해서 스스로 어찌할 수 없는 사람은 형세가 관청에 알릴 만하면 말을 하여 주고, 혹시 그 집안이 이로 인하여 살길이 없게 되었으면 여러 사람이 집단적으로 돈을 거두어 구제한다.

일곱째는 가난하고 쪼들리면서도 잘 참고 분수를 지키지만 원체 생계가 모자라면, 집단적으로 돈을 거두어 구제하고 또는 빌려 주었다가 나중에 갚도록 한다.

이상이 어려울 때에 서로 돕는 우리나라의 아름다운 풍속이었습니다. 감사합니다.

어린이 예절의 몸가짐 /2009. 2. 23(月)

청취자 여러분, 안녕하십니까? 이제 입춘과 우수도 지나고 겨울 잠을 자던 벌레가 깨어나는 경칩이 돌아옵니다. 만물이 소생하는 새봄이 되면 삼라만상이 새로운 삶을 설계하지요. 우리 인간도 새해의 희망에 가슴이 부풀어 많은 설계를 합니다. 우리가 새봄에 설계할 일 가운데 가장 큰 일은 아마도 어린이와 젊은이를 학교에 진학시켜서 바람직한 공부를 하게 하는 일일 것입니다.

이제 3월이 되면 유치원으로부터 초등학교, 중·고등학교 그리고 대학교까지 모두 개학을 하지요? 씩씩하게 학교에 가서 열심히 공부하는 모습을 보면 든든하고 또한 대견스럽기 때문에 경제적으로 큰 부담을 느끼면서도 힘든 줄을 모르게 됩니다. 그런데 오늘날의 학교교육은 좋은 상급학교에 진학하기 위한 입시교육에 치우치는 경향이 있어 영어를 비롯한 외국어 조기교육의 열풍 속에 인간의 기본바탕을 바로 세우는 예절교육은 가정에서도 학교에서도 그리고 사회에서도 가르치는 데가 없는 현실입니다.

사람이 자녀를 가르치려고 애를 쓰면서 그 인격의 기본 바탕을 바로 세워 주지 않고, 한갓 지식만 많고 외국어만 잘하는 사람을 만든다면 자녀교육을 잘 설계하여 키웠다고 하겠습니까? 사람이 공부를 해서 훌륭한 인격을 세워야 국가사회에 이바지하여 존경받는 사람이 되는 것이고, 훌륭한 인격을 세우려면 반드시 성인(聖人)이 제정한 기본예절을 익혀야만 되는 것입니다.

자고로 성인의 예절을 배우지 않고 거룩한 인격을 갖춘 사람이 있지 아니합니다. 그리하여 우리 유교(儒敎)에서는 자고로 소학교에서 가장 먼저 어린이 예절을 교육하여 어려서부터 예절이 몸에 익숙도록 반복하여 가르쳤으니 가정에서도, 학교에서도, 사회에서도 모두 힘을 합쳐서 어린이 예절교육에 힘썼기 때문에 우리나라가 근세에 동방예절의 나라가 되었던 것입니다.

어린이 예절 책으로 대단히 간결하게 서술한 동자례(童子禮)란 책이 있습니다. 이 책은 주자(朱子)의 동몽수지(童蒙須知)란 책을 근본으로 해서 명(明)나라 때에 향교에서 가르치는 예절 책으로 편집한 것인데 그 내용은 어린이가 몸과 마음을 단속하는 예절이 12항목이고, 또 집에서 어버이를 섬기고, 나아가 스승과 어른을 섬기는 예절이 11항목이며, 끝으로 서당에서 생활하며 공부하는 예절이 7항목으로 모두 합치면 30개 항목의 예절교육 사항이 있습니다. 이제 새로 유치원이나 초등학교에 입학하는 어린이의 앞날을 축복하는 마음으로 오늘부터 1주일간 차례로 해설하여 알기 쉽게 풀이하겠습니다.

동자(童子)는 10세 전후의 사내아이를 지칭하지요. 지금은 어린이라고 하는데, 어린이 예절의 첫째 항목은 세수하고 머리 빗는 것이고, 둘째 항목은 옷을 가지런히 단정하게 입는 것이라고 하였습니다.

사람이 첫째로 몸을 깨끗이 하고, 몸차림을 단정하게 하는 것은 사람노릇을 하는 데 있어서 기본 중에 기본이지요? 어린이가 아침에 일어나서 즉시 세수하고 머리 빗어 얼굴을 단장하여, 의젓한 거동을 갖추는 습관을 어려서부터 들이면 사람이 부지런한 정신과 깨끗한 관념을 평생 가지는 것입니다. 만일 아침마다 깨워야만 일어나고, 일어나서 즉각 세수할 줄을 모르며 우물쭈물 머뭇거린다면, 게으른 아이가 되겠지요.

둘째로 어린이를 튼튼하고 건강하게 키우기 위하여, 동자에게는 솜옷이나 비단옷이나 가죽옷은 입히지 아니합니다. 다만 질박한 옷이라도 단정하게 입어서 음식을 흘리지 말고, 또 옷에 진흙이 묻지 않게 조심하며, 일을 할 때에는 반드시 웃옷을 벗어 놓고, 간편한 옷으로 바꾸어 입고 일할 것이며 만일 옷에 때가 묻었거든 스스로 빨 것이요, 옷이 찢어졌거든 스스로 꿰매라고 하였습니다. 그리고 웃옷의 어깨와 목깃을 곧게 세우고, 허리띠를 단단히 매서 옷이 기울거나 벗겨지지 않도록 묶어야 되며, 한가롭게 놀거나 더운 여름이라도, 옷을 벗어 몸통을 드러내지 말라고 하였습니다.

사람의 습관은 제2의 천성(天性)이 되기 때문에 어려서부터 옷을 단정하게 입는 습관을 들이려고 한 것입니다. 어려서 가르치면 아주 쉬운 일이지만 가르치지 아니하면 나중에 아주 어려운 일이 됩니다. 감사합니다.

어린이 예절의 절하는 법 /2009. 2. 24(火)

청취자 여러분, 안녕하십니까? 오늘은 어린이 예절 가운데 절하는 법을 동자례(童子禮)에서 살펴보겠습니다.

우리 유교에서는 모든 예절이 절로 시작해서 절로 끝납니다. 왜냐하면 예절은 공경하고 사양하는 마음으로 만사를 절도 있고 조화롭게 거행하는 의식 절차이기 때문에 항상 사람을 공경하고, 자기를 낮추면서 시작하고 끝내는 순서를 분명히 밝히는 것이지요. 따라서 공경하고 사양하는 뜻을 분명히 나타내기 위하여 상대방이 보는 곳에서 몸을 움직여 경례(敬禮)를 하는 것입니다.

전통적으로 경례법에는 여러 가지가 있으나 어린이 예절에서는 기본으로 두 가지를 가르칩니다. 한 가지는 바르게 서서 손만 들어 올려 공경심을 표현하는 거수경례인데, 이것을 읍(揖)이라고 하지요. 그리고 또 한 가지는 무릎 꿇고 손을 바닥에 짚으면서 엎드려 공경심을 표현하는 절인데, 이것을 배(拜)라고 합니다. 대체로 거수경례인 읍은 야외에서 가볍게 공경심을 표현하는 약식 절로 통하고, 이에 비하여 무릎 꿇고 엎드려서 몸을 낮추어 공경심을 표현하는 배(拜)는 정식 절이기 때문에 공식적인 예식에서 사용합니다.

어린이가 절이나 읍을 예쁘게 하면 참으로 귀엽고 대견하지요? 그래서 옛날 부모는 자기 자식이 남에게 귀여움을 받게 하기 위하여 공손히 절하는 방법을 미리 가르쳐서 밖에 내보냈습니다. 오늘날 부모는 집안에서는 사랑하여 애지중지하면서도 정작 밖에 나아가서 어른에게 절하고 인사하는 법은 가르치지 않으므로 어린이가 밖에 나아가서는 남으로부터 사랑을 받지 못할 뿐만 아니라, 또한 눈썹을 찡그리게 하는 경우도 있게 되는 것입니다.

어린이 예절에서 절하고 읍하기 위해서는 먼저 양쪽 손을 어긋매껴 마주 잡는 절차가 있는데 이것을 차수(叉手)법이라고 합니다. 차수법은 왼손으로 오른손의 긴 손가락과 엄지손가락을 꼭 잡고, 그 왼쪽 새끼손가락을 오른손의 팔뚝을 향하게 하며, 오른손의 네 손가락은 모두 곧게 펴는 것입니다. 그리고 왼손의 긴 손가락이 위를 향하게 하며, 오른손으로 그 가슴을 가리되 손을 가슴에 너무 꼭 붙이지 말고 약 한 치쯤을 떼야 됩니다. 이렇게 양쪽 손을 어긋매껴 마주 잡아 가슴을 가리는 차수법을 갖춘 다음에는 정숙하게 손을 들어 올려서 공경하는 뜻을 표하는 읍(揖)을 하는데 먼저 양쪽 발을 약간만 옆으로 벌려 편안한 자세로 똑바로 서서 그 무릎을 곧게 펴고 그 몸을 약간만 구부리면서, 머리를 낮추어 눈은 자기의 발끝을 보면서, 양쪽 손을 포개서 잡고 천천히 올려, 팔을 둥글게 하는 공수(拱手)를 했다가 내리는 것인데 20세 이상의 아버지뻘 되는 높은 분에게는 손을 눈높이까지 올렸다가, 무릎 아래까지 내리는 것이고, 10세 이상의 형뻘 되는 어른에게는 손을 입 높이까지 올렸다가, 무릎 아래까지 내리는 것이며, 나이차가 10세 이하로 서로 벗하는 평교간에는 손을 가슴 높이까지만 올렸다가 내리되 무릎 아래까지는 내려가지 아니하는 것입니다.

다음으로 무릎 꿇고 엎드려 몸을 낮추어 절하는 배(拜)법의 순서는 먼저 한 번 읍을 하고, 조금 물러서며, 재차 다시 한 번 읍을 하고는 곧 구부려 엎드리면서 양쪽 손으로 가지런히 땅을 짚고, 먼저 왼발을 무릎 꿇은 다음에 오른발을 굽히고, 얼른 이마를 땅에 이르게 하고서는 곧 일어나되 먼저 오른발을 일으키고, 양쪽 손으로 그 무릎 위를 짚고서 다음에는 왼발을 일으키는 것입니다. 그리고 일어나서 한 번 읍을 하고서 그 다음에 또다시 절을 하나니 그 의식 절차는 자상하면서도 천천히 하는 것으로 공경스러운 동작을 삼기 때문에 급하게 서두르거나 촉박하고 경망스럽게 해서는 안 됩니다. 대체로 정식 절은 두 번 절하는데 보통은 생략하여 한 번만 절하는 것이 우리나라의 인사법입니다.

오늘은 어린이 예절의 절하는 법을 살펴보았습니다. 어린이들이 입학하는 이때에 깍듯이 절하는 법을 가르쳐서 학교에 보내기 바랍니다. 감사합니다.

어린이 예절의 기본 동작 /2009. 2. 25(水)

청취자 여러분, 안녕하십니까? 오늘은 어린이 예절 가운데 기본 동작으로 집에서 반드시 가르쳐야 되는 내용을 살펴보겠습니다.

사람이 예절의 기본 동작을 모르면 처신하기가 곤란하여 우물쭈물하며 망설이게 되지요. 당당하고 떳떳하게 사회생활을 못 하므로 소극적인 성격을 가지게 됩니다. 따라서 어린이의 기본 동작은 가정에서 일찍 가르쳐야만 활달하고 명랑하고, 쾌활한 성격을 기르게 되는 것입니다.

동자례(童子禮)에서는 어린이 예절의 기본 동작을 일곱 항목으로 서술하였는데 무릎 꿇기, 똑바로 서기, 걷고 달리기, 말하기, 보고 듣기, 마시고 먹기 등입니다. 이제 이러한 동작을 차례로 설명하여 바른 동작을 익히도록 하지요.

첫째, 무릎 꿇는 동작은 머리를 낮추고, 손을 마주 잡으며 양쪽 무릎을 편안히 땅에 내리고, 허리는 곧게 세우되 등은 조금 굽혀서 공경스러운 자세를 취하는 것입니다. 어린이가 높은 사람이나 어른 앞에서는 반드시 무릎 꿇는 것이 예절입니다. 그리고 어린이가 잘못을 저지르고, 고백하거나 반성할 때에는 모름지기 먼저 무릎을 꿇고, 사죄 말씀을 드리는 것이 예절입니다. 오늘날 어린이가 버릇없이 행동하는 것은 무릎 꿇는 기본자세를 모르기 때문입니다.

둘째, 똑바로 서는 동작은 양쪽 손을 포개 잡아 공수(拱手)하고, 몸을 반듯하게 하며, 두 발을 나란히 해서 앞을 똑바로 보는 것입니다. 절대로 손과 발을 벌리거나 몸이 기울거나 다른 곳을 향하면 산만한 자세가 되어 불안하게 되지요. 사람의 우뚝 선 자세는 흔들림이 없는 안정감과 믿음직스러워야 합니다.

셋째, 의자에 앉은 자세는 몸을 고정하여 단정하게 앉아서 양손을 마주 잡아 공수(拱手)하고 앞을 바라보는 것입니다. 고개를 숙이고 엎드리거나 머리를 뒤로 젖히고 등을 기대거나 또는 옆으로 기울어지면 난잡하지요. 교실에서 앉은 자세가 학습 분위기를 조성합니다. 집에서 가정교육으로 앉은 자세를 교정하여 학교에 보내는 것이 학부모의 도리이므로 각별히 유념하시고. 특히 옆에 앉은 벗에게 방해가 되지 않도록 팔과 다리를 옆으로 벌리지 말게 해서 옆사람을 배려하는 정신을 깨우쳐야 합니다.

넷째, 걷고 달리기는 두 손을 소매 속에 집어넣고, 걸을 때에는 느린 걸음으로 천천히 걷는 것이고, 달릴 때에는 빠른 걸음으로 빨리 달리되 그 자세가 좌우로 흔들리거나 옷 뒷자락이 펄럭이지 않게 하며, 눈은 반드시 그 발을 돌아보고, 어그러져서 넘어질까를 조심하며 올라갈 때는 두 손으로 옷을 잡아당겨서 옷이 밟히는 것을 방지해야 됩니다.

다섯째, 말하고 토론하는 자세는 먼저 말을 신중히 하게 해서 보통 때는 마땅히 입을 다물고, 고요히 침묵하여 경솔하게 말하지 못하게 해야 됩니다. 그러나 또한 말할 것이 있으면 소리와 기운을 낮추어 부드럽게 말하고, 시끄럽게 떠들지 못하게 해야지요. 그리고 말을 함에는 진실해서 거짓말을 하지 않으며, 또 욕설이나 비방하는 천한 말을 쓰지 못하도록 단속해야 됩니다.

여섯째, 보고 듣는 자세는 정신을 가다듬어 늘상 귀와 눈에 총명한 기운이 감돌게 하는 것입니다. 그러므로 어린이에게는 볼 것과 보아서는 아니 될 것이 있고, 또한 들을 것과 들어서는 아니 될 것이 있음을 분명히 깨우쳐서 건전한 정신과 바른 생각을 가지고 책을 읽거나 스승의 가르침을 들음에 눈과 귀를 한곳에 집중할 수 있도록 일찍부터 가르쳐야 합니다.

일곱째, 음식을 마시고 먹는 자세는 모름지기 몸을 거두어 남이 앉도록 자리를 좁히는 것이 중요합니다. 따라서 음식상에 너무 바짝 다가앉지 말고, 조용히 젓가락을 들어서 소반에 음식을 집어 먹되 조급하게 탐하여 서둘지 말고, 씹음에 소리를 내지 말며, 맛있는 음식만 골라 먹지 말며, 젓가락이나 그릇을 떨어뜨리지 않도록 가르쳐야 됩니다. 그리고 명절이나 어른의 명령이 아니면 술을 마시게 해서는 안 되고, 또한 마시되 세 잔 이상은 절대로 먹지 못하게 가르쳐야 됩니다.

오늘은 어린이 예절 가운데 개인행동의 기본자세를 살펴보았습니다. 여러분의 아들딸과 손자, 손녀가 학교에 입학하여 모범어린이가 되기 바랍니다. 감사합니다.

어린이가 집에서 어버이를 섬기는 기본예절 /2009. 2. 26(木)

청취자 여러분, 안녕하십니까? 오늘은 어린이가 집에서 어버이를 섬기는 기본예절에 대하여 말씀드리겠습니다.

대체로 오늘날 부모는 자녀를 과잉보호하여 장성할 때까지 베풀기만 하기 때문에 자녀가 어른이 되어서도 어버이를 섬기는 도리를 알지 못하게 되는 것입니다. 따라서 자녀를 올바로 기르기 위하여 최소한의 가정윤리는 일찍 가르쳐서 결단코 불효자식을 만들지 않는 것이 부모의 책임입니다.

동자례(童子禮)에서는 어린이가 집에서 어버이를 섬기는 기본예절을 여섯 가지 항목으로 요약했는데, 물 뿌리고 청소함과 부르면 응답하고 물으면 대답함과 어버이 앞에 나아가고 물러감과 어버이가 계신 방을 따뜻하고 서늘하게 함과 저녁에는 이부자리를 펴 드리고, 새벽녘에 문안드림과 외출할 때 인사드리고 돌아와서 보고하는 것입니다.

첫째, 물 뿌리고 청소하는 것을 쇄소(灑掃)라고 하는데, 먼저 마당과 뜰에 물을 뿌리고, 비로 쓸어 청소를 하되 어른이 계시지 않는 곳부터 하고, 어른이 계시면 티끌과 먼지가 어른에게 가지 않도록 비질을 자기 쪽으로 쓸어 담는 것이 청소의 예절입니다. 어버이가 계신 곳을 날마다 깨끗이 청소하여 어버이의 기분이 상쾌하게 하는 것도 큰 효도이므로 청소의 도리를 소홀ㅎ 여기게 해서는 절대로 안 되는 것입니다.

둘째, 부르면 응답하고 물으면 대답하는 것을 응대(應對)라고 하는데 어버이가 부르면 짧게 '네' 하고 응답하며, 어버이가 묻거든 사실대로 대답하되 만일 앉았으면 일어나서 응답하고, 손에 물건을 들었으면 땅에 던지고 대답하며, 입안에 음식이 있으면 얼른 뱉고 응답하며, 있는 곳이 멀면 빠른 걸음으로 그 앞에 가까이 가서 대답하되 반드시 입을 가리고 말하면서 어른의 말이 끝난 다음에 말하는 것이 예절입니다.

셋째, 어른 앞에 나아가고 물러가는 것을 진퇴(進退)라고 하는데 무릇 어른을 뵘에 앞으로 나오라고 명령하지 않으면 감히 앞에 나아가지 아니하고, 어른이 물러가라고 명령하지 않으면 감히 물러가지 아니하나니 앞으로 나아갈 때에는 마땅히 몸을 구부리고, 머리를 낮추면서 빨리 걸어서 어른 앞에 너무 가까이 가지 말고, 3~4척의 거리를 두고 멈추어서 절을 드리고 읍을 하며, 물러갈 때에도 또한 빠른 걸음으로 떠나되 자주 뒤를 돌아보나니 다시 명령하실 것이 있을까를 두려워하는 까닭입니다. 그리고 같은 또래와 함께 나아감에는 나이로써 차례를 삼아 한 줄로 나란히 서서 나아가고 물러가는 것이 예절입니다.

넷째, 어버이가 계신 방을 겨울에는 따뜻하게 불 때고, 여름에는 시원하게 바람이 통하게 하는 것을 온청(溫淸)이라고 하는데, 겨울이 되어 날씨가 추워지면 자식은 곧 어버이의 의복이 두텁고 얇음과 방이 따뜻하고 차가움을 살펴 창문의 틈을 막아 찬바람이 침입하지 못하게 해서 어버이가 따뜻하게 지내도록 힘써 노력하고, 또한 여름이 되어 날씨가 무더우면 창문을 열고, 모기장을 쳐서 서늘한 바람이 들어오게 하면서도 파리와 모기가 침범하지 못하도록 하고, 시원한 여름옷을 입도록 하는 것이 예절입니다.

다섯째, 저녁에는 어버이의 이부자리를 펴서 안녕히 주무시라고 저녁인사를 하고, 새벽녘에는 일어나서 문안인사 드리는 것을 정성(定省)이라고 하는데, 어린이가 10세 이상이면 모름지기 새벽에 어버이보다 먼저 일어나서 세수하고 머리 빗은 다음에 부모의 침실에 가서 "아버지 어머니 밤새 안녕히 주무셨습니까?"라고 문안을 여쭙고, 부모가 이미 일어나셨으면 옆에 가서 먼저 읍을 한 다음에 문안을 드리며, 문안을 마치면 또 한 번 읍을 하고, 물러나는 것이 예절입니다. 모름지기 어버이에게 아침, 저녁 인사를 하는 것은 부모를 섬기는 기본 상식이므로 어린이와 어른의 차이가 없기 때문에 어려서부터 습관을 들여 놓아야 효도하는 절도가 자연히 익숙하게 됩니다.

여섯째, 사람이 외출할 때에 인사하고, 집에 돌아와서 어버이에게 보고해 드리는 것을 출입(出入)이라고 하는데, 가정공동체 생활에서 나가고 들어오는 절도는 가장 마땅히 삼갈 바로서 만약에 어린이가 외출하여 서당에 가려거든 반드시 부모를 향하여 정숙하게 읍(揖)을 하면서 다녀오겠다고 말씀드리고, 하교할 때에도 집에 와서 부모에게 읍을 한 다음에 식사하고 쉬는 것이 예절입니다.

대체로 어린이의 성질이 정신을 차리기는 어렵고, 산만하게 흩어지기는 쉬우니 만일 부모가 우선에 편한 것만을 좋아하여 출입하는 절도를 단속하지 않으면 나중에 방종하고 교만한 버릇을 이길 수 없게 될 것이니 미리미리 제재해야 됩니다.

오늘은 어린이가 집에서 부모를 섬기는 기본예절을 살펴보았습니다. 감사합니다.

어린이가 높은 어른을 섬기는 기본예절 /2009. 2. 27(金)

청취자 여러분, 안녕하십니까? 오늘은 어린이가 높은 분이나 어른을 섬기는 기본예절을 살펴보겠습니다.

대체로 오늘날 부모는 어린이를 높은 사람이나 어른의 곁에서 멀리 떨어지게 하여 집에 손님이 오시면 어린이부터 방에서 나오지 못하게 하거나 집 밖으로 내보내는데 이것은 어른과 어린이가 함께 사는 길이 아니지요.

우리 유교에서는 어른은 어린이를 사랑하고, 어린이는 어른을 공경하는 노소동락(老少同樂)의 사회를 추구하기 때문에 어른과 어린이가 가까이 더불어 사는 예절을 가르칩니다.

동자례(童子禮)에서 어린이가 스승과 어른을 섬기는 기본예절을 다섯 가지의 항목으로 요약했는데, 어른에게 음식을 대접함과 곁에 모시고 앉음과 어른을 따라서 다님과 길에서 어른을 우연히 만남과 어른이 하시는 일을 돕는 것 등입니다.

첫째, 어른에게 음식을 대접하는 것을 궤찬(饋饌)이라고 하는데 무릇 음식을 어른에게 올림에는 먼저 탁자를 들어다 놓고 닦은 다음에 두 손으로 음식그릇을 받들어 그 탁자 위에 차리되 깨끗하고 나란히 보기 좋게 펼쳐 놓으며, 어른이 즐기는 바를 보아서 자주 잡수시는 음식은 그 앞으로 가까이 옮기고, 어른이 그치라고 명령하면 물러나와 밖에서 기다리다가 식사를 마치면 올라가서 음식상을 거두는 것이 예절입니다.

어른이 만일 곁에서 함께 먹으라고 하면 읍을 하고 자리에 앉아 먹되 반드시 어른이 아직 잡수시지 않은 것은 감히 먼저 먹지 아니하며, 어른이 식사를 마치면 급히 따라서 마치되 어른이 그릇과 수저를 상 위에 놓을 때까지 기다리다가 또한 따라서 수저를 상 위에 놓고 끝내는 것입니다.

둘째, 어른을 곁에서 모시고 앉는 것을 시좌(侍坐)라고 하는데, 어린이가 어른을 곁에서 모시고 앉음에 눈은 항상 공경하여 어른의 얼굴색을 살피고, 귀는 항상 어른의 말씀을 듣다가 어른이 명령하는 바가 있으면 곧 일어서서 대답하며, 어른에게 권태로운 얼굴빛이 있거든 곧 일어나서 물러가기를 청하는 것이 예절입니다. 그리고 만일 어떤 사람이 어른에게 드릴 말씀이 있다고 청하거든 곧 일어나서 다른 곳으로 피해 주는 것입니다.

셋째, 어른을 곁에서 따라다니는 것을 수행(隨行)이라고 하는데, 어른을 모시고 따라서 다님에는 반드시 그 뒤에 서되 거리가 멀리 떨어져서는 안 되고, 가까이 뒤따르면서 어른이 묻는 말씀을 들었으면 좌우로 조금 나아가서 대답하기 편리하게 하며, 눈으로 보는 시선은 반드시 어른이 향하는 바를 따르고, 올라가는 곳이 있으면 앞뒤에서 부축하여 잡아 드리고, 만일 손을 잡고 걸으면 두 손으로 받들며 나아가며, 길에서 아는 사람을 만나면 한 번 읍(揖)을 하고 즉시 헤어지나니 어른을 잃어버리고 지나가는 사람과 말을 해서는 아니 되는 것입니다.

넷째, 길에서 우연히 어른을 만났을 때에 인사하는 것을 해후(邂逅)라고 하는데 무릇 길에서 우연히 어른을 만나면 빠른 걸음으로 어른 앞에 나아가서 정숙한 자세로 읍(揖)을 하고, 더불어 말씀이 있으시면 정직하게 대답하며 물러가라고 명령하시면 다시 읍을 하고 헤어져서 떠나가는 것이 기본예절입니다. 만일 어른이 수레나 말을 타고 가시면 빨리 피해 드리고, 혹시 신분이 서로 현격한 차이가 있어 나를 위하여 수레나 말에서 내릴 필요가 없는 분이면 다만 길가에 양손을 마주 잡고 서서 어른이 지나가기를 기다리는 것입니다. 그러므로 길에서 우연히 선생을 만나면 앞에 나아가 바르게 서서 양손을 마주 잡고 공수(拱手)하며, 선생이 더불어 말씀을 아니 하시면 빨리 물러서는 것입니다.

다섯째, 어른이 일을 하시면 거들어 돕는 것을 집역(執役)이라고 하는데, 무릇 어린이는 어른이 하시는 일이 있거든 그 명령이 있기를 기다릴 필요가 없이 즉각 빠른 걸음으로 다가가서 공경을 다하여 일을 하여 돕는 것이 예절입니다. 어른이 장차 앉으려고 하시면 그 방석이나 의자를 바로 놓고, 활쏘기나 투호를 하시거든 화살을 주어다 드리며, 세수를 하시면 세숫대야와 수건을 드리며, 밤에 가시는 곳이 있으면 촛불이나 등불을 들고 앞에서 인도하는 것입니다.

대체로 우리 유교에서는 젊어서 한때 고생하여 늙어서 편안하게 사는 세상을 추구하기 때문에 어른을 편안하게 모시기 위하여 수고스러운 노동은 모두 청장년과 어린이 몫으로 합니다. 그래서 제자의 직분에 노동하는 항목을 넣었으니 즐겁게 노동하여 어른을 편안히 모시는 고귀한 정신을 밝히는 예절입니다.

오늘은 어린이가 어른을 섬기는 예절을 살펴보았습니다. 감사합니다.

어린이가 서당에서 공부하는 예절(1) /2009. 2. 28(土)

청취자 여러분, 안녕하십니까? 오늘은 어린이가 서당에서 공부하는 예절에 대하여 살펴보겠습니다.

오늘날 학교교육은 옛날의 서당(書堂)교육과 달라서 공부하는 예절이 많이 바뀌었지만 그러나 그 정신적 자세는 변함없이 스승을 존경하고, 벗과 친하며, 말과 행동을 삼가야 되기 때문에 옛날의 서당에서 공부하는 예절을 알아야 어린이를 바르게 인도할 수 있을 것입니다.

동자례(童子禮)에서는 어린이가 서당에서 공부하는 예절을 일곱 항목으로 요약하였는데, 스승으로부터 학업을 받아 배우면서 초하루와 보름날 아침에는 향을 피우고 공자님의 초상 앞에 나아가 절하며, 새벽에 일찍 일어나고 저녁에 잠자리에 들며, 거처하는 방과 물건을 정리하며, 손님이 오시면 안내하고 인사하며, 글을 읽고, 글씨 쓰는 것인바 모두 배우는 이가 갖추어야 되는 기본자세입니다.

첫째, 스승으로부터 학업을 받아 배우는 것을 수업(受業)이라고 하는데, 옛날의 서당교육은 지금의 학교교육처럼 집단교육이 아니고, 개인의 수준과 취향에 따라 각각 가르치는 개별교육이었습니다. 그러므로 모든 제자는 스승으로부터 한 사람씩 수업을 받았지요. 따라서 여러 제자가 스승에게 수업을 받는 순서는 반드시 나이순으로 하고, 진도순으로 하지 않았던 것입니다. 왜냐하면 나이가 많은 순서로 수업을 받으면 어린이에게 어른을 공경하는 양보심이 생기지만 만일 학업의 진도순으로 하여 많이 배운 사람부터 먼저 수업을 받으면 많이 배운 어린이가 나이 많은 사람을 얕보는 교만심을 가지게 할 염려가 있는 까닭이었습니다.

자기의 수업을 마치면 정숙하게 읍(揖)을 하고 물러가며, 혹시 배운 바에 의심난 것이 있거든 마땅히 먼저 상급생이나 연장자에게 물어보고, 수시로 번거롭게 스승에게 자주 질문해서는 아니 됩니다. 만일 도저히 알 수가 없어서 스승님께 물을 때에는 옷을 가지런히 하고, 정숙한 자세로 일어서서 질문하는 것이 예절입니다.

둘째, 초하루와 보름날 아침에 공자님의 초상 앞에 나아가 향불을 피우고 절하는 것을 삭망(朔望)이라고 하는데 삭망은 거룩하신 성인(聖人)의 숭고한 학덕을 기리며, 스승과 제자가 정신을 가다듬고, 더욱 분발 노력하여 인격을 수양하도록 다짐하는 행사입니다.

대체로 삭망을 하는 날에는 새벽에 목판을 쳐서 모두 일어나 세수하고, 의관을 갖춘 다음 마당에 정렬하여 스승과 어른이 제자를 인솔하여 공자님의 초상 앞에 이르러 재배(再拜)하고, 향불을 피우며, 마치면 또 재배하고 물러 나와서 스승과 어른이 서남쪽을 향하여 서면 여러 제자들은 반장이 통솔하여 동북쪽을 향해 재배(再拜)한 다음, 반장이 스승과 어른의 극진한 가르침에 감사한다는 말씀을 드리는 것입니다. 스승과 어른이 안으로 들어가시면 여러 제자들은 차례로 둥글게 서서 재배하고, 물러가서 각자의 책상으로 가는 것입니다.

셋째, 서당에 들어와서 공부하는 사람이 새벽에 일어나고 저녁에 잠자는 시간을 통일하여 함께하는 것을 신혼(晨昏)이라고 하는데 날마다 새벽에 목판(木版)을 치면 일제히 일어나 세수하고 의관을 갖추어 마당에 모여서 읍을 하고, 일과를 시작하며, 저녁에도 일과를 마치고, 잘 때가 되면 또다시 목판을 쳐서 강당에 모여 서로 읍하고 물러가서 자도록 하는 것이 예절입니다.

넷째, 서당에서 어린이가 생활을 함에 자기가 머물러 생활하는 공간을 가지런히 하는 것을 거처(居處)라고 하는데 항상 단정한 몸가짐으로 바르게 앉아서, 책과 붓과 벼루 등을 모두 가지런히 두고, 바르게 사용해서 어지럽고 난잡하지 못하게 해야 합니다. 지금 읽을 책과 당장 써야 될 물건을 제때에 가져다 보고 쓰되 마쳤으면 다시 원래의 장소에 가져다 두어서 하여금 잃어버리거나 훼손되지 않도록 물건을 아껴서 잘 관리하는 습관을 길러야 합니다. 만약 물건을 남에게 빌려주거든 반드시 장부를 비치하여 기록하며, 때가 되거든 되돌려 받아서 잃어버리지 않도록 해야 됩니다.

오늘날 어린이는 물질이 풍족한 시대에 살면서 책이 소중한 줄도 모르고, 물건이 아까운 줄도 모르며, 심지어 의복과 신발까지도 함부로 하여 제대로 간수하지 않는 어린이가 있는데 이러한 버릇은 결국 물질을 경시(輕視)할 뿐만 아니라 자기 물건도 간수하지 못하는 데 이르러 마침내 무책임한 방종으로 타락하는 위험천만한 생각을 가지게 합니다. 이러한 어린이가 어찌 부모의 은혜를 알 것이며, 스승의 가르침을 받들 것이며, 나아가 나라를 사랑하겠습니까? 부모가 엄중히 가르쳐 단속해야 합니다.

오늘은 어린이가 서당에서 공부하는 예절을 살펴보았습니다. 감사합니다.

어린이가 서당에서 공부하는 예절(2) /2009. 3. 1(日)

청취자 여러분, 안녕하십니까? 벌써 1~2월이 다 지나고 3월이 되어 오늘이 3·1절입니다.

지금으로부터 90년 전 서기 1919년 3월 1일은 민족 대표 33인이 독립선언문을 낭독하고 전 국민이 봉기하여 항일독립운동을 1년간 전개하면서 1만 명에 가까운 사람이 피를 흘리며 혁혁하게 생명을 바쳤고, 또 그해 3월 23일은 전국유림대표 137인이 파리 만국평화회의에 우리나라의 독립을 청원하는 파리장서를 보냈지요. 이리하여 3월은 우리 민족의 정기를 드날리는 역사적 맥박을 확인하는 달입니다. 앞으로 후계세대를 더욱 잘 가르쳐서 자유, 평등, 해방을 사랑하는 일등 국가를 건설해야 됩니다.

그런 뜻에서 오늘은 어린이가 서당에서 공부하는 예절 가운데 선생을 뵈려고 손님이 서당에 찾아오시면 안내하고 인사하는 접견(接見)과 글을 읽는 독서와 글씨 쓰기에 대한 예절을 살펴보겠습니다.

동자례(童子禮)에서는 손님이 서당에 찾아오시면 안내하고 인사하는 항목을 접견(接見)이라고 하였는데 무릇 선생님에게 손님이 있어 이르러 오시면, 제자들은 마당에 차례로 서서 선생과 손님이 서로 절하는 예절을 마치기를 기다린 다음에 위를 향하여 읍을 하고, 손님이 물러가시면 정숙하게 또 읍을 하여 환송하며, 선생과 손님이 대문 밖으로 나오지 말라고 하면 곧 각자의 자리로 돌아가 똑바로 서서 선생님이 돌아오시기를 기다리고 있다가 선생이 돌아와서 앉으라고 하면 앉으며, 만약 손님이 여러 생도 가운데 만나려는 이가 있더라도 반드시 먼저 선생님을 찾아뵙고 예를 한 다음에 만나보되 또한 멀리 따라가서 손님을 보내는 것이 아닙니다.

다음에는 글을 읽는 독서(讀書)의 예절에 대하여 살펴보지요. 서당에서는 많은 책을 읽게 하는 다독(多讀)보다는 글자의 뜻과 글귀의 내용을 정밀하게 풀어 읽는 정독(精讀)을 먼저 권장합니다. 그리하여 독서하는 자세를 매우 정숙하게 하여, 먼저 용모를 바로잡고, 생각을 고정하여, 글자를 보되 구절을 끊어서 힘써 글자마다 분명하게 뜻을 밝히라고 하였습니다. 눈으로 다른 곳을 보거나, 손으로 다른 물건을 만지작거리지 말고, 책을 읽음에 반드시 몇 번 읽을 것인지를 미리 정해 놓고, 한 번 읽을 때마다 계산하면서 익숙하게 읽도록 해야 됩니다.

그리하여 이미 목표한 만큼 충분히 읽었어도 외우지 못하거든 반드시 외울 때까지 읽으며, 만약 몇 번 읽지 않았는데도 이미 외우거든 반드시 목표한 수를 채울 때까지 읽은 다음에 그치되 오히려 반드시 날마다 책을 가지고 다니면서 연구하며 또 10일마다 외우게 하고, 또한 달마다 꾸준히 연구하여 이치를 통달해서 오래오래 잊지 않도록 추구하라고 거듭 강조하였습니다.

어린이의 생활교육에 있어서 서당에서 배워야 되는 기초교육은 많은 지식에 있지 않고, 정밀하고 익숙한 실천력에 있는 것입니다. 어린이가 글을 읽음에는 많은 독서량보다도 오히려 능히 정밀하고 익숙하게 읽어 내려갈 수 있는 독서능력을 기르는 것이 더욱 중요하지요. 어린이가 책을 읽고 기억만 하는 주입식(注入式) 교육은 앵무새처럼 모방만 하게 되므로 스스로 정밀하게 생각하며 읽어서 마음속에 깨달음이 있을 때까지 연구하여 창의력을 길러야 온고이지신(溫故而知新)하는 대학자로 성장할 수 있는 것입니다.

오늘날은 어린이들이 기억하고 외우는 데만 힘써서 그 암송능력을 자랑하면 그 스승과 부모는 기뻐하고 칭찬만 하니 어린이가 교만해져서 더욱 많은 책을 읽지만 돌아서면 곧 잊어버립니다. 습관적으로 읽고 버리는 쓸모없는 지식으로 어떻게 큰 인물이 되겠습니까? 이제는 좋은 책을 골라서 읽으면서 스스로 깊이 깨달아 실천하도록 가르쳐야 합니다.

끝으로 글씨를 쓰는 것을 사자(寫字)라고 하는데 글자를 씀에는 잘 쓰고 못 쓰고를 묻지 아니하고, 가장 긴요한 것은 마음을 오로지하여 붓을 잡고 힘써 글자의 획이 엄숙하고 가지런하기를 추구하는 것입니다. 가볍게 휘두르며 아무렇게나 글씨를 쓰거나 또는 게을리하여 빼먹고 덧칠을 하여 지저분하게 쓰는 것은 엄중히 경계해서 붓장난을 못 하게 하고, 낙서를 금지해서 공부하는 자세를 문란하게 버려두지 말아야 합니다. 우리 속담에 세 살 버릇이 여든 까지 간다고 하였으니 어린이를 잘 길러야 우리의 미래가 있는 것입니다.

오늘까지 어린이 교육에 대하여 살펴보았습니다. 여러분의 가정에 행복한 미래가 있기를 축원합니다. 감사합니다.

대한민국임시정부 수립 90주년 기념사 /2009. 4. 13(月)

청취자 여러분, 안녕하십니까? 오늘은 4월 13일 지금으로부터 91년 전 서기 1919년 4월 13일 상해(上海)에서 대한민국임시정부를 수립한 감격적인 날입니다.

지난 20세기 초 일본제국주의는 청·일 전쟁과 러·일 전쟁을 일으키며 호시탐탐 침략의 기회만 노리다가 영·일 동맹과 미·일 밀약을 체결한 다음 서기 1905년 을사 5늑약과 1907년 정미 7늑약을 강행하여 신성한 대한제국의 강토를 유린할 때 우리 2천만 동포가 4천 년의 빛나는 역사를 지키려고, 산림학자양반(山林學者兩班)과 유생(儒生) 및 해산군인이 총궐기하여 항일독립전쟁을 3년간 장렬하게 전개하면서 3천 리 강산을 피로써 지켰으나 잔혹한 왜적은 야수처럼 날뛰면서 경술합방을 획책하고, 무단통치를 계속하며, 무자비하게 약탈할 뿐이었습니다.

나라를 잃은 우리 민족은 고종황제(高宗皇帝)의 인산(因山)을 계기로 기미(己未)년 3월 1일 민족대표 33인이 독립선언서를 발표하자 전국 방방곡곡에서 일제히 봉기하여, 대한독립만세를 소리 높이

외치며, 일본군경에 맞서 싸웠으며 이어 동월 23일에는 유림대표 137인이 파리 만국평화회의에서 우리나라의 독립을 청원하는 파리 장서(巴里長書)를 발송하여 차라리 자진하여 죽을지언정 맹세코 일본의 노예는 되지 않겠다고 선언하면서 일본의 불법침략을 만천하에 고발하였던 것입니다.

이와 같이 암담한 시대에 민족의 원통한 영혼의 절규를 담아 국가의 자주독립과 민족의 민주평화의 이념을 높이 세우고, 인간의 자유, 평등, 해방을 보장하는 대한민국임시정부를 수립하는 것은 곧 민족사의 대전제를 밝히는 것이고, 도탄에서 신음하는 겨레의 가슴에 미래의 희망으로 부풀게 하는 재생의 광명이었던 것입니다.

서기 1919년 4월 11일 상해(上海)에서 이동녕(李東寧), 이승만(李承晩), 김구(金九), 이시영(李始榮), 김규식(金奎植)을 비롯한 많은 민족 지도자가 중심이 되어 임시헌장 10개조를 발표하고, 이어 13일에 대한민국임시정부를 자체적으로 수립하여 민족의 정체성을 뚜렷이 밝힌 것은 대한의 기백(氣魄)이 되살아나서 역사의 맥박을 다시 뛰게 하는 민족의 일대 성사입니다. 그리고 일본의 갖은 박해와 여러 가지 어려움이 중첩하여 상해에서 중경(重慶)으로 옮겨 다니면서도 끝까지 독립운동을 계속하고 광복군을 양성하였습니다.

마침내 태평양전쟁에서 일본의 패전으로 1945년 8월 15일 광복 해방을 맞이하였으니 27년 동안 임시정부 공적은 민족사에 불멸의 빛으로 길이 남아 찬연히 향기를 더할 것입니다.

우리는 오늘 대한민국임시정부 수립 90주년을 맞으며 우리 민족의 수난사를 되돌아보고 민족이 끝까지 지켜야 되는 가치가 무엇인가를 확인해 보아야 할 것입니다. 나라를 사랑하고 민족을 사랑하는 것은 고금동서를 막론하고 지극히 소중한 가치입니다. 그리고 이와 반대로 나라를 팔아먹은 매국노와 민족을 학대하는 반민족 친외세분자는 자손만대에 추악한 범죄입니다. 지난 세기에 을사5적을 필두로 한 무수한 친일파 매국노와 일진회 회원들로 인하여 겨레가 당했던 망국노(亡國奴)로서 원한과 고통을 생각할 때 도저히 용서할 수도 없고, 또한 용서를 해서는 안 되는 극악무도(極惡無道)한 범죄로 준엄하게 심판해야 됩니다.

따라서 민족의 자주, 민주, 통일과 인민의 자유, 평등, 해방을 추구하는 것을 이 시대의 사명으로 인식하면서 새 나라 건설에 이바지하는 사람이 되어야 역사 앞에 떳떳한 자손이 되는 것이고, 만일 그렇지 못하여 외세에 의존하면서 독재의 아성을 구축하고, 분단구조에 안주하여, 인간을 지배의 도구로 삼아 속박하면서 귀족의 상류사회에 출입한다면 이것은 진정 지난 역사 앞에 떳떳하지 못한 비굴한 자손이 되는 것입니다. 나라를 사랑하고 겨레를 사랑하는 것은 시대를 초월하여 고금에 빛나는 가치입니다.

오늘은 대한민국임시정부 수립 90주년을 맞이하여 민족의 자주, 민주, 통일과 인민의 자유, 평등, 해방의 장엄한 기백을 살펴보았습니다. 감사합니다.

고향에서 더불어 사는 예절 /2009. 4. 14(火)

청취자 여러분, 안녕하십니까? 꽃 피고 새 우는 화창한 봄날이 되었습니다. 따뜻한 봄여름에는 만물이 모두 밖으로 나가서, 더불어 노래하고 춤추며 함께 즐기지요. 따라서 사람도 홀로 집 안에만 웅크리고 있지 말고 밖으로 나가서 인간을 접촉해야만 명랑하고 쾌활한 삶을 경영할 수 있는 것입니다.

그러므로 우리 유교에서는 일찍이 더불어 사는 공동체 삶을 숭상하여 가정공동체로부터 마을공동체를 통해서, 국가공동체를 실현하려고 노력했습니다. 그리하여 관혼상제(冠婚喪祭)의 가정의례를 비롯하여 사상견례(士相見禮)와 향음주례(鄕飮酒禮)를 널리 보급해서 나라의 풍속을 아름답게 일으켜, 자유롭고 평등한 인정(人情)사회를 건설하였던 것입니다. 가정윤리의 효(孝)사상을 지상명제로 받드는 유교사상은 그 가정이 있는 고향마을 사람까지도 사랑하고 공경하여 특별히 인정(人情)을 베풀고 따뜻하게 교류하였습니다.

예로부터 한마을에서는 혼인이나 초상 같은 큰일이 있을 때에는 마을 사람이 모두 모여서 서로 돕는 것이 이웃의 도리였지요. 그래서 이웃사촌이라는 말이 있고, 또한 "팔백 주고 집 샀으면, 천금 주고 이웃 사라."는 속담도 생겼습니다. 오늘날은 산업사회의 도시화 물결로 옛날 풍속이 많이 사라졌습니다. 그러나 고향마을의 옛날 더불어 살던 인사예절을 아련한 추억으로만 돌리는 것은 너무나도 소중한 문화유산을 잃는 것입니다.

이제는 예의와 염치를 지키며, 사람답게 사는 길을 다시 찾아 민족 고유의 착하고, 아름다운 심성(心性)으로 세계 속에 한국 문화를 자랑하는 새 시대를 열기 위하여 오늘부터 고향마을에서 정답게 사는 예절을 살펴보겠습니다.

먼저 유교에서 가르치는 고향마을에 사는 예절을 보면, 『논어(論語)』의 향당(鄕黨)편에 나오는 공자의 겸양(謙讓)정신이 있고, 또 맹자(孟子)가 말씀하신 "향당(鄕黨)에 나이보다 높은 것은 없다(鄕黨莫如齒)."가 있습니다. 그리고 『예기(禮記)』에 기초해서 여씨향약(呂氏鄕約)에서는 예속상교(禮俗相交)를 언급하였고, 주자(朱子)는 『소학(小學)』에서, 장유유서(長幼有序)와 붕우유신(朋友有信)을 강조하였지요.

이에 경산구씨(瓊山丘氏)는 여씨(呂氏)와 주자(朱子)의 뜻을 취하여 구체적으로 실천예절을 정리하여 거향잡의(居鄕雜儀)를 엮었고, 우리나라 율곡 선생은 『격몽요결』에서 접인(接人)장을 넣어 고향마을에 사는 생활규범을 뚜렷이 밝혔습니다.

우리 유교의 인간관계는 나이로 맺어집니다. 고향마을 사람들과 인간관계를 설정함에 있어서 가장 먼저 나이에 따라서 다섯 등급으로 나누었으니 높은 분과 어른과 맞잡이와 젊은이와 어린이로 구별하여 대접하도록 예절을 제정하였습니다.

첫째, 높은 분은 존자(尊者)라고 하는데, 연치(年齒)가 자기보다 20세 이상 많아서 아버지의 벗뻘이나 무복친(無服親)으로 아버지 항렬인 사람과 덕(德)과 작위(爵位)가 높은 사람인데 극존칭으로 섬기어 '나'를 '저'라고 하고, '하십시오.' 하는 대상입니다.

둘째, 어른은 장자(長者)라고 하는바 연령(年齡)이 자기보다 10세 이상 많아서 형뻘 되는 사람인데 보통 존칭으로 섬기어 '하시오' 하는 대상입니다.

셋째, 맞잡이는 같은 나이 또래로 적자(敵者)라고 하는데 나이가 위아래로 10살 미만이면 서로 벗할 수 있는 평교간(平交間)이므로 '하오' 하는 대상입니다.

넷째, 젊은이는 소자(小者)라고 하는바 나이가 자기보다 10세 이상 적으면 아우뻘이므로 반말로 '하게' 하는 대상입니다.

　다섯째, 어린이는 유자(幼子)라고 하는데 나이가 자기보다도 20세 이상 적으면 자식뻘이 되는 사람이므로 말을 놓아 '해라'를 하는 대상입니다.

　고향마을에 사는 사람은 남녀노소를 가릴 것이 없이 모두 집안의 가족과 연관을 가지고 있으므로 반드시 몸을 낮추고, 먼저 사랑하고 공경해서 인정을 두텁게 하고, 풍속을 아름답게 하여 산 좋고 물 좋고 인심 좋은 어진 마을을 만들어 위로 조상을 빛내고, 아래로 자손을 반듯하게 가르쳐야 되는 것입니다.

　오늘은 고향 사람의 인간관계는 나이로 맺는 것임을 말씀드렸습니다. 감사합니다.

고향마을에 살면서 서로 찾아보는 시기 /2009. 4. 15(水)

　청취자 여러분, 안녕하십니까? 오늘은 고향마을에 살면서 서로 찾아보는 시기에 대하여 살펴보겠습니다.

　한동네에 살면서 서로 찾아보는 경우는 예절르 찾아보는 경우와 한가로울 때에 개인적으로 찾아보는 경우로 나누는데, 먼저 예절로 찾아보는 경우란 세월이 흘러 시절(時節)이 바뀌는 때와 출입하여 오랫동안 마을을 떠나거나 돌아왔을 때와 집안에 좋은 일로 감사하고 경하할 때입니다.

　첫째, 시절이 바뀔 때에 반드시 예절로 찾아보는 경우는 해가 바뀌는 정월 초하루의 설날과 철이 바뀌는 4계절의 첫 달 초하루인데, 오늘날은 정초의 새해 인사만 남고 계절이 바뀌어 여름, 가을, 겨울을 맞이하는 새 철 인사는 거의 사라지고 없습니다. 그러나 설날의 새해 인사가 아름다운 미풍양속(美風良俗)이라면 정월 초하루에 새봄이 오는 새해 인사를 하였으니 4월 1일에 초여름 인사를 하고, 7월 1일에 초가을 인사를 하며, 10월 1일에 초겨울 인사를 하여 고향마을 사람이 모두 함께 새 철을 맞이하는 아름다운 풍속을 되살리는 것도 매우 뜻깊은 일이라고 할 것입니다.

둘째, 오랫동안 마을을 떠나서 타관으로 가거나 또는 오랫동안 타지(他地)에 있다가 돌아왔을 때에 예절로 찾아보는 경우는 대체로 1개월 이상 걸리는 먼 거리를 출입할 때에만 반드시 예절로 찾아가서 헤어지는 인사를 하고 떠나고, 역시 돌아와서도 반드시 예절로 찾아가서 돌아왔다는 인사를 해야 되는 것입니다. 그러나 1개월 미만의 가까운 곳에 출입했을 때에는 번거롭게 찾아볼 필요가 없는 것입니다.

셋째, 좋은 일로 찾아보고 감사하거나 하례(賀禮)하는 경우는 회갑(回甲)이 돌아왔거나, 아들딸을 낳았거나, 벼슬에 올랐거나, 집을 짓고 이사를 하였거나, 나라에서 포상을 받았을 때에는 예절로 찾아보고 감사말씀을 전하거나 또는 축하말씀을 드림으로써 곧 동네 경사가 됩니다.

다음으로 한가로울 때에 개인적으로 찾아보는 시기는 대체적으로 다섯 가지의 경우가 있는데, 첫째는 건강을 살펴서 묻는 것입니다. 건강이 좋지 않은 사람이 있으면 한가로울 때에 개인적으로 찾아가서 은근히 건강상태를 묻고 요양토록 하는 것이고,

둘째는 위로하고 달래는 것입니다. 재난이나 횡액을 만나고, 재

산상의 손해를 입은 사람을 개인적으로 찾아가서 위로하여 안심시키고 동정하는 것이며,

셋째는 사실을 알리는 것입니다. 서로 사무적으로 연관이 있거나 또는 어떤 일을 요청하고 부탁할 사항이 있으면 바로 찾아가서 사실대로 통지하고, 해결책을 강구하는 것입니다.

넷째는 학문적으로 질의하는 경우인데 공부를 하다가 모르는 것이 있으면 유식한 사람을 찾아가서 물어보는 것입니다. 공자님이 말씀하시기를 아랫사람에게 물어보는 것을 부끄러워하지 않는 것은 문인(文人)의 자세라고 하였습니다. 사람이 고향마을에 살면서 학문을 물어보지 않으면, 어떻게 지성을 높이겠습니까. 순임금은 평생 동안 주변 사람에게 배워서 성인(聖人)이 되었습니다. 한자로 학문은 배울 학(學) 자와 물을 문(問) 자임을 명심해야 됩니다.

다섯째는 우연히 지나가다가 찾아보고, 안부를 묻는 경우로 우연히 지나가면서 들르지 않으면 오해의 소지가 있으므로 한가로운 틈에 겸사겸사 들르는 것이므로 서로 간에 부담이 전혀 없는 것입니다.

무릇 예절은 일방적으로 하는 것이 없고, 상대적인 것이므로 왕래교류(往來交流)하는 것입니다. 그래서 오면 가야 되고, 받으면 되갚아야 되기 때문에 대체로 선후종시(先後終始)가 반복하여 계속되는 것이지만, 그래도 젊은이와 어린이가 먼저 높은 분과 어른을 찾아뵙고 절하는 것이 먼저이고, 젊은이와 어린이의 인사를 받으면 높은 분과 어른은 형편을 보아서 직접 답방(答訪)을 하든가, 아니면 자제를 보내서 보답하게 하여야 됩니다.

다만 의복을 갖춤에 있어서 젊은이와 어린이는 높은 분과 어른

을 찾아뵐 때 반드시 의관(衣冠)을 갖추어야 되지만, 높은 분과 어른이 젊은이와 어린이의 집에 갈 때에는 평상복을 입어도 되는 것입니다.

우리나라는 이렇게 노소귀천(老少貴賤) 없이 널리 사귀는 고향마을의 찾아보는 예절이 있어서 사랑이 넘치는 정든 고향을 건설하였던 것입니다.

여러분의 고향도 옛날에는 살기 좋았지요. 그립기 그지없습니다. 감사합니다.

고향마을에 살면서 서로 방문하는 절차 /2009. 4. 16(木)

청취자 여러분, 안녕하십니까? 오늘은 고향마을에 살면서 서로 찾아보는 절차에 대하여 살펴보겠습니다.

우리 유교에서는 높은 분과 어른의 집에 갈 때와 벗하는 맞잡이 집에 갈 때와 젊은이의 집에 갈 때의 절차가 각각 다르지요. 왜냐하면 공경하는 정도에 따라서 그 집에 들어가고, 나오는 절도가 다르기 때문입니다.

먼저 나보다 나이가 20세 이상 많은 높은 분과 10세 이상 많은 어른의 집에 찾아가는 절도는 지극히 공경하는 마음으로 자기의 몸을 낮추어야 되지요. 따라서 어른의 집대문 밖에 이르면 말에서 내려 대문 밖에 있는 의관을 정비하는 곳에서 기다리면서 이에 명함을 전하여 자기가 찾아왔음을 안에 알리는 것입니다.

그리하여 주인이 나와서 맞이하면 빠른 걸음으로 가서 읍(揖)하여 찾아온 사유를 말씀드리고, 주인의 안내를 받아 따르는 것입니다. 그리고 물러갈 때에도 계단을 내려와 마당에서 읍을 하고, 대문 밖으로 걸어 나와서 말을 타되 만약 주인이 대문 밖에까지 나와서 배웅하면 읍(揖)을 하고 물러갑니다. 그러나 주인이 마당에서 말을 타라고 하면 세 번 사양하며 주인이 허락하거든 읍(揖)을 한 다음에 말을 끌고 대문을 걸어 나와서 이에 말을 타며, 만약 주인이 끝내 허락하지 않거든 그 명령에 따라 마당에서부터 말을 타고 대문을 나오는 것입니다.

다음으로 나보다 나이가 위아래로 10세 미만이기 때문에 서로 벗하는 맞잡이의 집에 찾아가는 절도는 보통 공경하는 마음으로 평등한 위치에서 합니다. 대문 밖에 이르러 말에서 내린 다음에 사람을 통하여 명함을 전하고, 대발 아래나 혹은 대청의 곁에서 기다리다가 주인이 나와서 맞이하거든 곧 빨리 걸어가서 서로 읍(揖)을 하고, 찾아온 사유를 말하여 주인의 안내에 좇는 것입니다. 그리고 물러가기를 알린 다음에는 곧 계단으로 내려가 마당에서 말을 타고 대문 밖으로 나아가고, 만약 손님이 걸어서 가면 주인이 대문 밖에까지 나아가서 배웅하여 보냅니다.

끝으로 나보다 나이가 10세 이상 적은 젊은이의 집을 찾아갈 때에는 미리 사람을 보내서 높은 사람이나 어른이 찾아온다고 통지해서 젊은 사람으로 하여금 어른을 맞이할 준비를 하도록 배려해야 됩니다. 따라서 어른은 젊은 사람의 집에 말을 타고 대문 안으로 들어가 그 마당에서 말에서 내리며, 물러갈 때에도 마당에서 말을 타고 대문 밖으로 나가는 것입니다.

모름지기 높은 이와 어른을 맞이하고 보내는 예절은 지극한 존경심을 가져야 합니다. 젊은이나 어린이는 높은 분이나 어른이 집에 찾아오신다는 소식을 먼저 들었거든 곧 의관을 갖추고 기다리다가 만약 대문 밖에서 말을 내리시거나 혹 걸어서 오시면 반드시 대문 밖으로 나아가서 맞이해야 합니다. 그리고 물러가시거든 곧 말을 타는 마당에서 배웅하여 보내고, 만약 걸어서 가시거든 반드시 대문 밖에서 송별하며, 이미 읍(揖)을 하였어도 또한 몇 걸음을 따라가다가 멈추어 서서 멀리 가시는 길을 바라본 다음에 집안으로 들어가는 것이 예절입니다.

그리고 서로 벗하는 맞잡이끼리 맞이하고 보내는 예절은 보통 존경심을 가지고 대합니다. 그러므로 그 명함을 전하여 통지하기를 기다리다가 의관을 갖추고 곧 손님이 있는 곳으로 나아가서 맞이하고, 또한 물러가거든 곧 마당의 말 타는 곳에서 송별하며, 만일 손님이 걸어서 가거든 곧 중문 밖에서 보내며, 만약 중문이 없으면 대문에 이르러 송별하는 것입니다.

마지막으로 젊은이와 어린이를 맞고 보내는 예절은 그 명함으로 통지하기를 기다리다가 바야흐로 의관을 갖추고 명령을 받드는 사람이 대문 밖에 나아가서 손님을 안내하여 들어가기를 청해서 들어오면 주인이 마당에서 맞이하고, 그리고 물러가면 마당에서 보내는 것입니다. 무릇 맞이하고 보냄에 집에 들어갈 때에는 주인이 앞에서 인도하고, 물러갈 때에는 손님이 앞서서 물러가며, 그리고 맞잡이 이상을 찾아뵙에는 대문 앞에 이르러서 주인이 식사를 하는지 또는 다른 일을 주관하는지를 물어서 그 방해되는 바가 없도록 헤아린 다음에 명함을 전달하며, 또한 주인이 말을 마치고 다른 이야기의 실마리를 묻지 않거나, 주인에게 권태로운 빛이 있거나, 기다리는 사람이 있으면, 즉각 물러가겠다고 알리고 물러가는 것이 예절입니다.

오늘은 고향마을에 살면서 그 집으로 찾아보는 절차와 맞이하고 보내는 예절에 대하여 살펴보았습니다. 감사합니다.

고향마을에 살면서 절하고 읍하는 절도 /2009. 4. 17(金)

청취자 여러분, 안녕하십니까? 오늘은 고향마을에 살면서 서로 절하고, 읍(揖)하는 절도에 대하여 살펴보겠습니다.

우리 유교에서는 자기의 몸동작으로 공경심을 표현하는 인사예절이 있지요. 여러분도 익히 알고 있듯이 땅에 엎드려 머리를 숙이는 절과 똑바로 서서 양손을 포개어 공수(拱手)하여 들어 올렸다가 내리는 읍(揖)이 있습니다. 따라서 절은 온몸을 낮추는 경례법이고, 읍은 손만 들어 올리는 거수경례법인데 일반적으로 공식적인 예절을 거행할 때에는 온몸을 낮추어 무릎 꿇고 엎드리는 절을 하고, 특별히 개인적으로 한가롭게 거행하는 행사에는 손만 들어 올렸다가 내리는 읍(揖)을 합니다.

오늘날은 손을 들어 올렸다가 무릎 아래로 내리는 읍이 없어지고, 손을 무릎 아래로 내리고 허리만 약간 굽히는 형태로 바뀌었는데, 거수경례가 눈인사로 하는 목례(目禮)와 비슷하게 되었지요. 손을 올렸다가 무릎 아래로 내리는 것은 전혀 힘이 들지 않으며, 또한 그 공손한 모습이 단정하고, 의젓하므로 생략하지 말고, 정식으로 읍을 하는 습관을 길러야 됩니다. 더욱이 높은 분이나 어른을 만나서 인사를 드릴 때에는, 동작 하나하나에 마음을 써서 격식을 갖추어야 좋은 인상이 오래도록 남아서 잊지 못하는 아름다운 추억이 될 것입니다.

대체적으로 절은 두 번을 절하는 재배(再拜)가 원칙이고, 읍은 한 번만 읍하는 것인데, 어른에게는 원칙대로 하고, 어린이에게는 생략할 수도 있습니다. 그리고 집단적으로 어른을 찾아뵐 때에는 번거롭게 한 사람씩 각각 절하지 말고, 한 줄로 나란히 차례로 서서 일동이 함께 절하되 또한 만약 젊은이와 어린이가 함께 절할 때에는 젊은이가 앞에 한 줄로 나란히 서고, 어린이는 그 뒤에 또한 한 줄로 나란히 서서 정렬한 다음에 먼저 절 드리기를 청하고, 이에 어른이 절을 받겠다고 승낙하시면 일동이 나란히 재배하는 것입니다. 그러나 어른이 만일 절을 받지 않겠다고 사양하시면 일동이 함께 재배를 하고, 일어서서 다시 절을 드리겠다고 청한 다음에 또 두 번 절을 하고, 서서 허락을 기다리지요. 이에 어른이 허락하시면 재배하고 만일 끝내 절을 받지 않겠다고 사양하시면 일동이 읍만 하고 물러갑니다.

끝으로 어른이 앉으라고 명령하시면 극진히 감사하여 읍을 하고, 앉아서 어른의 말씀을 듣는 것입니다. 서로 벗하는 맞잡이 사이에도 예절로 만나볼 때에는 재배를 하고, 한가롭게 만나볼 때에는 읍만 하는 것입니다.

그리고 어른이 젊은이를 찾아가서 만나봄에 예절로 보면서 어른이 절을 하려고 하면 젊은이는 힘써 사양을 해야 되고, 어른이 한가롭게 젊은이의 집에 찾아왔을 때에 젊은이가 먼저 절을 하려고 하면 어른이 사양하여 절을 못 하게 말려서 중지시켜야 됩니다. 이것은 가볍게 만나는 일에 무거운 예절을 쓰지 못하게 하는 것이지요. 젊은이와 늙은이 사이에, 서로 부담 없이 만나는 풍토를 조성하려는 깊은 뜻이 있는 것입니다.

우리 유교에서는 늙은이와 젊은이가 서로 사랑하고, 공경하는 가운데 질서가 있고, 높은 이와 낮은 이가 서로 섬기고, 사양하는 가운데 분수를 지켜서 대동태평의 화합세계를 추구합니다. 그러므로 세대 간에 끊임없이 교류하고 계층 간에 항상 왕래하는 중용의 대동 사회를 최고의 이념으로 합니다. 그래서 고향마을에 살면서도 젊은이와 어린이가 높은 분과 어른을 찾아뵙고 절을 드리면 반드시 답배(答拜)를 하는 예절이 있습니다.

높은 분과 어른은 어린이의 절을 받고, 답배를 함에는 무릎을 꿇고, 손을 땅에 짚기만 하고, 머리는 숙이지 않습니다. 그리고 높은 분과 어른이 젊은이의 절을 받고, 답배를 할 때는 무릎 꿇고 손을 땅에 짚으면서 머리를 반쯤 숙이는 것입니다. 만약 높은 분과 어른의 나이와 학덕이 아주 높아서 어린이와 젊은이가 높은 분과 어른에게 선 채로 절을 받으라고 강력하게 요청하면, 높은 분은 이에 허락하고 서서 받지만 어른은 허락하고 곧 무릎을 꿇어 손을 땅에 짚으며 받는 것입니다.

사람이 절을 드리고 받는 것은 마음의 문을 열고 서로 만나는 절도입니다. 한마을에 살면서 다정하게 인사하는 풍속을 지켜 아름다운 열린사회를 다시 일으켜야 되겠습니다. 감사합니다.

고향마을에 살면서 길에서 인사하는 절도 /2009. 4. 18(土)

청취자 여러분, 안녕하십니까? 오늘은 고향마을에 살면서 길을 가다가 우연히 마을 사람을 만났을 때에 인사하는 절도를 살펴보겠습니다.

대체로 고향마을에 살면 날마다 아침저녁으로 길에서 마을 사람을 만나서 자주 보게 됩니다. 이렇게 자주 만나보는데도 인사하는 절도를 만들어 가르치는 까닭은 사람이 지나치게 가까이 사랑하면 버릇이 없어지고, 또한 너무 멀리하면 원망하는 것이므로 때와 장소에 따라서 알맞게 조절하기 위함입니다. 그래서 우리 유교(儒敎)에서 대체로 어른에게 길을 비켜 주는 양보심을 가지게 하고, 어린이에게 너그럽게 다가가는 도량을 보이도록 길에서 인사하는 절도를 가르칩니다.

먼저 젊은이나 어린이는 자기보다 나이가 10세 이상 많은 높은 분이나 어른을 길에서 만남에 모두 걸어서 가는 경우에는 빠른 걸음으로 앞에 나아가서 손을 들어 올렸다가 무릎 아래로 내리며 허리를 굽혀 읍(揖)을 합니다. 이에 높은 분이나 어른이 더불어 말씀을 하시거든 곧 대답을 하되 그렇지 아니하시거든 길가에 비켜서서 높은 분이나 어른이 지나가시기를 기다렸다가 다시 읍을 하고 가는 것입니다.

혹시 모두 말을 탔거든 나이가 20세 이상 많은 높은 분에게는 곧 돌아서 길을 피하고, 피하려고 하여도 미치지 못하거든 곧 말에서 내려 길가에 서서 지나가시기를 기다리기만 하고, 인사를 하지 않는 것입니다. 왜냐하면 높은 분이 어린이와 젊은 사람의 인사를 받기 위하여 말에서 내리는 번거로움을 드리지 않으려고 피한 것입니다. 또한 높은 분이 모처럼 행차하시는 길에 낮은 사람들이 번거롭게 길을 막아서는 것은 여간 큰 실례가 아니지요. 그래서 높은 분이 말을 타고 출행하시면 낮은 사람은 자진하여 길을 피해서 높은 분이 편안히 가시도록 배려하는 것입니다. 그러나 나이가 10세 이상 많은 어른이 말을 탔을 때에는 젊은이는 자기의 말을 길가에 세우고, 손을 들어 올려 읍(揖)을 하면서 어른이 지나가기를 기다렸다가 이에 가는 것입니다.

만약 자기는 걸어서 가는데 높은 분과 어른이 말을 타고 가시면 역시 돌아서서 피하고, 피해도 미치지 못하거든 읍을 하여 인사를 하되 이에 어른이 인사를 받으려고 말에서 내리거든 극진히 말씀드려 말에서 내리지 못하게 해야 하는 것입니다. 또한 이와 반대로 자기는 말을 타고 높은 분이나 어른이 걸어가시면서 자기를 바라보시면 얼른 말 앞에 내려서 손을 들어 올렸다가 무릎 아래로 내리며 허리를 굽혀 읍(揖)을 하는 것입니다. 이때에 높은 분이나 어른이 이미 피하였어도 그렇게 읍을 해야 되며 이미 멀리 지나가시면 다시 말을 타는 것입니다. 만일 높은 분이나 어른이 젊은 사람에게 빨리 말을 타고 가라고 권할지라도 젊은이는 진실로 사양하는 것이 예절입니다.

다음으로 나이차가 위아래로 10세 미만인 맞잡이끼리 길에서 만날 경우에 모두 말을 타고 가거든 서로 말을 탄 채로 읍만 하고 지나가는 것입니다. 그리고 만일 한 사람은 말을 타고, 한 사람은 걸어가는 경우에는 걸어가는 사람이 다른 길로 피하여 숨고 만약 피하여 숨을 데가 없어 피하지 못하거든 말을 탄 사람이 내려서 읍을 하고, 걸어가는 사람이 지나가면 말을 타고 가는 것입니다.

끝으로 젊은이나 어린이를 길에서 만날 경우에 모두 말을 타고 가다가 젊은이나 어린이가 미처 길을 피하여 숨지 못했거든 높은 분이나 어른은 말을 탄 채로 읍을 하고 지나가고, 어른이 혹시 말을 세우고 내리려고 하시면 젊은이가 진실로 사양하는 것입니다. 그리고 젊은이와 어린이가 걸어가면서 미처 피하지 못하고 읍(揖)을 하거든 높은 분과 어른이 곧 말에서 내려 그 인사에 답하여 읍(揖)을 하는 것입니다. 그러나 어린이에게는 반드시 말에서 내리지는 아니하고, 말을 탄 채로 읍을 해도 됩니다.

오늘날은 교통수단이 완전히 바뀌어서 말 대신 자가용 자동차를 타고 다니는데 걸어가는 사람이 길을 피해 주고, 자동차를 탄 사람이 내려서 인사하는 예절은 옛날과 다를 것이 없습니다. 다만 걸어가는 사람이 자동차를 탄 사람에게 차를 세우고 내리는 번거로움을 덜어 주기 위하여 피하는 마음은 지극한 공경심의 발로입니다. 그리고 길을 피하여 숨으려고 하여도 미치지 못하여 길가에 서 있으면 자동차를 탄 사람이 차를 세우고, 내려와서 인사에 응답하려고 하면, 내리지 못하게 말리는 것은 더욱 사랑과 공경이 넘치는 겸양이지요.

오늘날은 자동차에 유리창이 있어서 걷는 사람이 차에 탄 사람을 누구인지 전혀 분별할 수 없으므로 이에 자동차를 탄 사람이 먼저 걷는 사람을 식별하여 차를 내려서 인사를 해야 되겠지요.

오늘은 길에서 고향 사람을 만났을 때에 인사하는 절도를 살펴 보았습니다. 명랑 쾌활한 거리풍경이 되기 바랍니다. 감사합니다.

사월혁명 49주년 기념사 /2009. 4. 19(日)

청취자 여러분, 안녕하십니까? 오늘은 사월혁명 기념일입니다. 지금으로부터 50년 전인 1960년 4월 19일 우리나라 100만 학도가 경향 각지에서 총궐기하여 자유당의 이승만 독재를 타도하고 이 땅에 민주주의를 토착화했던 역사적인 날입니다.

고금동서에 혁명의 역사가 많이 있었지만 우리나라의 4·19 혁명처럼 학생이 주동이 된 혁명은 일찍이 없었습니다. 고대 중국의 탕(湯)임금이 혁명하여 인민을 해방하였고, 또한 주(周)나라 무왕(武王)이 혁명하여 인민을 해방하였지만, 모두 제후(諸侯)로서 군사를 일으켜 정벌한 것이었습니다. 그리고 근세에 불란서 혁명은 시민이 봉기한 것이고, 러시아 10월 혁명은 무산대중이 궐기한 것입니다. 그러나 우리 4·19혁명은 대학생과 중고생과 초등학생까지 모두 거리로 뛰어나와서 민주주의를 쟁취한 것입니다. 이러한 학생혁명이 우리나라에서 성공할 수 있었던 것은 역사적으로 우리 민족은 학자를 존경하고, 학생을 존중하는 학문풍토가 깊이 자리 잡고 있었기 때문입니다.

우리 유교(儒敎)에서는 자고로 학교를 신성시(神聖視)하여 위로 최고학부인 성균관(成均館)의 태학(太學)으로부터 지방의 향교(鄕校)와 서원(書院) 및 서당(書堂)을 나라에서 가장 착한 땅으로 으뜸가는 기운이 모이는 곳이라고 해서 수선지지(首善之地)요, 원기지회(元氣之會)라고 하였습니다. 따라서 조선왕조시대에는 정치권력이 감히 학원의 자유를 침해하거나, 학생의 기개를 꺾지 못하게 했던 것입니다. 더욱이 학문의 풍속교화능력을 높이 평가하여 성균관은 인간의 가치관을 바르게 완성해서, 나라의 풍속을 고루 가지런하게 변화시킨다는(成人材之未就, 均風俗之不齊) 말에서 성(成) 자와 균(均) 자를 따서 성균관이라고 했던 것입니다. 이와 같이 우리 민족은 역사적으로 학문을 숭상하고, 학자를 존경하며, 또한 학생을 존중하여, 선비계급으로 받들었기 때문에, 마침내 일찍이 세계의 정치사에 그 유례를 찾을 수 없는 4·19 학생혁명의 위대한 역사를 창조했던 것입니다.

인민이 나라의 근본임을 역설하는 유교정치는 혁명을 가르치고 있습니다. 『대학(大學)』에 보면 혁명의 경우를 세 가지로 지적하고 있는데, 첫째는 천명(天命)을 잃고, 민중을 학대하는 독재정권을 타도하라고 했으니 민중을 얻으면 나라를 얻고, 민중을 잃으면 나라를 잃는다(得衆則得國, 失衆則失國)고 단언하였고, 둘째는 사악하게 인민을 기만하고 흉측한 술수를 쓰는 정권을 타도하라고 하였으니 착하면 나라를 얻고, 착하지 못하면 나라를 잃는다(善則得之, 不善則失之)고 선언하였으며, 셋째는 교만하고 사치한 정권을 타도하라고 하였으니 진실하고 믿음직하면 나라를 얻고, 교만하고 사치하면 나라를 잃는다(忠信以得之, 驕泰以失之)고 천명하였습니다.

이러한 논리에 따라서 맹자(孟子)는 혁명론을 제시하여 말씀하시기를 "민중이 귀하고, 국가사직이 다음이며, 임금은 가벼우니 이런 까닭으로 초야의 민중에게 민심을 얻어야 천자(天子)가 되고, 천자에게 신임을 얻어야 제후가 되며, 제후에게 신임을 얻어야 대부가 되니라. 그러므로 제후가 국가사직을 위태롭게 하면 임금을 갈아치우고, 하늘땅에 제사를 잘 지냈어도 가뭄이나 홍수로 흉년이 들어 초야의 민중이 굶주리면 혁명을 하여 나라를 갈아치워야 된다고 설파하였습니다.

그리고 『주역(周易)』의 혁괘(革卦)에서는 인간 모순이나 물질 모순으로 사람이 도저히 살 수 없는 상황에 이르면 누구든지 민심을 모아서 혁명을 하라고 하였습니다.

이에 우리나라의 100만 학도가 일제히 궐기하여 독재를 타도하고, 신성한 주권을 쟁취한 혁명정신은 우리 민족사에 있어서 갑오농민해방의 정신과, 구한말 유림(儒林)이 총궐기하여 의병을 일으켜서 혁혁하게 일본군과 싸웠던 항일독립전쟁, 그리고 기미년 3·1독립만세운동의 숭고한 정신을 발전적으로 계승하여, 새로운 세계사적 흐름에 당당하게 발맞추어 자주, 민주, 통일국가를 건설하는 위대한 힘을 자체적으로 창출함으로써 불멸의 역사정신을 가지는 것입니다.

더욱이 역사상 처음으로 불의를 타도한 정의의 승리감은 우리 민족에게 지난날의 무수한 좌절감을 한껏 보상하고도 남았습니다. 우리 민족에게 충만한 환희의 성취감을 맛보게 함으로써 우리 민족도 스스로 단결하면 희망의 새 시대를 건설할 수 있다는 자신감을 주었습니다.

우리는 오늘 4·19 혁명 49주년을 기념하면서 민족의 무한한 저력을 확인하고, 사월혁명정신을 계승하여 세계 속에 빛나는 자주, 민주, 통일 조국을 건설하는 데 앞장서야 할 것입니다. 감사합니다.

고향마을에 살면서 초청하여 대접하는 예절 /2009. 6. 2(火)

청취자 여러분, 안녕하십니까? 오늘은 고향마을에 살면서 서로 초청하여 음식을 대접하는 예절에 대하여 말하겠습니다.

우리 민족은 대대로 고향마을에 살면서 특별한 음식이 있으면 서로 불러서 나누어 먹고 살았습니다. 그리하여 정든 고향이 되었지요. 사람이 가장 정(情)이 많이 드는 것은 음식을 함께 먹을 때입니다. 그래서 우리 유교에서는 모든 행사에 반드시 음식을 먼저 준비합니다. 성년식의 관례(冠禮)와 혼인하는 혼례(昏禮), 그리고 초상 치르는 상례(喪禮)와 제사 지내는 제례(祭禮)에 모두 술과 고기와 밥과 반찬을 푸짐하게 장만하여 손님을 잘 대접하지요. 그리고 선비가 서로 벗을 사귀는 사상견례(士相見禮)와 어른에게 술을 대접하는 향음주례(鄕飮酒禮)도 반드시 술과 밥을 따뜻하게 접대하는 것입니다.

우리 유교사상은 몸을 닦고, 집안을 가지런히 하고, 나라를 잘 다스리고, 천하를 평화롭게 하는 지극히 착한 지선(至善)의 세계를 건설함에 있어서 인간과 인간이 서로 공경하고, 서로 친밀하게 사는 인정(人情)사회를 추구하는 것입니다. 인정사회는 모든 사람이 각각 마음의 문을 열고, 집안의 대문을 열고, 인간교류를 할 때에 비로소 오는 정, 가는 정이 생기는 것이지요. 그러므로 선비는 고향마을에 살면서도 특별한 음식이 있으면 서로 나누어 맛볼 수 있는 자리를 만드는 것입니다.

먼저 나이가 자기보다 20세 이상 많은 높은 분을 자기 집으로 초청하여 음식을 대접하고자 할 때에는 반드시 친히 높은 분의 집으로 찾아가서 초청한 날짜와 시간 그리고 초청하는 뜻을 기록한 초청장을 드리고 초청해야 됩니다. 그러나 만일 어른이 사정이 있어서 사양하시거든 중지하고, 흔쾌히 승낙하시면 절을 합니다.

그리하여 초청한 날이 되면 이른 아침에 다시 자제(子弟)를 보내서 맞이하여 오는 것입니다. 높은 분이 집에 오심에 주인은 대문 밖에 나아가서 환영하면 높은 분은 처음 주인을 볼 때에 말로 초청에 감사한다는 뜻을 표하고, 주인의 안내를 받아 음식을 먹는 것입니다. 그리고 주인은 그 다음 날 직접 높은 분의 집에 찾아가서 욕되게도 아랫사람의 집에 왕림하여 주신 은덕에 감사를 표하며 또한 높은 사람도 초청해 주어서 감사하다는 말을 전하는 것입니다.

높은 분을 초청할 때에 주의할 점은 오로지 한 분만 초청해야지 여러 손님과 함께 초청해서는 절대로 안 되는 것이지요. 대체로 공경하는 대상은 오로지 한 분이어야 되고, 친밀한 대상은 여럿이 함께하는 까닭에 높은 분은 한 분만 초청하는 것이 예절이고, 젊은이를 초대할 때에는 여러분을 함께 초대해도 되는 것입니다.

다음으로 나이가 위아래로 10세 미만인 같은 또래의 맞잡이끼리 서로 오라고 초대할 때에는 간단한 편지를 통해 부르고, 초대한 날에 손님이 찾아와서 주인에게 읍(揖)을 하고 감사의 뜻을 표하면 주인이 안내하여 함께 음식을 나누어 먹는 것입니다. 그리고 그 다음 날에 주인과 손님이 서로 심부름꾼을 보내서 감사의 뜻을 전하는 것입니다.

끝으로 나이가 자기보다 10세 이하인 젊은이들을 자기의 집으로 오라고 초대할 때에는 편지에 초대한 사람의 이름을 모두 열거하거나 또는 말로 전하여 알리는 것입니다. 이에 초대받은 날짜에 젊

은이들이 모두 함께 직접 찾아가서 어른에게 절하고, 그 초대하여
주신 데 대하여 감사의 뜻을 표하여야 됩니다. 그러나 주인이 그럴
필요 없다고 사양하면 절은 하지 않고, 주인의 안내에 따라서 여러
젊은이가 질서 정연하게 음식을 대접받고 돌아갔다가 다음 날에
또다시 모두 함께 주인집에 찾아가서 감사의 뜻을 표하는 절을 하
는 것입니다. 그러나 주인이 미리 사양하여 오지 말라고 하거든 직
접 찾아가지는 아니하고 간단한 편지로 감사의 뜻을 전하는 것인
데 대체로 오로지 한 사람만 초대받았을 경우에는 직접 찾아가서
절하는 것이 예절이고, 여러분을 함께 초대하였을 경우에는 다음
날 찾아가서 절하는 절차를 생략하는 것이 보통이었습니다.

우리나라의 고향마을의 초청과 초대의 풍속은 대단히 아름다워
서 집집마다 크고 작은 모임이 자주 있었지만 서로 공경하고 사양
하는 예절을 부지런히 지킴으로써 질박한 음식으로도 두터운 정을
얽을 수 있었습니다.

오늘날은 산업사회가 되어 마을공동체가 무너지고, 더욱이 핵가
족으로 분산하여 직장일에 바빠서 집으로 사람을 초대하지도 않을
뿐더러 풍성한 음식이 아니면 감히 초청하지도 못하여 오고 가는
발길이 모두 끊어진 삭막한 세태가 되었습니다. 그리하여 밖에서 만
나고 밖에서 헤어지므로 깊은 정이 들지 않는 것입니다. 이제는 옛
날의 아름다운 예법을 다시 찾아 지키는 전통을 되살려야겠습니다.

오늘은 초청하여 음식을 대접하는 예절을 살펴보았습니다. 감사
합니다.

고향마을에 살면서 술을 대접하는 예절 /2009. 6. 3(水)

청취자 여러분, 안녕하십니까? 동네에 사는 노인을 초청하여 술을 대접하는 절차에 대하여 살펴보겠습니다.

우리 유교에서는 1년에 한두 번씩 어른을 초청하여 술을 대접하는 예절이 있는데 그것을 향음주례(鄕飮酒禮)라고 하지요. 대체로 관청이나 학교에서 정식으로 거행하지만 고향의 마을에서 개인적으로 간소하게 거행할 수도 있습니다. 오늘은 고향마을에 살면서 개인적으로 마을의 어른을 초청하여 간소하게 술을 대접하고 연회를 하는 절도를 말씀드리겠습니다.

먼저 마을에서 사람이 모일 때에 좌석의 순서를 정함에는 대체로 나이순으로 합니다. 그러나 만일 벼슬이나 작위가 아주 높거나 또는 학식이나 공덕이 특출한 분이 있으면 특별히 따로 자리를 만들어 모셔야 됩니다. 그리고 특별히 초청하여 모시는 분이 있으면 상객(上客)으로 대접해서 나이에 상관없이 가장 높은 자리에 앉도록 하는 것이니 만약 혼례와 같은 때에는 사돈집에서 오신 분을 상객(上客)으로 대우해야 됩니다.

그리고 연회(燕會)할 자리를 대청에 설치하되 손님 자리는 북쪽에 남향으로 설치하고, 주인 자리는 동쪽에 서향으로 설치하여 방석과 기구를 갖추고, 중앙의 남쪽에 탁자를 놓고 술과 술잔을 씻을 그릇을 그 위에 올려놓은 다음에 주인이 대문 밖에 나아가서 손님을 맞이하여 서로 절하고 함께 들어와서 각각 제자리에 앉으면 집사들이 음식상을 주인과 여러 손님 앞에 가져다 놓고 음식을 차리는 것입니다.

술은 주인이 직접 큰손님에게 드리는 것이 예절이므로 주인이 자기의 자리에서 일어나 탁자가 있는 곳에 가서 서쪽을 향하여 서면 큰손님도 역시 자리에서 일어나 탁자가 있는 곳에 가서 동쪽을 향하여 주인과 마주 보고 서는 것입니다. 주인이 잔을 들고 씻으면 큰손님이 술잔을 씻지 말라고 사양하며, 주인은 행사를 거행함에 감히 깨끗이 아니할 수 없다고 하면서 잔을 씻은 다음에 잔을 탁자에 놓고 술을 담아서 술잔을 들어 큰손님에게 드리면 큰손님은 술잔을 받아서 탁자 위에 놓고 일어섭니다. 이에 주인이 서쪽을 향하여 재배하고 큰손님도 또한 동쪽을 향하여 재배한 다음에 큰손님이 술잔을 들고 동쪽을 향해 무릎 꿇고 앉아서 술을 땅에 조금 부어 제사 지낸 다음에 일어나 서서 마시는 것입니다. 술을 마시기를 마치면 잔을 탁자에 놓고 다시 주인을 향해 절하면 주인도 답하여 절하는 것입니다.

이렇게 큰손님이 술을 마신 다음에는 큰손님이 주인에게 술을 권하는 것이 예절입니다. 그러므로 큰손님은 그 잔을 들고 물로 씻으면 주인이 사양하고 큰손님이 씻기를 마친 다음에 직접 술을 잔에 채워서 주인에게 술잔을 드리면 주인이 그 술을 받아서 탁자에 놓고 일어섭니다. 손님이 동쪽을 향하여 재배하고 주인도 서쪽을 향하여 재배를 한 다음에 주인이 역시 술잔을 들고 서쪽을 향하여 무릎 꿇고 앉아서 땅에 술을 조금 부어 제사 지내고 일어나 마시는 것입니다. 그리고 주인이 술을 다 마시면 잔을 탁자에 놓고 주인이 손님을 향하여 절을 하면 손님도 답하여 절하는 것입니다.

이렇게 주인과 큰손님이 술을 한 잔씩 직접 드린 다음에는 집사(執事)들로 하여금 두루 여러 손님의 술잔을 씻게 하고, 주인이 여러 손님의 술잔에 술을 담아서 여러 손님에게 드리면 이에 여러 손님이 각각 나와서 술잔을 받아서 집사에게 주면 집사가 여러 손님의 자리 앞에 있는 음식상 위에 술잔을 가져다 놓습니다. 만약 주인이 나이가 많은 높은 분이나 어른이면 여러 손님이 일동으로 함께 절하고, 혹시 나이가 비슷한 맞잡이이면 모두 함께 읍(揖)을 하고 절하지 아니합니다. 여러 손님이 주인에게 절이나 읍을 마치면 각각 자기 자리에 가서 무릎 꿇고 술을 조금 땅에 부어 제사 지내고 일어나서 마신 다음에 다시 절하거나 읍을 하는 것입니다.

만약 이에 혼례의 모임이거든 곧 사돈집 사람으로 큰손님을 삼고 비록 사돈집의 손님이 나이가 어리더라도 정중히 대우하여 주인이 절을 해야 됩니다. 이렇게 여러 손님이 주인의 술을 마셨으면 다음부터는 집사가 술을 권하고 술잔을 주고받을 때의 절은 생략하는 것입니다.

끝으로 연회를 파하는 것은 큰손님의 결정에 따르는 것이니 큰손님이 일어나서 대문으로 나아가면 모든 손님이 따라서 물러가는 것입니다.

오늘은 동네 어른에게 술을 대접하는 절차를 살펴보았습니다. 감사합니다.

고향마을에 살면서 위로하고 배웅하는 예절 /2009. 6. 4(木)

청취자 여러분, 안녕하십니까? 오늘은 고향마을에 살면서 위로하여 전송하고, 또 경사(慶事)에 축하하고, 흉사(凶事)가 있으면 조문

(弔問)하며, 선물하는 예절에 대하여 살펴보겠습니다.

우리나라는 옛날부터 마을공동체를 건설하여 이웃과 더불어 기쁨을 서로 나누고, 어려운 일을 서로 도우면서, 인정(人情)이 두텁고, 풍속이 아름다운 생활문화를 건설하였는데 그 가운데서 중요한 것을 말하면

첫째, 전송(餞送)하여 배웅하는 예절이 있습니다. 마을에 높은 분이나 어른이 먼 길을 떠나심에 젊은이와 어린이가 배웅함에는 대개 5리를 넘지 아니하고, 맞잡이가 떠남에는 3리를 넘지 아니하는 것입니다. 그러나 혹 정분이 두텁고 얄팍함에 따라서 멀리 가거나 가깝게 가는 때도 있는데 다만 절하고 읍(揖)하는 것은 예절에 정한 대로 하며, 준비한 음식이 있으면 곧 나아가서 음식을 먹게 하고, 만일 음식을 갖추지 아니했거든 절만 하고 배웅하여 보내되 말에 올라 수십 보를 따라가나니 가는 사람이 강력하게 사양하면 곧 말을 세우고 눈으로 가는 사람을 배웅하여 수백 보(步)를 간 다음에 물러가는 것이 예절입니다.

둘째, 멀리 출타(出他)했다가 돌아오는 사람이 있으면 동네 사람이 마을 어귀에 나와서 맞이하여 위로하는 예절이 있습니다. 특히 마을에 높은 분이나 어른이 멀리 나갔다가 돌아오시면 평소에 가까이 지내던 사람은 마을 입구에 나아가 길옆에서 기다리다가 어른이 이르러 말에서 내리시면 그 앞에 나아가 읍(揖)을 하되 안부를 살펴 묻지를 아니합니다. 그리고 어른이 다시 말에 오르시면 곧 그 집으로 따라가서 뵈고 물러가는 것입니다. 만약 높은 분이나 어른이 말에서 내리지 않고, 명령하여 말을 타라고 하시거든 곧 말에 올라 길옆에 서서 기다리며, 양손을 마주 잡고 있는 것입니다. 그

리고 나이가 비슷한 같은 또래의 친구이거든 말 위에서 양손을 잡고 읍(揖)을 하며, 수고로움을 위문하고, 인사를 마치면 함께 집으로 갑니다. 그리고 젊은이가 돌아올 때에는 반드시 맞이할 필요가 없습니다.

셋째, 한마을에 사는 사람은 서로 경축(慶祝)하고, 조문(弔問)하는 예절이 있습니다. 대개 자녀들의 성년식(成年式)을 거행하거나 자녀를 생산하였거나 또는 학교에 입학하거나 과거(科擧)에 급제(及第)하여 벼슬에 오르거나 또는 취직을 하였으면 찾아가서 하례(賀禮)하고, 더불어 경축하는 것입니다. 특히 혼례(昏禮)는 비록 하례(賀禮)할 일이 아니지만 그래도 축복(祝福)해서 앞날의 행복을 축원하고 또한 손님을 대접하는 비용을 조금이라도 보태서 돕는 것이 한동네에 사는 사람의 인사인 것입니다. 자고로 우리나라의 풍속은 말로만 경축하는 것이 아니고, 약간의 예물로 마음의 기쁨을 표하거나 또는 노력으로 행사에 힘을 보태는 것이 관습이었습니다.

넷째, 조문(弔問)하고 위로하는 예절이 있습니다. 마을 사람에게 흉악한 일이 있으면 모든 일을 제쳐 두고 달려가서 구원하고 위로하는 것입니다. 그리하여 마을에 초상(初喪)이 나면 즉각 노래하고 방아 찧는 일은 중지하고, 초상집에 가서 위로하고, 조문(弔問)하여 장사 지낼 때까지 일을 돕는 것입니다. 그리고 마을에 화재나 홍수가 나면 즉각 달려가서 불을 끄고, 물을 막아 구원하는 것이 이웃의 의리인 것입니다. 이에 마을 사람의 힘으로 구원할 수 있거든 온 마을이 회의를 해서 구원하고, 만일 마을 사람의 힘으로 할 수 없거든 관청과 중앙정부에 구원을 요청해서 안정할 수 있도록 힘을 써야 되는 것입니다.

다섯째, 고향마을에 살면서 선물을 드리는 예절이 있습니다. 선물을 주고받는 것은 인정(人情)을 두텁게 하고, 추억을 남기는 아름다운 정표(情表)지요. 나에게는 별로 소중하지 않아도 남에게는 소중한 물건이 있습니다. 무릇 높은 분이나 어른에게 드릴 물건이 있거든 먼저 문서로 그 물건의 목록을 열거하여 직접 올린 다음에 물건을 드리는 것입니다. 만약 사양하심이 두 번에 이르면 곧 중지하여 드리지 아니합니다. 그리고 나이가 서로 비슷한 친구에게 선물할 때에는 편지에 물품내역을 써서 사람을 시켜서 보내되 두 번, 세 번 사양하면 중지하는 것입니다. 끝으로 젊은이에게 선물할 때에는 사람을 시켜 말로 전달하거나 혹 쪽지의 물품목록을 적어서 전달하되 보내는 사람의 이름을 쓰는 것입니다.

선물을 받고 감사의 인사를 하는 예절은 젊은이는 직접 찾아가서 절하고, 높은 분은 사람을 시켜 말로 감사의 뜻을 전하며, 친구는 편지로 전합니다.

오늘은 고향마을에 살면서 전송하고 환영하고 축하하고 조문하고 선물하는 예절에 대하여 말씀드렸습니다. 감사합니다.

대화에 있어서 화제의 중요성 /2009. 6. 5(金)

청취자 여러분, 안녕하십니까? 오늘은 사람과 더불어 대화를 함에 있어서 화제(話題)에 대하여 말씀드리겠습니다.

우리 유교에서는 사람과 사람이 만나서 인사하고 대화를 하는 응대법(應對法)을 소학교에서부터 가르치는 것입니다. 그리하여 상대방의 말을 정확히 듣고, 자기의 생각을 자상하게 전달하여, 몸가짐이 단정하고, 말이 분명하며, 글씨가 반듯하고, 판단이 올바른 사람을 신언서판(身言書判)이 번듯하다고 칭찬하는 것입니다. 이와 같이 말이라는 것은 인간의 품위를 나타내는 기능을 하기 때문에 말을 하는 태도와 음성과 내용이 매우 중요하지요. 대체로 말을 하는 태도와 음성은 경박하거나 시끄럽게 해서는 안 되고, 어디까지나 진지한 태도로 정중하면서도 조용조용, 도란도란해야 인정이 감돌고 기쁨이 넘치는 것입니다.

그러나 대화에 있어서 가장 중요한 것은 대화의 내용입니다. 대화의 내용은 곧 화제(話題)가 되겠지요. 화제가 빈곤하거나 혹은 합당하지 못한 이야기를 하면 모든 대답이 아구 쓸모없는 잡담이 되어서 공연히 시간만 낭비하고 정력만 소비하는 결과가 되는 것입니다. 그래서 우리 유교인은 서로 만남에 화제의 선택을 아주 신중히 해서 가장 필요하고 절실한 주제(主題)로부터 입에 올려 말을 하고, 점점 가벼운 이야기로 화두(話頭)를 돌려서 마침내 신변잡사에까지 두루 이야기가 미쳐 가도록 말머리를 돌리는 것입니다. 그리하여 더 이상 할 이야기가 없으면 자리를 파하고 돌아오지요. 이렇게 사람과 사람이 만나서 이야기를 함에 농담이나 잡담만 하다가 헤어지는 것이 아니라 두 사람 사이에 놓인 가장 중요한 과제를 문제로 제기하여 새삼 관심을 표명하고, 상황의 진전을 살펴서 그 의지를 확인하며, 격려하는 대화는 삶의 활기를 얻는 유익한 만남이 되는 것입니다.

우리 유교에서는 대화하는 상대의 신분에 따라서 가장 중요한 화제를 일찍이 예시하여 가르쳤는데 예기(禮記)의 사상견례(士相見

禮)에서 말하기를 "임금과 더불어 대답을 할 때에는 신하를 예절로 부리는 임금의 도리에 대하여 가장 먼저 말하고, 높은 관료와 더불어 대화를 할 때에는 임금을 곧은길로 섬기는 도리에 대하여 가장 먼저 말하며, 노인과 더불어 대답을 할 때에는 아우나 아들을 부지런히 부리는 도리에 대하여 가장 먼저 말하고, 어린이와 더불어 대화를 할 때에는 어버이에게 효도하고 형제와 우애하는 도리에 대하여 가장 먼저 말하며, 대중들과 더불어 대화를 할 때에는 진실하고 믿음직하고 자애(慈愛)하고 착하게 살면서 행복하게 사는 길에 대하여 가장 먼저 말하고, 벼슬하는 사람과 더불어 대화를 함에는 나라에 충성(忠誠)하고, 국민에게 신임을 얻는 방법에 대하여 가장 먼저 언급하라."고 역설하였습니다.

일찍이 맹자(孟子)가 말씀하시기를 반나절을 앉아서 이야기를 하되 화제가 인생의 본의와 사람답게 사는 길에 미치지 아니하면 아무런 쓸모가 없는 모임이라고 하였습니다. 그리고 공자는 세 사람이 길을 가면 반드시 나의 스승이 있다고 하였습니다. 그것은 곁에 훌륭한 사람이 있으면 본받아 배울 일이요, 만일 볼품이 없는 사람이 있으면 돌이켜 반성해서 경계로 삼으라는 뜻이니 주변에 있는 사람이 착한 말을 하면 본받아 배우고, 착하지 못한 말을 하면 경계하여 반성하고 삼가라는 뜻입니다.

끝으로 말을 할 때와 말을 하지 말아야 될 때가 있음을 알아야 하는데 대체로 대화를 함에 있어서 화제를 설정하는 일은 어른이 정하는 것이요, 젊은이는 질문은 할지언정 감히 화두(話頭)를 먼저 꺼내서는 안 되는 것입니다. 왜냐하면 사람이 신분적인 차별이 있으면 단지 물음에만 답하는 문답법(問答法)으로 간단명료하게 요약하는 형식을 취해야 되고, 서로 주거니 받거니 이야기를 펼치는 대화법(對話法)은 오직 신분이 동등한 사이에서만 가능한 것임을 알아야 합니다.

공자님은 식사할 때와 잠잘 때에는 말씀을 안 하시고, 고향마을에서는 별로 말씀을 안 하셨지만 조정에 가서는 분명하게 말하시되 오직 신중히 하셨으니 업무상의 대화는 책임을 져야 하므로 자상하고 확실하게 밝히고, 교제상의 대화는 따듯하고 화평하게 해서서로 즐거운 자리가 되게 하였습니다.

오늘은 대화에 있어서 화제의 중요성을 말씀드렸습니다. 즐겁고 보람 있는 대화술을 개발하기 바랍니다. 감사합니다.

삼별재(三別齋) 나문호(羅文鎬) 선생의 효도 /2009. 6. 1(月)

청취자 여러분, 안녕하십니까? 오늘은 6월 1일입니다. 우리 민족에게 있어서 6월은 현충(顯忠)의 달이지요. 우리는 수많은 어려운 역경을 극복하고 영광스러운 조국을 창조한 위대한 역사를 가지고 있습니다.

오늘날 미국의 금융위기로 촉발한 세계경제의 불황으로 많은 사람들이 고통을 받고 있습니다. 그러나 우리는 지난 세기의 민족 고난사를 돌아보고 더욱 지혜와 용기를 갈고닦아서 반드시 다시 일어나서 민족이 웅비하는 빛나는 시대를 개척해야 됩니다. 그렇다면 우리는 냉철한 이성으로 지난 세기의 그 처절했던 식민지시대를 참고 살았던 조상들의 지혜와 용기를 살펴보고 버워야 할 것입니다.

그래서 오늘은 삼별재(三別齋) 나문호(羅文鎬) 선생의 일생을 살펴 보겠습니다.

나문호 선생은 서기 1879년 6월 12일에 충청남도 한산(韓山)에서 태어나 7세에 아버지를 여의고 홀어머니와 함께 가난하게 살면서 근근이 농사를 지어 먹고 살았지요. 그런데 청년이 되자 일본이 침략하여 나라를 빼앗기고 식민지 노예로 전락하여 갖은 학대와 노역으로 40년을 시달리다가 늙어서야 일본이 태평양 전쟁의 패전으로 우리나라가 독립을 하였으나 또한 미국과 소련이 그은 38선으로 인하여 6·25동란이 일어나서 남정북벌(南征北伐) 3년을 싸우며 전 국토를 초토화할 뿐만 아니라 좌익과 우익의 살육전 속에 아들이 죽는 슬픔을 당하고 서기 1954년 2월 19일 76세를 일기로 조용히 눈을 감았습니다.

사람의 짧은 한평생에 어려서는 아버지를 여읜 고아가 되고, 젊어서는 나라를 빼앗긴 노예가 되고, 늙어서는 아들을 잃은 독거노인이 된다면 인생의 만단고통을 모두 겪은 것으로 도저히 감당 못할 일이라고 할 것입니다. 그럼에도 나문호 선생은 추호도 흔들림 없이 용기백배하여 홀어머니 평해(平海) 구(丘)씨를 효성(孝誠)으로 섬기며 열심히 농사를 지어서 가난한 살림을 일으켜서 자급자족하게 되자 20세 때부터는 아침저녁으로 서당(書堂)에 가서 글공부를 익히기 시작하였지요.

어찌나 열심히 공부를 하였는지 낮에 논밭에 나아가 일을 하다가 잠깐 쉬는 틈에도 책을 읽었다는 것입니다. 그리하여 낮에는 밭 갈고, 밤에는 글 읽는 주경야독(晝耕夜讀)을 25년간 계속하여 격몽요결(擊蒙要訣), 소학(小學), 효경(孝經)을 비롯하여 4서3경(四書三

經)을 독파하고 성리학(性理學)을 스스로 깨닫는 도통군자(道通君子)가 되었습니다.

나문호 선생은 학문이 이미 도저함에도 일본의 식민지 아래에서 고통받는 민중을 동정하여 여름이면 길옆의 밭에 참외를 심어 허기진 나그네에게 모두 나누어 주었고, 겨울에는 독서회(讀書會)를 만들어 서민대중의 자제를 모아 무료로 글을 가르쳐서 민족이 나아갈 길을 제시하면서 용기를 북돋웠습니다. 나군호 선생은 우리 민족이 올바르게 사는 길은 일본제국주의에 절대로 협조하지 말고, 배척하여 멀리하라고 하면서 공자가 안연(顔淵)에게 당부한 4물계(四勿戒)와 증자(曾子)의 3성법(三省法)을 크게 강조하였습니다.

안연의 4물계는 예의가 아니면 보지 말며, 예의가 아니면 듣지 말며, 예의가 아니면 말하지 말며, 예의가 아니면 움직이지 말라는 네 가지로 사악하고 간사한 일본에 끝까지 저항하여 타협하지 말라고 하였습니다.

그리고 증자의 3성법은 날마다 세 가지를 반성하는 것으로 사람을 위하는 일에 진실하지 아니했는가, 또한 사람과 더불어 사귐에 믿지 아니했는가, 그리고 스승에게 배운 것을 익히지 아니했는가의 세 가지를 반성하는 것이니 이것은 우리 민족끼리 진실하게 살고, 서로 믿으면서, 지식과 용기를 길러 해방 독립의 길을 도모하라는 것입니다.

개인적으로 어려운 시련을 스스로 극복하고, 민족의 지성으로 성장하여, 애국애족(愛國愛族)의 길을 솔선수범하면서 늙어서는 80노모(老母)를 친히 모심에 공손하게 그 뜻을 받들어 지극히 즐겁게 섬기다가 노환(老患)으로 마침내 위독하자 손가락을 쪼개서 피를 입에 넣어 3일간을 연명하게 하고, 이에 돌아가심에 초상 치르고 장사 지내는 범절을 지켜 3년간 성묘를 하루도 거르지 아니하였습니다.

그리하여 나문호 선생의 효행(孝行)에 감동하여 한산 향교에서는 그 효행비를 세우고 아름다운 미담을 군지(郡誌)에 실었으며 그 제자들이 위사답(爲師畓)을 장만했다고 합니다.

우리는 선인들의 이와 같은 어려운 역경을 헤치고 찾은 영광스러운 인간 승리를 본받아 씩씩하게 살아야 하겠습니다. 감사합니다.

현충일에 충효절의(忠孝節義) 사상을 기리자 /2009. 6. 6(土)

청취자 여러분, 안녕하십니까? 오늘은 6월 6일 현충의 날에 즈음하여 충효절의(忠孝節義)에 대하여 말씀드리겠습니다.

나라에 충성하고 집에서 효도하며, 부부간에 정절을 지키고 사회에 정의를 일으키는 것은 우리 유교에서 가장 고귀한 인생의 가치로 인식하여, 크게 장려하면서 교육의 기본정신으로 삼았습니다. 그리하여 지난 역사를 보면 우리나라는 충신과 효자와 열녀와 의사(義士)가 시대마다 거듭 나와서 청사에 길이 이름을 올릴 뿐만 아니라 또한 방방곡곡에 충신비(忠臣碑), 효자비(孝子碑), 열녀비(烈女碑), 의사비(義士碑)를 세워서 꽃다운 이름이 남아 천추에 빛나는 것입니다.

오늘날은 개인 이기주의 사조가 풍미하여 자기 자신의 이익만을 취하고, 국가와 가정과 배우자와 사회인을 배려하지 않는 세태가 되어서 충성심과 효심이 점점 빛을 잃어 가고, 또한 정절의식(貞節

意識)과 정의감(正義感)까지도 쇠퇴하여 차차 흐려진 현실입니다.

옛사람의 말에 의복과 양식이 풍족하거든 예절을 지켜야 된다고 하였지요. 오늘날은 옛날에 비교하면 의복과 양식이 풍족하다고 할 것입니다. 그럼에도 어찌하여 도덕심과 윤리의식과 예절관념과 정의심은 더욱 사라지고 있으니 큰일이 아닐 수 없습니다. 사람이 가난해도 나라에 충성하고, 부모에게 효도하며, 부부간에 정절을 지키고, 사회에 정의를 일으킨다면 인생의 즐거움과 보람이 있고, 또한 복을 받아서 길이 영광이 있는 것입니다.

그러나 이와 반대로 사람이 비록 부자로 넉넉하게 살지라도 나라에 불충(不忠)하고, 어버이에게 불효(不孝)하며, 또한 부부간에 부정(不貞)한 짓을 하고, 사회에 불의(不義)한 행동을 한다면 크게는 형벌을 면치 못할 것이요, 작게는 갖은 지탄과 저주를 한 몸에 받아서 추악한 몰골로 전락하여 가련한 신세가 될 것입니다.

이것은 엄연한 사실로서 오직 역사에서만 보는 것이 아니고, 오늘날 현실사회에서 아침저녁으로 듣고 보는 일입니다. 따라서 지혜로운 부모형제는 자녀들의 앞날을 위하여 충효절의의 고귀한 가치를 평소에 강조할 뿐만 아니라 자기 자신도 나라를 위하는 일에 앞장서고, 조상의 묘소를 잘 보호하여 지키면서, 충성하고 효도하는 사업을 열심히 추진함과 동시에 배우자를 위하여 정절을 지키고, 사회를 위하여 올바른 길로 아름다운 풍속을 일으키기 때문에 그 자손들도 자연히 감화하여 충효절의를 생활화하게 되는 것입니다.

그러나 눈앞에 이익을 탐하여 사회혼란을 틈타고 야욕충족에 혈안이 된 부류들은 결국 물질의 노예로 전락하여 도덕과 윤리와 예절을 서슴없이 짓밟으면서 심하면 나라를 팔아먹는 매국노(賣國奴)

가 되고, 어버이를 방치하고 돌아보지 아니하는 패륜아(悖倫兒)가 되고, 조강지처(糟糠之妻)를 버리고 신여성(新女性)과 놀며 가산을 탕진하는 파락호(破落戶)가 되고, 주색잡기(酒色雜技)에 빠져 사기(詐欺) 폭력 집단에 연루되어 사회풍속을 혼탁하게 하는 파렴치범(破廉恥犯)이 되어 종국에는 패가망신하는 것입니다.

인생은 자기 혼자만 사는 것이 아니고, 위로 부모 조상으로부터 아래로 자손만대에 걸쳐 더불어 사는 것입니다. 따라서 자기의 충성과 효도와 정절과 정의는 다만 자기 자신만의 영광스러운 일이 아니고, 위로 조상을 빛내고, 아래로 자손을 복되게 하는 가문의 영광입니다.

그리고 자기의 불충하고 불효하고 부정하고 불의한 삶은 단지 자기 자신만을 부끄럽게 하는 것이 아니라 또한 그 조상을 욕되게 하고, 그 자손을 수치스럽게 하는 가문의 치욕이 되는 것입니다. 이 얼마나 무서운 일입니까?

비록 시대가 어지러워서 개인이기주의가 풍미하는 경쟁사회라고 하여도, 진정 바르게 살고자 한다면 반드시 우리 민족의 전통사상을 받들어 충효절의의 정신을 지켜야 할 것입니다.

오늘은 현충의 날에 즈음하여 충효절의에 대하여 말씀드렸습니다. 감사합니다.

방산(方山) 이방헌(李邦憲) 선생의 기백(氣魄) /2009. 6. 7(日)

청취자 여러분, 안녕하십니까? 오늘은 현충의 달을 맞이하여 우리 민족의 장렬한 영혼의 광채에 대하여 살펴보겠습니다.

자고로 선비는 시대와 더불어 운명을 같이합니다. 해와 달이 빛나는 밝은 사회에서는 세상에 나아가서 천하 사람들과 더불어 착한 일을 하고, 해와 달이 어두운 암흑시대가 되면 초야에 숨어서 홀로 착한 길을 찾는 것이지요.

지난 제국주의 시대에 구·미 열강과 아시아의 일본이 군함과 대포로 약소국을 짓밟고, 식민지를 개척하면서 사악한 독기를 내뿜으며, 독립을 외치는 의기남아를 모조리 학살하여 땅속에 묻어 버리는 공포의 시대, 통곡의 땅에서 적개심이 머리끝까지 솟구쳐 비분강개(悲憤慷慨)하면서도 도덕불멸(道德不滅)과 정의필승(正義必勝)의 신념을 가슴속에 깊이 간직하며 와신상담(臥薪嘗膽), 권토중래(捲土重來)의 희망을 끝까지 잃지 않았던 인고(忍苦)의 한숨소리와 자책(自責)의 탄식과 희망의 노래와 도덕의 외침으로 사람의 가슴을 뭉클하게 하는 학자가 많이 있었습니다.

오늘은 그 가운데서도 최근에 그 문집을 전부 국역해서 출판하여 새로 알려진 방산(方山) 이방헌(李邦憲) 선생의 장엄한 기백(氣魄)을 소개하여 우리 민족의 불굴의 투지와 강인한 정신력을 본받고자 합니다.

방산 이방헌 선생 문집(文集)을 보면 방산 선생은 서기 1857년 1월 25일 충청남도 덕풍현(德豊縣: 現 禮山郡)에서 출생하여 서기 1923년 10월 3일 면천현(沔川縣: 現 唐津郡) 율리정사(栗里精舍)에서 卒하시니 제국주의가 발호하여 식민지 개척에 혈안이 되었던 극악무도(極惡無道)한 시대에 67년을 살았습니다. 방산 선생은 소년시절에 병인양요(丙寅洋擾)와 신미양요(辛未洋擾)를 목도하였고,

청년시절에는 운양호 사건으로 병자(丙子) 한·일 수호조약을 맺어 개방·개화의 국제조류가 쏟아져 들어왔으며, 늙어서는 급기야 을사 5늑약과 정미 7늑약으로 나라까지 일본에 빼앗기는 참담한 운명으로 전락했지요.

그러나 방산 이방헌 선생은 추호도 흔들림이 없이 선비의 옷을 입고, 선비의 말을 하고, 선비의 행실로 일관하였으니 머리를 깎는 단발령(斷髮令)이 내리자 신체와 머리털과 피부는 부모에게 받았으니 감히 훼손하거나 상처를 내지 않는 것이 효도의 시작임을 지적하여 차라리 목을 자를지언정 머리털은 자르지 않겠다고 깊은 산속으로 이사하여 평생 숨어 살았으며, 서기 1907년에 서당 폐쇄령이 내리자 제자를 데리고 산속의 암자에 기거하면서 4서5경(四書五經)을 계속 가르치면서 도덕은 영원히 불멸하므로 반드시 도덕세계가 다시 돌아온다고 선언하였지요.

그리고 서기 1910년 일본이 강제로 한·일 합방을 강행한 경술국치(庚戌國恥)에 문하의 제자에게 일러 말하기를 "원한을 머금고 비통함을 인내하면서 장차 복수할 힘을 기르라."고 당부하면서 더욱 분발 노력하여 실력을 기르고 정신을 차려서 민족의 정기를 길러야만 최후의 승리자가 될 수 있음을 설파하였습니다. 그리하여 끊임없이 경전을 읽어 옛날 성현들이 어지러운 세상을 극복하였던 슬기를 본받아 아무리 어려운 역경일지라도 결코 좌절하여 자포자기하지 말고, 7전8기(七顚八起)하며, 백절불굴(百折不屈)하여, 일곱 번 쓰러지면 여덟 번 일어서고, 일백 번 꺾여도 굽히지 않아야만 절필동(萬折必東)하여 일만 번 꺾여도 반드시 동쪽으로 흐르는 강물처럼 줄기차게 바다로 흐르듯이 정의필승(正義必勝)의 진리를 노래하였습니다.

그토록 장렬한 영혼의 광채는 민족 문학의 정수로 오늘에 되살아났으니 일부를 소개하면 다음과 같습니다. "군자의 학문은 한 몸으로 하늘땅에 참여하여 3재(三才)가 되나니 그러므로 세태의 변화와 오도(吾道)의 액운(厄運)이 무한한 횡역(橫逆)을 만났지만 그러나 실로 나의 몸이 이름을 이루는 기회가 되어 하늘의 사명을 나로부터 세우는 것이다.

공자가 말씀하시기를 '죽음으로 착한 도덕을 지키라.'고 하였고 또 '죽음에 이르러도 변하지 않으니 강하도다. 씩씩함이여.' 했나니 불퇴전의 용기로 분발 노력하라." (贈閔泰瑢, 金寬濟二君序)고 하였으며, 또한 "땅강아지의 눈썹 사이 만국의 근심, 한 잔 술 오히려 그대와 나누도다. 세상 사람들 이익에 끌리지만, 강남의 가곡이 좋은 풍류로세. 마음을 전함에 오직 일천 강의 달이 있고, 도(道)를 지킴에 일백 척의 누대 있네. 우리에게 주어진 필생의 사업, 책 속에 곧게 서서 머리 돌리지 마소."(和諸生)라고 하였습니다. 성인의 가르침은 영원한 진리이므로 어떠한 세상, 어떠한 경우에도 성현의 가르침을 벗어나지 않은 장엄한 기백이 살아 있는 것입니다.

오늘은 방산 이방헌 선생의 기백을 살펴보았습니다. 감사합니다.

스승은 인생의 등불 /2009. 7. 13(月)

청취자 여러분, 안녕하십니까? 이제 장마철이 되어 검은 구름이 밀려와서 지루한 장마 속에 무더위까지 기승을 부리니, 몸도 마음도 지쳐서 식욕이 떨어지고, 잠을 설치는데 또한 세계적인 경제 불황으로 가정살림도 여유가 없는 어려운 형편에, 내일을 걱정하는 현실입니다.

자고로 인생의 앞날이 캄캄하여 희망이 없고 자기 홀로는 도저히 해결할 수 없는 어려운 역경을 만나면 좌절하는 사람이 많은데, 이것은 인생을 슬기롭게 사는 사람이 아닙니다. 바야흐로 인생을 슬기롭게 사는 사람은 인생의 선지선각자(先知先覺者)를 찾아가서 인생의 진리를 배우고, 자기의 직분을 익혀서, 부질없는 근심걱정을 털어 버리고, 용감하게 희망을 찾아 약진하는 것입니다.

사람이 사는 세상은 대단히 넓고 깊어서 많은 문제가 있지만 그러나 인생행로에 있어서 도저히 해결할 수 없는 문제는 없는 것입니다. 다만 어리석은 사람이 천 번을 생각해 보아도 도저히 해결할 수 없는 답답한 문제를 어진 사람은 단번에 즉각 해결하는 능력이 있지요. 그래서 사람은 자기보다 나은 사람을 스승으로 삼아 모르거나 의심스러운 문제를 물으면 아무리 어려운 일이라도 해결책이 나오기 마련입니다. 그러므로 우리 유교에서는 스승을 융숭하게 받들어 높이라고 하였고, 심지어 아랫사람에게 물어보는 것을 부끄럽게 생각하지 말라고 일찍이 공자님이 말씀하셨습니다.

현대인은 학교에서 가르치는 선생님만을 스승으로 알고, 졸업하면 홀로 서서 자력으로 독립하여 사는 것을 똑똑한 사람으로 알고 있는데 이러한 생각은 지혜로운 삶이 아닙니다. 학교에서 글을 배울 때에는 문자와 지식을 가르치는 문자(文字)의 스승이나 경전(經傳)을 해석하는 경사(經師)가 필요하지만, 사회에 나와서 인생을 경영함에는 캄캄한 밤길을 비쳐 주는 등불처럼 인생행로를 바르게 이끌어 주는 인생의 스승, 즉 인사(人師)가 필요한 것입니다.

그러므로 우리 유교인은 학교에서 글을 가르치고 기술을 전수하는 스승을 존엄하게 높이면서도 또한 사회생활을 하면서 어려운 문제를 명쾌하게 깨우쳐 주시는 인생의 선배를 평생 융숭하게 받들면서, 함께 노는 것입니다. 그러므로 학교의 스승에게서 배운 것은 수업(受業)했다고 말하고, 사회의 스승에게서 배운 것은 종유(從遊)했다고 하여, 서로 다르게 표현합니다. 학교에서 받은 수업만으로 거친 세상을 올바르게 살아갈 수 없기 때문에, 사회에 나와서도 인생의 스승을 가까이 모시고, 틈만 나면 찾아가서 좇아 노는 가운데, 인생의 진리를 발견하고, 가치 있는 일을 함께 도모함으로써 서로 발전하는 계기를 마련하는 것입니다.

스승과 제자가 평생을 더불어 이끌어 주고 좇으면, 무슨 어려운 일이 있겠습니까? 아무리 어리석은 사람이라도 반드시 현명하게 될 것이고, 아무리 나약한 사람이라도 반드시 씩씩하게 될 것이며, 아무리 비천한 사람이라도 또한 고귀하게 될 것입니다.

사회생활에 있어서 인생의 등불과 같은 스승이 가까이 있음으로써 인생이 더욱 활기차고 즐거운 까닭에 옛날 선비들은 그 스승이 돌아가셔도 흩어지지 않고, 사당을 지어 봄가을로 함께 모여서 제사를 지내고, 그 덕을 기릴 뿐만 아니라, 또한 스승의 문집을 빠짐없이 모아 편집해서 아름답게 출판하여, 각각 집에 모시고 아침저녁으로 스승의 글을 읽으면서 마음을 더욱 깨끗이 씻고 몸을 수양하여 스승처럼 훌륭한 인물이 되려고 노력하였습니다.

인생의 문제를 홀로 외롭게 개척하면 비록 어질고 착한 사람이라도 고달플 때가 없지 않을 것입니다. 그러나 스승과 제자가 더불어 가르치고 배우면서 함께 살아간다면 아무리 험난한 시대라고 하여도, 거칠 것이 없이 한길로 매진할 수 있을 것입니다. 옛날 스승이 개척한 넓고 큰 길을 후학(後學)이 쫓아가는 것이 우리 민족의 학풍(學風)이었으니, 이러한 아름다운 학풍을 이제 다시 일으켜서 험난한 세파를 슬기롭게 극복합시다.

오늘은 인생의 스승과 선배는 어둠 속의 등불임을 말씀드렸습니다. 감사합니다.

여섯 가지 덕성교육 /2009. 7. 14(火)

청취자 여러분, 안녕하십니까? 오늘은 옛날부터 가장 아름다운 마음씨로 여기는 여섯 가지 덕성(德性)교육에 대하여 살펴보겠습니다.

옛날 주(周)나라에서는 국가의 교육정책으로 여섯 가지 덕성과 여섯 가지 행실과 여섯 가지 예능(藝能)으로 전 국민을 교육하여 인재를 양성하여 찬란한 문명국가를 건설하였습니다.

인간의 본성은 착하기 때문에 개발하기에 따라서는 참으로 헤아릴 수 없이 많은 미덕(美德)이 있지요. 그러나 보편적으로 모든 사람이 갖추어야 되는 바람직한 인격체는 개인적으로 자립·자율할 수 있는 사상체계를 가지고 있어서 가정적으로는 어버이를 잘 섬겨 효도하고, 형제와 우애하여 가족의 화합을 이끌 수 있으며, 국가적으로는 공명정대한 사회규범을 지켜서, 나라에 충성하고, 인민을 보호하는 정신이 있으며, 세계적으로 국제질서를 존중하고, 인류안녕을 도모하여, 대동 태평시대를 건설하려는 고상한 이념을 가지고 있어야 할 것입니다.

이와 같이 진실하고, 착하고, 아름다운 인격을 구비하기 위하여 주례(周禮)에서는 여섯 가지의 덕성을 전 국민이 고루 갖추어야 된다고 하면서 지혜와 사랑과 성스러움과 정의와 충성과 화합하는 마음씨를 제시하였습니다. 이러한 여섯 가지의 덕성은 인류의 오랜 교육경험을 통하여, 제시한 것으로 그 가치를 모두 인정하였기 때문에 주자(朱子)는 소학(小學)을 편집하면서 제일 먼저 가르치는 입교(立教)편에 넣어서 국민교육의 기본방향으로 삼았습니다. 그리하여 소학(小學)을 존중했던 조선왕조의 선비들은 이 여섯 가지의 덕성을 길러서 모두 위대한 인격자가 되었던 것입니다. 이제 이 여섯 가지의 덕성을 차례로 해설하여, 장차 우리 한민족이 아름다운 인격을 기르는 길잡이로 삼고자 합니다.

첫째, 지혜는 마음의 지각(知覺)능력을 개발하여, 스스로 진리를 탐구하고, 사물의 본질을 파악해서, 선입관에 빠지거나 망상(妄想)을 하지 말고, 자연법칙을 꿰뚫어 통해서 이해(利害)와 득실(得失)을 공명정대하게 판단하는 지성(知性)입니다. 국민교육을 통하여 과학적으로 사물을 판단하는 지성사회가 되어야, 문명한 국가와 평화로운 세계를 건설합니다.

둘째, 사랑은 천부적으로 타고난 본성 가운데 으뜸인 어질 인(仁)자로 가정에서는 어버이를 사랑하고, 중간에는 나라를 사랑하고, 더 나아가서는 인류를 사랑하는 마음씨입니다. 이러한 인간본성에서 발로한 사랑은 매우 지혜로운 사랑이기 때문에 대단히 착할 뿐만 아니라 또한 분별력이 있어서 가깝고 두터운 관계는 많이 사랑하고, 멀고 가벼운 관계는 조금 사랑하며, 또한 윗사람은 공경심을 가지고 사랑하고, 아랫사람은 측은한 마음을 가지고 사랑하여, 때와 장소와 상대에 따라서 알맞게 사랑하는 조절능력이 있는 것이지요. 오늘날 사람은 평등애(平等愛)라고 해서 모두 똑같이 사랑한다고 하는데, 이것은 분별력이 없는 것으로 가족애와 인간애를 혼동한 것입니다. 가족관계와 인간관계를 살피지 못하면 어떻게 화목한 가정을 만들고 어떻게 문명한 국가를 건설하겠습니까? 우리 유교에서는 천륜(天倫)의 가족관계는 조건 없이 무한히 사랑하고, 인륜(人倫)의 인간관계는 상황에 따라 알맞게 사랑하여, 중용의 도(道)를 지키는 것입니다.

셋째, 성스러움은 성인 성(聖) 자로 표현하였는데 모든 사람이 어질고 떳떳한 양심(良心)을 가지고, 고상한 인격체를 숭상하는 것입니다. 사람이 세속적 가치에 집착하여, 물질의 노예로 전락하면 예의염치(禮意廉恥)를 저버리고, 추악한 몰골로 타락하게 되지요. 그래서 신성한 인격, 신성한 가정, 신성한 국가, 신성한 세계를 건설하려면 먼저 국민이 신성한 인격체를 갖추어야 됩니다.

넷째, 정의는 부끄러움을 알아서 스스로 절제하여 감정을 조절하는 인격체입니다. 국민이 부끄러움을 모르고, 또한 자기의 감정을 통제하지 못한다면 어떻게 자율 자치하는 민주국가를 건설하겠습니까? 그러므로 정의감이 있어서, 불의를 부끄러워하고 미워하는 국민정신을 길러야 합니다.

다섯째, 충성심은 있는 힘을 다하여 국가발전에 헌신 봉사하는 것입니다. 나라가 튼튼해야 가정의 안전을 보장하고, 국민의 주권을 지킬 수 있지요. 그러므로 전체 국민이 애국심을 가지고 나라에 충성해서 국가를 호위하고, 인권을 수호할 책무가 있습니다.

여섯째, 화합하는 마음씨는 인간친화력을 발휘하여, 더불어 사는 도량을 가지는 것입니다. 사람이 아무리 잘나도 독선(獨善), 독주(獨走)하면 위화감을 조성하여, 분열과 혼란을 초래하여, 결국 자멸의 길로 떨어지지요. 하느님은 인류가 공존공영(共存共榮)의 길을 열어서 영원히 발전하게 하였으므로 국민이 서로 양보하고, 서로 공경하여야 평화로운 대동세계를 건설할 수 있습니다.

오늘은 가장 바람직한 국민의 여섯 가지 특성에 대하여 살펴보았습니다. 우리도 아름다운 덕성을 함께 길러서 신성한 국가를 건설해야 되겠습니다. 감사합니다.

여섯 가지 행실교육 /2009. 7. 15(水)

청취자 여러분, 안녕하십니까? 오늘은 전체 국민이 모두 갖추어야 되는 여섯 가지 행실교육에 대하여 살펴보겠습니다.

사람에게 있어서 아름다운 행실이 대단히 많지만 그러나 모든 국민이 고향마을에 살면서 보편적으로 실천할 사항은 부모에게 효도하고, 형제간에 우애하며, 일가친척과 화목하고, 외가(外家)와 처가(妻家)를 가까이하며, 벗과 동무를 신임하고, 어렵고 가난한 사람을 돕는 것이라고 주례(周禮)에서 밝혔습니다. 이러한 여섯 가지의 행실은 가정생활의 당연한 직분이고, 또한 사회생활의 기본 책무입니다.

사람은 먼저 가정에서 행실을 닦아, 사회로 진출하고, 사회에서 행실을 닦으면 국가에서 발탁하여 등용하지요. 따라서 모든 사람은 먼저 가정생활이 원만해야 되는데, 가정생활이 원만하려면, 가족구성원으로서의 직분을 수행해야 합니다. 그러므로 우리 유교에서는 가족관계에서의 도리(道理)와 인간관계에 있어서의 의리(義理)를 매우 중시하여, 집안에서는 가족의 도리를 다하고, 밖에서는 인간의 의리를 지키는 행실을 높이 평가하였습니다. 어떤 사람은 가족관계는 좋지만 인간관계가 좋지 못하고, 또 어떤 사람은 인간관계는 좋으나 가족관계가 안 좋은 사람이 있습니다. 이것은 모두 바람직한 행실이 아니므로 반드시 가족관계와 인간관계가 모두 좋은 사람이 되도록 바람직한 행실을 길러야 되는 것입니다.

주례(周禮)에서 전체 국민에게 가르치려는 여섯 가지의 행실 가운데 어버이에게 효도하고, 형제간에 우애가 있으며, 일가친척이 화목하고, 외가와 처가를 가까이하는 네 가지의 행실은 가족관계에 있어서 도리를 다하는 것으로 가정생활을 원만하고, 행복하게 경영하는 법도입니다. 그리고 벗과 동무를 신임하고, 마을에 가난한 사람이나 어려운 이웃을 돕는 것은 인간의 의리를 지키는 기본행실입니다.

이제 가족관계를 원만하게 하는 네 가지 행실을 구체적으로 살펴보면

첫째, 부모를 섬기는 효도는 하늘이 맺어 준 부모와 자식 관계를 온전히 지키는 것으로, 이것은 하늘의 뜻을 받드는 것이고, 나아가 하늘을 섬기는 길입니다. 선천적으로 하늘이 맺어 준 부모와 자식의 관계를 사람이 받들지 않는다면 이것은 하느님의 명령을 어기는 역천(逆天) 패륜(悖倫)이지요. 그래서 우리 유교에서는 하느님의 명령을 높이 받들어, 그 어버이를 하늘처럼 섬기면서 자식의 도리를 다하려고 평생 노력할 뿐만 아니라, 어버이가 돌아가시면 3년

동안 상복(喪服)을 입고 슬프게 사모하는 것이며, 아무리 세월이 흘러가도 매년 제사를 지내면서, 그 은혜를 갚으려고 있는 힘을 다하는 것입니다. 천명(天命)을 받들어 하늘의 질서를 존중하는 어버이 사랑은 인간의 정체(正體)를 뚜렷이 밝혀서 가정의 질서를 세우고, 국가사회의 기강을 세워서, 두루 화합하는 명랑사회를 건설하게 됩니다.

둘째, 형제간에 우애(友愛)하는 행실은 효도의 연장입니다. 형제자매는 같은 부모에게서 태어났기 때문에 어버이의 피와 살을 나누어 받았지요. 그래서 어버이를 사랑하는 마음으로 형제를 사랑하여야 되는 도리가 있습니다.

셋째, 일가친척과 화목하게 살아야 되는 행실도 효도의 연장입니다. 성씨가 같은 일가친척은 모두 같은 조상으로부터 태어났기 때문에 그 혈연관계를 추적하여 아버지가 같으면 형제자매이고, 할아버지가 같으면 4촌 형제요, 증조할아버지가 같으던 6촌 형제이며, 고조할아버지가 같으면 8촌 형제입니다. 그리하여 8촌 형제까지는 상복(喪服)을 입는 유복친(有服親)이기 때문에 가까운 일가친척으로 화목하게 살아야 되는 도리가 있는 것입니다.

넷째, 외가(外家)와 처가(妻家)를 가까이하는 것도 역시 효도의 연장입니다. 외가는 어머니의 친정집이고, 처가는 아내의 친정집이지요. 그러므로 어머니를 생각하여 외할아버지·외할머니의 상복을 입는 것이고, 아내를 생각하여 장인과 장모의 상복을 입는 까닭에 효심이 깊은 사람은 외가와 처가를 가까이하는 것입니다.

이렇게 가족관계가 원만하면 다음에는 인간관계를 원만히 하기 위하여 붕우를 널리 사귀어 서로 믿고 교제하는 사교의 영역을 넓혀야 되겠지요. 사람이 홀로 살면 견문이 좁고 소견이 얕아서 고루과문(固陋寡聞)하게 될 뿐만 아니라, 비록 볼만한 행실이 있어도, 세상에 나아갈 수 없게 됩니다. 그러므로 지식이 많은 어질고 정직한 벗을 사귀어 왕래 교류하여야 사회에 지식 계급의 집단을 형성하고, 예절을 서로 본받아 실천하는 계기를 만들어 나라의 풍속을 아름답게 일으킬 수 있는 것입니다.

끝으로 어려운 이웃을 구제하여 돕고, 가난한 사람을 불쌍히 여겨 경제적으로 돕는 것은 공동체 사회를 자체적으로 아름답게 건설하는 미풍양속입니다. 전체 국민이 이러한 행실을 실천하면 안락한 이상 국가는 저절로 이루어질 것입니다.

오늘은 전체 국민이 모두 갖추어야 되는 여섯 가지 아름다운 행실을 살펴보았습니다. 감사합니다.

여섯 가지 예능교육 /2009. 7. 16(木)

청취자 여러분, 안녕하십니까? 오늘은 전 국민이 모두 몸에 갖추어야 되는 여섯 가지 예능교육에 대하여 살펴보겠습니다.

주자(朱子)는 소학(小學)을 편집하면서 주례(周禮)의 6예(六藝) 교육을 그대로 인용하여 예절과 음악과 활쏘기와 말타기와 글씨 쓰기와 셈하기를 국민교육의 기본 교과목으로 제시하였습니다. 사람이 여섯 가지의 덕성을 갖추고 착한 심성(心性)을 가지고, 가정을 원만하게 경영하여, 행복한 가정을 이룩하고 나아가 인간관계를 아름답게 유지하여도, 그 재능이 보잘것없으면, 문명세계를 건설하는

데 한계가 있는 것입니다. 그러므로 시대와 더불어 새롭게 발전하는 시대를 창조하기 위해서는 국민의 재능을 더욱 개발하여 유능한 인재를 양성하는 것이 급선무가 아닐 수 없지요.

사람이 몸에 지니고 있어야 할 재능도 대단히 많지만, 그러나 모든 국민이 다 같이 지녀서 능수능란하게 활용할 것으로는 인류의 문명을 찬란하게 계승 발전할 수 있도록 문예(文藝)교육이 필요하고, 동시에 국가를 호위할 수 있도록 무예(武藝)교육이 필요하며, 또한 삶의 질을 높여서 인생을 풍요롭게 하는 다양한 기술교육이 필요한 까닭에 옛날부터 국민교육 과목은 문과(文科)와 무과(武科) 그리고 잡과(雜科)라고 하는 기술과(技術科)를 두었습니다.

전체 국민이 천부적인 양심(良心)을 밝혀 착한 생각을 품고, 가정을 번듯하게 경영하고, 벗과 더불어 신의를 지키며, 가난하고 어려운 이웃을 적극 도우면서 문덕(文德)을 밝혀 문명한 정치를 일으켜 명랑한 사회를 건설하고, 무예(武藝)를 길러 막강한 군사력으로 국가의 안전을 보장함과 동시에 국제평화를 스스로 보장하면서 첨단 과학기술을 개발하여 복지낙원을 건설한다면 자손만대에 인류의 행복을 영원히 누릴 수 있을 것입니다.

주례(周禮)에서 교육한 6예(六藝)를 분류하면 예절과 음악은 문과이고, 활쏘기와 말타기는 무과이며, 글씨 쓰기와 셈하기는 기술과에 해당하는 핵심과목입니다. 이제 그 교육과목을 구체적으로 설명하여 그 중요한 가치를 탐색하면

첫째, 예절교육은 천지신명께 감사의 제사를 지내는 길례(吉禮)와 사람이 죽었을 때에 초상 치르는 흉례(凶禮)와 외교사절을 대접하는 빈례(賓禮)와 군대를 출동하는 군례(軍禮)와 성년식과 혼례의

아름다운 인생을 축복하는 가례(嘉禮)를 가르쳤습니다. 이것은 문화사회의 실천예절을 익혀, 사양하고 공경하는 미풍양속을 길이 보존하는 풍토를 조성하는 문예부흥(文藝復興)의 길입니다.

둘째, 음악교육은 고대의 성왕(聖王)이 창작한 아악(雅樂)을 가르쳐서 순수한 감정의 조화(調和) 속에 너그럽게 어울리는 화합정신을 기르게 하였습니다. 그리하여 노래의 장단을 맞추고, 소리의 높낮이를 조절하며, 선율을 조절 화합해서 여러 악기로 합주하는 음악을 숭상하였으니, 독창독무(獨唱獨舞)보다는 제창군무(齊唱群舞)를 좋아하고, 제창군무보다는 합창만무(合唱萬舞)를 숭상하여, 천지만물이 더불어 노래하고 춤추는 것을 최고의 음률로 평가하여, 문덕(文德)을 찬양하는 극치로 삼아, 시경(詩經)의 국풍과 소아와 대아(大雅) 그리고 송(頌)을 가르쳤습니다.

셋째, 활쏘기는 개인의 무예로서 체력과 자세와 정신통일이 중요하지요. 힘이 없으면 활을 세게 당기지 못하고, 자세가 바르지 못하거나 정신을 통일하지 못하면 명중하지 못합니다.

넷째, 말타기는 집단의 무술로서 사람과 말이 하나가 되고, 특히 전차전(戰車戰)을 할 때에는 대열을 지키면서 공격과 수비의 법도를 지켜, 능수능란하게 대처하는 전략전술을 개발해야 됩니다. 대저 무예는 정통해서 귀신의 경지에 들어가야 필승을 기약하는 것이므로, 천성(天性)에서 나온 충의(忠義)정신을 길러 해와 달처럼 뚜렷해야 됩니다.

다섯째, 글씨 쓰기는 글씨를 바르게 쓰는 것입니다. 사람은 말을 통하여 의사를 전달하는데, 말은 시간과 공간의 한계가 있지요. 그래서 일찍이 글자를 창제하여, 말을 기록해서 멀리 그리고 오래도록 전하게 하였습니다. 모든 국민이 글씨를 바르게 써서 그 의사를 분명하게 전달함에 그 글씨에서 강인한 힘과 조화로운 아름다움과 신비로운 예술미를 느낀다면 얼마나 흠모스럽겠습니까? 그래서 옛날에는 글씨로 인격을 판단했습니다.

여섯째, 셈하기는 보태고, 빼고, 곱하고, 나누는 기본 수학에서부터 부기와 분수, 원주율과 용적률, 거리를 계산하고 비율을 셈하며, 미적분에 이르기까지 만물을 모두 수로 나타내는 기술을 가르치는 것입니다. 이러한 계산법은 국민을 기초과학에 능통하게 만들어서 과학기술의 발전을 이룩하게 합니다.

우리 민족은 이와 같이 문무(文武)를 겸전하고 과학기술에 정통하여 세계 속의 한국문화를 건설하였으니 앞으로 더욱 발전시켜서 새 시대에 일등 국민이 되도록 함께 노력해야 되겠습니다. 감사합니다.

제헌절 기념사 /2009. 7. 17(金)

청취자 여러분, 안녕하십니까? 오늘은 7월 17일 제헌절입니다. 서기 1945년 8월 15일 태평양 전쟁에서 일본이 패전하여 무조건 항복을 함으로써 우리나라는 을유 광복을 맞이하여, 일본의 지배로부터 해방하였습니다.

그러나 38선을 긋고 남북으로 진주한 미·소 군정 때문에 우리 민족은 자력으로 통일국가를 즉각 건설하지 못하고, 서기 1948년 5월 10일 유엔한국위원회의 감시하에 남한만의 총선거를 실시하여, 5월 31일 제헌국회를 개원하여 7월 17일 제헌절을 제정하고, 8월

15일 미군정을 폐지함과 동시에 대한민국 수립을 선언하였습니다.

북한도 소련의 군정하에서 같은 해 8월 25일 북한만의 총선거를 실시하여, 9월 9일 북한에 조선민주주의 인민공화국을 수립하였습니다. 이리하여 한반도에는 자유민주주의 체제의 대한민국과 공산 사회주의 체제의 조선인민공화국이 대치하면서 6·25동란이라는 미증유의 민족 비극을 겪었을 뿐만 아니라 각각 내부적으로도 독재 권력의 출현으로 인간 불행을 증폭하였던 것입니다.

우리나라의 헌법은 서구의 현대국가가 창안한 입헌 민주제도를 단순 모방하여, 제헌의회에서 서둘러 제정하였습니다. 그러나 일본 식민지 교육의 권위주의적 행태와 남북이 대결하는 위기의식에 함몰하여 헌법정신을 구현하는 민주사회를 건설하는 길이 매우 험난하고, 어려운 시련으로 많은 세월을 보냈습니다. 결국 국민이 주인이 되는 민주주의 헌법은 선물로 얻을 수 있는 것이 아니고, 반드시 대가를 지불하여야만 주권이 국민에게 있는 주권재민(主權在民)의 민주주의가 뿌리를 이 땅에 내려서 토착화하는 것임을 우리 민족은 마침내 깨달았던 것입니다.

그리하여 우리나라의 백만 학도는 1960년 4월 19일에 일제히 봉기하여, 3·15부정선거를 통해 장기집권을 획책한 이승만 자유당 독재를 타도하여, 자주, 민주, 통일의 국가이념을 확립하고, 자유, 평등, 해방의 인권을 쟁취하는 4·19혁명을 이룩하였던 것입니다. 그러나 민주주의의 토착화는 한 번의 혁명으로 실현되지 않고, 1961년 5·16 군사 쿠데타에 의하여 18년이 속절없이 흘러갔으며, 또 10·26 이후 1979년 12·12 사태를 일으켜 5·17 군사반란으로 헌정을 파괴한 세월이 10년 가까이 흐른 다음, 1987년 6·10항쟁으로 10월 12일 국회에서 대통령직선제 헌법 개정안을 의결하고, 10월 26일 헌법 개정 국민투표를 실시하여, 29일 개헌안을 확정 공포하여 오늘에 이른 것입니다.

그동안 민주주의의 기초라 할 공명선거제도의 정착을 위하여, 각계각층에서 공명선거실시국민협의회를 결성해서, 부정선거를 감시함으로써 이제는 어느 정도 선거부정을 막을 수 있게 되었고, 1995년 김영삼 대통령이 5·18 특별법을 제정하여 5·16 군사반란자를 단죄할 뿐만 아니라 일제 식민지시대의 유물인 소위 조선총독부 건물을 깨끗이 철거하여, 역사 바로 잡기를 하였으며,

서기 1997년 대통령 선거에서는 야당 후보인 김대중 대통령을 선출하여, 아세아에서는 처음으로 선거를 통한 평화적 정권교체를 하였는데, 뜻밖에 6·25 이래 최대 사건이라고 하는 외환위기를 초래한 IMF를 국민총력으로 극복하면서 또한 남북의 평화통일을 위하여 평양을 방문하는 정열을 보였습니다.

제헌절을 진정 전 국민이 기뻐하며 경축하는 까닭은 우리의 헌법이 지난 61주년에 걸쳐, 전체 국민의 피와 땀으로 입헌민주제도를 이 땅에 옮겨 심어서, 토착화시킨 노력의 산물이기 때문입니다.

이제 대한민국은 자주독립국가로서 민주공화국을 건설하였습니다. 앞으로 더욱 노력하여 정치, 경제, 교육, 국방, 사회, 문화의 모든 방면에서 세계만방과 더불어 어깨를 나란히 하면서, 인간의 행복을 보장하고, 세계평화에 이바지하는 모범국가, 1등 국가를 만들어 나아가면 우리 대한민국의 헌법이 세계에서 가장 빛나는 헌법으로 각광을 받을 것이고, 또한 국민의 가슴속어 자주, 민주, 통일의 국가이념과 자유, 평등, 해방의 인권정신을 소중하게 받들어 몸

소 실천하면 자손만대에 복지낙원을 이룩하여 하늘의 복을 누릴 것입니다.

우리 유교의 정치이념은 도덕과 윤리와 예절을 숭상하는 왕도정치(王道政治)입니다. 인간을 사랑하는 인본주의(人本主義)로 인정(仁政)을 베푸는 예치(禮治)이기 때문에 주권이 국민에게 있는 입헌민주제도와 완전히 부합하므로 우리 한겨레는 민주주의를 꽃피울 수 있는 역사전통이 있습니다. 따라서 충효의 전통사상과 현대 민주주의를 결합하면 장차 세계에서 가장 아름다운 정치사회를 건설할 것입니다. 여러분 희망을 가집시다. 감사합니다.

장횡거(張橫渠) 선생의 어린이 교육 /2009. 7. 18(土)

청취자 여러분, 안녕하십니까? 장마 속에 무더위가 기승을 부리고 있습니다. 이제 학생들도 여름방학을 하게 되어 고향의 어른을 찾아뵙겠지요. 이렇게 집안의 어린이가 방학을 하고, 집에 와서 쉬게 되면, 아침저녁으로 시원한 정자에 오르거나 경치 좋은 시냇가에 앉아서 지나온 이야기를 하면서 친밀한 정분을 나누는 즐거운 한때를 보내겠습니다.

우리나라의 풍속은 대단히 교육적이어서 어린이가 인사를 오면 어른은 반드시 교훈적인 좋은 말을 어린이에게 내려서, 경계로 삼도록 친절하게 가르쳤습니다. 그리하여 집안의 어른은 집안의 자제를 바르게 키웠고, 마을의 어른은 마을의 어린이를 옳은 길로 이끌었기 때문에 어린이는 어른을 공경하고, 어른은 어린이를 사랑하는 노소동락(老少同樂)의 공동체사회를 건설하였던 것입니다. 그러나 사람이 어린이를 훈계함에는 각각 사람에 따라 절실한 내용을 가르쳐야지 산만하고 지루하게 시간만 낭비해서는 서로 간에 이득이 없게 될 것입니다.

그래서 오늘은 모든 어린이에게 공통적으르 꼭 필요한 덕목을 설파했던 송(宋)나라 장횡거(張橫渠) 선생의 가르침을 이야기하여 어린이 교육의 자료로 삼고자 합니다. 장횡거 선생은 이름이 재(載)요 자는 자후(子厚)인데 일찍이 우주만물의 근원은 맑고 한결같이 깨끗하며 텅 빈 기운이라고 하여, 기(氣) 철학을 정립한 성리학(性理學)의 대가로서 우리나라 성균관과 지방향교의 문묘(文廟)에 종사(從祀)한 분입니다. 이렇게 훌륭하신 분이 어린이 교육에 가장 기본이 되는 것은, 편안 안(安) 자와 자상할 상(詳) 자와 공손할 공(恭) 자와 공경 경(敬) 자의 네 글자라고 하였습니다.

첫째, 편안 안(安) 자는 안정(安靜)하는 자세를 가지도록 깨우치는 것입니다. 사람은 누구나 집에는 부모형제와 조상이 있어서 가족을 보호하고, 나라에는 정부가 있어서 국민을 보호하며, 위에는 하늘이 있어서 인류를 보호하므로 안심하고, 몸과 마음을 편안히 하여, 무럭무럭 자라도록 훈계하라는 것입니다. 오늘날 어떤 사람은 서구의 경쟁 교육풍조를 본받아 경쟁심을 유발하도록 위기감을 조성하면서 아침저녁으로 어린이를 달달 볶아서 불안하고 초조하게 만드는데 이것은 어린이의 정서를 크게 해칠 뿐만 아니라 심하면 신경질적이고 정신 산만한 상태에 이르게 되는 것입니다. 아무런 근심걱정 없이 천진난만하게 자라나는 어리고 순진한 차세대에게 기성인들의 무거운 짐을 모두 떠넘기고 마침내 지쳐서 쓰러지게 한다면 얼마나 무책임한 일입니까? 어린이는 어린이답게 씩씩하게 키우고, 어른은 어른답게 미래의 안녕을 스스로 개척해야 합니다.

둘째, 자상할 상(詳) 자는 사물을 살펴서 자상하게 이야기하는 자세를 가지도록 가르치라는 것입니다. 사람이 비록 어리다고 해서 건성으로 보고, 건성으로 대답하면 진실성이 없을뿐더러, 인정미(人情味)까지 느낄 수 없는 허황되고, 메마른 각박한 사람이 되기 때문에 어려서부터 착실하고 다정다감(多情多感)한 대화법을 익혀야 되는 것입니다. 오늘날 어떤 사람들은 살기에 바빠서 어린이와의 대화를 가급적 짧게 하려고 하는데, 이것은 대단히 잘못된 것이지요. 대화는 마음의 문을 열고 허심탄회하게 인정을 교환하는 것입니다. 대화가 없으면 마음의 문을 닫고, 인정교류를 끊는 것인즉 얼마나 위험한 일입니까? 그러므로 장횡거 선생은 어린이가 사물을 자세히 살펴서 자상하게 이야기하도록 가르쳐야 생각이 깊고, 인정이 넘치는 사람으로 성장한다고 하였습니다.

셋째, 공손할 공(恭) 자는 나이가 어린 미성년자는 육체적으로 힘이 약하고, 정신적으로 지각(知覺)이 유치하기 때문에 겸허하게 몸을 낮추고, 어버이에게 순종하면서, 어른에게 배우는 자세를 가지도록 훈계하라는 것입니다. 오늘날 어떤 부모는 어린이의 기를 꺾으면 안 된다고 버릇없이 키우는데 세 살 버릇이 여든까지 간다고, 평생 오만불손하게 산다면 이거야말로 정말 두려운 일이 아닐 수 없는 것입니다.

넷째, 공경 경(敬) 자는 도덕과 윤리와 예절을 높이 받들어 오직 한마음으로 지키는 자세를 가지도록 훈계하는 것입니다. 사람이 아무리 어리더라도 힘써 지켜야 되는 가치가 있다는 것을 알아서 해야 될 일과 해서는 안 될 일을 분별하도록 주변의 모든 사람이 지적하여, 가르쳐야 된다고 장횡거 선생은 강조하였습니다.

어린이를 소망스럽게 키우는 것은 인류의 희망입니다. 특히 우리나라는 동방예의지국으로서 위로 조상을 받들고, 아래로 자손을 가르치는 두 가지의 일을 인민대중의 평생사업으로 삼았던 것입니다.

오늘은 장횡거 선생의 어린이 교육내용을 말씀드렸습니다. 즐거운 여름이 되기 바랍니다. 감사합니다.

유비(劉備)와 제갈량(諸葛亮)의 계자서(戒子書) /2009. 7. 19(日)

청취자 여러분, 안녕하십니까? 3복염천(三伏炎天)에 여름휴가철이 돌아왔습니다. 더운 여름에 땀을 너무 흘리견서 일만 하다가는 몸을 상할 위험이 있기 때문에 예로부터 더위를 피하여 잠깐 휴식하는 것을 삶의 지혜로 받아들였던 것입니다.

피서법은 여러 가지가 있겠지만 우리 선인들은 가벼운 소설책을 읽으면서 여름을 시원하게 보냈는데, 대체로 나관중(羅貫中)의 삼국지연의(三國志演義)를 많이 읽었습니다. 나관중(羅貫中)의 삼국지연의는 위(魏)나라의 조조(曹操)를 간신(奸臣)으로 지목하고, 서촉(西蜀)의 유비(劉備)에게 정통을 부여하여, 유비와 관운장(關雲長)과 장비(張飛)의 세 사람이 의형제를 맺어 한(漢)나라 왕실을 부흥하기로 하늘에 맹세하고, 제갈량(諸葛亮)을 얻어 신출귀몰한 전략전술로 오(吳)나라의 손권(孫權)과 연합전선을 형성하면서, 적벽대전(赤壁大戰)에서 조조의 백만 대군의 선단을 화공(火攻)으로 격파한 정의필승의 전쟁소설이지요.

여러분도 이미 읽었을 줄로 압니다만, 유비와 관운장과 장비 그리고 제갈량은 모두 평민출신으로 공자의 춘추정신을 높이 받들고, 어지러운 나라를 바로잡기 위하여 의병(義兵)을 일으켜서, 부정부패한 무리들을 엄중히 처단하고, 국가사회에 의리(義理)를 세우기 위하여 몸을 바치는 장렬한 정신에 감탄하지 않을 수 없지요. 그래서 삼국지연의를 읽다 보면 가슴속이 시원해서 더위를 잊을 뿐만 아니라 정신적 원기를 모아 몸에 생기가 솟아나는 힘을 느끼므로 해마다 읽어도 지루하지 않고, 새로운 감명을 받게 됩니다.

유비와 관운장과 장비와 제갈량은 전쟁의 영웅일 뿐만 아니라 또한 부모에게 효도하고, 형제간에 우애하며, 처자를 사랑하는 가정윤리에도 철저한 분이었습니다. 오늘은 유비와 제갈량이 그 아들에게 훈계한 말을 살펴보겠습니다.

유비는 자가 현덕(玄德)으로 말년에 한(漢)나라 황제에 올라 시호가 소열(昭烈)입니다. 그래서 유비를 한소열(漢昭烈)이라고 일컫는데 한소열이 장차 돌아가시려고 할 때에, 그 아들 후주(後主)인 유선(劉禪)에게 일러 말하기를 "악한 일이 작다고 해서 하지를 말고, 착한 일은 작다고 해서 하지 않지를 말라."고 하였습니다. 이 말을 쉽게 풀어 말하면 악한 일은 아무리 작아도 절대로 하지 말고, 착한 일은 비록 작더라도 반드시 하라는 유언입니다.

사람은 누구나 착한 아들딸이 되기를 바라고, 나쁜 길로 빠지는 것을 두려워하는데, 착하게 되는 실마리와 악하게 되는 계기는 매우 사소한 데서 출발하는 것입니다. 그러므로 한나라 소열황제는 후주(後主)에게 그 사소한 실마리와 계기를 엄밀히 분별하여, 착하게 되는 실마리를 만들고, 악하게 되는 계기를 만들지 말라고 하였던 것입니다. 이러한 자녀교육이 대단히 중요하기 때문에 주자는 이 말을 소학(小學)에 넣었고, 축적은 명심보건(明心寶鑑)에 넣었으니 조선왕조의 독서인은 모두 이 말씀으로 자녀교육의 기본적인 훈계로 삼았습니다.

다음으로 제갈량(諸葛亮)은 자가 공명(孔明)이고 시(諡)호가 충무(忠武)인데 일찍이 남양(南陽)땅에서 농사짓다가 유비가 세 번 초가집을 찾아오는 삼고초려(三顧草廬)에 감동하여, 유비를 도우니 승상(丞相)이 되어 무후(武侯)로 일컬었습니다. 제갈무후(諸葛武侯)가 말년에 그 아들 제갈첨(諸葛瞻)에게 훈계하는 글에 말하기를 "군자의 행실은 고요한 마음으로 몸을 닦고, 검소한 생활로 덕을 기르나니 담박(澹泊)하지 아니하면 뜻을 밝게 하지 못하고, 편안하고 고요한 몸가짐이 아니면 멀리까지 이르지 못하느니라."고 하였습니다.

제갈량은 사물의 이치에 능통하여 바람을 부르고, 비를 내리게 하는 신통력을 발휘한 전략전술의 대가입니다. 그럼에도 아들에게 훈계한 말은 편안하고 고요한 마음으로 몸을 닦고, 검소한 생활로 덕(德)을 기르라고 하면서 담박하게 살라고 하였으니, 담박하게 사는 것은 욕심 없이 깨끗한 마음으로 착하게 살라는 뜻입니다. 그리고 영정(寧靜)은 편안하고 고요한 몸가짐이어야 멀리까지 이르러 갈 수 있다는 뜻으로 눈앞의 현실에 얽매어 허둥지둥하다가는 인생의 본의와 가치를 망각하고, 허망한 일에 집착하는 어리석음을 범할 수 있다고 경계한 것입니다.

우리 민족이 그토록 삼국지연의를 좋아하여 피서철이면 언제나 곁에 두고 읽었던 까닭은 이와 같이 훌륭한 인생의 지침이 거기에 있었기 때문입니다. 소설책을 읽되 읽고 나면 힘이 솟고, 지혜가 열리는 책을 읽어야 보람 있는 휴가가 되고, 또한 모처럼 어린 자녀에게 잊지 못할 인생의 훈계를 하는 값진 시간이 될 것입니다.

오늘은 삼국지에 나오는 유비와 제갈량이 아들에게 훈계하는 내용을 말씀드렸습니다. 보람찬 여름휴가를 보내세요. 감사합니다.

배우기를 좋아하는 호학(好學) /2009. 8. 24(月)

청취자 여러분, 안녕하십니까? 이제 계절이 바뀌어 더운 여름이 지나가고, 서늘한 가을의 문턱에 들어섰습니다. 가을은 5곡백과가 익어 가는 결실의 계절이지요. 우리도 이제는 마음을 가다듬고 성숙한 인간이 되는 길을 찾아야 되겠습니다.

농부가 보람 있는 가을을 맞이하려면, 봄철에 논밭을 반듯하게 갈고, 좋은 종자를 골라서 심어 놓고, 여름에 부지런히 기술적으로 김을 매고, 잘 가꾸어 꽃 피고 열매를 맺게 한 다음에, 가을이면 익은 곡식을 사랑스럽게 거두어 하늘땅과 조상님께 감사의 제사를 지내야만, 풍요로운 음식을 만들어 노래를 부르면서 배불리 먹는 즐거운 행복을 누리게 되지요.

성숙한 인간이 되는 길도, 농부가 농사를 짓는 것과 같이 예절로 인간관계를 바르게 경영하여, 정의로운 양심(良心)의 뿌리를 깊이 심어서, 튼튼하게 자라도록 지혜롭게 가꾸어, 아름다운 사랑의 꽃을 피우고, 탐스러운 열매를 맺게 해서, 천하 국가에 크게 유익한 공덕을 베풀어, 만인이 우러러 흠모하고 찬양하며, 춤추고 노래하는 숭고한 인격을 길러야 하는 것입니다. 이와 같이 고매한 인격을 완성함에 어찌 저절로 되는 길이 있겠습니까? 농부가 열심히 땀을 흘리고 일하듯이 선비도 부지런히 노력하여 성현(聖賢)의 행실을 본받고 경전의 글을 읽으면서 평생 배우고 익혀야 되는 것입니다.

그러므로 공자는 제자들에게 부지런히 배우고 익히라고 가르치면서, 논어(論語)의 첫째 줄부터 "배우고 늘 익히면 또한 기쁘지 않으리오."(子曰學而時習之 不亦說乎)라고 강조하며, 배우기를 좋아하는 호학(好學)이 인격 완성의 바른 길임을 천명하였습니다. 그러나 배우는 길에는 많은 시간과 정열이 필요하지요? 우선 생활경제의 어려움에 봉착하기 마련입니다. 그러나 공자는 최소한의 생활비용으로 근근이 먹고살면서도 배우라고 하면서 다음과 같이 격려하였습니다. "군자는 겨우 끼니만 때우되 배부르기를 추구함이 없으며, 허름한 집에 살되 편안하기를 추구함이 없으며, 일을 함에는 민첩하게 하되 말을 삼가고, 도덕이 있는 사람에게 찾아가서 자기의 행실을 바로잡으면, 배우기를 좋아하는 사람이라고 일컬을 수 있느니라."고 논어의 학이(學而)편에서 말했습니다.

공자님이 가르치는 학문은 모든 사람이 평등하게 타고난 인간의 본성인 어질 인(仁) 자를 탐구하여 완성하는 것이므로, 지극히 착하게 사는 도덕적 가치를 추구하기 때문에, 처음부터 잘 먹고 잘사는 세속적 가치에는 관심이 없는 것입니다. 따라서 진리를 탐구하는 학자는 거친 밥을 먹는 데 익숙해야 되고, 떨어진 옷을 입어도 당당해야 되며, 허름한 집에 살면서도 편안해야만 오래오래 배우고 익혀서 훌륭한 인격을 완성할 수 있게 되는 것입니다.

공자님은 말씀하시기를 "돈독하게 믿고 배우기를 좋아하여, 죽음으로써 지키며 도를 착하게 실천하되 위태로운 나라에 들어가지 말고, 어지러운 나라에 살지 말며, 천하에 도덕이 있으면 나타나고, 도덕이 없으면 숨으니, 나라에 도덕이 있는데도 가난하고 천하면 부끄럽고, 나라에 도덕이 없는데도 부하고 귀하면 부끄러운 것이라고 하였습니다."(泰伯)

이렇게 학문을 좋아하라고 역설하시니 당시에 노(魯)나라의 임금인 애공(哀公)이 공자에게 묻기를 "제자 가운데 누가 배우기를 좋아합니까?" 하니 이에 공자가 대답하여 말씀하시기를 "안회(顏回)라는 제자가 있는데 배우기를 좋아하여, 노여움을 옮기지 않고, 허물을 두 번 저지르지 아니하더니, 불행하게도 명이 짧아서 죽었으므로 이제는 없으니, 학문을 좋아하는 제자가 없나이다."라고 하였습니다. 이 말씀을 살피면 공자가 배우라는 내용을 확인할 수 있는바 배우기를 좋아하는 것은 지혜를 탐구하는 자세이고, 분노심(憤怒心)을 옮기지 아니함은 인간을 사랑하고 존중하는 사상이며, 허물을 두 번 다시 반복하지 아니함은 강인한 의지력입니다. 따라서 안연의 학문은 지혜와 사랑과 용기를 갈고닦아 사물의 이치를 알지 못하는 것이 없고, 사랑을 베풀어 사랑하지 않는 것이 없으며 용기를 길러 하늘땅에 우뚝 서서 절대로 흔들림 없는 훌륭한 인격체를 완성하는 것입니다.

안연은 이러한 인격을 길렀으면서도 춘추의 어지러운 시대에 한 대바구니의 밥과 한 바가지의 물로 누추한 시장거리에 살면서 그 즐거움을 고치지 아니하였다고, 공자가 일찍이 칭찬하였습니다.

대체로 도덕적 가치를 추구하면 하늘의 운명에 순응하여 떳떳하게 사는 즐거움이 있기 때문에 가난하고 천해도 낙천열명(樂天悅命)하는 도덕군자가 되는 것입니다. 그러나 세속적 가치만을 추구하면 마침내 하늘의 뜻을 거스르고 민심(民心)을 잃어 비록 재물과 권력을 움켜쥐었어도 또한 반드시 원망과 증오를 받아 파멸하는 두려움이 있지요. 인생을 즐겁고 보람 있게 살려면 반드시 배워야 됩니다.

오늘은 배우기를 좋아하는 인격 향상의 길을 말씀드렸습니다. 감사합니다.

성인(成人)의 길 /2009. 8. 25(火)

청취자 여러분, 안녕하십니까? 오늘은 성인(成人)의 길에 대하여 살펴보겠습니다.

성인(成人)이란 나이가 20세가 되어서 어른으로 성장하여 사회구성의 일원으로 참여하는 사람입니다. 우리 유고에서는 관례(冠禮)와 계례(筓禮)를 거행하여 성인의 책무를 부여하는데, 어린이의 의뢰심을 버리고, 독립인격을 갖추어서 도덕을 실천하여, 인생의 행복을 누리라고 축복합니다. 그리고 보편적으로 성인(成人)의 길을 밝혀 20세에는 성년식(成年式)을 거행하여, 예절을 배우고, 가죽옷과 비단옷을 입으며, 아악(雅樂)을 노래하면서, 문무(文舞)와 무무(武舞)를 춤추고, 행실을 돈독히 하여, 집에서는 스스로 어버이에게 효도하고, 형제간에 우애하며, 널리 배우되 가르치지는 아니하며, 모든 지식과 정보를 받아들이기만 하고, 밖으로 내보내지는 아니한다고 하였습니다.

이와 같이 어른의 행실교육을 익혔으면, 30세까지는 모름지기 혼인을 하여, 남자는 남자가 할 일을 처리하고, 여자는 여자가 할 일을 하면서, 인생의 전반에 걸쳐 두루 빠짐없이 배우며, 벗을 사귀되 그 뜻을 비교하라고 하였습니다.

그리고 40세가 되면 비로소 벼슬을 하여, 사물을 비교 분석해서 계획안을 내고, 창의력을 발휘하여, 그 정치사상이 일치하면 복종하지만, 만일 정부의 시책이 옳지 않으면 사표를 내고 물러가라고 하였습니다. 이에 50세가 되면 임명을 받아 대부(大夫: 고급관료)가 되어, 관청의 행정에 복무하다가 늙어서 70세가 되면 벼슬을 반납하고 은퇴하여 초연히 인생을 마무리하라고 하였습니다.

이러한 어른의 길을 요약하면 성인의 교육을 철저히 익혀서, 인격을 확립하여 도덕을 실천하고, 사명을 완수하는 것이라고 말할 수 있습니다. 논어(論語)의 헌문(憲問)편에 보면 공자님의 제자인 자로(子路)가 성인(成人)에 대하여 물으니 공자님이 말씀하시기를 "장무중(藏武仲)의 지혜와 맹공작(孟公綽)의 분수에 넘게 하고자 하지 아니함과 변장자(卞莊子)의 용기와 염구(冉求)의 재주에다가 예절과 음악으로 아름답게 문채를 내면, 또한 가히 성인(成人)이라고 할 수 있을 것이다."라고 하시고, 이어 말씀하시기를 "오늘날에 성인(成人)이라는 것은 어찌 반드시 그러하리오. 이득을 보면 정의를 생각하고, 위험을 당하면 목숨을 바치며, 오래된 약속에 대하여 그 말을 평생 동안 잊지 아니하면 또한 가히 성인(成人)이라고 할 것이니라."고 하였습니다.

우리는 이 말씀에서 인간 완성의 길을 확인할 수 있는데, 완성된 인간이란 40세에 벼슬하여, 지혜와 사랑과 용기와 재능을 발휘하여, 국가발전에 이바지하고, 50세에는 예절과 음악으로 아름답게 문채를 내면서, 화합사회를 경영하는 나라의 지도자가 되는 것이라고 정의할 수 있는 것입니다. 왜냐하면 공자님이 예로 든 사람들이 모두 고급관료인 대부(大夫)의 신분이기 때문이지요. 장무중(藏武仲)과 맹공작(孟公綽)과 변장자(卞莊子)와 염구(冉求)는 모두 노(魯)나라의 대부(大夫)를 지낸 사람이기 때문입니다.

대체로 50세에 고급관료가 되려면, 40세부터 벼슬을 해서, 좋은 정책을 개발하여, 국가발전을 도모하고, 인민을 떨치고 일어나게 해서, 청렴결백한 자세로 인민대중을 널리 사랑하며 있는 힘을 다하여 강력한 결단력으로, 모든 책임을 스스로 지고, 용왕매진(勇往邁進)함과 동시에, 탁월한 재능을 발휘하여, 능률적으로 사업을 성공하여야 되는 것입니다.

사람이 만물의 영장(靈長)으로 태어나서 국리민복(國利民福)을 추구하는 정치발전과 인류문화 창조에 크게 기여함이 없다면 어떻게 완성된 인간이라고 하겠습니까. 그러나 춘추(春秋)의 어지러운 시대에는, 양심적 지식인이 벼슬을 할 수 없기 때문에 초야에서 평생 학자로 늙어 죽게 되므로, 고급관료가 될 수 없게 되었던 것입니다. 따라서 어지러운 난세에는 부정부패한 권력에 협조하지 말고, 정의의 편에 서서 포악한 정권에 저항하여 싸우다가 죽거나, 만약 형세가 불리하면 세상에 숨어 살되, 오래도록 약속한 동지들을 저버리지 말고, 끝까지 지조를 지키는 것이 또한 성인(成人)의 길입니다.

우리나라는 지난 세기에 나라를 잃었지요. 그때에 많은 항일독립전쟁의 영웅과 민족의 양심을 지킨 학자가 인간완성의 길을 걸었지요. 이제는 나라를 되찾아 독립국을 건설하였으니, 아름다운 정치문화를 창조하는 인간완성의 길을 개척할 때입니다. 부디 인생의 작은 성공에 만족하지 말고, 공자님이 말씀하신 위대한 인간완성의 길을 다시 일으켜야 되겠습니다.

오늘은 인간을 완성하는 성인의 길을 살펴보았습니다. 감사합니다.

자기의 감정에 충실한 삶 /2009. 8. 26(水)

청취자 여러분, 안녕하십니까? 오늘은 자기의 감정에 충실한 삶에 대하여 말씀드리겠습니다.

사람은 누구나 감정(感情)이 있지요? 사물의 현상에 느끼어 움직이는 마음속의 기분이나 생각을 감정이라고 합니다. 따라서 모든 사람에게는 심리(心理)적으로 작용하는 기뻐하고, 성내고, 슬퍼하고, 즐거워하고, 사랑하고, 미워하고, 두려워하는 일곱 가지의 감정이 본래 있는데, 이것을 우리 유학(儒學)에서는 칠정(七情)이라고 하였습니다.

이러한 일곱 가지의 감정은 본래 천성(天性)에서 말미암아 나오기 때문에, 대단히 순수하고 깨끗하여 천진무구(天眞無垢)하므로, 모든 사람이 보편적으로 똑같이 감동하여 융화하는 절도가 있어서, 인정(人情)사회를 건설하였던 것입니다. 그러나 어지러운 세태에 때가 묻어서 욕심이 동하거나, 물욕에 눈이 어두워 지각이 없으면 감정이 마비되어 각박하고 인색하게 되며, 또한 지나치게 주관적 감정에 사로잡혀 너무 흥분하거나 긴장하면, 불안한 정신상태가 되어 스스로 폐쇄적이고, 괴벽스럽게 변하여, 우울증을 앓게 되는 것입니다.

그러므로 우리 유교에서는 감정을 순화하는 교육을 베풀어서 도덕적 양심(良心)에 투철하고, 심미적인 감정 조절능력을 구비하여 자기의 착한 감정에 충실한 삶을 누리게 합니다.

공자님은 일찍이 말씀하시기를 "사람이 사는 것은 정직이니, 정직함이 없으면서도 사는 것은 요행히 면한 것이니라."고 하여, 인간은 떳떳한 양심을 가지고, 쾌활하게 살아야만 살맛이 나고, 생기가 있으며 생리(生理)에 부합하는 것이요, 만일 자기의 감정을 억제하여 우울하게 하거나 원망하여 학대하면 결국 살맛이 없게 되고, 생기를 잃어 생리(生理)에 어긋나기 때문에 도저히 살 수 없는 상태에 이르게 된다는 뜻입니다.

인간의 본래 감정을 상실하고 해치는 것이 이와 같이 위험하기 때문에 공자님은 인간 본래의 감정에 충실한 삶을 역설하면서 인간의 정직성을 도덕의 근본으로 삼았던 것입니다. 이렇게 공자가 정직을 높이 평가하자 당시에 초(楚)나라의 섭공(葉公)이 공자에게 동조하여 말하기를 "우리 고을에도 몸소 정직한 사람이 있으니 그 아버지가 양을 훔쳤는데 그 아들이 법정에서 아버지가 범인이라고 증언하였습니다." 하니 공자님이 말씀하시기를 "우리 고을의 정직은 이와 다르니 아버지는 아들을 위하여 숨겨 주고, 아들은 아버지를 위하여 숨겨 주나니, 정직이 그 가운데 있는 것입니다."라고 하였습니다.

초나라의 섭공은 법률적인 정직을 말했는데, 공자님은 인간적인 정직을 설파하신 것입니다. 아버지가 양을 훔친 것을 법정에서 증언한 사람은 비록 법률적으로 정직하였어도 인간적으로 부자간의 윤리를 저버린 죄의식을 어떻게 벗어날 수 있겠습니까? 아버지와 아들이 친한 정분을 망각한 고뇌를 평생 떨칠 수 없을 것입니다. 그러나 아버지는 아들을 위하여 숨겨 주고, 아들은 아버지를 위하여 숨겨 준 사람은 비록 실정법을 어겼다고 하여도 아버지와 아들의 천륜(天倫)을 온전히 지켰기 때문에 비록 위증죄로 같이 벌을 받게 될지라도 아버지와 아들이 친히 사랑하고 공경하는 정분이 더욱 두터워질 것입니다.

우리 유교에서는 나라의 법률보다는 하늘도덕을 더욱 높이 받들라고 합니다. 법률을 어기면 나라의 벌을 받지만, 도덕을 어기면 하늘의 벌을 받기 때문에 도덕을 끝까지 지켜서 양심의 지상명령을 높이 받들어 착함을 좋아하고, 악함을 미워하는 것입니다.

어떤 사람이 공자님께 묻기를 "원수를 은덕(恩德)으로 갚으면 어떠합니까?" 하니 공자님이 말씀하시기를 "은덕은 무엇으로 갚으려는가? 원수는 정직으로 갚고, 은덕은 은덕으로 갚아야 하니라."고 하였습니다. 이 말씀은 착하고 악한 것에 대한 순수한 감정을 무분별하게 뒤섞어서 혼동하는 것은 자기의 감정에 충실하지 못한 것임을 지적하여, 모름지기 자기의 착한 양심을 정직하게 표현해서 기쁜 것은 기쁘다고 하고, 분개한 것은 분노한다고 해야지, 그렇지 않고 싫은 것을 좋다고 하거나, 미운 것을 예쁘다고 하는 것은 결국 자기의 감정을 스스로 속이고, 나아가 남을 속이며 결국 하늘을 속이는 죄악임을 밝힌 것입니다.

오늘은 자기의 감정에 충실한 삶에 대하여 말씀드렸습니다. 날마다 다정다감(多情多感)한 인정(人情)을 정직하게 베풀어 즐거운 인생을 경영하여 쾌활한 세상을 건설합시다. 감사합니다.

뜰에서 자녀를 가르치는 정훈(庭訓) /2009. 8. 27(木)

청취자 여러분, 안녕하십니까? 오늘은 군자(君子)의 가정교육에 대하여 살펴보겠습니다.

맹자(孟子)가 일찍 말씀하시기를 원만한 인격을 갖춘 군자는 자기 자녀를 직접 가르치지 아니하고, 자녀를 바꾸어서 가르친다고 하였습니다. 왜냐하면 교육이란 바르고 훌륭한 사람이 되도록 책임지고 엄중히 훈계하는 것인데, 아버지 된 사람이 그 자녀를 직접 가르치다가는 오히려 잘못될 수 있기 때문이지요. 만일 그 아들딸이 영특하여 아버지의 가르침을 순순히 잘 따르면 좋겠지만, 그렇지 않고 어리석고 산만하여 한두 번 가르쳐도 깨닫지 못하면, 자연히 큰 소리로 꾸짖게 되고, 또한 회초리를 들고 매를 때리면, 아버지와 아들 사이의 애정(愛情)이 상하기 쉽게 되는 것입니다.

그리고 아버지가 훌륭한 행실을 갖추어, 성현(聖賢)의 도덕을 실천하면 본보기가 되겠지만 혹시라도 그렇지 못하면 자식이 마음속으로 생각하기를, 우리 아버지는 말로만 가르칠 뿐이고, 행동은 미치지 못하는 평범한 사람이라고 여기게 되면, 그 아버지에 대한 존경감이 떨어질 것입니다. 교육의 결과가 이렇게 된다면 차라리 가르치지 않은 것만 못한 것이므로 군자는 자기의 자녀를 직접 가르치지 아니하는 것입니다.

비록 그렇지만 사람이 어찌 자녀의 교육에 대하여 무관심할 수 있겠습니까? 자녀를 사랑하는 만큼 자녀의 진학(進學) 과정과 지식의 수준을 관심 깊게 살펴야지요. 논어(論語)의 계씨(季氏)편에 보면 공자님이 그 아들 이(鯉: 字 伯魚)에게 가르치신 가정교육의 내용이 기록되어 있는데 다음과 같습니다.

　　"어느 날 공자님이 홀로 뜰에 서 계시거늘, 아들 이가 마당을 지나가니, 아버지께서 말씀하시기를 '너는 시경(詩經)의 주남(周南)편과 소남(召南)편을 읽었느냐?' 하시기에 '아직 배우지 못했나이다.' 하니, 말씀하시기를 '사람이 주남편과 소남편을 배우지 못하면, 표현력이 없어서 마치 담벼락에다가 얼굴을 대고 서 있는 것처럼 답답하니라.'고 하셔서 물러가 시경을 배웠다고 하였습니다. 그리고 얼마의 세월이 지나간 다른 날에 또 공자님이 홀로 뜰에 서 계시거늘 아들 이가 마당을 지나가니, 아버지께서 말씀하시기를 '너는 예절을 배웠느냐?'고 하시기에, '아직 배우지 못했나이다.' 하니, 말씀하시기를 '사람이 예절을 배우지 아니하면 몸을 세워서 자립적인 행동을 할 수 없느니라.'고 하시기에 물러가서 예절을 배웠다고 하였습니다."

　　공자님은 일찍이 3,000의 제자에게 모두 시경(詩經)과 주례(周禮)와 의례(儀禮)와 예기(禮記)를 필수 교양과목으로 가르치면서도, 그 아들 이에게는 직접 가르치지 아니하시고, 우연히 마당에서 넌지시 시와 예를 배우는 것이 사회생활에 도움이 된다는 정보만을 제공하는 데 그쳤던 것입니다. 이렇게 지나가는 말처럼 부담 없이 정보만 제공하는 마당에서의 가르침을 정훈(庭訓)이라고 하여, 가정교육의 본보기로 삼았으므로 후세에는 가정교육을 정훈(庭訓)이라는 말로 사용하게 되었습니다.

공자님은 제자들을 가르칠 때에, 시경(詩經)을 배워야만 사람들과 더불어 노래하고 춤추면서 정서를 순화하고, 풍부한 감정을 아름답게 표현하여, 즐겁게 사는 감흥을 느낄 수 있다고 하였습니다. 감정이 메마른 각박한 사람이 어떻게 즐거운 인생을 경영할 수 있겠습니까? 고금의 명시(名詩)를 많이 읽어야만 풍부한 감정으로 다른 사람의 심정을 이해하고, 더불어 화합하면서 감정을 해소하여, 절실한 대화와 운치 있는 생활로 자연의 아름다움을 누릴 수 있는 것입니다.

다음으로 공자님은 제자들에게 효도하고 충성하는 생활예절과 관혼상제(冠婚喪祭)의 의례예절을 철저히 가르쳐서, 인간의 도리를 스스로 알아서 실천하되, 독립적 인격으로 당당하고 떳떳하게 사는 모범인이 되도록 지도하였습니다. 그리하여 말씀하시기를 "공손하되 예절을 모르면 수고롭고, 신중하되 예절을 모르면 두렵기만 하고, 용감하되 예절을 모르면 난잡하고, 강직하되 예절을 모르면 조급하니라."(논어 泰伯)고 경계하였습니다. 사람이 예절을 알아야 한결같이 자기의 분수를 지키고 어디서나 자기의 주제를 파악하여, 편안하고 자연스럽게 처신을 하여, 사람들로부터 사랑과 존경을 받을 수 있는 것입니다.

우리나라의 전통적 가정교육은 이러한 공자의 정훈(庭訓)을 대대로 지켜서 인간성이 풍부하고, 행실이 단정한 자손을 길렀으니, 이러한 정신을 계승하여, 길이 보존해야 할 것입니다.

오늘은 공자님이 마당에서 자녀를 가르치는 정훈에 대하여 살펴보았습니다. 감사합니다.

가난한 삶과 부유한 삶 /2009. 8. 28(金)

청취자 여러분, 안녕하십니까? 오늘은 가난한 삶과 부유한 삶에 대하여 말씀드리겠습니다.

사람은 태어나서부터 죽을 때까지 먹고 입고 살 곳이 있어야 되기 때문에, 생활경제는 가장 먼저 해결하여야 되는 인생의 필수적 기본 문제입니다. 그리하여 오늘날에는 경제적 조건으로 계급집단을 분류하여, 가난한 계층을 무산자(無産者)라고 하고, 부유한 계층을 유산자(有産者)라고 해서, 무산자는 평등한 생존권을 요구하며, 무산자 정당을 결성하여 집단 공산주의에 의한 국가계획경제를 주장하고, 유산자는 자유로운 인권을 요구하여, 유산자 정당을 결성해서 개인자유주의에 의한 시장경제를 주장합니다.

이렇게 가난한 사람과 부유한 사람을 두 계급으로 나누어서 대립·대결하는 것은 어지러운 난세에 혁명을 하는 데는 보편타당한 논리체계이지만, 그러나 안정적인 평화시대에도 이러한 모순투쟁의 논리를 그대로 따르는 것은 사회를 양극화해서 불안을 증폭하는 매우 위험한 사회체제인 것입니다.

그러므로 우리 유교에서는 전체 인류를 하나로 통합하는 대동세계(大同世界)를 건설하여, 천하가 평화로운 공동체 사회를 추구하면서, 공명정대한 정치강령으로 인류의 안녕을 길이 보장하여, 가난하거나 부유하거나 모두 도덕적으로 착하고, 윤리적으로 즐거운 인생을 누리도록 하였으니, 이러한 일에 힘써 봉사하는 사람을 군자(君子)라고 하고, 가난한 사람이나 부유한 사람이나 똑같이 군자가 될 수 있는 길을 활짝 열었습니다.

대체로 보통 사람들은 가난하면 세상을 원망하면서 신세타령만 하기 쉽고, 부유하면 호화 사치하면서 교만 방자하기 마련이지요. 이러한 태도는 인간의 본의를 망각한 어리석은 행동이기 때문에, 돈이 있으나 없으나 사회에 아무런 도움이 없을 뿐만 아니라 오히려 자신을 파멸로 몰아넣고, 풍속을 해치는 것입니다. 그러므로 우리 유교는 이와 같이 경제문제로 인간을 파멸하는 것을 크게 경계하여 만일 가정이 가난하면 배고픔을 참고 부지런히 공부하여, 입신출세(立身出世)하는 길을 찾고, 만약 가정이 부유하면 널리 은덕을 베풀어, 자손만대에 경사스러운 복을 누리도록 적선(積善)의 음덕(蔭德)을 쌓으라고 하였습니다. 일찍이 공자님은 말씀하시기를 "군자는 도덕을 추구하고, 음식을 추구하지 아니하나니, 군자는 도덕을 걱정하고, 가난을 근심하지 아니하느니라." 하며 먼저 인간을 완성하는 도덕적 가치가 생명을 유지하는 경제적 가치보다 우선해야 됨을 가르쳤습니다.

　　그리하여 군자는 최소한의 생계문제만 해결되면, 재물에 대하여 초연히 잊어버리고, 화평한 마음으로 너그럽고 여유 있게 살기 때문에, 대단히 낙천적인 희망을 가지고 즐겁게 사는 것입니다. 그러나 소인배들은 대단히 부유한 생활을 하면서도 만족할 줄을 모르고, 더욱 욕심이 동하여, 늘 불안하고 초조한 근심 속에 늙어 가는 것입니다. 공자는 말씀하시기를 "군자는 덕을 생각하고, 소인은 토지를 생각하며, 군자는 형벌을 생각하고, 소인은 혜택을 생각하느니라."(논어, 里仁)고 하여 군자와 소인은 그 관심사가 서로 다른 것임을 밝히고, 하늘의 도덕과 나라의 법률을 잘 지키는 군자가 되어야지, 대지의 농토와 주택지 및 나라의 혜택을 독점하는 소인이 되어서는 못쓴다고 하였습니다.

공자님의 제자들은 대부분 가난하게 살았습니다. 왜냐하면 나라에 도덕이 없으면 부귀한 것이 부끄럽고, 나라에 도덕이 있으면 가난하고 천한 것이 부끄러운 것이므로 춘추의 난세에 공자님의 제자들은 안연과 자로를 비롯하여 가난하게 살았습니다.

그런데 자공(子貢: 名 賜)만은 창고업(倉庫業)을 경영하여 나중에 큰 부자가 되었지만, 공자님의 가르침에 따라 도덕심을 잃지 아니하면서, 공자님께 다음과 같이 물었습니다.

자공이 말하기를 "가난해도 아첨함이 없었고, 부유해도 교만함이 없으면 어떠합니까?" 공자님이 말씀하시기를 "그 정도면 괜찮은 사람이지만 그러나 가난해도 즐겁고, 부유해도 예절을 좋아하는 것만 같지 못하니라." 자공이 말하기를 "시경(詩經)에 노래하기를 톱으로 끊어서 줄로 갈듯이 하며, 송곳으로 쪼아서 마사로 문지르듯이 한다고 하였으니, 그 이것을 말함입니까?" 공자님이 말씀하시기를 "사(賜)는 비로소 시경을 말할 만하구나. 지나간 일을 알려주니, 올 일도 아는구나."라고 크게 칭찬하였습니다.

부유하고 고귀한 신분은 하느님의 선택에 있는 것이므로 인간이 자의적으로 선택할 수 없는 부분이 있습니다. 따라서 가난한 현실을 하느님의 뜻으로 받아들여서, 자기의 운명으로 알고, 성실 정직하게 살면, 스스로 당당하고 떳떳한 인격을 길러서 사람들의 본보기가 되고, 하늘을 감동하여 마침내 천복(天福)을 누리게 될 것입니다. 그리고 현재 부유하면 역시 하느님의 뜻으로 받아들여서, 자기의 사명을 깨달아, 어려운 사람을 구제하고, 지역의 문화발전에 기여하며, 국가에 이바지하고, 인류역사 발전에 공헌한다면, 청사에 길이 빛나는 이름이 남을 것입니다. 속담에 돈을 벌기보다 쓰기가 어렵다고 하였지요.

오늘은 가난한 삶과 부유한 삶에 대하여 말씀드렸습니다. 여러분, 가난하거나 부유하거나 보람차고 가치 있는 인생이 되기 바랍니다. 감사합니다.

선비가 되는 길 /2009. 8. 29(土)

청취자 여러분, 안녕하십니까? 오늘은 우리 유학(儒學)을 공부하여 선비가 되는 길을 살펴보겠습니다.

일반적으로 선비는 도덕에 뜻을 두고, 윤리를 밝히며, 예절을 지키는 초급 지식인입니다. 따라서 서민대중이 자기의 몸을 닦아서 어진이의 행실을 본받기 위해서는 먼저 선비의 의식을 가지고 학문을 익혀야 되는데, 그 능력에 차이가 있으므토 높은 선비와 보통 선비와 낮은 선비가 있습니다.

논어의 자로(子路)편에 보면 선비의 등급을 다음과 같이 세 가지로 분류하였습니다. "자공(子貢)이 물어 말하기를 '어떻게 하여야 이에 선비라고 할 수 있겠습니까?' 한대 공자님이 말씀하시기를 '자기의 행실과 몸가짐에 대하여 부끄러워함이 있고, 사방에 사신으로 가서 임금의 명령을 욕되지 않게 하면, 선비라고 할 수 있느니라.'고 하시니, 자공이 말하기를 '감히 그 다음가는 선비를 묻습니다.' 한대 공자님이 말씀하시기를 '집안에 일가친척들이 효자라고 칭찬하며, 고향마을 사람들이 공손하다고 칭찬하는 사람이니라.'

이에 자공이 다시 말하기를 '감히 그 다음가는 선비를 묻습니다.' 하니 공자님이 말씀하시기를 '말은 반드시 약속을 지키고, 행실은 반드시 실천하여 끝냄은 착실한 소인이라 하겠으나, 그래도 역시 그 다음가는 선비라고 할 것이니라.' 끝으로 자공이 묻기를 '오늘날의 정치하는 사람들은 어떻습니까?' 하니, 공자님이 말씀하시기를 '허허, 말이나 됫박처럼 도량이 협소한 사람들을 어찌 족히 헤아려 논하리오.'라고 하였습니다."

이 말씀으로 미루어 살피면 나라의 선비와 고을의 선비와 배우는 선비가 있음을 알 수 있습니다. 가장 높은 선비는 행실이 단정하고, 몸가짐이 깨끗하여 조금이라도 뜻을 고상하게 간직하지 못하면, 부끄러워하고, 반성하여 고치는 아름다운 지조가 있고, 또한 다른 나라에 사신으로 가서 선린우호(善隣友好)적으로 사신의 목적을 달성하여, 임금의 명령을 욕되게 하지 않는 재능을 겸비하는 선비라고 하였으니, 이것은 나라의 선비로 곧 국사(國士)라고 할 것입니다.

그리고 보통 선비는 그 일가친척이 효자라고 칭찬하고, 그 고향 마을 사람들이 공손하다고 칭찬하는 사람이라고 하였으니, 이것은 비록 벼슬길에 오르지는 못했지만, 그러나 가정을 화목하게 경영하고, 마을의 공동체 사회질서를 존중하여, 화합하고 협력해서 지역 문화발전에 기여하는 선비이므로 이것은 고을의 선비 곧 향사(鄕士)라고 하겠습니다.

끝으로 가장 낮은 선비는 말함에 반드시 약속을 지키고, 행동함에 반드시 실천하여 끝내는 사람인데 이것은 착실한 서민대중도 하는 바이나, 그래도 역시 낮은 선비는 된다고 하였으니, 아직은 초급 지식인으로 배우는 선비인즉 학사(學士)라고 할 것입니다.

사람이 약속을 지키지 않고, 일을 하다가 말면, 사람을 어떻게 믿고 일을 시키겠습니까? 그러므로 선비는 모름지기 책임을 완수하는 정신을 가지고, 가정과 사회에서 모범을 보여서, 마침내 나라에 벼슬을 하여, 그 인격을 뚜렷이 확립하여, 나라를 빛내고 이름을 드날리는 것입니다.

춘추시대에는 그 임금과 신하들이 모두 사명감도 없고, 약속도 지키지 않으며, 또한 하는 일도 끝내지 않고, 방치하면서 사리사욕만 채우는 데 열중하므로, 공자님은 소견이 옹졸하다고 질타하여 조국과 인민에 대하여, 책임을 느끼라고 역설한 것입니다.

무릇 선비의식은 고상한 인격을 기르려고 뜻을 세운 사람이지만 현실적 여건이 어려운 경우가 있습니다. 그러므로 공자님은 현실 속에서 이상(理想)을 구현하는 길로 역시 세 가지가 있음을 밝혔으니, 일찍이 공자님이 말씀하시기를 "중도(中道)를 실천하는 중행지사(中行之士)를 얻어서 더불지 못할진대, 반드시 미친 듯이 이상을 추구하는 광사(狂士)나 웅크리고 앉아서 지조를 지키는 견사(狷士)와 더불진저, 이상을 추구하는 선비는 진취(進取)하고, 지조를 지키는 선비는 하지 않는 바가 있는진저."라고 하였습니다. 이 말씀은 선비가 가는 길이 그 지혜와 능력과 여건에 따라서 세 가지 방법으로 나누어지는 것을 밝힌 것입니다.

첫째, 중도를 실천하는 중행지사(中行之士)는 이상과 현실을 적절히 조절하여, 합리적인 중용(中庸)의 길을 선택하여, 가깝고 낮은 데로부터 시작하여, 점점 높고 먼 데로 올라가는 것이니, 공자님이 가르치는 길입니다. 다음으로 미친 듯이 고원(高遠)한 이상을 향하여, 일로 매진하는 광사(狂士)는 현실을 부정하고, 용감하게 진취

(進取)하여, 온갖 어려움을 무릅쓰고, 목적을 향해 앞으로만 나아가는 선비입니다. 지금으로 말하면 진보주의자 또는 혁신주의자라고 할 수 있습니다. 끝으로 웅크리고 앉아서 옛날의 도덕을 지키면서, 미지의 것을 두려워하고, 변화를 싫어하며, 익숙한 것에만 집착하여, 현실에 안주하는 견사(狷士)는 보수주의적인 선비입니다. 우리 유교는 진보주의와 보수주의를 모두 통합하여 중용의 길을 개척하여 왔던 것입니다.

오늘은 선비가 되는 길에 대하여 살펴보았습니다. 이제 진보와 보수가 대립 투쟁하지 말고 대통합하기 바랍니다. 감사합니다.

완성된 인간 군자(君子) /2009. 8. 30(日)

청취자 여러분, 안녕하십니까? 오늘은 완성된 인간을 상징하는 군자(君子)에 대하여 살펴보겠습니다.

공자님은 평생 군자가 되는 길을 설파하시면서, 제자들에게는 군자의 선비가 되고, 소인(小人)의 선비가 되지 말라고 경계하셨을 뿐만 아니라, 정치지도자에게도 군자의 덕을 추구하고, 소인의 이익을 추구하지 말라고 권고하였습니다. 왜냐하면 군자는 자기 자신의 인격을 완성하여, 인류의 사표인 성현(聖賢)이 되는 위대하고 거룩한 길로 올라가는 사람이고, 소인은 자기 자신의 고귀한 천명(天命)의 본성을 망각하고, 세속적 가치만을 탐하여 점점 후안무치(厚顔無恥)하게 되어서, 마침내 물질의 노예로 전락하여, 왜소하고 추악하게 타락하는 길로 내려가는 사람이기 때문입니다.

공자님이 말씀하시기를 "군자의 길은 세 가지인데, 어진 사람은 근심하지 아니하고, 지혜로운 사람은 의혹하지 아니하고, 용기 있는 사람은 두려워하지 아니하느니라."(論語, 憲問)고 하였습니다. 이 말씀으로 살피면 군자가 되는 방법은 세 가지로서, 어질 인(仁) 자의 고유한 천성(天性)을 원만하게 길러서, 천명(天命)을 따르는 사람과 총명한 지혜를 개발하여, 사물의 이치를 샅샅이 꿰뚫어, 이해득실에 달통하고, 도덕적 가치를 확신한 사람과 천지의 원기(元氣)를 길러서, 호연(浩然)한 정신으로 천하의 정의(正義)를 한 몸에 가득히 채워서, 그 뜻이 강직(剛直)한 사람입니다. 이와 같이 사랑이 넘치는 사람과 지혜가 출중한 사람과 원기(元氣)가 충만한 사람은 하늘이 점지한 인간의 고귀함과 신령스러움과 장엄한 면모를 스스로 가지고 있는 완성된 인간이요, 거룩한 인격인 것입니다. 따라서 지혜와 사랑과 용기를 모두 갖추면 성현도 될 수 있는 까닭에 군자는 그 가운데 한 가지만 갖추어도, 아름다운 군자가 되는 것이지요.

논어의 위령공(衛靈公)편에 보면, 공자님께서 군자의 행실을 다음과 같이 상세하게 말씀하셨습니다. "군자는 정의로 바탕을 삼고, 예절로 실천하되 공손하게 나아가고, 믿음으로 완성하느니라.", "군자는 능력이 없는 것을 고민하고, 남이 나를 알아주지 않는 것을 걱정하지 않느니라.", "군자는 죽을 때까지 이름이 세상에 일컬어지지 않음을 싫어하느니라.", "군자는 문제점을 자기 자신에게서 찾고, 소인은 남에게서 찾느니라.", "군자는 긍지를 가지면서도 경쟁하지는 않고, 함께 무리를 지어 모이되 편당을 지어 분열하지는 아니하느니라.", "군자는 말로써 사람을 천거하지 아니하고, 말로써 사람을 버리지 아니하느니라."라고 하였습니다. 이러한 말씀은 모두 군자가 사회생활을 하면서, 몸소 실천하는 행동규범이라고 할 수 있습니다.

먼저 정의로 바탕을 삼고, 예절로 실천하되, 공손하게 나아가고, 믿음으로 완성하는 것은 군자의 기본 행실입니다. 이른바 완성된 인간이라고 하면서 사회의 정의와 성왕(聖王)의 예절을 어긴다면 어떻게 완성된 인간이라고 하겠습니까? 그러므로 군자는 불인(不仁), 불의(不義)하고, 무례(無禮), 무지(無智)한 행실이 없는 것입니다. 또한 중용(中庸)에서는 군자가 실행할 네 가지 사항을 공자님은 다음과 같이 말씀하셨습니다.

"군자의 도리가 네 가지에 구(丘: 공자의 이름)는 한 가지도 잘하지 못하니, 아들에게 요구하는 바로서 아버지 섬기기를 잘하지 못하며, 신하에게 요구하는 바로서 임금 섬기기를 잘하지 못하며, 아우에게 요구하는 바로서 형님 섬기기를 잘하지 못하며, 벗에게 요구하는 바로서 먼저 베풀기를 잘하지 못하니, 떳떳한 덕(德)은 행하고, 떳떳한 말은 삼가며, 덕을 행함에 부족한 바가 있거든 감히 힘쓰지 아니함이 없으며, 말은 나머지가 있어도 감히 다하지 아니하여, 말은 행실을 돌아보고, 행실은 말을 돌아볼지니, 군자가 어찌 말과 행실이 일치하지 아니하리오."라고 하였습니다.

군자는 완전한 독립적 인격을 갖춘 완성된 인간이기 때문에, 자기의 도리를 스스로 깨달아 먼저 실천하면서, 모든 문제점을 자기 자신의 책임으로 인식합니다. 이와 같이 군자는 인생을 경영하는 주인으로 만사에 임하여, 자체적으로 무한 책임을 지면서, 하늘도 원망하지 아니하고, 사람도 허물하지 아니합니다. 그리하여 뜻을 얻으면 인민대중과 함께 즐기고, 만약 뜻을 얻지 못하면 초야에 숨어서 군자의 도리를 지키는 것입니다.

오늘은 공자님이 가르치신 완성된 인간을 상징하는 군자에 대하여 살펴보았습니다. 지혜와 사랑과 용기를 갈고닦아 인격을 완성하는 훌륭한 군자가 이 땅에 많이 나오기를 간절히 기원합니다. 감사합니다.

증자(曾子)의 세 가지를 반성하는 3성(三省) 공부 /2009. 10. 5(月)

청취자 여러분, 안녕하십니까? 어느덧 세월이 흘러 가을이 짙어가는 10월이 되었습니다. 이제는 지난 한 해를 뒤돌아보며 미진한 일이 없는가를 살펴보고 슬기롭게 한 해의 일을 마무리할 때입니다. 인생에 있어서 지난 일을 반성하여 바로잡는 일은 대단히 중요하지요. 사람은 특히 자기의 일에 열심히 살다 보면 주변 사람에게 소홀히 할 경우가 있고, 또 한 가지의 일에 매달리다 보면 다른 일을 잊어버리는 때가 있기 때문에 항상 뒤돌아보고 반성하여 살피지 않으면 종종 실수를 면치 못하게 되지요. 그러므로 우리 유교에서는 반성(反省)하는 공부를 대단히 중요한 실천과제로 삼았습니다. 논어(論語)의 학이(學而)편에 보면 공자의 제자로 성인(聖人)의 반열에 올라 대학(大學)과 효경(孝經)을 엮어서 공자의 사상을 크게 밝혀 길이 후세에 전한 증자(曾子)가 날마다 세 가지를 반성하였다고 다음과 같이 말하셨습니다.

"증자가 말하기를 나는 날마다 세 가지로 내 자신을 반성하노니, 사람을 위하여 도모하는 일에 있는 힘을 다하지 아니했는가? 벗과 더불어 사귐에 믿지 아니했는가? 스승에게 배운 바를 익히지 아니했는가?"라고 했습니다.

이 말씀에서 우리는 증자와 같은 위대한 학자도 날마다 자기 자신의 행동에 대하여 반성했다는 사실을 확인할 수 있습니다. 증자처럼 성실하고 정직하여 모든 일을 착실하게 처리하시면 아마도 거의 완벽할 것이고, 또한 다른 사람의 모범이 되는 경지에 이를 것임에도, 증자는 오히려 반성을 하였으니 보통 사람들이 어찌 반성공부를 소홀히 할 수 있겠습니까? 사람이 자기 자신을 매일 반성하는 것은 모든 문제점을 자기에게서 찾는 군자(君子)의 도량입니다. 왜냐하면 도덕군자는 문제점을 자기 자신의 말과 행실에서 찾고, 옹졸한 소인배는 언제나 잘한 것은 자기의 덕이고, 잘못한 일은 다른 핑계를 대거나 남의 탓으로 돌리는 버릇이 있어서, 전혀 반성할 줄을 모르는 것입니다. 따라서 날마다 반성하여 잘못이 있으면 고치고, 잘했으면 더욱 힘써 노력하는 사람은, 마침내 고결한 인격을 길러서 훌륭한 대인군자로 성장하는 것입니다.

그리고 증자가 날마다 세 가지를 반성한 내용에 대하여 주목할 필요가 있습니다. 왜냐하면 증자가 반성한 세 가지 내용이 아주 인간적이고, 사회적이며, 교육적인 행실이기 때문입니다. 보통 사람이 일상적으로 반성한 내용은 대개 자기의 이해득실(利害得失)에 관한 것으로 인격 향상과는 별로 관계가 없는 것이 태반이지요? 증자가 반성한 내용은 물질적인 이해득실에 관한 것이 아니고, 인간적인 시비선악(是非善惡)에 관한 문제를 주제로 삼은 점이 대단히 중요한 것입니다.

첫째, 사람을 위하여 도모함에 있는 힘을 다하지 아니했는가를 원문으로 읽으면 위인모이불충호(爲人謀而不忠乎)인데 이것은 사람을 위하여 도모한 일에 있는 힘을 다하는 것이니, 진정한 인간애(人間愛)를 반성한 것입니다. 날마다 인간애를 발휘하여, 사람을 위하는 일에 헌신 노력함은 지극히 착하게 사는 것이고, 인류의 행복을 위하여 앞장서는 거룩한 인간 사랑이며, 아름다운 사회 사랑이라고 할 것입니다.

둘째, 벗과 더불어 사귐에 믿지 아니했는가를 원문으로 읽으면 여붕우교이불신호(與朋友交而不信乎)인데 이것은 벗을 사귐에 도덕을 받들고, 윤리를 밝혀서, 예절을 지키는 도덕심(道德心)을 반성하는 것입니다. 벗이란 학문을 같이하는 학우(學友)나 뜻을 같이하는 동지(同志)를 일컫은 것입니다. 따라서 학문과 뜻이 같은 벗은 서로 충고하면서 인격향상을 추구하는 사람이므로 서로 믿어 형제 다음으로 가까이 지내는 관계입니다. 그러므로 친구가 의심스러우면 절교를 해서 관계를 끊어야지, 속으로 의심하면서 겉으로 사귀는 것은 부도덕하고 비열한 행위입니다.

셋째, 스승에게 배운 것을 익히지 아니했는가를 원문으로 읽으면 전불습호(傳不習乎)인데 이것은 자기 자신의 학문에 대한 열의, 즉 학구열(學究熱)을 반성한 것입니다. 스승으로부터 배운 것은 반드시 복습(復習)하여야 자기의 지식으로 만들어 익숙하게 활용할 수 있기 때문에 수시로 복습하는 습관을 들여야, 학문이 발전하여 크게 성공하는 것입니다. 이상과 같이 증자가 매일 반성하여, 더욱 열심히 힘쓴 것은 자기의 인간애(人間愛)와 도덕심과 학구열(學究熱)에 대한 것이었으니, 인의예지신(仁義禮智信)의 본성을 밝혀서 성현(聖賢)의 경지에 들어갔던 것입니다.

오늘은 증자(曾子)의 3성(三省)공부에 대하여 살펴보았습니다. 별이 빛나는 밤하늘을 바라보면서 오늘부터 증자처럼 사람을 사랑하고, 도덕을 생각하고, 학문에 대한 열의를 반성하여 용기 있게 살아야겠습니다. 감사합니다.

극기복례(克己復禮)의 네 가지 조목 4물(四勿) /2009. 10. 6(火)

청취자 여러분, 안녕하십니까? 오늘은 사사로운 욕망을 누르고, 사양하고 공경하는 마음을 일으켜서, 온전한 인간성을 기르는 극기복례(克己復禮)의 네 가지 조목에 대하여 살펴보겠습니다.

사람의 마음은 본래 하나이지만 그 작용은 양면성이 있어서, 어떤 때는 공명정대(公明正大)한 도덕심이 나타나고, 어떤 때는 편협하고 배타적인 욕심이 생기는 것입니다. 그리하여 누구나 공명정대한 도덕심으로 살면, 고매한 인격을 길러서, 두루 화합하고, 존경받는 인물이 되지만, 만약 편협하고 배타적인 욕심을 부리면 주변 사람이 미워하고, 원망하여, 상종하지 않으므로 외톨이 신세를 면치 못하게 되지요. 그러므로 공자는 착한 인간성을 스스로 개발하여, 두터운 사회성을 기르라고 역설하시면서, 고금의 성인(聖人)이 인격을 수양하는 핵심 명제(命題)가 어질 인(仁) 자였음을 표명하였습니다.

공자의 어질 인(仁) 자는 주자(朱子)가 해설하기를 마음의 덕성(德性)으로 사랑의 원리라고 하였는데, 사람이 천부적으로 타고난 천리(天理)의 본성이기 때문에 자연의 진리와 인간의 착함과 사회의 아름다움을 모두 갖추고 있어서, 자기 자신의 인격을 구비하여 가정에서는 효도하고, 나라에는 충성하며, 사회에서는 어른을 공경하고, 세계에서는 인류를 사랑하는 가장 높고, 큰 인물(人物)이 되는 덕목입니다. 따라서 어질 인(仁) 자는 공자의 핵심사상이고, 제자들에게 평생에 걸쳐 말씀하시기를 모름지기 공부는 어질 인(仁) 자를 찾는 것으로부터 시작하여, 어질 인(仁) 자를 완성하여야 끝나는 것이라고 설파하였습니다.

논어(論語) 안연(顏淵)편에 보면 공자의 수제자인 안연(顏淵)이 어질 인(仁) 자를 물으니 공자가 말씀하시기를 "사욕을 극복하고, 예절로 돌아가는 것이 어진 사람이 되는 길이니. 하루라도 극기복례(克己復禮)하면 천하가 어진 세상으로 돌아갈 것이니, 어진 사람이 되는 길은 자기 자신을 말미암나니, 남을 말미암을 것이냐!"라고 설파하였습니다. 이 말씀으로 살펴보면 어진 사람이 되는 방법은 먼저 편파적이고 배타적인 사욕(私欲)부터 스스로 억누르는 극기(克己)훈련이 있어야 됨을 알 수 있습니다.

왜냐하면 먼저 욕심부터 비워야만, 천부적인 도덕심이 마음속에 가득히 엉겨서 자리를 잡을 수 있기 때문입니다. 도덕심은 측은(惻隱)한 마음이고, 부끄러워하는 마음이며, 사양하는 마음이고, 분별하는 마음이기 때문에 사회의 보편적인 성왕(聖王)의 예절을 받들어 따르는 자세를 갖추는 것이지요. 그러므로 도덕심은 공경하지 않은 것이 없어서 예절로 돌아가는 복례(復禮)의 길이 열리게 되어, 공명정대한 어진 인격을 스스로 갖추게 되므로 공자는 어진 인격을 갖추는 것은 자기의 도덕심을 말미암고, 다른 사람을 말미암지 아니한다고 깨우쳐 주신 것입니다.

보통 사람들은 인격의 완성을 남에게 의지하여 이루려고 생각하는 경행이 있지요. 사람들로부터 호감을 사서 돈을 벌고, 벼슬을 하고, 인기를 얻고, 학위(學位)를 받고, 공덕을 세워야 인격이 완성되는 것으로 생각하지만, 공자가 말씀하시는 어진 인격은 인간 자체의 완성이기 때문에 그 내면이 진실하고 착하고 아름다운 것이지, 한갓 외면에만 화려하게 수식한 허장성세가 아닙니다.

다음으로 안연(顔淵)이 어질 인(仁) 자를 공부하는 조목을 물으니 공자가 말씀하시기를 "예절이 아니면 보지 말며, 예절이 아니면 듣지 말며, 예절이 아니면 말하지 말며, 예절이 아니면 움직이지 말라."고 하였으니, 이것을 원문으로 읽으면 비례물시(非禮勿視), 비례물청(非禮勿聽), 비례물언(非禮勿言), 비례물동(非禮勿動)으로 네 가지를 하지 말라고 하였으므로, 우리는 4물(四勿)이라고 일컬어 오면서, 어진 인간성을 함양하는 기본자세로 삼아 왔습니다.

사람에게 있어서 습관과 버릇은 매우 큰 영향을 미치는 것입니다. 좋은 습관이나 버릇은 익히기 어렵고, 나쁜 습관이나 버릇은 배우기가 쉽지요. 오죽하면 세 살 버릇이 여든까지 간다는 속담이 있겠습니까? 붉은 주사(朱砂)를 싼 종이는 붉어지고, 검은 먹을 싼 종이는 검어집니다. 그리고 쑥이 삼밭에 나면 곧게 자라고, 가시덤불에 자라면 굽어지는 것을 많이 보았지요? 우리가 착한 인간성을 기르려면 먼저 보고, 듣고, 말하고, 행동하는 예절을 익혀서 습관화하고, 생활화해서 제2의 천성으로 굳혀 버려야만 다시는 옹졸하고, 비열한 생각을 하지 않고 오로지 따뜻하고, 착실하고, 공손하고, 너그러운 인간미(人間味)가 넘치는 자질을 길러, 마침내 대인(大人) 군자(君子)로 성장하게 되는 것입니다. 이러한 사상에 의하여 오늘날은 시청각교육(視聽覺敎育)을 매우 존중하는데 학교 주변을 정화할 뿐만 아니라 가정에서도 교육적 분위기를 만들어야 효과가 나타날 것입니다.

오늘은 공자의 핵심사상인 어진 인간성을 기르는 방법으로 극기복례의 네 가지 조목을 살펴보았습니다. 좋은 환경에서 고상한 인격으로 살기 위하여 공자의 가르침에 따라, 모두 예절만을 말하고 행동하여, 예절이 아닌 것은 보고 들을 데가 없도록 해야 되겠습니다. 감사합니다.

익우(益友)와 손우(損友) /2009. 10. 7(水)

청취자 여러분, 안녕하십니까? 오늘은 벗을 사귀어 함께 놀며 즐기는 일에 대하여 살펴보겠습니다.

우리 유교에서는 벗을 사귀어 함께 놀며 즐기는 일을 대단히 숭상하여, 5륜(五倫)의 하나로 정하고, 인생에 있어서 필수적인 인간관계로 인식하며, 붕우유신(朋友有信)을 윤리로 가르칩니다. 진정한 벗은 부담 없이 즐겁게 놀 수 있고, 진지하게 학문과 도덕을 토론할 수 있으며, 널리 세상일에 대하여 정보를 교환할 뿐만 아니라 즐거움을 같이 나누고, 슬픔을 서로 위로하며, 어려우면 힘써 돕고, 잘못하면 진심으로 충고하는 까닭에 인생행로에 있어서 결코 없어서는 아니 되는 존재입니다.

그러나 세상에는 좋은 사람만 있는 것이 아니고, 또한 못된 인간도 가끔 있으므로 벗을 사귐에는 그 인간성과 행실을 잘 살펴서 선택하여 사귀지 않으면 안 되지요. 논어(論語)의 계씨(季氏)편에 보면, 공자가 말씀하시기를 "유익한 벗이 세 가지요, 손해되는 벗이 세 가지이니, 정직한 사람을 사귀어 벗하고, 성실한 사람을 골라서 벗하며, 들은 것이 많은 사람을 찾아서 벗하면 유익한 것이고, 만일 편리한 대로 치우치게 행동하는 사람을 사귀어 벗하고, 부드럽게 아첨을 잘하는 사람을 골라서 벗하며, 능숙한 말재간으로 말만 번지르르한 사람을 찾아서 벗하면 손해를 보게 된다."고 경계하였습니다.

이 말씀으로 살피면 벗이라는 것은 평생 동지로서, 부귀(富貴)하거나 빈천(貧賤)하거나 상관이 없이 인간관계를 유지해야 되고, 만일 죽어서 저세상에 갈지라도 변함없이 붕우유신(朋友有信)의 의리를 지키는 정신적인 동지로 남아 있어야 되기 때문에, 오직 빈부귀천(貧富貴賤)만을 초월할 뿐만 아니라, 나아가 생사존망(生死存亡)까지도 초월하는 영원한 벗을 사귀어야 됨을 알 수 있습니다. 왜냐하면 도움이 되는 익우(益友)는 정직하고, 성실하며, 도덕과 윤리와 예절에 대하여 들은 것이 많으므로, 붕우(朋友)의 도리를 평생 지켜서, 더불어 부모에게 효도하고, 나라에 충성하며, 인류의 문화발전에 기여하는 성공적인 인생의 길을 향하여 매진하는 사람이기 때문입니다.

그러나 편리한 대로 치우치게 행동하는 사람은 더불어 인격 수양을 할 수 없을뿐더러, 괴벽스럽고 배타적으로 사회와 전혀 융화하지 못하고, 또한 사소한 일로 토라져서 저절로 멀어지게 되니, 결코 오래 사귀지 못하게 됩니다. 그리고 부드럽고 아첨을 잘하는 사람은 변덕이 무상하여 본래 믿을 수 없고, 또한 능숙한 말재간으로 말만 번지르르한 사람은 부귀하고 권세가 있을 때에만 찾아오고, 만약 그 부귀권세가 다하면, 하루아침에 등지고 모르는 체하는 것이니, 이렇게 약삭빠른 사람을 어떻게 친구라고 믿을 수 있겠습니까? 모름지기 희망이 있는 벗을 사귀어야지, 결단코 실망하고 허탈할 벗을 사귀지 말아야 합니다.

공자는 평소에 좋아하는 취향을 보고, 도움이 될 사람인지, 손해를 볼 사람인지를 분간하라고 이어서 다음과 같이 말씀하셨습니다.

"도움이 되는 사람은 세 가지를 좋아하고, 손해가 되는 사람도 세 가지를 좋아하나니, 예절과 음악을 절도 있게 거행함을 좋아하고, 사람의 착한 일을 이야기하기를 좋아하며, 어진 벗이 많은 것을 좋아하면 도움이 되는 것이요, 만일 교만 방자하게 노는 쾌락을 좋아하며, 편안히 놀기를 좋아하며, 잔치를 베풀어 즐겁게 놀기를 좋아하면 손해가 되는 사람이니라."고 경계하였습니다. 예절과 음악을 절도 있게 거행하기를 좋아하는 사람은, 옛날 성인(聖人)의 가르침을 받들어, 도덕의 전통을 지키는 성실한 인격자-이고, 남의 착한 일을 말하기 좋아함은 착하게 살려는 뜻이 있을 뿐만 아니라, 더불어 착해지려고 노력하는 단정한 선비이며, 어진 벗이 많음을 즐거워함은 아름다운 문화사회를 함께 일으키려는 협동정신과 포용력이 있는 지도자입니다. 그러나 교만 방자하게 쾌락을 좋아하면, 사회적 지탄을 받아 반드시 징계를 받을 것이요, 편안하게 놀기를 좋아하면, 비생산적인 부류로 전락하여 반드시 가산을 잃을 것이며, 잔치를 베풀어 즐겁게 놀기를 좋아하면, 마침내 주색잡기(酒色雜技)에 빠져서 몸을 상할 것이니, 어찌 사람 노릇을 하겠습니까?

그러므로 벗을 사귐에는 가급적 성실한 인격자와 단정한 선비와 포용력 있는 지도자를 골라서 사귀어야 하는 것입니다. 속담에 군자의 사귐은 물처럼 담담하고, 소인의 사귐은 꿀처럼 달다고 하였습니다.

오늘은 도움이 되는 벗과 손해를 보는 벗을 살펴보았습니다. 한 때의 벗은 술로 사귀고, 평생의 벗은 도덕으로 사귀는 것이니, 술로 사귄 벗을 도덕으로 사귄 벗으로 바꾸어서 인생에 큰 희망이 있기를 진심으로 기원합니다. 감사합니다.

군자(君子)의 3계(三戒)와 3외(三畏) /2009. 10. 8(木)

청취자 여러분, 안녕하십니까? 오늘은 군자(君子)가 세 가지를 경계(警戒)하는 3계(三戒)와 세 가지를 두려워하는 3외(三畏)에 대하여 살펴보겠습니다.

군자는 도덕적 인격을 갖춘 사회의 지도적 위치에 있는 사람입니다. 따라서 원만한 인격으로 사물을 슬기롭게 처리하여, 사람들로부터 사랑과 존경을 한 몸에 받으며, 사회의 본보기가 되는 모범인입니다. 이렇게 훌륭한 군자에게도 스스로 조심하여 경계할 일이 있고, 또 두려워하여 범해서는 안 되는 일이 있다고 하였으니, 논어(論語) 계씨(季氏)편에 보면, 공자가 말씀하시기를 "군자는 세 가지의 경계하여 조심하는 일이 있으니, 젊을 때에는 혈기가 아직 성장기에 있으므로 경계함이 색욕(色慾)에 있고, 그 장성함에 미쳐서는 혈기가 바야흐로 굳세므로 경계함이 싸움에 있고, 그 늙음에 미쳐서는 혈기가 이미 쇠퇴하므로 경계함이 이득을 추구하는 탐욕에 있느니라."고 하였습니다.

사람의 일생은 육체적으로 성장기와 장성기와 노쇠기가 있지요.

군자는 어버이로부터 받은 육체를 온전히 길러서 아름답게 간직하는 것을 효도(孝道)의 기본으로 생각하기 때문에 자기의 몸에 해로운 일을 절대로 하지 아니합니다. 효경(孝經)에 보면 신체와 머리털과 피부는 부모로부터 받았으니, 감히 훼손하거나 상처를 내지 아니함이, 효도의 시작이라고 하였습니다. 따라서 어버이를 공경하듯이 자기 몸을 공경하여 건강한 몸과 건전한 정신을 간직하여야, 효자가 될 수 있기 때문에 군자는 몸에 이롭지 못한 일을 평생 동안 하지 않고 조심하는 것입니다.

그래서 젊었을 때에는 육체적 혈기가 아직 튼튼하게 고정되지 않고, 계속 성장하는 시기이기 때문에, 색(色)을 멀리하는 것이지요. 그리고 이미 장성하여 혈기가 바야흐로 굳셀 때에는 결투를 하지 말아야지요. 사람이 결투를 하게 되면 급기야 지기를 싫어하여, 끝까지 다투게 되지요. 만일 끝까지 이기려고 결투를 하게 되면, 서로 다치게 될 뿐만 아니라, 원한과 증오심이 폭발하여 사생결단을 하는 데 이르지요. 그 피해가 막대하여 결국 수습할 수 없는 파멸에 이를 것입니다. 어찌 어버이에게서 받은 몸을 그렇게 함부로 다룰 수 있겠습니까? 끝으로 이미 늙어서 혈기가 쇠퇴할 때에, 이득(利得)을 추구하면, 체력과 정신력이 소진하여, 결국 일을 감당하지 못하고, 병이 들어 고생하거나, 심하면 탈진하여 죽을 위험이 있기 때문에, 늙으면 육체노동을 삼가고, 정신도 아껴서, 복잡하고, 산만한 일을 접어야 하는 것입니다.

이와 같이 젊어서는 건강한 몸을 길러야 하고, 장성하여서는 강인한 체력을 유지하며, 늙어서는 노쇠한 몸을 편안하게 보존하여 오래도록 살면서 장수하는 것이 군자가 효도하고 행복을 누리는 길이기 때문에 이에 색욕(色慾)과 경쟁심과 탐욕을 경계하는 것입니다.

다음으로 공자는 이어서 말씀하시기를 "군자는 세 가지의 두려움이 있으니 하늘의 명령, 즉 천명(天命)을 두려워하며, 대인(大人)을 두려워하며, 성인(聖人)의 말씀을 두려워하느니라. 소인(小人)은 천명(天命)을 알지 못하므로 두려워하지 않는지라, 대인(大人)을 업신여기며, 성인(聖人)의 말을 무시하느니라."고 하였습니다. 이것은 하늘의 뜻을 받들어 가치 있게 살면서 인류역사 발전에 이바지하여야 군자가 될 수 있음을 설파하신 것입니다.

모든 사람은 어버이로부터 혈육(血肉)을 받고, 하느님으로부터 본성(本性)을 받아서, 이 세상에 태어났으므로, 어버이의 혈육인 육체도 건강하게 간직해야 마땅하거니와 또한 하늘이 명령하여 천부적으로 타고난 본성(本性)도 온전히 갖추어 따르면서, 사람노릇을 하여야, 인간의 본의(本義)를 찾을 수 있다는 뜻입니다. 그러므로 공자는 하느님이 나에게 주신 사명(使命)을 알아서, 집에서는 어버이에게 효도하고, 나라에 충성하며, 인류번창에 이바지하는 성분(性分)과 직분(職分)을 완수하는 군자는 하늘의 명령을 두려워한다고 하셨습니다.

대인(大人)은 인간의 착한 덕성(德性)을 밝히고, 하늘의 뜻을 받들어 새 시대를 경영하는 위대한 인물입니다. 군자는 모름지기 대인(大人)을 흠모하여 그와 같이 큰일을 하고자 할진대 어찌 외경(畏敬)하지 않을 수 있겠습니까?

그리고 성인(聖人)은 하늘땅의 이치와 인간의 성리(性理)를 통달하여, 지극히 착한 세계를 열어 주신 인류의 사표(師表)입니다. 위대한 성인(聖人)의 말씀은 이 세상에서 가장 진실하고, 가장 착하고, 가장 아름다운 철언(哲言)인즉 어찌 받들어 실천하지 않을 수 있겠습니까? 그러므로 군자는 성인의 말씀을 행여나 어길까 조심하고, 두려워하는 것입니다. 무릇 인격을 갖추고 평생 공부를 하는 군자는, 육체적으로 건강하게 장수(長壽)를 누리며, 정신적으로 건전하게 사명을 완수하는 확고한 자세와 신조가 있는 것입니다.

오늘은 군자의 세 가지 경계와, 세 가지 두려움에 대하여 살펴보았습니다. 우리나라는 옛날부터 훌륭한 군자가 많았기 때문에 공자님이 우리 한국은 동방의 군자국이라고 하면서 오시고 싶어 하였으니, 그 전통을 이어 오늘날도 모두 군자가 되어 세계의 모든 사람이 우리나라에 오고 싶게 해야 되겠습니다. 감사합니다.

유교의 교육방법 /2009. 10. 9(金)

청취자 여러분, 안녕하십니까? 오늘은 10월 9일 한글날입니다. 세계에서 가장 배우기 쉽고 표현력이 풍부한 소리글을 가진 우리는 세종대왕에게 감사하면서 한글로 모든 책을 번역하고 있습니다. 우리 유교의 4서5경도 모두 한글로 번역해서 누구나 쉽게 읽고 널리 가르치고 있습니다. 이제는 한글만 알아도 버우고 가르치는 데 별로 어려움이 없는 형편입니다. 한글의 독서범위와 학문의 깊이가 엄청나게 발전하였으니 이제는 슬기로운 교육방법을 개발하여 인문주의적 지성인을 양성하여 문화선진국을 건설하여야겠습니다.

예기(禮記)의 학기(學記)편에 유교의 교육방법을 제시하였는데 먼저 좋은 교육방법으로는 아직 나타나지 않을 때에 미리미리 학생으로서 하지 말아야 되는 사항을 분명하게 알려서, 금지시키는 예방교육을 실시할 것이며, 다음은 학생의 나이와 지능을 살펴서, 감당할 만하거든 때를 맞추어 가르쳐서 가장 적합한 시기를 놓치지 않은 적기(適期)교육을 실시하는 것입니다. 그리고 학생을 가르침에는 반드시 교육의 목표를 설정해 놓고, 단계적으로 순서에 따라서 차례차례로 진도를 나아가야만 학습효과가 많을 뿐만 아니라, 지식을 체계적으로 연마할 수 있습니다. 끝으로 학습의 재미는 스스로 터득할 때에 아주 많기 때문에 학생들에게 하나의 주제(主題)를 주고, 집단적으로 토론하여, 좋은 결론에 도달하도록 위임하는 것입니다. 선생은 은근히 암시적 비유법으로 가르치고, 학생들이 자유롭게 토론하여, 스스로 좋은 결론을 이끌어 낼 때까지, 서둘지 말고 묵묵히 기다리고 있으면, 마침내 학생들이 문제의 핵심본질을 스스로 이해하는 인식력을 기르고, 또한 자기의 생각을 여러 학생 앞에서 주장하는 발표력을 기르며, 아울러 다른 사람의 주장과 자기의 생각을 비교 분석하여, 더욱 좋은 결론을 찾아내는 창의력을 기르게 되는 것입니다.

이상과 같이 나쁜 길로 빠지지 않도록, 미리미리 금지시키는 예방교육과 성장의 정도에 알맞은 적당한 시기에 가르치는 적기교육과 점점 수준을 높여서 체계적으로 가르치는 단계적 교육과, 여러 학생이 집단적으로 함께 토론하게 하여, 학문을 연마하는 집단 토론교육의 네 가지 방법으로 가르침은 좋은 교육방법으로 목적하는 바의 학습효과를 십분 거두게 되는 것입니다.

이에 반하여 나쁜 교육방법으로는 여섯 가지를 제시하였는데, 첫째, 학생의 나쁜 행동이 이미 나타난 뒤에야 금지시키면 완강히 거절하고 반발하여, 감당할 수 없는 상태에 이르게 되는 것이요, 둘째, 이미 시기가 지난 다음에야 배우면, 부지런히 고생하여도, 성공하기 어려운 것이며, 셋째, 학문적인 체계가 없이, 이것저것 닥치는 대로 잡다하게 가르치면 기초가 약하여 무너지거나, 중심이 없어서 어지럽게 되어, 학습효과가 미미하여 보잘것없게 되지요. 넷째, 홀로 배우면서 벗이 없으면, 다른 사람과 비교할 수 없기 때문에 남의 생각을 전혀 이해하지 못하는 속 좁은 사람이 되기 쉽고, 또 사회적인 견문이 적어서 고루과문(固陋寡聞)한 사람이 되기 십상입니다. 다섯째, 학생들을 단속하지 않고, 지나치게 자율 자치하도록 방임을 하면 학생들이 무리를 지어서, 스승을 거역하고, 교권(敎權)을 침해하여, 편하게 노는 쪽으로 흘러서 교육 풍토를 해치는 것이며, 여섯째, 학생들을 방치(放置)하여 지나치게 자유 시간을 너무 많이 주면, 편안히 놀면서, 사벽(邪僻)한 데 빠지게 되어, 학생의 앞날을 망치게 되는 것입니다.

이상의 여섯 가지는 아주 좋지 않은 교육방벌으로 경계하지 않으면 안 되는 까닭에 학자와 교육자 그리고 학부모가 반드시 알아서, 네 가지의 좋은 교육방법을 일으키고 여섯 가지 나쁜 교육방법을 경계해야 할 것입니다.

대체로 군자가 사람을 가르쳐서 깨우치는 방법은 학문의 길로 인도하고 안내는 하되, 억지로 끌어당기지는 아니하며, 힘써 노력하도록 이끌되, 강제로 억압하여 굴복시키지는 아니하며, 바른 길을 활짝 열어 보이되, 데리고 가서 도달하게는 아니하나니, 학생으로 하여금 스스로 힘써 노력하고, 합리적으로 생각하도록 가르치는 것입니다.

대체로 좋은 교육방법은 학생의 수준을 파악하여, 학과(學課)의 진도를 적절히 조절하여, 너무 많이 나아가도 안 되고, 너무 적게 나아가도 안 되며, 또한 과제물이 너무 쉬워도 안 되고, 너무 어려워도 안 되는 것이므로, 학생의 도량과 눈높이에 맞추어 알맞음을 얻어야만 가르치고 배우는 즐거움을 맛볼 것입니다.

오늘은 우리 유교의 교육방법을 살펴보았습니다. 우리 조상들이 제자를 가르침에 먼저 행동으로 보이고, 말로 가르치면서, 엄격한 가운데 따뜻하게 가르쳤던 교육전통을 이어받아, 먼저 금지사항을 밝혀, 하지 말도록 엄히 훈계하고, 다음에 해야 될 일을 때맞추어 차례로 가르치며, 벗과 더불어 토론하게 하는, 좋은 교육방법을 되살려야겠습니다. 감사합니다.

3년의 상복(喪服)을 입는 풍속 /2009. 10. 10(土)

청취자 여러분, 안녕하십니까? 오늘은 어버이가 돌아가심에 3년의 상복(喪服)을 입는 풍속을 살펴보겠습니다.

우리나라는 조선왕조시대에 예절과 음악을 높이 숭상하여, 집집마다 관례(冠禮), 혼례(昏禮), 상복(喪服), 제례(祭禮) 등의 가정의례를 거행함으로써, 동방예의지국(東方禮義之國)이 되었던 것입니다. 그리하여 우리 조상들은 어버이가 돌아가시면, 3년 동안 사모하면서, 술과 고기를 먹지 아니하고, 또한 음악도 듣지 않으면서 근신하였던, 아름다운 미풍양속(美風良俗)을 500년간 이어 왔던 것입니다.

그런데 경제개발을 추진하던 박정희 군사정권이 서기 1969년 3

월 3일에 가정의례준칙을 발포하여, 3년의 상제(喪制) 금하고, 100일 탈상(脫喪)을 권장하였습니다. 그 이유는 3년 동안 상복을 입고, 일을 하지 않는 비생산적인 허례허식을 타파하고, 노동력을 생산현장에 즉각 투입하기 위한 방편이었습니다. 우리 민족은 처음에는 낯설어서 의아하였으나, 새마을운동과 함께 강력하게 밀어붙이는 군사정권에 짓눌려, 열성당원들이 가정의례준칙을 실천하더니, 20여 년이 지나자 거의 100일 탈상에 동참하여, 3년의 상복을 입는 사람이 도리어 보기 드문 풍토로 변하였습니다.

그러다가 서기 1998년 2월 25일에 취임한 김대중 대통령은 취임 6개월 만에 규제개혁위원회에서, 가정의례준칙을 폐지하기로 결의하였습니다. 3년간 상복 입는 전통예절을 금지하고, 100일 탈상을 권장했던 가정의례준칙을 폐지하면, 의당 3년의 상복을 입는 전통예절이 이 땅에 되살아날 것으로 믿었으나, 이미 인정(人情)이 각박하여, 황금만능주의로 치닫는 사회풍조는 100일 탈상도 길다고 여기면서, 불교의 49재(齋) 천도(遷度)설을 내세우고, 49일 탈상을 다투어 따르더니, 또 얼마 되지 아니하여, 이제는 기독교와 천주교식으로 3일장(葬)을 치른 다음에 곧바로 상복을 벗어버리는 3일 탈상의 세대로 전락하였습니다.

인심이 투박한 난세(亂世)에는 3년의 상복 입는 기간이 길다고 생각하여, 상기(喪期)를 줄여야 된다고 주장하는 사람이 가끔 있기는 하였습니다. 논어(論語)의 양화(陽貨)편에 보면 공자의 제자인 재아(宰我)가 공자에게 묻기를 "3년의 상복 입는 기간이 너무 긴 것 같습니다. 군자가 3년 동안 예절을 행하지 않으면, 예절이 반드시 무너질 것이요, 3년간 음악을 연주하지 아니하면, 음악이 반드시 무너질 것이므로, 묵은 곡식이 이미 다하고, 새 곡식이 이미 익었으며, 새해가 돌아오는 1년 동안만 상복을 입는 것이 좋을 듯하나이다."라고 3년상을 1년 상으로 줄일 것을 말하니, 공자가 말씀하시기를 "그 쌀밥을 먹고, 그 비단옷을 입어도, 너에게는 편안하겠느냐?"고 반문하니 재아가 말하기를 "편안하나이다."라고 한대 공자가 말씀하시기를 "네가 편안하면 그렇게 하거라. 대저 군자가 상복을 입고 3년 동안 근신함은, 맛있는 음식을 먹어도 달지 아니하며, 음악을 들어도 즐겁지 아니하며, 머물러 사는 것이 편안치 못한 까닭으로 하지 않은 것인데, 이제 네가 편안하거든 그렇게 하라."고 하였습니다. 이윽고 재아가 밖으로 나아가자, 공자가 다시 말씀하시기를 "재여(宰予)의 어질지 못함이여, 자녀가 태어나서 3년이 지난 다음에야, 부모의 품속에서 벗어나나니, 저 부모의 돌아가심에 3년 동안 슬퍼하는 것은, 천하가 모두 똑같은 공통의 상례(喪禮)인 것이니, 재여는 3년 동안 부모에게서 사랑을 받음이 있었는가?"라고 부모의 은공에 대한 배은망덕(背恩忘德)을 꾸짖었습니다.

사람이 은덕을 갚는 것은 당연한 도리로서, 특히 부모의 자식 사랑은 하늘과 같고 바다와 같아서, 아무리 갚아도 도저히 다 갚을 수 없는 것이므로 성왕(聖王)은 3년상(三年喪)을 예절로 정하여 모든 사람이 공통적으로 지켜서, 어버이의 은덕에 보답하는 길을 열어, 죽어도 잊지 못하고, 애달프게 사모하는 인정(人情)사회를 만들었던 것입니다.

그러므로 증자(曾子)는 말하기를 "어버이의 초상에 예절을 신중히 지키고, 먼 조상을 추모하여, 제사를 지내면 인민의 도덕심이 두터운 풍속으로 돌아가느니라."(論語, 學而)고 하였습니다. 가족이 살아서는 즐겁게 살다가, 죽은 뒤에는 금방 잊어버린다면, 인생의 보람과 인간의 신뢰를 어디에서 찾을 수 있겠습니까? 마땅히 즐거움이 컸던 만큼, 슬픔이 커야 되고, 행복이 길었던 만큼, 사모함도 길어야 합니다.

특히 우리 유교의 예절은 잘한 것은 부모즈상의 은덕으로 돌리고, 못한 것은 자기의 책임으로 돌리기 때문에 좋은 일을 결정할 때에는 사당(祠堂)에서 점(占)을 쳐서 상서로운 결정을 조상의 뜻으로 돌리고, 집안이 불행하여 가족이 죽을 때에는 자기의 책임으로 돌려서 몸소 근신하는 것입니다. 이러한 예절은 사랑과 공경과 감사한 마음으로 온 세상을 가득히 넘치게 하여, 인생을 즐겁고, 보람 있고, 활기차게 만들기 때문에, 우리 조상들이 그토록 예절을 숭상하였던 것입니다.

오늘은 3년의 상복을 입었던 전통을 살펴보았습니다. 우리도 조상의 효심을 이어받아 전통예절을 다시 일으키는 사명감을 가져야 하겠습니다. 감사합니다.

공자(孔子)의 정명(正名)사상 /2009. 10. 11(日)

청취자 여러분, 안녕하십니까? 오늘은 인생을 바르게 사는 철학으로, 정명(正名)사상에 대하여 살펴보겠습니다.

인류의 지혜는 태초부터 사물에 이름을 붙여서, 말로 표현하며, 진실체를 규명하고, 논리를 세워, 이용가치를 찾았습니다. 그러므로 이름은 사물을 종류별로 구별하기 위한 보편적 개념인 보통명사와 개별적인 실체를 확인하기 위한 특수적 개념인 고유명사가 있는 것입니다.

사람은 만물 가운데서 가장 신령한 만물의 영장(靈長)으로 하늘 땅과 더불어 나란히 밝은 세상을 창조하는 3재(三才)적 기능이 있으므로 인간의 종자를 인종(人種)이라 하여, 하늘땅처럼 우러러 받들면서, 인류(人類)사회를 창조하고, 사랑하고, 공경하는 도덕문화를 건설하여, 길이 융성 발전하는 길을 개척하여 온 것입니다.

사람은 다른 동물과는 달리, 머리를 하늘로 향하고, 곧게 서서 직립보행(直立步行)을 하지요. 그 지능(知能)이 또한 귀신처럼 탁월하고, 그 본성도 지극히 착하여, 인의예지(仁義禮智)의 하늘같은 덕성(德性)으로 충만합니다. 이렇게 씩씩하고, 지혜롭고, 착한 인간으로 태어났으면, 응당 인간으로서의 기능과 역할을 충실하게 수행하여야 마땅하므로, 공자는 인간의 성분(性分)과 직분(職分)에 충실하라고 설파하였습니다. 성분이란 인간의 본성을 말미암아 착하고 어질게 사는 특성으로 인류의 공통적인 생활방식으로서, 다른 짐승과는 다른 점입니다. 그리고 직분은 사람이 각각 처한 현실에서 자기 자신이 스스로 처리할 본분으로서, 다른 사람과는 다른 점입니다. 따라서 성분은 인류가 공통이요, 직분은 만인이 서로 다른 책무인데, 이러한 도덕적 개념과 윤리적 의미가 이미 우리가 사용하는 언어의 명사(名詞) 속에 담겨 있는 것입니다.

그래서 공자는 이름을 반듯하게 하여, 말의 개념을 바르게 쓰라고 설파하였습니다. 논어(論語)의 자로(子路)편에 보면, 자로(子路)가 말하기를 "위(衛)나라의 임금이 공자님을 대우하여 정치를 한다면 공자님은 장차 어떤 정책을 먼저 쓰시겠나이까?" 하니 공자가 말씀하시기를 "반드시 이름을 바르게 할진저"라고 하였습니다. 이에 자로가 말하기를 "이럴 수가 있을까? 공자님의 현실정치에 어두우심이여, 어찌 그 이름을 바르게 하리까?"라고 한대, 공자가 말씀하시기를 "촌스럽구나 유(由)여, 군자는 그 알지 못하는 바에 대하여, 대개 가만히 있는 것이니라. 명분이 바르지 못하면 말이 불순하며, 말이 불순하면 사업이 성공하지 못하며, 사업이 성공하지 못하면 예절과 음악이 일어나지 못하며, 예절과 음악이 일어나지 못하면 형벌이 적중하지 않으며, 형벌이 적중하지 않으면 인민이 손발을 둘 데가 없게 되느니라. 그러므로 군자는 명분(名分)이 있어야 반드시 말을 할 수 있으며, 말을 하여야 반드시 행할 수 있는 것이니, 군자는 그 말에 대하여 구차함이 없는 것이다."라고 명분의 중요성을 설파하였습니다.

공자의 정명(正名)사상은, 언어(言語)의 개념을 바르게 파악하여, 말과 실질이 서로 부합해서 명실상부(名實相符)하도록, 정치사회를 이끌어야만, 진실세계를 건설할 수 있다는 뜻입니다. 내용이 없는 공허한 말이나, 진실을 왜곡한 미사여구(美辭麗句)는 이미 거짓으로 가장한 술수일 뿐이므로 도저히 세상을 바르잡지 못하기 때문에 공자는 먼저 이름을 바로잡아, 말부터 진실하게 하는 정치풍토를 조성하여야 정치가 바로 된다고 생각하셨으니, 얼마나 절실하고 중요한 정책입니까?

공자는 이보다 먼저 제(齊)나라에 계실 때에 제나라 임금 경공(景公)이 공자에게 정치를 물으니, 공자가 대답하여 말씀하시기를 "임금은 임금답고, 신하는 신하답고, 아버지는 아버지답고, 아들은 아들답게 다스리는 것입니다."라고 이름과 실질이 서로 부합해야 된다고 하니 경공(景公)이 말하기를 "좋은 정책입니다. 진실로 임금이 임금노릇을 못 하고, 신하가 신하노릇을 못 하며, 아버지가 아버지노릇을 못 하고, 아들이 아들노릇을 못 한다면 비록 곡식이 있다고 하여도 내가 얻어먹을 수 있으리까?"라고 하였습니다.

이와 같이 정명(正名)사상은 정치적인 근본문제일 뿐만 아니라, 또한 도덕적인 과제로서, 말과 행실이 일치하여 진정한 문화사회를 창조하는 기초가 되는 것입니다. 속담에 하늘은 이름 없는 사람을 내지 않고, 땅은 쓸모없는 풀을 기르지 아니한다고 하였습니다. 이름값을 하고, 쓸모 있는 사람이 되는 길이 바로 인생을 지혜롭게 사는 길입니다. 그래서 유교를 명교(名敎)라고 하였던 것입니다.

오늘은 이름과 실질이 서로 부합하는 명실상부(名實相符)와 말과 행동이 일치하는 언행일치(言行一致)의 정명(正名)사상을 살펴보았습니다. 실리만을 다투는 오늘의 세태에 명예와 명분을 숭상하는 유교의 가치를 재평가하여야 되겠습니다. 대단히 감사합니다.

서정기 ──

▌약 력

4·19혁명 선봉 및 민족통일전국학생 성대조직위원장
한국유학연구회 유교사상 편집인, 동양문화연구소 연구실장, 성균관 전학(典學)
한국청년유도회 회장 : 예법(관례, 향음주례, 사상견례)부흥운동 전개
동양문화연구소 부소장 및 소장 : 세계 속의 한국학운동 전개
건국대학교 대학원 철학과 박사학위 심사위원
민중유교연합 의장 : 한글제사축문 보급운동 전개
성균관유교진흥대책위원회 위원장 : 도덕성 회복과 새사람운동 전개
성균관유교문화연구위원회 위원장, 태학지 번역분과 위원장
민주평화통일 자문위원회 상임위원, 성균관 유교신보 편집인 겸 주간 역임
삼경역주 성균훈로상 수상, 성균관 태학지 번역공로상 수상
현) 동양문화연구소 소장
　　(사)한국예절교육협회 상임고문
　　김동식 장군 기념사업회 상임고문
　　충의무예원 고문

▌주요 저서

『世界 속의 韓國文化』, 『世界 속의 韓國精神』, 『世界 속의 韓國儒敎』,
『世界 속의 韓國禮節』, 『世界 속의 韓國流風』, 『정통가정의례』, 『민중유교사상』,
『實錄기소설 공자』, 『새시대를 위한 大學·中庸·禮運』, 『새시대를 위한 春秋』(上·中·下),
『새시대를 위한 詩經』(上·下), 『새시대를 위한 書經』(上·下),
『새시대를 위한 周易』(上·下), 『새시대를 여는 길』, 『根源探索』, 『道聖統論』,
『成婚錄』, 『김동식 장군』, 『아침 햇살 영롱한 대나무 열매』,
『하늘로 날아라, 못으로 뛰어라』,
훈로 서정기 선생 『유교대전』 35권 외 다수

臨上
我帝 # 유교와 인생

초판인쇄 | 2010년 7월 21일
초판발행 | 2010년 7월 21일

지은이 | 서정기
펴낸이 | 채종준
펴낸곳 | 한국학술정보(주)
주 소 | 경기도 파주시 교하읍 문발리 파주출판문화정보산업단지 513-5
전 화 | 031) 908-3181(대표)
팩 스 | 031) 908-3189
홈페이지 | http://ebook.kstudy.com
E-mail | 출판사업부 publish@kstudy.com
등 록 | 제일산-115호(2000. 6. 19)

ISBN 978-89-268-1217-4 94150 (Paper Book)
      978-89-268-1218-1 98150 (e-Book)
      978-89-534-2428-9 94150 (Paper Book Set)
      978-89-534-2459-3 98150 (e-Book Set)